BIBLIOTECA TEOLÓGICA VIDA

2

COMENTARIO DE LA EPÍSTOLA DE

Santiago

Douglas J. Moo

vida®

La misión de Editorial Vida es ser la compañía líder en satisfacer las necesidades de las personas con recursos cuyo contenido glorifique al Señor Jesucristo y promueva principios bíblicos.

LA EPÍSTOLA DE SANTIAGO
Edición en español publicada por
Editorial Vida – 2009
Miami, Florida

©2009 por Douglas J. Moo

Publicado en inglés con el título:
  The Letter of James
  Copyright © 2000 by Douglas J. Moo
Published by permission of Zondervan, Grand Rapids, Michigan 49530, U.S.A.

Traducción: *Dorcas González Bataller*
Edición: *Anabel Fernández Ortíz*
Diseño interior: *José Luis López González*
Diseño de cubierta: *Ismael López Medel*

ISBN: 978-0-8297-5346-2

CATEGORÍA: Estudios bíblicos / Nuevo Testamento

IMPRESO EN ESTADOS UNIDOS DE AMÉRICA
PRINTED IN THE UNITED STATES OF AMERICA

13 14 15 16 ❖ 9 8 7 6 5 4 3 2

CONTENIDO

INTRODUCCIÓN

COMENTARIO DE SANTIAGO

Presentación de la
«Biblioteca Teológica Vida»

Cualquier estudiante de la Biblia sabe que, hoy en día, la literatura cristiana evangélica en lengua castellana aún tiene muchos huecos que cubrir. En consecuencia, el mundo de habla hispana muchas veces no cuenta con las herramientas necesarias para tratar el texto bíblico, para conocer el contexto teológico de la Biblia, y para reflexionar sobre cómo aplicar todo lo anterior en el transcurrir de la vida cristiana.

Esta convicción fue el principio de un sueño. La «Biblioteca Teológica Vida» es una serie de estudios bíblicos y teológicos dirigida a pastores, líderes de iglesia, profesores y estudiantes de seminarios e institutos bíblicos, y creyentes en general, interesados en el estudio serio de la Biblia. Antes de publicar esta serie de libros con la editorial Vida, este mismo equipo de traductores preparó los 28 libros de la «Colección Teológica Contemporánea», publicada por la editorial Clie.

Necesitamos más y mejores libros para formar a nuestros estudiantes, líderes de Iglesia y pastores para sus ministerios. Y no solo en el campo bíblico y teológico, sino también en el práctico - si es que se puede distinguir entre lo teológico y lo práctico - pues nuestra experiencia nos dice que, por práctica que sea una teología, no aportará ningún beneficio a la Iglesia si no es una teología correcta.

En esta «Biblioteca Teológica Vida», el lector encontrará una variedad de autores y tradiciones evangélicos. Todos los autores elegidos son de una seriedad rigurosa y tratan los diferentes temas de forma profunda y comprometida.

Esperamos que estos libros sean una aportación muy positiva para el mundo de habla hispana, tal como lo han sido para el mundo anglófono y que, como consecuencia, los cristianos – bien formados en Biblia y en Teología – impactemos al mundo con el fin de que Dios, y solo Dios, reciba toda la gloria.

Dr. Matt Williams

Editor de la «Biblioteca Teológica Vida» y de la «Colección
Teológica Contemporánea» (editorial Clie)
Profesor en Talbot School of Theology (Los Angeles, CA., EEUU) y
en IBSTE (Barcelona)

Lista de Títulos, D.M.

Comentarios del Nuevo Testamento:

Douglas J. Moo, *Comentario de la Epístola de Santiago* (Biblioteca Teológica Vida, Volumen 2, 2009). El objetivo principal de Santiago es la integridad espiritual: hacer una reflexión teológica sobre la vida, pero, a la vez, motivar un estilo de vida de santidad y de obediencia, completamente centrado en Dios, y no en el mundo. Este comentario nos ofrece el contexto histórico, que va seguido del comentario propiamente dicho, donde versículo tras versículo vamos descubriendo cuál fue el mensaje de Santiago, tanto para los lectores originales como para la Iglesia de hoy.

El autor ha logrado una combinación ideal de exégesis rigurosa y exposición, y acercamiento homilético y devocional. A través de ello nos transmite de forma muy clara cómo aplicar esta epístola a la vida cristiana actual.

Douglas J. Moo es profesor de Nuevo Testamento en Wheaton Graduate School, después de haber enseñado durante más de veinte años en Trinity Evangelical Divinity School, y autor de *Comentario de la Epístola a los Romanos: del texto bíblico a una aplicación contemporánea*, publicado en esta misma colección.

Comentarios Bíblicos con aplicación: Serie NVI [The NIV Application Commentary Series]:

La mayoría de los comentarios bíblicos solo son un viaje de ida: nos llevan del siglo veintiuno al siglo primero. Pero nos dejan allí, dando por sentado que de algún modo sabremos regresar por nosotros mismos. Dicho de otro modo, se centran en el significado original del pasaje, pero no se adentran en su aplicación a la vida contemporánea. La información que ofrecen es muy valiosa, pero resulta tan solo una ayuda a medias. Los *Comentarios Bíblicos con aplicación: Serie NVI* nos ayudan con las dos partes de la tarea interpretativa, es decir, también nos ayudan a aplicar un mensaje de otra época a nuestro contexto actual. No solo nos explican lo que significó para los lectores originales, sino que nos demuestran que también hay un mensaje poderoso para la Iglesia de hoy. Para lograrlo, analiza cada pasaje en tres partes: 1) Sentido original, 2) Construyendo puentes, 3) Significado contemporáneo. O sea, esta serie de comentarios comenta el texto en primer lugar. En segundo lugar, explora cuestiones concretas, tanto en el contexto del autor original como en el nuestro, para ayudarnos a entender el sentido completo de cada texto. Y, por último, sugiere cómo entender y cómo vivir hoy la Teología que encontramos en aquel libro.

• Klyne Snodgrass, *Comentario de Efesios: del texto bíblico a una aplicación contemporánea*. El Dr. Snodgrass es profesor de Nuevo Testamento en North Park Theological Seminary, Chicago, Illinois.

• Douglas J. Moo, *Comentario de Romanos: del texto bíblico a una aplicación contemporánea*. El Dr. Moo es profesor de Nuevo Testamento en Wheaton Graduate School, después de haber enseñado durante más de veinte años en Trinity Evangelical Divinity School, y autor de *Comentario de la Epístola de Santiago*, publicado en esta misma serie.

• David E. Garland, *Comentario de Colosenses: del texto bíblico a una aplicación contemporánea*. El Dr. Garland es profesor de Nuevo Testamento en Truett Theological Seminary, Waco, Texas, y autor de numerosos comentarios.

• Darrell L. Bock, *Comentario de Lucas: del texto bíblico a una aplicación contemporánea*. El Dr. Bock es profesor de Nuevo Testamento en Dallas Theological Seminary, Dallas, Texas.

Obras bíblicas, teológicas y ministeriales:

Lee Strobel, *El caso del Jesús verdadero: un periodista investiga los ataques más recientes contra la identidad de Cristo* (Biblioteca Teológica Vida, Volumen 3, 2008). La figura de Jesús se ha convertido en el blanco de una guerra intelectual, y recibe continuos ataques desde diferentes flancos: las aulas de las universidades, los *bestsellers*, Internet. Estos violentos ataques contra el retrato tradicional de Cristo han confundido a muchas personas con inquietudes espirituales y han sembrado la duda entre muchos cristianos. Pero, ¿qué ocurre si sometemos todas estas afirmaciones radicales y estas teorías revisionistas a un examen detallado?

En *El caso del Jesús verdadero*, el galardonado editor legal Strobel indaga cuestiones tan polémicas como: • ¿Escondió la Iglesia documentos antiguos extra-bíblicos, que ofrecían un retrato de Jesús más aproximado que el de los cuatro Evangelios? • ¿Distorsionó la Iglesia la verdad sobre Jesús, manipulando los textos antiguos del Nuevo Testamento? • ¿Es cierto que las nuevas explicaciones y descubrimientos desmienten la resurrección? • ¿Son ciertos los nuevos argumentos que dicen que Jesús no es el Mesías? • ¿Adquirió el cristianismo sus ideas básicas de la Mitología? Evalúa los argumentos y las evidencias que han presentado ateos prominentes, teólogos liberales, académicos musulmanes y otros. Examínalos cuidadosamente, y luego emite tu propio veredicto sobre *El caso del Jesús verdadero*.

Gordon D. Fee, *Pablo, el Espíritu y el Pueblo de Dios* (Biblioteca Teológica Vida, Volumen 1, 2007). Para la Iglesia primitiva, el Espíritu era una presencia que capacitaba a los creyentes, y tal capacitación tenía que ver con el fruto, el testimonio y los dones. El Espíritu es el regreso de la presencia personal de Dios que viene a morar en nosotros (individualmente) y entre nosotros (colectivamente), una presencia que experimentamos y que nos capacita.

Esta obra pretende llevarnos a las Escrituras y, así, fortalecer nuestra visión de la forma en que el Espíritu obra para movilizar a los creyentes en la iglesia local.

Gordon Fee es profesor emérito de Nuevo Testamento en Regent College, Vancouver, Canadá.

Kenneth E. Bailey, *El hijo pródigo: Lucas 15 a través de la mirada de campesinos de Oriente Medio*. Del *hijo pródigo*, una de las parábolas más emotivas de Jesús, se ha escrito mucho a lo largo de los siglos. En este libro, Kenneth Bailey vuelve a narrar esta historia tan familiar, y lo hace a la luz de su larga experiencia como misionero y profesor de Biblia entre los campesinos de Oriente Medio. Bailey conoce cómo es la vida en los pueblos de aquella zona, por lo que su compresión de la parábola del hijo pródigo arroja mucha luz sobre el significado verdadero de esta parábola de Jesús.

En 2006 la revista *Preaching* le otorgó el premio al «Mejor libro del año para predicadores».

Kenneth E. Bailey vivió y enseñó Biblia durante 40 años en Egipto, Líbano, Chipre y Jerusalén. Ha escrito varios libros usando su conocimiento de Oriente Medio para aportar una mejor comprensión del texto bíblico, entre los cuales está *La mirada de los campesinos*, también publicado en esta colección.

Kenneth E. Bailey, *Las parábolas de Lucas: un acercamiento literario a través de la mirada de los campesinos*. La tesis de Bailey en este libro es que el paso del tiempo apenas ha afectado a las aisladas comunidades de campesinos de Oriente Medio. Por ello, su cultura aún mantiene los valores de las gentes que escucharon a Jesús. Así, es posible averiguar lo que significaban detalles de las parábolas de Jesús para una persona de aquel entonces. Por ejemplo, cuando un amigo viniera a pedir pan en medio de la noche, o un juez se negara a escuchar el caso de una mujer, o alguien rechazara la invitación de un rey al banquete de la boda de su hijo.

Gracias a su experiencia, Bailey está perfectamente capacitado para explicarnos el conocimiento cultural de los que escucharon a Jesús, y el impacto que debieron de causar las parábolas en sus oyentes. Estas explicaciones del trasfondo cultural arrojan mucha luz sobre el significado de las parábolas para aquellos campesinos del siglo primero y, como resultado, sobre su significado para el día de hoy.

Kenneth E. Bailey vivió, y enseñó Biblia durante 40 años en Egipto, Líbano, Jerusalén y Chipre. Ha escrito varios libros, incluyendo *Las parábolas de Lucas: un acercamiento literario a través de la mirada de los campesinos*, también publicado en esta colección.

Craig L. Blomberg, *De Pentecostés a Patmos: una introducción a los libros desde Hechos a Apocalipsis*. Este libro es una introducción al trasfondo y a los contenidos de todos los documentos bíblicos desde Hechos hasta Apocalipsis. Ayudará a entender mejor los elementos históricos, lingüísticos y teológicos importantes de cada libro.

Para definirlo, Blomberg dice que es una guía que recoge todo lo que los estudiantes de Biblia y Teología necesitan saber sobre estos documentos bíblicos. Después de tratar de forma breve cuestiones introductorias como fecha y autoría, la mayor parte de este volumen es un estudio de los contenidos de cada libro, incluyendo los puntos principales de cada sección, las cuestiones exegéticas distintivas de cada libro, y algunas aplicaciones contemporáneas.

Blomberg asegura que aquel que nunca haya estudiado en un seminario, pero que conozca el contenido de este libro, tendrá una excelente base sobre esta parte de la Biblia.

Craig L. Blomberg es profesor de Nuevo Testamento en Denver Seminary y ha escrito numerosos libros, algunos de los cuales se han traducido al español, como por ejemplo *3 preguntas clave sobre el Nuevo Testamento*, publicado en esta colección.

Craig L. Blomberg, *3 preguntas clave sobre el Nuevo Testamento*. Este libro se enfrenta a tres cuestiones teológicas de conocida dificultad: 1) la fiabilidad histórica del Nuevo Testamento, 2) el debate sobre quién fue el verdadero fundador del cristianismo, Jesús o Pablo, y 3) el modo en que los creyentes del siglo XXI hemos de aplicar el Nuevo Testamento a la vida cotidiana. Todo ello lo hace ofreciendo respuestas bien trabajadas y razonadas, que nos ayudan a apreciar el valor de la fe cristiana, y a acercarnos a ella de una forma más profunda.

Basado en las investigaciones más serias, pero escrito en un estilo accesible a todos los públicos, este libro es una excelente guía para pastores, estudiantes, y cualquier persona interesada en obtener una mejor comprensión del Nuevo Testamento.

Craig L. Blomberg es profesor de Nuevo Testamento en Denver Seminary y ha escrito numerosos libros, muchos de los cuales se han traducido al español, como por ejemplo *De Pentecostés a Patmos: una introducción a los libros desde Hechos a Apocalipsis*, publicado en esta colección.

Prefacio

Estoy muy agradecido a Don Carson, editor general de Pillar New Testament Commentary, y a Eerdmans Publishing Company por la oportunidad que me han dado de escribir este comentario de la Epístola de Santiago. Como ya sabrán muchos de los lectores de este comentario, hace quince años escribí un comentario de Santiago para la serie de Tyndale (*The Letter of James* [La Epístola de Santiago] Grand Rapids: Eerdmans/ Leicester: Inter-Varsity, 1985). La oportunidad de acercarme de nuevo a esta epístola ha sido de mucho provecho para mí, y espero que también lo sea para todo el que se proponga estudiarla. La serie *Pillar* me ha permitido casi doblar la extensión del comentario. Por tanto, he podido tratar las cuestiones del trasfondo y de Teología con mayor profundidad. Estoy más impresionado que nunca por el uso creativo que Santiago hace de las tradiciones judeo-helenistas en su magnífica exposición sobre el cristianismo práctico. Y sigo convencido de que el tema central de esta carta es un llamamiento a comprometerse con Cristo de una forma auténtica y total. Este llamamiento a una vida cristiana íntegra, coherente y sin concesiones es muy necesario hoy. Nuestras iglesias están llenas de creyentes cuya vida «de fe» no consiste en una entrega total y, como resultado, muchas áreas de sus vidas no reflejan los genuinos valores cristianos. Yo tampoco soy inmune a esta problemática. Ahora que, de forma inesperada, he llegado a «la mediana edad», he descubierto en mí una tendencia a relajarme y perder el fervor por el Señor y su obra. Esta reinmersión en la Epístola de Santiago ha servido para sacudirme. Mi oración es que tenga el mismo efecto en todos los lectores de este comentario.

Además de mostrar mi gratitud a Don Carson como editor de la serie, y a Milton Essenburg como editor de Eerdmans, mi gratitud se extiende a otras personas cuya ayuda para la elaboración de este volumen ha sido muy valiosa. Mi ayudante de investigación en Trinity, Stephen Pegler, me ayudó a compilar la bibliografía y a editar el manuscrito. Mi secretaria, Leigh Swain, me ayudó a pasar mi anterior comentario a formato electrónico para poder usarlo como fuente de esta segunda obra. Pero por encima de todo quiero dar las gracias a mi esposa Jenny, a la que dedico este libro. En los momentos difíciles y de pérdida de confianza, supo animarme a seguir adelante.

DOUGLAS J. MOO

Abreviaturas principales

AB	Anchor Bible
ANRW	*Aufstieg und Niedergang der römischen Welt*
AusBibRev	*Australian Biblical Review*
AT	Antiguo Testamento
BAGD	W. Bauer, W.F. Arndt, F.W. Gingrich, and F.W. Danker, *Greek-English Lexicon of the New Testament* (2d ed.)
BK	*Bibel und Kirche*
BN	*Biblische Notizen*
BBR	*Bulletin for Biblical Research*
BDF	F. Blass, A. Debrunner, and R.W. Funk, *A Greek Grammar of the New Testament and Other Early Christian Literature*
Bib	*Biblica*
BSac	*Bibliotheca Sacra*
BT	*Biblia Textual*
BTB	*Biblical Theology Bulletin*
BZ	*Biblische Zeitschrift*
CBQ	*Catholic Biblical Quarterly*
DHH	Dios Habla Hoy
EvQ	*Evangelical Quarterly*
ExpTim	*Expository Times*
HTR	*Harvard Theological Review*
ISBE	*International Standard Bible Encyclopedia*
JBL	*Journal of Biblical Literature*
JETS	*Journal of the Evangelical Theological Society*
JNES	*Journal of Near Eastern Studies*
JR	*Journal of Religion*
JSNT	*Journal for the Study of the New Testament*
JTS	*Journal for Theological Studies*
KJV	King James Version
LBLA	La Biblia de las Américas
LSJ	Liddell-Scott-Jones, *Greek-English Lexicon*
LW	*Luther's Works*
LXX	Septuaginta
MM	J.H. Moulton and G. Milligan, *The Vocabulary of the Greek New Testament*
MT	Massoretic Text
NA	Nestle-Aland Greek New Testament (27th ed.)
NAB	New American Bible

Abreviaturas principales

NEB	New English Bible
NIDNTT	*New International Dictionary of New Testament Theology*
NIV	New International Version
NJB	New Jerusalem Bible
NLT	New Living Translation
NovT	*Novum Testamentum*
NovTSup	Novum Testamentum, Supplements
NRSV	New Revised Standard Version
NT	Nuevo Testamento
NTS	*New Testament Studies*
NVI	Nueva Versión Internacional
PL	*Patrologia Latina*
REB	Revised English Bible
ResQ	*Restoration Quarterly*
RSV	Revised Standard Version
RV	Reina Valera
SBL	Society of Biblical Literature
SJT	*Scottish Journal of Theology*
SNTSMS	Society for New Testament Studies Monograph Series
TDNT	G. Kittel and G. Friedrich (eds.), *Theological Dictionary of the New Testament*
TEV	Today's English Version
TLZ	*Theologische Literaturzeitung*
TrinJ	*Trinity Journal*
UBS	United Bible Societies Greek New Testament (4th ed.)
WTJ	*Westminster Theological Journal*
ZNW	*Zeitschrift für die neutestamentliche Wissenschaft*

Bibliografía Selecta Original

I. COMENTARIOS DE SANTIAGO

- Adamson, J.B., *The Epistle of James* (Grand Rapids: Eerdmans, 1976).
- Bengel, J.A., *Gnomon of the New Testament*, vol. 5 (reprint; Edinburgh: T. & T. Clark, 1860).
- Burdick, D.W., «James,» in *The Expositor's Bible Commentary*, vol. 12 (Grand Rapids: Zondervan, 1981).
- Calvin, J., *Commentaries on the Catholic Epistles*, trans. J. Owen (reprint; Grand Rapids: Eerdmans, 1948).
- Cantinat, J., *Les Épîtres de Saint Jacques et de Saint Jude* (Paris: Gabalda, 1973).
- Chaine, J., *L'Épître de Saint Jacques* (Paris: Gabalda, 1927).
- Davids, P., *The Epistle of James* (Grand Rapids: Eerdmans, 1982).
- Dibelius, M., *A Commentary on the Epistle of James*, rev. by H. Greeven (Philadelphia: Fortress, 1976).
- Frankemölle, H., *Der Brief des Jakobus* (Gütersloh: Gütersloher, 1994).
- Hiebert, D.E., *James* (rev. ed.; Chicago: Moody, 1992).
- Hort, F.J.A., *The Epistle of St. James* (London: Macmillan, 1909).
- Huther, J.E., *Critical and Exegetical Handbook to the General Epistles of James, Peter, John and Jude* (New York: Funk & Wagnalls, 1887).
- Johnson, L.T., *The Letter of James* (Garden City: Doubleday, 1995).
- Knowling, R.J., *The Epistle of St. James* (London: Methuen, 1910).
- Laws, S., *A Commentary on the Epistle of James* (New York: Harper & Row, 1980).
- Martin, R.P., *James* (Waco, Tex.: Word, 1988).
- Mayor, J.B., *The Epistle of St. James* (2d ed.; London: Macmillan, 1913).
- Mitton, C.L., *The Epistle of James* (Grand Rapids: Eerdmans, 1966).
- Moffatt, J., *The General Epistles of James, Peter and Jude* (London: Hodder and Stoughton, 1928).
- Moo, D.J., *The Letter of James* (Grand Rapids: Eerdmans, 1985).
- Mussner, F., *Der Jakobusbrief* (4th ed.; Freiburg: Herder, 1981).
- Nystrom, D.P., *James* (Grand Rapids: Zondervan, 1997).
- Reicke, B., *The Epistles of James, Peter and Jude* (Garden City: Doubleday, 1964).

- Ropes, J.H., *A Critical and Exegetical Commentary on the Epistle of St. James* (Edinburgh: T. & T. Clark, 1916).
- Ross, A., *The Epistles of James and John* (London: Marshall, Morgan and Scott, 1954).
- Schlatter, A., *Der Brief des Jakobus* (Stuttgart: Calwer, 1956).
- Tasker, R.V.G., *The General Epistle of James* (Grand Rapids: Eerdmans, 1956).
- Vouga, F., *L'epître de S. Jacques* (Geneva: Labor et Fides, 1984).
- Windisch, H., *Die katholischen Briefe* (Tübingen: Mohr, 1951).

II. OTRAS OBRAS

- Baasland, E., «Literarische Form, Thematik und geschichtliche Einordnung des Jakobusbriefes,» *ANRW* 2.25.5 (1988) 3,646-84.
- Baker, W.R., *Personal Speech-Ethics in the Epistle of James* (Tübingen: J. C. B. Mohr [Paul Siebeck], 1995).
- Bauckham, R., *James: Wisdom of James, Disciple of Jesus the Sage* (London: Routledge, 1999).
- Blomberg, C.L., *Neither Poverty nor Riches: A Biblical Theology of Material Possessions.* New Studies in Biblical Theology. Grand Rapids: Eerdmans, 1999.
- Cadoux, A.T., *The Thought of St. James* (London: James Clarke, 1944).
- Cargal, T., *Restoring the Diaspora: Discursive Structure and Purpose in the Epistle of James* (Atlanta: Scholars, 1993).
- Cranfield, C.E.B., «The Message of James,» *SJT* 18 (1965) 182-93, 338-45.
- Crotty, R.B., «The Literary Structure of the Letter of James,» *AusBibRev* 40 (1992) 47-48.
- Goppelt, L., *Theology of the New Testament* (2 vols.; Grand Rapids: Eerdmans, 1975, 1976).
- Hartin, P.J., *James and the Q Sayings of Jesus* (Sheffield: JSOT, 1991).
- Hoppe, R., *Die theologische Hintergrund des Jakobusbriefes* (Würzburg: Echter, 1977).
- Johnson, L.T., «The Use of Leviticus 19 in the Letter of James,» *JBL* 101 (1982) 391-401.
- Klein, M., *«Ein vollkommenes Werk.» Vollkommenheit, Gesetz und Gericht als theologische Themen des Jakobusbriefes* (Stuttgart: Kohlhammer, 1995).
- Maynard-Reid, P.W., *Poverty and Wealth in James* (Maryknoll, N.Y.: Orbis, 1987).

- Metzger, B.M., *A Textual Commentary on the Greek New Testament* (New York: United Bible Societies, 1971).
- Moule, C.F.D., *An Idiom Book of New Testament Greek* (Cambridge: Cambridge University Press, 1971).
- Penner, T.C., *The Epistle of James and Eschatology: Re-Reading an Ancient Christian Letter* (Sheffield: Sheffield Academic Press, 1996).
- Popkes, W., *Addressaten, Situation und Form des Jakobusbriefes* (Stuttgart: Katholischer, 1986).
- Rendall, G.H., *The Epistle of St. James and Judaistic Christianity* (Cambridge: Cambridge University Press, 1927).
- Tamez, E., *The Scandalous Message of James: Faith without Works Is Dead* (New York: Crossroad, 1990).
- Turner, N., *Syntax*, vol. 3 of *A Grammar of New Testament Greek,* by J. H. Moulton (Edinburgh: T. & T. Clark, 1963).
- Wessel, W., «The Epistle of James,» *ISBE* 2.959-66.
- Wuellner, W.H., «Der Jakobusbrief im Licht der Rhetorik und Textpragmatic,» *Linguistica Biblica* 44 (1978-79) 5-66.

Bibliografía en español

- Alonso, José, *Carta de Santiago*, La Sagrada Escritura: Nuevo Testamento, vol. 3, BAC, Madrid, 1967.
- Barclay, William, *Santiago, I y II Pedro*, El Nuevo Testamento Comentado, vol. 14, Editorial La Aurora, Buenos Aires, 1974.
- Carson, D.A., France, R.T., Motyer, J.A., y Wenham, G.J., *Nuevo Comentario Bíblico*: Siglo Veintiuno, Casa Bautista de Publicaciones, El Paso, TX, 2000, c1999.
- Cazaux, P., *La carta de Santiago. Lectura socio-lingüística*, Cuadernos Bíblicos 61, Ed. Verbo Divino, Estella, 1993.
- Cevallos, Juan C. y Rubén O. Zorzoli, Comentario Bíblico Mundo Hispano: Hebreos, Santiago, 1 y 2 Pedro, Judas, Editorial Mundo Hispano, El Paso, Texas, 2006.
- Deiros, Pablo Alberto, *Santiago y Judas,* Comentario Bíblico Hispanoamericano, Editorial Caribe, Miami, 1992.
- Felder, Cain Hope, «*Santiago*», en *Comentario Bíblico Internacional*, ed. William R. Farmer, Verbo Divino, Estella, 1999, (pp. 1626-1640).
- Gilles, Becquet, et al., *La carta de Santiago: Una lectura socio-lingüística*, (Cuadernos Bíblicos No. 61), Verbo Divino, Estella, España, 1989.
- Gregory, Joel, *Santiago, ¡una fe que obra!*, Casa Bautista de Publicaciones, El Paso, TX, 1986.
- Harper, A. F., et al, *Santiago*, Comentario Bíblico Bacon, Tomo X, Casa Nazarena de Publicaciones, Kansas, 1967.
- Henry, Matthew, *Santiago-Apocalipsis*, Editorial Clie, Barcelona, 1991.
- Kistemaker, Simon, *Santiago, 1-3 Juan*, Comentario del Nuevo Testamento, Libros Desafío, Grand Rapids, 1992.
- Knoch, Otto, et al, *Carta de Santiago*, Editorial Herder, Barcelona, 1967.
- Krüger, René, (et al.), *Pobres y ricos en la Epístola de Santiago: El desafío de un cristianismo profético*, Lumen/ISEDET, Buenos Aires, 2005.
- Kunz, Marilin y Schell, *Fe en acción*, Certeza, Buenos Aires, 1975.
- Leía, Thomas W., *Epístola de Santiago*, Comentario Bíblico San Jerónimo, vol. 4, Ediciones Cristiandad, Madrid, 1986.
- Maly E., *Epístolas de Santiago, Judas y Pedro*. Ed. Sal Terrae, Santander 1966.

- Navia, Carmiña, *La carta de Santiago: Un camino de espiritualidad*, Colección Iglesia Nueva No. 90, Indo-American Press Service, Bogotá 1989.
- Rudd, B., *Las Epístolas Generales: Santiago, I y II Pedro, I, II y III Juan y Judas*, Casa Bautista de Publicaciones, El Paso, TX, 1942.
- Salguero, José, *Epístolas Católicas. Apocalipsis*, Biblia Comentada, vol. 7, BAC, Madrid, 1965.
- Támez, Elsa, *Santiago. Lectura latinoamericana de la epístola*, Departamento Ecuménico de Investigaciones, San José (Costa Rica), 1985.
- Tuñí, Joseph-Oriol y Alegre, Xavier, *Escritos Joánicos y Cartas Católicas*, Verbo Divino, Estella, Navarra, 2003.

INTRODUCCIÓN

Pocos libros del NT (Nuevo Testamento) han provocado tanta controversia como la Epístola de Santiago. En los inicios de la Iglesia ya se debatía si debía tener o no lugar en el canon. El reformador Martín Lutero la describió como una «epístola de paja» y, en el estudio del NT, la relegó a un segundo plano. Y los teólogos modernos muchas veces la ignoran porque la ven más bien como una herencia del judaísmo que no representa la esencia de la fe cristiana. Sin embargo, el lugar que el creyente ordinario le da a esta epístola contrasta claramente con esta visión más bien negativa de los académicos y los teólogos. Hay muy pocos libros del NT que se conozcan tan bien y se citen tanto como la Epístola de Santiago. De hecho, probablemente sea uno de los dos o tres libros del NT más populares en la Iglesia. En los diferentes apartados de esta Introducción investigaremos por qué los teólogos tienen algunas dificultades con esta epístola. Pero, ¿por qué Santiago es tan popular entre los creyentes en general? La respuesta la encontramos, al parecer, en tres de las características de esta carta.

En primer lugar, Santiago es increíblemente práctica; por eso los creyentes que buscan una guía específica para la vida cristiana la valoran enormemente. El texto de 1:22 define muy bien este libro y es, quizá, uno de los mandamientos más conocidos de todo el NT: «Sed hacedores de la Palabra y no tan solo oidores que se engañan a sí mismos». Este libro está lleno de mandamientos claros y directos como este. De hecho, la frecuencia de imperativos en la Epístola de Santiago es mayor que en el resto de los libros del NT. El propósito de Santiago no es tanto informar, sino amonestar, exhortar y animar. No es que Santiago no esté interesado en la Teología, o que no tenga explicaciones sólidas para respaldar los mandamientos que recoge. Lo que ocurre es que dedica poco espacio a la Teología propiamente dicha para así poder centrarse en la aplicación práctica de esa Teología.

Un segundo factor que hace que Santiago sea una epístola muy querida entre los creyentes es su concreción. En muy pocas ocasiones desarrolla de forma extensa los temas de que habla. Se contenta con mencionar una idea, y enseguida dar paso a lo siguiente. De hecho, los intérpretes de Santiago normalmente tienen dificultades para detallar cuál es la organización de la carta. Pero lo que para los intérpretes es una preocupación, para muchos lectores es una virtud, porque eso les permite identificar rápidamente el tema del que se está hablando. En este sentido, Santiago es algo similar a los libros del AT (Antiguo

Testamento) y los libros de sabiduría judíos, como por ejemplo Proverbios; y a los cristianos les gustan estos libros por las mismas razones por las que les gusta Santiago.

En tercer lugar, la gran cantidad de metáforas e ilustraciones que Santiago usa hacen que su enseñanza sea fácil de entender y de recordar. La ola del mal impulsada por el viento, la flor que se marchita, el rostro que se refleja en un espejo, el freno del caballo, el timón de un barco, el fuego destructor, la fuente de agua, el hombre de negocios que se jacta del mañana, las riquezas podridas, la ropa comida por la polilla; casi todas, imágenes de carácter universal.

No obstante, sin negar que Santiago trate los temas de forma muy directa, y que muchas veces no haga más que afirmar lo obvio, hemos de recordar que su carta responde a una realidad o circunstancias muy alejadas de las nuestras. Para entender mejor lo que Santiago quiere comunicar a la Iglesia de hoy, tenemos que acercarnos a la situación que le llevó a escribir su carta. En los apartados siguientes hablaremos de las diferentes facetas de la situación de aquel momento, para así poder obtener un cuadro detallado del contexto en el que Dios usó a Santiago para transmitir su Palabra a su pueblo.

I. LA EPÍSTOLA EN LA IGLESIA

La Epístola de Santiago no está dirigida a una única iglesia, sino a «las doce tribus que están en la dispersión» (1:1). Este encabezamiento general llevó a los primeros cristianos a catalogar esta epístola, junto con las otras epístolas de encabezamiento general (1 y 2 Pedro, 1, 2 y 3 Juan, y Judas), bajo el título de epístola «general» o «católica» (en el sentido de «universal»). Como no estaban dirigidas a una iglesia en concreto, en los inicios no todo el mundo las aceptó como parte del canon. Santiago no fue aceptada por las dos secciones de la Iglesia (la occidental y la oriental) hasta el siglo IV.

No obstante, está claro que la Epístola de Santiago ya era conocida y muchos cristianos ya la habían usado mucho tiempo antes. La primera vez que se menciona por el título es en el siglo III. El problema es que los primeros cristianos tenían el hábito de citar sin mencionar la fuente. Así, para determinar cuándo se empezó a usar el libro de Santiago en la Iglesia hay que buscar en la literatura cristiana temprana citas de las enseñanzas de Santiago, o referencias a ellas. Pero ese ejercicio no es sencillo, porque la mayoría de lo que Santiago enseña es «enseñanza tradicional». Lo que parece ser una referencia a Santiago podría ser simplemente una referencia a una enseñanza muy extendida que Santiago también comparte con muchos otros judíos y cristianos. J.B. Mayor, en su clásico comentario de la Epístola de Santiago, propone un acercamiento maximal, encontrando alusiones a Santiago en muchos libros del

Nuevo Testamento y en escritos de los inicios del cristianismo.[1] Pero si analizamos bien su estudio, muchas de estas «alusiones» no son alusiones directas, sino más bien ideas similares o expresiones lingüísticamente similares. L.T. Johnson ofrece un comentario más realista y sobrio. Según él, hay dos libros de finales del siglo I y principios del siglo II que dependen de Santiago: *1ª Clemente*, una carta escrita en Roma en torno al año 95 dC., y *El Pastor de Hermas*, una serie de homilías de principios o mediados del siglo II.[2] Las similitudes entre Santiago y la sección de mandatos de *El Pastor de Hermas* son impresionantes.

Casiodoro, escritor cristiano antiguo, asegura que Clemente, cabeza de la escuela de Alejandría, escribió un comentario de Santiago. Pero ese comentario nunca se ha encontrado, y los demás escritos de Clemente no muestran ningún tipo de dependencia de la Epístola de Santiago.[3] El sucesor de Clemente en Alejandría, Orígenes, es el primero que cita la Epístola de Santiago de forma directa. Según él, el autor de dicha Epístola es Santiago o Jacobo, «el apóstol» (*Commentary on John*, [Comentario de Juan] frag. 126), y cita la epístola como parte de las Sagradas Escrituras (*Selecta in Psalmos* [Selección de Salmos] 30:6). En la traducción latina de las obras de Orígenes, el autor es más explícito identificándolo como «el hermano del Señor», aunque la autenticidad de este añadido es cuestionable. Otros escritos del siglo III también mencionan a Santiago como el autor de esta epístola, y ésta aparece como libro de las Escrituras en el tratado pseudo-clementino *Ad Virgines*. A principios del siglo IV el historiador Eusebio la cita y la considera parte del canon. No obstante, en el resumen que hace del estado del canon en sus días, la relega al estatus de «libro cuestionado» (*Historia Eclesiástica*, 3.25.3; 2.23.25). Bajo esa categoría recoge libros que muchos cristianos sí aceptaron como sagrados, pero que otros rechazaron. Las dudas en cuanto a la Epístola de Santiago probablemente vengan de la iglesia de Siria, iglesia que con frecuencia rechazaba las epístolas generales. Aún así, Santiago se incluyó en la traducción siríaca del NT en el siglo V, y también recibió la aprobación de dos gigantes de la Iglesia oriental: Crisóstomo (407 dC.) y Teodoreto (458 dC.).

Por tanto, aunque se han alzado voces en desacuerdo, la Iglesia oriental en general aceptó la Epístola de Santiago como un documento sagrado. En la Iglesia occidental encontramos un patrón similar, aunque la aceptación tardó

---

1.   Ver, esp., p. lxix-lxxi, lxxxviii-cix.

2.   Johnson, 68-80.

3.   B.F. Westcott especuló que cuando Casiodoro habla de «Santiago», se debía de estar refiriendo a «Judas» (*A General Survey of the History of the Canon of the New Testament* [6ª edición; London: Macmillan, 1889] 357-58).

algo más en llegar. Santiago no aparece ni el Canon Muratorio (finales del siglo II) ni el catálogo de Mommsen (que recoge el canon africano del año 360 dC. aprox.).[4] De hecho, la primera mención clara de Santiago en la Iglesia occidental no la encontramos hasta mediados del siglo IV (Hilario de Poitiers y Ambrosiaster). La aprobación de Jerónimo fue quizá un apoyo decisivo para que Santiago por fin se incluyera en el canon de la Iglesia occidental. Éste lo incluye en su traducción latina y lo cita con bastante frecuencia. Además, explícitamente identifica al autor con el hermano del Señor. Agustín siguió la misma línea, y así Santiago ya tuvo un lugar asegurado en el canon de la Iglesia cristiana.

¿Cómo deberíamos evaluar esta lenta y vacilante aceptación de Santiago en el canon cristiano? Algunos eruditos creen que las incertidumbres expresadas por algunos cristianos tempranos deberían alertarnos en cuanto a la autenticidad de esta carta y en cuanto a su autoridad para la Iglesia. Pero hay dos factores que nos sugieren que esta conclusión no tiene razón de ser. En primer lugar, las evidencias que tenemos sugieren que lo que ocurrió con la Epístola de Santiago no es que fuera rechazada, sino más bien que fue relegada e ignorada. Aunque las evidencias sobre el uso y la autoridad de Santiago no son tan tempranas ni están tan extendidas como nos gustaría, lo cierto es que, de entre los cristianos que conocían la epístola, muy pocos la rechazaron. En segundo lugar, esa omisión de Santiago se puede explicar de forma muy sencilla. Los primeros cristianos daban un lugar prominente a los libros escritos por los apóstoles; y Santiago era un nombre tan común que probablemente muchos se preguntaban si sería el apóstol o si sería otro Santiago. Además, la epístola está llena de enseñanzas bastante tradicionales y amonestaciones bastante prácticas: no es el tipo de libro que formaría parte de los debates teológicos tempranos. A la vez, algunos grupos judeocristianos malinterpretaban algunas de las enseñanzas de Santiago para respaldar su ideas heréticas. Puede que los teólogos ortodoxos, al enterarse de ese uso de Santiago, empezaran a mirar la epístola con recelo.[5] Por último, otra razón que podría haber causado el abandono de esta epístola podría ser el destino o destinatarios. La carta fue escrita, probablemente, a cristianos judíos que vivían en Palestina y Siria. Esas iglesias, en parte como resultado de las desastrosas revueltas contra Roma en

---

4. Pero Santiago quizá no aparezca en el Canon Muratorio por accidente, pues el texto de dicho documento no está completo (ver Westcott, *History of the Canon*, 219-20; y, encontrará una interpretación contrastada en Mussner, 41).

5. Martin, lxi.

66-70 y 132-35, desaparecieron en una fecha muy temprana; y es probable que las cartas dirigidas a ellas también estuvieran extraviadas durante un tiempo.[6]

El estado de Santiago como libro canónico volvió a cuestionarse en el tiempo de la Reforma. El estudioso humanista Erasmo cuestionó el origen apostólico de la carta, diciendo que no era posible que un hermano de Jesús escribiera en un griego tan perfecto. Lutero también dudó de su origen apostólico, pero su crítica fue mucho más lejos. Sus objeciones eran principalmente teológicas. La búsqueda de Lutero de la paz con Dios le llevó a descubrir la enseñanza paulina sobre la justificación por fe. La justificación por fe se convirtió para él y para sus seguidores, tal como dicen los teólogos luteranos, «en la doctrina sobre la cual la Iglesia se sostiene». Para Lutero, la doctrina de la justificación por la fe tuvo un papel muy prominente a la hora de definir la Teología del NT, y quizá por eso le resultó muy difícil enfrentarse a cartas como la de Santiago donde no solo no se menciona esa doctrina, sino que además, ¡parece que se la critica! Lutero dijo que la Epístola de Santiago «mutila las Escrituras y por tanto es opuesta a la enseñanza paulina y a toda la Escritura» (*LW* 35:397). Santiago era «una epístola de paja» (*LW* 35:362), que debía quedar relegada al final del NT, junto con Judas, Hebreos y Apocalipsis. Parece ser que Lutero no tenía claro que la Epístola de Santiago mereciera el mismo respeto que los documentos neotestamentarios más «centrales». Pero no deberíamos exagerar la fuerza de esta crítica. Lutero no excluyó esta epístola del canon, y la cita con frecuencia en sus escritos.[7] Encontramos una valoración equilibrada de la opinión que Lutero tenía de Santiago en una afirmación que él mismo hizo: «No puedo incluir esta epístola entre los libros principales, pero no impediría a nadie que quisiera incluirla, o a nadie que quisiera alabarla, pues ciertamente contiene muchas enseñanzas de gran valor» (*LW* 35:397).

Los otros reformadores no compartían ese recelo de Lutero. Calvino, por ejemplo, aunque admitía que Santiago «parece más moderado a la hora de proclamar la Gracia de Cristo de lo que le correspondería a un apóstol», también dijo que «no es necesario que todos usen el mismo tipo de argumentos».[8] Calvino aceptó completamente la autoridad apostólica de la epístola y argumentó que las perspectivas que Pablo y Santiago tenían de la justificación se podían armonizar y así mantener la unidad de la Escritura. El acercamiento de Calvino a esta epístola es el acercamiento común entre la comunidad de

---

6.   Quizá sea significativo que Orígenes cite la Epístola de Santiago solo después de mudarse de Alejandría a Palestina (ver Laws, 24).

7.   Ver D. Stoutenberg, «Martin Luther's Exegetical Use of the Epistle of St. James» (tesis doctoral, Trinity Evangelical Divinity School, Deerfield, IL, 1982).

8.   Calvino, 277.

creyentes. Y creo que es el acercamiento adecuado. Con una mejor apreciación del trasfondo judío contra el que Santiago escribió, y con el beneficio que nos ofrece la distancia de las luchas que podemos valorar el mensaje distintivo de Santiago y a la vez ver cómo se puede armonizar dicho mensaje con el mensaje de Pablo. Santiago tiene aportaciones que hacer a nuestra comprensión de la Teología y la práctica cristianas. Esas aportaciones, como veremos más adelante, resultan un contrapeso ideal ante la posible falta de equilibrio que puede derivarse del estudio exclusivo de los escritos (o de algunos de los escritos) de Pablo. Los primeros cristianos que, bajo la guía providencial de Dios, aceptaron la Epístola de Santiago, supieron reconocer su valor en este sentido. Podemos estar agradecidos por la oportunidad de leer, interiorizar y poner en práctica los énfasis distintivos de esta importante epístola neotestamentaria.

Con esto no queremos decir que desde los tiempos de Calvino ya no se haya cuestionado la autoridad de Santiago. En particular, hay dos cuestiones que hemos de mencionar y tratar. En primer lugar, la comunidad académica ha realizado una serie de preguntas sobre los orígenes de Santiago que tienen el potencial de minar seriamente la autoridad de la carta. Trataremos estas cuestiones en los apartados que vienen a continuación. En segundo lugar, aunque esta carta está reconocida como canónica, los cristianos somos capaces de anular su contribución teológica y práctica ignorándola o malinterpretándola. A veces, de forma inconsciente, tenemos un concepto del «canon dentro del canon» que no hace justicia al conjunto de la Revelación que Dios nos ha dado.

II. NATURALEZA Y GÉNERO

Cuando nos disponemos a reflexionar sobre el tipo de libro que tenemos ante nosotros, es imprescindible considerar varias facetas de esta epístola.

En primer lugar, las palabras introductorias de este libro nos informan de que estamos ante una carta. En la Antigüedad, el género epistolar era una categoría literaria muy extendida, que reunía desde pequeñas notas que servían para transmitir algún tipo de información o realizar alguna petición, hasta largos discursos argumentativos. Por tanto, identificar el género del libro de Santiago es una información obvia, y de poca utilidad. Llegaremos más lejos si examinamos la naturaleza de esta carta en particular. En Santiago no aparecen los característicos saludos, ni las referencias a colaboradores o a futuros viajes típicos de las cartas antiguas y neotestamentarios (en especial, de las cartas de Pablo). Tampoco aparecen nombres de personas o de lugares, ni se hace mención de situaciones concretas. Cuando Santiago hace referencia a una situación, lo hace de forma vaga, incluso hipotética (p. ej., 2:2-3, 15-17; 4:13-17).

Como vimos más arriba, fue por esta razón por la que los primeros cristianos catalogaron la Epístola de Santiago como carta «general»: está escrita a la Iglesia en la dispersión, en lugar de estar escrita a una iglesia concreta o a un grupo de iglesias.[9] Pero aunque la carta no menciona personas o lugares, sí refleja un conjunto de circunstancias concretas que no podían estar dándose a la vez en todos los lugares de la dispersión. Así, la mayoría de eruditos cree que Santiago estaba dirigida a un iglesia concreta o, con mayor posibilidad, a un grupo de iglesias. El género epistolar es la forma en la que Santiago decide transmitir esas amonestaciones generales que responden a su situación concreta. Por tanto, Santiago no es tanto una epístola personal, sino más bien una epístola «literaria»; quizá, el paralelo neotestamentario más cercano sea 1 Juan.[10]

Una segunda característica de Santiago que llamaba la atención del lector de su tiempo es la frecuencia con la que Santiago usa las enseñanzas tradicionales.[11] En esta carta encontramos, sobre todo, dos tipos de fuentes. En primer lugar, Santiago usa las enseñanzas de Jesús más que ningún otro escritor del NT. Lo que hace no es citar los dichos de Jesús, aunque en 5:12 cita casi literalmente lo que Jesús dice sobre el juramento en Mateo 5:33-37, sino que entreteje las enseñanzas del Maestro en sus propias enseñanzas. Una y otra vez, los paralelos más cercanos de Santiago los encontramos en las enseñanzas de Jesús, sobre todo, las recogidas en el Evangelio de Mateo. Y los temas que trata y la forma en que los trata son un reflejo de los énfasis del propio Jesús. Parece ser que el autor de la epístola ha interiorizado tanto las enseñanzas de Jesús que las puede transmitir casi de forma inconsciente. En segundo lugar, esta epístola también tiene muchas similitudes con las palabras y los énfasis de un sector concreto del judaísmo heleno, representado en cierta medida por el filósofo alejandrino Filón, pero especialmente por el libro apócrifo *Eclesiástico de Ben Sirac* y el libro seudoepigráfico *Testamento de los Doce Patriarcas*. La dependencia de fuentes como éstas supone una ayuda para identificar al autor y el lugar de procedencia; pero lo que aquí nos preocupa es averiguar qué nos

---

9. Algunos eruditos modernos están de acuerdo; ver, p. ej., Klein, 185-87; Vouga, 24-25.

10. Ver esp. F.O. Francis, «The Form and Function of the Opening and Closing Paragraphs of James and 1 John», *ZNW* 61 (1970) 110-26; P.H. Davids, «The Epistle of James in Modern Discussion», *ANRW* 2.25.5 (1988) 3,628-29.

11. Encontrará un estudio reciente y una lista de buenas conclusiones en Johnson, 34-46.

sugiere este uso del material tradicional sobre la naturaleza de esta carta. Pero antes de llegar a posibles conclusiones, aún tenemos que mencionar un factor más.

El lector, tanto el lector antiguo como el moderno, queda sorprendido por la falta de una organización clara. El autor de la epístola pasa de un tema a otro con mucha rapidez, y en muchas ocasiones no hay una clara relación lógica entre los diferentes temas. La erudición moderna, influenciada por las técnicas literarias modernas, ha puesto de nuevo sobre la mesa la cuestión de la estructura, tema que consideraremos cuidadosamente más adelante. Pero lo que estamos diciendo es una realidad, tal como demuestra la larga lista de bosquejos que se han sugerido. Por tanto, la conclusión es que esta epístola no tiene una estructura clara; ni tan siquiera un tema principal. Estamos ante un compendio de exhortaciones morales que aparecen una detrás de la otra sin aparente conexión lógica entre ellas.

Estas tres facetas de la carta, combinadas con su énfasis en la exhortación, llevó a Martin Dibelius a clasificar esta epístola como parénesis.[12] Y como Dibelius escribió uno de los comentarios modernos de Santiago más influyentes, su comprensión sobre la naturaleza de esta carta ha contado con un buen número de seguidores. Según Dibelius, el antiguo género parenético estaba caracterizado por cuatro factores que también encontramos en la Epístola de Santiago: (1) un fuerte hincapié en la exhortación; (2) una situación general, en lugar de una situación particular y concreta; (3) el uso de material tradicional; y (4) la poca organización. Pero la popularidad de esta aproximación de Dibelius ha ido desapareciendo en estos últimos años. Los expertos ahora dudan de que en la Antigüedad la parénesis fuera un género definido e identificable.[13] Y donde Dibelius solo veía dichos aislados, los eruditos modernos ven ideas o temas que unen las exhortaciones aparentemente inconexas de la Epístola de Santiago.

Otro género con el que se ha asociado esta epístola es el de la sabiduría.[14] De hecho, muchos estudiosos contemporáneos creen que la parénesis es una componente de la literatura sapiencial.[15] La epístola habla de la sabiduría en

---

12. Dibelius, 1-11.

13. Ver la crítica de L.J. Perdue, «Paraenesis and the Epistle of James», *ZNW* 72 (1981) 241-56.

14. Con diferentes énfasis y en diferente grado, ver, p. ej., Frankemölle, 80-88; Baker, 7-12; B. Witherington, *Jesus the Sage: The Pilgrimage of Wisdom* (Minneapolis: Fortress, 1994), 238-47.

15. J.G. Gammie, «Paraenetic Literatura: Toward the Morphology of a Secondary Genre», *Semeia* 50 (1990) 43-51; Hartin, 21-80.

un pasaje central (3:13-18; cf. también 1:5), y las amonestaciones sucintas, directas y prácticas que aparecen en muchos lugares de la carta nos recuerdan mucho el estilo de los libros sapienciales del AT (p. ej., Proverbios) y del periodo intertestamentario (p. ej., Eclesiástico y Sabiduría de Salomón). Además, algunos de los intereses de Santiago coinciden con los temas principales de los libros sapienciales (p. ej., la lengua, la disensión, las riquezas y la pobreza). Pero la sabiduría no es el tema central de la epístola como un todo; de hecho, la mayor parte de la carta no tiene nada que ver con breves «proverbios» semejantes a los de los libros sapienciales. Todo depende de hasta dónde se extiende nuestro concepto del género sapiencial. La erudición contemporánea tiene la tendencia a colocar bajo esa categoría un gran número de escritos. Basta decir que para catalogar así la Epístola de Santiago hay que tener un concepto del género sapiencial muy amplio (o vago). Y no creo que una definición tan amplia de dicho género esté justificada.

Algunos estudiosos han apuntado a otros géneros literarios. Pero ninguno ha recibido mucha aceptación. Quizá el menos alejado de la realidad sea pensar en la Epístola de Santiago como un sermón u homilía.[16] El autor, lejos de sus lectores, no puede exhortarles en persona ni de forma extensa. Por eso, pone su predicación por escrito, y escribe una carta para cubrir de forma breve las ideas principales que quiere que entiendan.

III. AUTOR

A. Santiago, el hermano del Señor

El autor de la carta se identifica simplemente como «Santiago, siervo de Dios y del Señor Jesucristo» (1:1). En castellano, el nombre de Santiago viene del latín *Sanctus Iacobus*. En otras lenguas, como en inglés o el catalán (*James* y *Jaume*), el nombre proviene también del latín, a través de la antigua versión francesa *Gemmes*. El nombre en griego, *Iakobos*, aparece en el NT cuarenta y dos veces, haciendo referencia, al menos, a cuatro personas diferentes. Tres de ellos aparecen en el mismo versículo, en Hechos 1:13: «Cuando llegaron, subieron al lugar donde se alojaban. Estaban allí Pedro, Juan, Jacobo, Andrés, Felipe, Tomás, Bartolomé, Mateo, Jacobo hijo de Alfeo, Simón el Zelote y Judas hijo de Jacobo». Jacobo el padre de Judas solo se menciona aquí, y en Lucas 6:16. Su nombre aparece simplemente por la necesidad de diferenciar a este Judas de Judas Iscariote. Jacobo el hijo de Alfeo es una referencia un tanto complicada, que solo encontramos en las listas de los apóstoles (cf. también

---

16. Ver esp. Wessel, 962 (donde quedan reflejadas las conclusiones de su disertación doctoral); también Rendall, 35; Davids, 23; Johnson, 17-24.

Mr. 3:18; Mt. 10:3, Lc. 6:15) y quizá Mr. 15:40 («Jacobo el menor») y Mt. 27:56.[17] No era lo suficientemente conocido como para escribir una carta a los creyentes. Pero Jacobo el hijo de Zebedeo es, en los evangelios, uno de los apóstoles más importantes. Junto con Pedro y Juan, pertenecía al «círculo íntimo de Jesús», y por ello tuvo el privilegio de ser testigo, por ejemplo, de la resurrección de la hija de Jairo (Mr. 5:37 y paralelos) y de la transfiguración (Mr. 9:2 y par.; ver también Mr. 10:35, 41; 13:3). Pero Herodes Agripa I hizo que lo ejecutaran (Hechos 12:2), aproximadamente hacia el año 44 dC. Y no creo que podamos fechar la Epístola de Santiago en una fecha tan temprana. Esto nos deja solamente con la opción del otro Jacobo del NT que, además, fue un personaje de una importancia considerable. Estamos hablando de Jacobo el hermano del Señor. Aparece en los evangelios (Mt. 13:55; Mr. 6:3), pero no se convirtió en un seguidor de Jesús hasta después de la resurrección (cf. 1 Co. 15:7 y Jn. 7:5). Llegó a ser un líder de la Iglesia primitiva (Hch. 12:17), donde lo encontramos dialogando con Pablo sobre la naturaleza y el alcance del ministerio del Evangelio (Hch. 15:13; 21:18; Gá. 1:19; 2:9, 12). Ninguno de sus tocayos del NT vivió tanto tiempo, o llegó a tener una posición tan importante, como para escribir una carta donde el autor no viera la necesidad de identificarse de forma detallada. También sería posible que el autor fuera un Jacobo que no apareciera en el NT, pero tratándose de alguien importante, lo lógico hubiera sido que hubiera dejado alguna huella en la tradición cristiana primitiva. Por tanto, aunque con alguna excepción posterior,[18] los cristianos tradicionalmente han identificado al autor de esta epístola con Jacobo (o Santiago) el hermano del Señor.

Llegado este punto, hemos de guiarnos por las inferencias: el autor tuvo que ser un personaje conocido, y el hermano de Jesús es el único Santiago que conocemos que encaje en este perfil. Es cierto que no contamos con ninguna prueba comprobable. Pero hay ciertas cuestiones en torno a la carta que corroboran esta conclusión.

En primer lugar, la carta contiene algunas expresiones lingüísticas similares a las del discurso que Jacobo, el hermano del Señor, pronuncia ante el Concilio de Jerusalén (Hch. 15:13-21), y a las de la carta que posteriormente envía a los gentiles que estaban en el norte de Siria y en el sur de Asia Menor (Hechos 15:23-29). El «saludo» epistolar (gr. *jairein*) solo aparece, de todo el NT, en

---

17. Algunos eruditos (p. ej., W.G. Kümmel, *Introduction to the New Testament* [edición revisada; Nashville: Abingdon, 1976], 411) creen que este Jacobo es otra persona.

18. Por ejemplo, algunos autores españoles, a partir del siglo XVII, decían que su patrón, Santiago el hijo de Zebedeo, era el autor de esta epístola; y Calvino (p. 277) sugiere que Jacobo el hijo de Alfeo podría haber escrito la Epístola de Santiago.

Stg. 1:1 y Hch. 15:23; el uso del sustantivo «nombre» (*onoma*) como sujeto de la forma pasiva del verbo «llamar» (*kaleo*) es muy peculiar, y sin embargo lo encontramos tanto en Santiago 2:7 como en Hechos 15:17; el apelativo «escuchad» o «escuchadme hermanos» aparece en Santiago 2:5 y Hechos 15:13; y la lista sigue.[19] Estas similitudes no prueban que se trate del mismo autor, pero sí que apuntan a que es muy posible que así sea.[20]

En segundo lugar, las circunstancias que aparecen en la carta encajan con la fecha y la situación en la que Jacobo de Jerusalén se encontraba. Veremos algunas de estas circunstancias en el siguiente apartado. Brevemente, parece ser que los lectores son judeocristianos que se han marchado de Palestina y ahora tienen problemas económicos, en parte debido al abuso por parte de sus amos ricos. Santiago, como queda claro en el NT, ministraba principalmente a los cristianos judíos. A mediados del siglo I, Oriente Medio estaba azotado por el hambre y la difícil situación económica. Además, los ricos compraban las tierras y forzaban a los granjeros a trabajar según lo que ellos establecían (cf. Stg. 5:1-6). Como líder de la iglesia de Jerusalén, Jacobo estaba en la posición ideal para escribir a los cristianos judíos que se habían visto obligados a marchar de Jerusalén y alrededores debido a la persecución. De hecho, la situación que Lucas describe en Hechos 11:19 encaja muy bien con el contexto que proponemos: «Ahora bien, los que habían sido esparcidos a causa de la persecución que sobrevino cuando la muerte de Esteban, llegaron hasta Fenicia, Chipre y Antioquía, no hablando la Palabra a nadie, sino solo a los judíos». Podemos imaginarnos a aquellos cristianos dejando sus casas e intentado empezar de nuevo en un ambiente hostil; como suele ocurrir con todo pueblo desplazado, su fe iba a ser probada. Y Jacobo, como su «pastor» que era, querría animarles y aconsejarles.

Hay otro aspecto de la Epístola de Santiago que se ajusta muy bien con la época de Jacobo el hermano del Señor: su Teología cristiana primitiva. Santiago contiene mucha más Teología de lo que muchos eruditos creen. Pero su Teología rara vez va más allá de la perspectiva judía y veterotestamentaria, unida a las ideas básicas del cristianismo: Jesús como Señor (1:1; 2:1) y juez venidero (5:7, 9); la tensión entre el «ya» de la salvación cumplida (1:18) y el «todavía no» culminado (1:21; 2:14; 5:20); los «ancianos» como líderes

---

19. Ver esp. Mayor, iii-iv.

20. J. Painter (*Just James: The Brother of Jesus in History and Tradition* [Columbia, S.C.: University of South Carolina Press, 1997], 234-48) usa estas similitudes y otros factores para argumentar que Lucas fue el editor de la epístola que ahora tenemos en el NT.

espirituales de la iglesia local (5:14). Éste es el tipo de Teología que podemos asociar con Jacobo, en función de lo que el NT nos cuenta de él.

B. El cuestionamiento de la perspectiva tradicional

Durante diecisiete siglos, con tan solo alguna excepción puntual, los cristianos aceptaron la idea de que la Epístola de Santiago estaba escrita por el hermano del Señor que respondía al nombre de Jacobo, y del que el NT nos habla. Pero en los dos últimos siglos, un creciente número de eruditos ha cuestionado esta tradición. Pero, ¿por qué merece la pena responder a esta duda? No es tanto por el debate en torno a la tradición. Ese es un tema que quizá interesa a los historiadores de la Iglesia, pero no a los que el único objetivo es leer y entender la epístola. Pero aquí está en juego mucho más que la tradición. La carta hace una afirmación en cuanto a la autoría: «Santiago, siervo de Dios y del Señor Jesucristo: a…». Identificar al Santiago que escribió la epístola nos puede ayudar a ubicarla en su contexto histórico y canónico de forma más exacta. Y así, mejorar nuestra interpretación de la carta y su contribución a la enseñanza de las Escrituras en general. Por ejemplo, pensamos en el tema de la justificación y en el capítulo 2 de la epístola. Pero la cuestión de la autoría es importante por otra razón. Como la carta incluye una afirmación sobre la autoría, lo que está en juego es, precisamente, la fiabilidad de toda la carta. Es verdad que la epístola no da mucha información sobre el Santiago que la escribió; por lo que la veracidad de la carta queda intacta si, con Calvino, por ejemplo, decimos que el autor es Jacobo el hijo de Alfeo. Pero si, como sostienen muchos estudiosos contemporáneos, el autor de la carta no fue alguien llamado Santiago, sino alguien que escribió usando el nombre del hermano del Señor, entonces sí que surgen muchas preguntas. ¿Nos está intentando engañar haciéndonos creer que el verdadero autor es el hermano del Señor, y así darle a la carta la autoridad apostólica que no le pertenece? ¿O simplemente está usando el conocido recurso literario de aquel entonces, por el que la enseñanza de alguien famoso se podía aplicar a una nueva situación? La respuesta que demos a estas preguntas marcará la autoridad que le otorgamos a la carta. Por eso estamos ante un tema que requiere una investigación detallada.

Vamos a considerar tres teorías generales sobre la autoría de esta epístola, aunque las dos primeras se pueden echar por tierra con bastante rapidez.[21] Aunque esta teoría ha quedado en la historia de la erudición más bien como una anécdota, en su momento tuvo algunos seguidores: un grupo de estudiosos

---

21. No vamos a molestarnos en comentar las teorías más imaginativas (por usar un calificativo respetuoso), como por ejemplo la que argumenta que el autor fue el Maestro de Justicia que encontramos en la literatura de Qumrán, «Escathological 'Rain' Imagery in the War Scroll from Qumran in the Letter of James», *JNES* 49 [1990]

sugirió que la carta no era un libro cristiano. Argumentaron que se trataba de un documento judío que alguien había «cristianizado» *a posteriori*, introduciendo algunas referencias a Jesús (1:1; 2:1).[22] Fue sencillo rebatir esta teoría, pues no hay que fijarse demasiado para darse cuenta de la gran cantidad de referencias que hay en la epístola a las enseñanzas de Jesús. Otros eruditos afirmaron que el autor de la carta era otro Jacobo: o el otro apóstol que respondía a ese nombre, Jacobo el hijo de Alfeo (Calvino), o un Jacobo desconocido (Erasmo, Lutero).[23] Pero estas teorías no tienen ninguno de los puntos fuertes que sí tiene la teoría más común que identifica al autor con Santiago el hermano del Señor.

La alternativa más común a la opinión tradicional sobre la autoría sostiene que la carta fue escrita por un cristiano desconocido. Dicen que el nombre «Santiago» que aparece en 1:1 quizá se añadió posteriormente; en tal caso, en su forma original, la carta habría sido anónima. O quizá fue el mismo autor el que lo añadió, para que su libro tuviera más autoridad y, quizá eligió el nombre de Santiago porque la enseñanza de la carta guardaba bastante relación con Santiago el hermano del Señor. En este caso, la carta sería pseudoepigráfica. Esta última teoría es la más popular entre la erudición actual. ¿Por qué? En mi opinión, creo que se debe a que los eruditos están convencidos de que la carta contiene características incompatibles con Santiago el hermano del Señor. Apuntan, sobre todo, a cuatro características concretas. Vamos a examinar cada una de ellas.

1. Si la carta realmente fue escrita por un hermano del Señor Jesús, el autor habría mencionado esa relación especial en algún momento de la carta. También, es muy extraño que no mencionara las apariciones después de la resurrección, pues fueron claves para su conversión (cf. 1 Co. 15:7).[24]

173-84; encontrará una respuesta, aunque breve, en Painter, *Just James*, 230-34, 277-88).

22. L. Massebieau, «L'epître de Jacques – est-elle l'oeuvre d'un Chrétien?» *Revue de l'Histoire des Religions* 32 (1895) 249-83; F. Spitta, «Der Brief des Jakobus», *Zur Geschichte und Literatur des Urchristentums*, vol. 2 (Göttingen: Vandenhoek & Ruprecht, 1896), 1-239. A Meyer (*Der Rätsel des Jacobusbriefes* [Berlin: Töpelmann, 1930] sugirió que este documento originalmente judío estaba basado en el «testamento» de Jacob a sus doce hijos (Génesis 49).

23. Ver también A.M. Hunter, *Introducing the New Testament* (Philadelphia: Westminster, 1957), 164-65 (aunque es más precavido en su 3a edición [1972], 168-69); Moffat, 2.

24. Por ejemplo, Laws, 40.

Ciertamente, la cuestión del silencio hace que nos surjan ciertas preguntas. Pero, ¿hasta qué punto la relación familiar de Santiago con Jesús era importante para su posición en la Iglesia? Por el texto de Gálatas 1:19 sabemos que la gente sabía que era el hermano de Jesús y que, al parecer, esa información se usaba para identificarle. Pero no hay ninguna razón para pensar que esa relación familiar guardara relación con su posición en la Iglesia primitiva.[25] En Hechos, donde Jacobo aparece como uno de los líderes principales de la iglesia de Jerusalén, nunca se menciona su relación con Jesús. Los lazos familiares que les unían solo se convirtieron en algo importante después de la muerte de Santiago. Por tanto, el hecho de que el autor no mencione esa relación es un argumento en contra de la teoría sobre la carta pseudoepigráfica. Además, ese parentesco con Jesús no tenía que ver con la relación espiritual. De hecho, según los evangelios, Jacobo y los otros hermanos de Jesús no creyeron en él durante su tiempo de ministerio en la tierra (ver Mt. 12:46; Jn. 7:5). Cuando la madre y los hermanos de Jesús fueron a verle, él estableció una diferencia entre ellos y sus verdaderos «hermanos y madre», que son los que hacen la voluntad de Dios (Mr. 3:31-34 y par.). Así que el hecho de que Santiago fuera hermano de Jesús no suponía ningún privilegio espiritual; ni tampoco fue lo que le dio una posición importante en la Iglesia primitiva. Por tanto, no es de extrañar que, al escribir la carta, no usara esta información. Ni tampoco que no mencionara las apariciones después de la resurrección. Pablo, cuya visión del Cristo resucitado le llevó a la conversión y a la consagración como apóstol, solo menciona las apariciones de Jesús en dos de sus trece epístolas. Tasker nos hace ver el sinsentido de este tipo de argumento: Santiago debe de ser pseudoepigráfica porque el autor no menciona su encuentro con el Cristo resucitado; 2 Pedro debe de ser pseudoepigráfica porque el autor menciona su encuentro con el Cristo transfigurado.[26] Lo que ocurre es que la naturaleza de la cartas del NT anula cualquier argumento construido sobre la base de lo que la carta incluya o no. El contenido de la carta estaba condicionado por muchos factores: las circunstancias del autor, su relación con los destinatarios, el propósito de la carta, la situación de cada comunidad. Así que no tiene ningún sentido extraer conclusiones generales en función de los temas que se mencionan o se dejan de mencionar.

2. Una segunda característica de la carta que ha hecho que muchos eruditos dudaran de que Jacobo de Jerusalén fuera el autor de la epístola es la lengua griega en la que está escrita y su trasfondo cultural. Se trata de un griego idio-

---

25. Ver esp. R. Bauckham, *Jude and the Relatives of Jesus in the Early Church* (Edinburgh: T. & T. Clark, 1990), 125-30.

26. Tasker, 20. Dibelius, que piensa que Santiago es pseudoepigráfica, también criticó la subjetividad de este argumento (p. 17).

mático que contiene, incluso, adornos literarios (p. ej., un hexámetro incompleto en 1:17). El autor frecuentemente alude a los escritos judíos típicos de la diáspora helena (*Eclesiástico de Ben Sirac*, *Testamento de los Doce Patriarcas*, Filón). Además, el autor emplea algunas palabras y expresiones derivadas de la filosofía y la religión griega (p. ej., «el ciclo de la naturaleza» [trad. lit.] en 3:6). Los críticos argumentan que ese tipo de lenguaje no podría haber salido de la pluma del hijo de un carpintero galileo que, según la información que tenemos, nunca salió de Palestina.

Pero esta objeción se puede rebatir de forma sencilla.

En primer lugar, no podemos exagerar la calidad del griego que aparece en la Epístola de Santiago. Aunque el lenguaje de Santiago es más cercano al «koiné culto» que la mayoría del griego neotestamentario, el griego que encontramos en esta epístola aún está muy lejos del griego literario. No contiene, por ejemplo, las elaboradas frases que encontramos en Hebreos. En palabras de Ropes: «No hay nada que apunte a un elevado estilo literario».[27]

En segundo lugar, si analizamos de forma detallada la supuesta terminología religiosa y filosófica, veremos que se trata de palabras y expresiones que habían pasado a formar parte del lenguaje común. Cualquier persona, con algo de formación y un mínimo de conocimiento sobre el mundo heleno, las podría haber usado. Hoy en día no es necesario tener una licenciatura en filosofía para usar palabras o expresiones como «existencialista» o «jerigonza o lenguaje secreto». Y el clásico estudio de Martin Hengel sacó a la luz el alto grado en el que las ideas y las expresiones helenas se habían adentrado en la Palestina de aquel entonces.[28] El hecho de que Jacobo llegara a ocupar un alto cargo en la Iglesia apunta a que debía tener algún tipo de formación. Decir que no podía haber sabido ni usado este tipo de palabras es especular más allá de la información que tenemos.

El mismo argumento es válido para hablar del nivel de griego que aparece en toda la carta. La obra de Hengel, que hemos mencionado en el párrafo anterior, formó parte de una nueva y extensa evaluación de la supuesta división entre el «judaísmo» y el «helenismo» que dominaba la erudición de principios y mediados del siglo XX. La erudición actual reconoce que cualquier referencia a esa división o antítesis debe ir acompañada de una explicación sobre la situación concreta a la que está uno refiriendo. Las ideas y el lenguaje heleno penetraron en todos los rincones del judaísmo; está claro, pues, que

---

27. Ropes, 25. T. Zahn, por su parte, es demasiado crítico en cuanto a la calidad del griego de Santiago (*Introduction to the New Testament*, vol. 1 [reimpreso; Grand Rapids: Kregel, 1906], 112]).
28. Hengel, *Judaism and Hellenism* (2 vols.; Philadelphia: Fortress, 1974).

los judíos tanto en Palestina como en la diáspora se familiarizaron en mayor o menor grado con el helenismo. En relación con el tema que estamos tratando, vale la pena mencionar la investigación que muestra que muchos palestinos, especialmente en Galilea e incluso de familias pobres, aprendían el griego desde pequeños y, por ello, lo hablaban con fluidez.[29] Así que la cuestión es la siguiente: ¿Estuvo Santiago expuesto a una influencia que le permitió escribir en el griego semiliterario que encontramos en la carta? Es imposible responder a esta pregunta, pues no tenemos información sobre la educación y formación que recibió, los viajes que realizó, los libros que leyó, o la gente con la que se relacionó y con la que conversó. Pero podemos imaginar que alguien que llegó a ser un líder reconocido de la iglesia de Jerusalén (que acogía, al menos en algún momento, tanto a «hebraístas» como a «helenistas» [Hechos 6:1]) fue capaz de aprender a desenvolverse en griego. J. N. Sevenster, que usa Santiago como prueba en su investigación sobre el uso del griego en Palestina, concluye que Jacobo de Jerusalén sí podría ser el autor de esta carta.[30] Está claro que esto no prueba que él sea el autor. Pero sí significa que el griego de la epístola no supone un impedimento para atribuir esta epístola al hermano de Jesús.

3. El acercamiento de esta epístola a la Torá es la tercera razón por la que los muchos eruditos creen que Santiago de Jerusalén no escribió la Epístola de Santiago. En algunos momentos de la carta parece que se hace uso de una interpretación de la Torá bastante «liberal». Expresiones como «la ley de la libertad» (1:25; trad. lit.) y «la ley real» (2:8) hablan del tipo de perspectiva que surgió entre los judíos que buscaban acomodar la Torá al mundo heleno. Ese acercamiento restaba importancia a los elementos rituales de la ley, favoreciendo las demandas éticas de ésta. Como la carta no menciona el tema de la ley ritual, y se centra exclusivamente en cuestiones éticas, se confirma que el autor presenta una ley que concuerde con la perspectiva «liberal» del momento. Y sin embargo, este acercamiento a la Torá contrasta con la imagen de Jacobo que encontramos en el NT y la tradición cristiana temprana. Son «algunos de parte de Jacobo» los que llegan de Antioquía insistiendo en que los cristianos judíos tienen que observar las leyes en cuanto a la comida sacrificada y tienen que dejar de comer con los gentiles (Gá. 2:11-13). Y es Jacobo el que le pide a Pablo que demuestre su lealtad al judaísmo cumpliendo con los rituales de purificación en el templo de Jerusalén (Hechos 21:20-25). Además, en la tradición cristiana, Jacobo es famoso por su lealtad al judaísmo, y se toma como representante de la «piedad de la Torá».

---

29. Ver esp. J.N. Sevenser, *Do You Know Greek? How Much Greek Could the First Jewish Christians Have Known?* (NovTSup; Leiden: Brill, 1968).

30. *Do You Know Greek?*, 191. Ver también N. Turner, *Style*, vol. 4 de *A Grammar of New Testament Greek*, de J.H. Moulton (Edinburgh: T. & T. Clark, 1976), 114.

No obstante, aunque algunos eruditos creen que esa conclusión no es cuestionable,[31] su teoría descansa en una interpretación sesgada de Santiago, una serie de inferencias del NT bastante cuestionables, y un rechazo de la tradición cristiana primitiva marcado por las ideas preconcebidas y la falta de investigación seria.

Santiago llegó a ser, en la Iglesia primitiva, una figura muy querida, sobre todo entre los judeocristianos. Estaba considerado como el primer «obispo» de la iglesia de Jerusalén, y le llamaban «el recto» o «el justo» debido a su fidelidad a la ley y su devoción a la oración. Hegesipo, un cristiano del siglo II, describe la muerte de Santiago en sus *Memorias* (que nos ha llegado solo a través de fragmentos citados por otros autores, principalmente Eusebio). Según él, Santiago murió apedreado por los escribas y los fariseos por no querer renegar de su fe en Jesús (Eusebio, *Hist. Ecc.*, 2.23). El historiador judío Josefo confirma esta historia, y también recoge la fecha del incidente que, según él, tuvo lugar el año 62 dC. (*Ant.* 20.200-201). Por Hegesipo obtenemos otro tipo de información sobre Santiago, la mayor parte lo presenta como un zelote a favor de la ley; era cristiano, pero de aquellos que defendían una marcada continuidad del judaísmo. Otras tradiciones tempranas presentan a un Santiago semejante, y de este tipo de fuentes surgió la perspectiva tradicional de un cristiano judío radical.[32] No obstante, los eruditos en la actualidad reconocen que la mayoría de estas fuentes son tendenciosas y que su objetivo principal es «retocar» a Santiago para que pueda representar sus radicales ideas.[33] Por tanto, aunque todas nuestras fuentes apuntan a un Santiago que era un cristiano judío devoto, con el deseo de mantener una buena relación con el judaísmo,[34]

---

31. Dibelius (p. 18) dice que este es el argumento decisivo contra la perspectiva tradicional sobre la autoría de esta carta. Ver también Laws, 40-41.

32. *La Epístola de Clemente* 1:1 llama a Santiago «obispo de obispos»; el Evangelio de los Hebreos (según Jerónimo [*De vir. ill.* 2]) cuenta que Santiago fue la primera persona a la que Jesús se apareció después de la resurrección; En el Evangelio de Tomás, en el dicho 12, los discípulos preguntan a Jesús, «¿Quién va a ser nuestro líder?», a lo que Jesús responde, «Estéis donde estéis os tenéis que dirigir a Santiago el justo, por quien el cielo y la tierra fueron creados» (cf. *The Nag Hammadi Library*, ed. J.M. Robinson [New York: Harper & Row, 1977], 119)

33. Ver, p. ej., R.B. Ward, «James of Jerusalem in the First Two Centuries», *ANRW* 2.26.1 (1992) 799-810.

34. Painter (*Just James*, 102) argumenta que Santiago estaba particularmente preocupado de que la misión paulina a los gentiles supusiera el abandono de la misión a los judíos.

el retrato de un «judeocristiano rígidamente aferrado a la tradición»[35] es una leyenda que no tiene base histórica.

Las evidencias del NT no son tan claras. Es evidente que Santiago, de entre los diferentes grupos de la comunidad cristiana primitiva, con quienes más se identifica es con los judeocristianos. La mayoría de ellos dio por sentado que los judíos que reconocían a Jesús como el Mesías continuarían obedeciendo todos los mandamientos de la Torá. De hecho, el «incidente» en Antioquía parece sugerir que, al menos en aquella época (¿en torno al 46-47 dC.?), Santiago buscaba promover entre los cristianos judíos la observancia de la Torá. Pero el episodio que Pablo describe en Gálatas 2 está cargado de cuestiones históricas y teológicas. En este texto se preguntan sobre la relación entre Santiago y los «judaizantes» que vienen de Jerusalén. ¿Los envió él con su bendición? ¿O usaron su nombre sin su consentimiento?[36] La mayoría de eruditos cree que se trata de lo primero; en el texto podemos ver que Santiago creía que los cristianos judíos debían seguir observando la Torá, incluso en el contexto de una comunidad cristiana mixta. Quizá estaba preocupado porque pensaba que la noticia de que los gentiles y los cristianos comían juntos haría más difícil la evangelización entre los judíos en Jerusalén.[37] Lo que Santiago le pide a Pablo en Hechos 21 refleja una preocupación similar. En medio de la situación que se vivía en Jerusalén, donde el movimiento judío radical de los zelotes seguía creciendo, Santiago quería demostrar que los judíos que reconocían a Jesús como el Mesías no estaban traicionando la tradición judía o al pueblo judío. La observancia de la Torá y la adoración a Jesús el Mesías podían darse a la vez. En este sentido, el NT confirma lo que la tradición dice sobre Santiago: leal a la Torá y con el deseo de hacer todo lo posible por mantener los lazos entre el nuevo movimiento cristiano y el judaísmo en el que había crecido.

Pero la pregunta clave es la siguiente: ¿podría una persona tan leal a la Torá haber escrito la Epístola de Santiago? En mi opinión, podemos responder de forma afirmativa. Esta carta, con una clara preocupación por la dimensión ética de la Torá, representa una tradición que estaba muy extendida entre los judíos con orientación helena y, en cierto sentido, que también vemos reflejada en la enseñanza de Jesús. Pero la cuestión es que ni la tradición ni Jesús ensalzaban los aspectos éticos de la Torá por encima de los elementos rituales de la Torá. Jesús criticó a los escribas y fariseos por dar más importancia al diezmo que

---

35. Esta expresión es de Dibelius (p. 17).

36. P. ej., la opinión de Lightoot (J.B. Lightfoot, *The Epistle of St. Paul to the Galatians* [reimpresión; Grand Rapids: Kregel, 1957], 113).

37. Ver, p. ej., F.F. Bruce, *Un comentario de la Epístola a los Gálatas* (Colección Teológica Contemporánea, 7, ed Clie, Barcelona, 2004)

a la «justicia, la misericordia y la fidelidad» (Mt. 23:23). Así que les pide que pongan en práctica esas demandas éticas de la Torá. Pero también deja claro que, cuando las practiquen, cuando practiquen la justicia, la misericordia y la fidelidad, no pueden «dejar a un lado» los otros elementos de la ley. Santiago, siguiendo el ejemplo de Jesús, hace hincapié en la importancia de obedecer la ley del amor (2:8). Y el hecho de que ilustre la importancia de cada uno de los mandamientos de la ley haciendo mención de la prohibición del adulterio y del homicidio (2:11) muestra que en este punto está hablando casi exclusivamente de los aspectos éticos de la ley. Pero en Santiago no hay nada que nos lleve a pensar que él predicaba la obediencia de los mandamientos éticos en detrimento de la ley ritual. En cuanto a la ley ritual, simplemente guarda silencio, quizá porque era un tema que las comunidades a las que escribió tenían claro. Así que a fin de cuentas, los que usan este argumento, solo tienen un argumento basado «en el silencio»: el Santiago que en Gálatas 2 y Hechos 21 estaba tan preocupado por la observancia de la Torá no podría haber escrito una carta en la que ese tema tan importante para él no apareciera. Pero este argumento es engañoso, pues pasa por alto la naturaleza ocasional de la carta. Santiago trata cuestiones que en aquel preciso momento eran candentes para la gente a la que estaba escribiendo. Si, como creemos, eran cristianos judíos que habían marchado de Jerusalén pero aún no se habían congregado con gentiles, es muy probable que el tema de la observancia de la Torá ni siquiera hubiera surgido. Pero parece ser que habían dejado de lado los elementos éticos de la Torá, y Santiago, como Jesús en su día, no lo puede permitir.

La cuarta razón que algunos mencionan para afirmar que Jacobo de Jerusalén no puede ser el autor de esta epístola tiene que ver con el problema de armonía entre Santiago y Pablo, especialmente en torno a su enseñanza sobre la justificación. La carta insiste en que las obras son necesarias para la justificación: «…a una persona se le declara justa por las obras, y no solo por la fe» (2:24). Pero Pablo enseña que la justificación es por la fe y no por «las obras de la ley» (p. ej., Ro. 3:28). La relación entre estas dos enseñanzas es uno de los mayores debates teológicos no solo cuando pensamos en esta carta, sino que también se ha convertido en una de las mayores tensiones teológicas del NT. Trataremos este tema con más profundidad en el apartado de esta Introducción que lleva el título de «Teología», y en el comentario.

No obstante, por el momento diremos que, aunque parecen afirmaciones completamente contradictorias, la tensión disminuye significativamente cuando hacemos un estudio detallado de los términos que se usan y de los contextos respectivos. De hecho, ahora la mayoría de eruditos reconoce que el objetivo de la enseñanza de Santiago no es luchar contra la enseñanza de Pablo.[38] O bien ninguno de los dos conoce la enseñanza del otro, o uno de ellos está reaccionando ante una mala interpretación de la Teología del otro. La mayoría de eruditos cree que se trata de lo segundo, y que lo que ocurre es que Santiago reacciona ante una interpretación errónea de la Teología de Pablo. Llegan a esa conclusión porque en la Iglesia primitiva el eslogan «justificación por fe», al que Santiago responde, se asociaba casi de forma exclusiva con Pablo y sus enseñanzas. Es por esa razón por la que argumentan que Santiago de Jerusalén no pudo escribir la epístola, pues ese Santiago debía conocer ampliamente la opinión de Pablo sobre la justificación. Ambos estuvieron presentes en el Concilio de Jerusalén, donde se discutió de temas que tenían mucho que ver con la enseñanza paulina sobre la justificación (Hch. 15), y también se vieron cuando Pablo volvió a Jerusalén por última vez (Hch. 21:18-25). Y, en cualquier caso, la Epístola de Santiago es, como muy tarde, de finales del siglo I, y a esas alturas mucha gente ya interpretaba la Teología de Pablo fuera de contexto. W.G. Kümmel explica, brevemente, la idea principal de este argumento: «En el debate en 2:14ss., muchos algunos hablan erróneamente de una segunda etapa de la Teología de Pablo. Para que eso fuera cierto, debería haber una gran distancia cronológica entre Santiago y Pablo (y Santiago murió en el año 62), Además, ¿quién no conocía la intención polémica de la Teología paulina? Santiago debía de conocerla, pues cuando conoció a Pablo en Jerusalén era, como muy tarde, el año 55 o 56 (cf. Hch. 21:18ss.)».[39]

No se puede realizar una evaluación adecuada de este argumento sin haber considerado antes, de forma cuidadosa, el texto de Santiago 2:14-26 y la relación que éste guarda con la enseñanza paulina sobre la justificación. Sin embargo, por el momento, queremos dejar claro que la situación que hemos descrito en el párrafo anterior responde a una explicación totalmente diferente. Si es verdad que Santiago no está luchando en contra de la enseñanza de Pablo, y si es verdad que la carta se escribió después del año 48, cuando Santiago conoció a Pablo en el concilio de Jerusalén, entonces es difícil atribuir la carta a Santiago de Jerusalén. Pero imaginemos que la carta se escribiera *antes* del año 48. Santiago entonces aún no había tenido ningún contacto con Pablo. Todo lo que sabía sobre la «justificación por la fe» de Pablo le había llegado de forma indirecta, y quizá viciada por los que al escuchar a Pablo habían malinterpretado sus enseñanzas. Es muy probable que Pablo empezara a pre-

---

38. Ver, p. ej., Martin, xxxiii-xli; Johnson, 111-16; contra, e.g., Klein, 197-204; M. Hengel, «Der Jakobusbrief als antipaulinische Polemik», en *Tradition and Interpretation in the New Testament: Essays in Honor of E. Earle Ellis for His 60th Birthday*, ed. G.F. Hawthorne y O. Betz (Grand Rapids: Eerdmans, 1987), 253-63.

39. Kümmel, *Introduction to the New Testament*, 413.

dicar justo después de su conversión (¿en el año 33 dC.?). Es imposible saber el momento en que Pablo entendió y empezó a predicar el mensaje de la justificación. Pero Gálatas, que parece ser la carta más temprana de Pablo (quizá 47-48 dC.), ya presenta una doctrina de la justificación claramente desarrollada. Los cristianos a los que probablemente se dirige Santiago (zona de Siria) debían de haber escuchado a Pablo cuando predicó en Tarso y, más adelante, en Antioquía. Ante esta realidad, Santiago revela «una ignorancia completa en cuanto a la intención polémica de la Teología paulina» porque Santiago aún no conocía de forma directa las enseñanzas de Pablo.[40]Ciertamente, es mucho más probable que esa «ignorancia completa» de la enseñanza paulina se diera antes de que escribiera sus cartas o, al menos, antes de que estuvieran circulando. Muchos intérpretes, por varias razones, rechazan directamente cualquier fecha temprana. Pero esperamos poder demostrar que una fecha tan temprana como la exigida por el escenario que acabamos de describir (mediados de la década de los 40) tiene mucha razón de ser.

C. Evaluación final

Vemos, pues, que ninguna de las cuatro grandes objeciones que se han usado para no atribuir la carta a Santiago de Jerusalén, es concluyente. Pero si seguimos unos instantes más en la línea ofensiva, existe hoy en día una objeción a la opinión popular de la autoría pseudoepigráfica que es digna de mención. Los defensores de la hipótesis pseudoepigráfica a menudo la describen como un «recurso literario transparente». La persona que escribió en nombre de Santiago no quería engañar a nadie. Simplemente habría utilizado una convención literaria común en aquella época, por la cual uno podía darle continuidad a la enseñanza de un personaje religioso concreto escribiendo en nombre de esa persona.[41] Siendo así, la afirmación de que Santiago es pseudoepigráfica no sería un impedimento para decir que la carta es totalmente fiable. La asociación con Santiago que aparece en 1:1 no pretendía transmitir información sobre el autor de la carta; y los lectores ya lo sabían. Lo que el autor pretendía era transmitir cuál era su línea teológica. Pero esta teoría se encuentra con una objeción: apenas tenemos evidencias de que las epístolas pseudoepigráficas en la Antigüedad fueran aceptadas como auténticas. De hecho, uno de los últimos investigadores sobre esta cuestión afirma que «parece ser que un documento religioso o filosófico no se aceptaba como prescriptivo si se sabía que era falso.

---

40.   Ver esp. G. Kittel, «Der geschichtliche Ort des Jacobusbriefes», *ZNW* 41 (1942) 96-97; Wessel, 965.

41.   Ver esp. D.G. Meade, *Pseudonimity and Canon: An Investigation into the Relationship of Authorship and Authority in Jewish and Earliest Christian Tradition*, WUNT, vol. 39 (Tübingen: Mohr, 1986),

No conozco ningún ejemplo».[42] El mero hecho de que Santiago fuera aceptado como libro canónico presupone que los cristianos de aquella época que tomaron esa decisión estaban seguros de que fue Santiago quien lo escribió. Los que pensaban que él no era el autor creían que eso era razón suficiente para impedir que pasara a formar parte del canon. Eso significa que tenemos dos opciones: (1) creer que Santiago es una falsificación, un documento cuyo autor pretende tener una autoridad que realmente no tiene, y por tanto, eliminarlo del canon; y (2) creer que Santiago es realmente una carta de Santiago. Vemos, pues, que la teoría del documento pseudográfico canónico no es una opción.

Algunos eruditos, sensibles a este problema, pero convencidos por una o más de las objeciones de aquellos que no creen que Santiago sea el autor de la epístola, han propuesto algunas soluciones: según ellos, Jacobo de Jerusalén no sería el autor del documento final, pero sí tendría una conexión estrecha con la epístola. Los que piensan que Jacobo de Jerusalén no pudo escribir en el griego que encontramos en la carta, proponen que Santiago se valió de un amanuense.[43] En la literatura extrabíblica y en el NT mismo (cf. Ro. 16:21) encontramos evidencias de que el uso de un amanuense era algo muy común. No obstante, esta hipótesis resulta innecesaria (puesto que creemos que Santiago sí podría haber escrito en griego) y problemática. En muchas ocasiones, la forma lingüística, las expresiones y el orden de las palabras, está tan estrechamente ligadas al contenido que es sumamente difícil separar al autor de un posible redactor final.[44] Otros creen que la carta es una traducción de un discurso o una serie de homilías que Santiago dio en arameo.[45] Peter Davids ofrece la defensa mejor elaborada de los que se identifican con este acercamiento. Viendo en el texto ciertas anomalías (un griego fluido por un lado, y el uso de semitismos por otro; un vocabulario curiosamente irregular; cierta falta de conexión en algunos momentos), Davids sugiere que estamos ante una serie de homilías que Santiago predicó tanto en arameo como en griego, dirigiéndose a cristianos judíos, y que alguien recopiló y arregló. Y Jacobo de Jerusalén podría haber sido responsable solo de la primera fase, o también de

---

42. L.R. Donelson, *Pseudepigraphy and Ethical Argument in the Pastoral Epistles*, Hermeneutische Untersuchungen zur Theologie, vol. 22 (Tübingen: Mohr-Siebeck, 1986), 11. Ver también S.E. Porter, «Pauline Authorship and the Pastoral Epistles: Implications for Canon», *BBR* 5 (1995) 105-23.

43. Ver, p. ej., A. Robert y A. Feuillet, *Introduction to the New Testament* (Paris: Desclée, 1965), 364; cf. también Mussner, 8.

44. Ver Sevenster, *Do You Know Greek?*, 10-14.

45. F.C. Burkitt, Christian Beginnings (London: University of London, 1924), 65-71; ver también F.F. Bruce, Peter, Stephen, James and John: Studies in Non-Pauline Christianity (Grand Rapids: Eerdmans, 1979), 113.

la segunda.[46] No hay modo alguno de probar o de refutar esta propuesta. Pero sí podemos cuestionar si es necesaria. Las incongruencias del griego son tan solo las típicas de una persona cuya lengua materna es el arameo, pero que también habla griego; Dibelius asegura que el griego que encontramos en la carta es «relativamente homogéneo».[47] La «falta de conexión» es producto del género epistolar y del propósito de esta carta; además, un editor también haría todo lo posible, al igual que un autor, por eliminar cualquier tipo de aspereza. Es posible que Santiago usara algunos de los sermones que ya había pronunciado; pero no hay evidencias contundentes de que existiera una fase literaria previa al documento final que hoy tenemos.

Cuando consideramos todos los datos, la solución más sencilla es aceptar el veredicto de los primeros cristianos: esta epístola fue escrita por Jacobo de Jerusalén, «el hermano del Señor». En la carta no encontramos elementos que contradigan esta afirmación, y sí que existen varios elementos que la confirman.[48]

EXCURSUS

Uno de los temas de debate más controvertidos gira en torno a Santiago «el hermano del Señor» y su relación de parentesco con Jesús. Como el ascetismo se convirtió en una línea dominante en la Iglesia con el paso de los siglos, se extendió y empezó a ganar peso la idea de que María no tuvo más descendencia y se mantuvo virgen. Las ocasiones en que el NT se refiere a Santiago como «el hermano» de Jesús también se convirtieron en tema de debate. Jerónimo aseguraba que «hermano» (gr. *adelfos*) en esos textos quería decir «primo». Esa opinión, normalmente llamada «hieronimiana», se hizo muy popular entre los círculos católico-romanos. No obstante, se encuentra con una gran dificultad: en todo el NT no hay ninguna evidencia de que la palabra griega *adelfos* también pudiera significar «primo». El uso de este término implica que Santiago y Jesús tenían, al menos, el mismo padre o la misma madre. La teoría «epifania» dice que Santiago era un hermano mayor de Jesús, hijo de José y de otra mujer anterior a María. Finalmente, los defensores de la perspectiva «helvidiana» insisten en que Santiago es hijo de José y María, y que es menor que Jesús. La estrecha relación entre María y los hermanos de Jesús (p. ej.,

---

46. Davids, 12-13.
47. Dibelius, 34.
48. En el reciente comentario crítico de Santiago, Johnson reconoce que la carta podría haber sido escrita por Santiago de Jerusalén (ver p. 121). Ver también Penner, 35-103; Hengel, «Jakobusbrief», 252; Bauckham, 11-25.

Mr. 3:32; 6:3) favorece la interpretación helvidiana.[49] Por otro lado, Richard Baukham, el último académico que ha estudiado esta cuestión, se inclina por las teorías epifania y helvidiana (más bien por la epifania).[50]

IV. OCASIÓN Y FECHA

Dejamos ahora las cuestiones literarias y formales de la carta para centrarnos en su contexto histórico. ¿Qué nos dice la carta sobre la situación de los lectores? ¿Y podemos saber la procedencia y la fecha de la carta?

A. Los lectores y su situación

La carta revela bastante información sobre las personas a las que va dirigida. En primer lugar, está claro que eran judíos, como demuestra el consenso de los eruditos[51] y las referencias que aparecen en la carta a instituciones y creencias judías. Los creyentes a los que Santiago escribe se reúnen en una «sinagoga» (2:2); comparten con el autor de la carta la idea de que el monoteísmo es una creencia fundamental (2:19) y la ley, un elemento central (1:21, 24-25; 2:8-13; 4:11-12); entienden el simbolismo veterotestamentario del matrimonio para ilustrar la naturaleza de la relación entre Dios y su pueblo (4:4). Muchos eruditos también citan el encabezamiento de la carta como evidencia de que los receptores eran judíos. «Las doce tribus que se hallan dispersas por el mundo» (1:1) parece, a primera vista, una referencia al pueblo judío que vive en la «diáspora» (una transliteración de la palabra griega que otras versiones traducen «esparcidas por el mundo»). Pero esta conclusión inicial no es tan evidente cuando realizamos un análisis más concienzudo. El judaísmo intertestamentario usaba la expresión «las doce tribus» para referirse al verdadero pueblo de Dios de los últimos tiempos, un uso que también vemos reflejado en el NT (ver el comentario de 1:1). Y dado que los primeros cristianos entendieron que el pueblo escatológico de Dios incluía tanto a gentiles como judíos, Santiago podría haber usado el término de raíces judías para aplicarlo de forma más amplia a la Iglesia de sus días. De forma similar, el término «diáspora», que originalmente describía los lugares fuera de Jerusalén por donde los judíos se habían esparcido, podría tener aquí un sentido espiritual: este mundo como el

---

49. Encontrará una defensa de esta teoría en Mayor, vi-lv.

50. Bauckham, *Jude and the Relatives of Jesus*, 19-32. En cuanto a la opinión epifania, ver también Lightfoot, «The Brethren of the Lord», en *Galatians*, 252-91.

51. Aunque hay algunas excepciones: eruditos que creen que las «doce tribus» hacen referencia a todo el pueblo de Dios y, por tanto, a todos los cristianos (p. ej., Klein, 185-90; cf. Vouga, 24-26; Baasland, 3,676-7). Por otro lado, Adamson sugiere que Santiago podía tener en mente tanto a judíos cristianos como a judíos no cristianos (*James: The Man and His Message*, 11-12).

lugar en el que los cristianos tienen que vivir, lejos de su morada celestial. No obstante, aunque esta interpretación es posible, el ambiente judío que se respira al leer esta epístola, junto con la teoría de que esta carta es bastante temprana, nos hace pensar que es muy posible que esta referencia sea más literal. Ese término sugiere que las personas a las que Santiago está escribiendo viven fuera de Israel y son judías. Igual que otros autores judíos que le precedieron, Santiago quiere consolar y exhortar al pueblo de Dios que está esparcido por todo el mundo.[52]

El hecho de que los lectores se hayan visto forzados a vivir lejos de su país nos ayuda a entender una segunda característica: su pobreza y su condición de oprimidos.[53] Los ricos terratenientes se aprovechan de ellos (5:4-6); los ricos los arrastran a los tribunales (2:6) y se ríen de su fe (2:7). Uno de los objetivos principales del autor es animar a esos cristianos en medio del sufrimiento y las dificultades, recordándoles que el juicio justo de Dios está por venir (5:7-11) y exhortándoles a que se mantengan piadosos en medio de esas pruebas (1:2-4, 12). Algunos eruditos creen que esta es la clave para interpretar la epístola. Los teólogos de la liberación encuentran aquí una clara antítesis entre la riqueza y la injusticia por un lado, y la pobreza y la justicia por otro. Santiago sugiere que el verdadero pueblo de Dios son los pobres.[54] Por otro lado, Ralph Martin recurre a un argumento más histórico. Según él, el objetivo principal está marcado por la presencia del movimiento zelote, y el autor hace un llamamiento a los judíos para que, aún en medio de la opresión, renuncien a la violencia.[55] Pero, sin negar la importancia que tiene la situación socioeconómica de los lectores para entender el propósito de la carta, hay dos consideraciones que nos sugieren que no deberíamos darle más importancia de la que tiene. En primer lugar, la interpretación más plausible de 1:10 es que en la comunidad a la que Santiago escribe también había creyentes ricos (ver el comentario de ese versículo). Esta idea se ve reforzada por la amonestación dirigida a los hombres de negocios en 4:13-17. Si realizamos una lectura cuidadosa de la epístola nos daremos cuenta de que Santiago no solo escribe a una comunidad de gente pobre que está sufriendo bajo la opresión de los ricos.

Otro problema que surge con un acercamiento centrado en la situación socioeconómica de los lectores es que en la carta encontramos mucho material

---

52. Ver D.J. Verseput, «Wisdom, 4Q185, and the Epistle of James», *JBL* 117 (1998) 700-703; Bauckham, 14-16.

53. Tamez, 23-24, y Vouga, 24-25 enfatizan la dimensión sociológica del encabezamiento en 1:1.

54. Ver, p. ej., Tamez.

55. Martin, lxvii-lxix.

que no encaja bajo esa clasificación. La situación de la Iglesia en el mundo nos ofrece elementos para conocer el contexto de la carta. Pero, en última instancia, la carta tiene mucho más que decir sobre el problema del mundo que penetra en la Iglesia. En lo que es el centro temático de la epístola, el autor advierte a sus lectores de que «la amistad con el mundo es enemistad con Dios» (4:4). Un elemento de la «religión pura y sin mancha» es «conservarse limpio de la corrupción del mundo» (1:27). La mundanalidad de la Iglesia adquiere muchas formas: una defensa servil de los ricos y una indiferencia cruel hacia los pobres (2:1-4); una lengua murmuradora y fuera de control (3:9-12; 4:11-12; 5:9); sabiduría que es «terrenal, natural, diabólica» (3:15), que lleva a «guerras y conflictos» (4:1-3); la arrogancia (4:13-17); y, sobre todo, el «doble ánimo» (1:8; 4:8), una esquizofrenia espiritual que interfiere con la oración (1:5-8) y que nos impide poner en práctica lo que decimos que creemos (1:21-27; 2:14-26). El mensaje general de Santiago es un llamamiento al arrepentimiento a aquellos que han comprometido la espiritualidad (4:4-10), y a intervenir en las vidas de aquellos que se han extraviado y van por mal camino (5:19-20).

Esta es la idea que queremos dejar clara: aunque la situación histórica y social de los destinatarios de la epístola nos pueden ayudar a entender los problemas con los que se tienen que enfrentar, en última instancia, esos problemas son más generales y más básicos que la situación inmediata. Su condición como pueblo desplazado ha hecho que salieran a la superficie una serie de cuestiones espirituales básicas; y las exhortaciones del autor tienen que ver con esas cuestiones espirituales.

B. Fecha

Si estamos en lo cierto y el autor de esta carta de Santiago es el hermano del Señor, entonces la carta es de antes del año 62 dC., cuando Santiago murió como mártir. Algunos estudiosos piensan que Santiago escribió la epístola muy poco antes de su muerte.[56] Hablan de las similitudes entre Santiago y 1 Pedro, y creen que el problema de la mundanalidad que aparece de forma reiterada en la carta refleja una situación «asentada» en las iglesias. Pero la carta tiene elementos similares a los de muchos libros judíos y cristianos del año 100 aC. hasta el año 150 dC. Como ya vimos anteriormente, estos paralelismos se daban por el uso de la enseñanza tradicional común entre los primeros cristianos. Las similitudes con 1 Pedro son del mismo tipo. Tampoco está claro que los cristianos a los que Santiago escriba lleven mucho tiempo «asentados» en su fe. Todos los problemas que se comentan en la carta son temas que también afectan a los nuevos creyentes. La tentación de dejarse influir por el mundo aflige al creyente desde el momento de su conversión; y esto es especialmente

---

56. P. ej., Tasker, 31-32; cf. también Hengel, «Jakobusbrief», 252.

cierto cuando el creyente está fuera del contexto en el que se alimentaba espiritualmente, como los receptores de esta carta.

Hay dos indicaciones que apuntan a que esta carta se escribió bastante antes, quizá a mediados de los años 40. La más importante es la relación entre la enseñanza de Santiago sobre la justificación que encontramos en el capítulo 2 y la enseñanza de Pablo sobre el mismo tema. En el apartado sobre el Autor ya comentamos que Santiago conocía el énfasis que Pablo hacía sobre «la justificación por la fe», y su objetivo no era luchar en contra de la enseñanza paulina. Después de haberse encontrado en el Concilio Apostólico en el año 48 o 49 dC., y de haber debatido y llegado por fin a un consenso sobre los requisitos para que los gentiles entraran a formar parte del pueblo de Dios (Hch. 15),[57] es muy poco probable que Santiago malinterpretara la enseñanza de Pablo. Creo que lo que ocurrió fue lo siguiente: algunos habían malinterpretado la enseñanza que Pablo impartió en Tarso a partir del año 36 (Hch. 9:30; Gá. 1:21) y en Antioquía a partir del 45 aproximadamente (Hch. 11:25-26). Al parecer, empezaron a usar el eslogan de «justificación solo por la fe» como excusa para abandonar el compromiso exigido por el verdadero discipulado y las prácticas de una vida cristiana verdadera. Lo que Santiago critica en el capítulo 2 es esa mala interpretación. Pero es muy probable que Santiago no supiera que la enseñanza paulina había sido la plataforma de aquella forma de pensamiento contra la que él estaba escribiendo. Es cierto que Santiago habría escrito en contra de esa perversión en cualquier momento. Pero si hubiera sabido lo que Pablo predicaba (y después del año 48 sí lo habría sabido), habría tratado esa cuestión de una forma un tanto diferente.

Una segunda indicación de que la carta debió de escribirse en una época bien temprana, es que Santiago no menciona el conflicto en torno a la Torá que había surgido en la Iglesia primitiva como resultado de la misión a los gentiles. De nuevo, la primera vez que este tema se discutió de forma oficial en la Iglesia primitiva fue alrededor del año 47 ó 48. «Y algunos descendieron de Judea y enseñaban a los hermanos: Si no os circuncidáis conforme al rito de Moisés, no podéis ser salvos» (Hch. 15:1). Es cierto que a los gentiles ya se les había admitido en la Iglesia antes (Cornelio en Hch. 10); y los apóstoles de Jerusalén ya han estado hablando de esta cuestión (Hch. 11:1-18). Pero a la luz de Hechos 15, parece ser que aún no se había llegado a ninguna decisión en cuanto a la forma en la que los gentiles pasaban a formar parte de la Iglesia. El Concilio Apostólico se reunió para tratar la cuestión, y Jacobo fue el líder de aquella asamblea. Así que a partir de este momento Santiago habría sido ple-

---

57. Según Gálatas 1:19, Pablo se había encontrado con Santiago unos años antes; pero probablemente fue una visita breve donde no hablaron de cuestiones teológicas.

namente consciente del tema de la Torá en relación con los gentiles. Algunos dicen que aunque no mencione este tema, la carta podría ser más tardía pues no es una carta dirigida a gentiles, sino a judíos. Pero las pocas referencias que en esta epístola se hacen a la Torá (1:24-25; 2:8-13) tienen más sentido si esta cuestión aún no hubiera surgido.

Por estas razones, creemos que la Epístola de Santiago se escribió hacia mediados de los años 40, quizá justo antes del Concilio Apostólico.[58] En ese periodo se dieron varias crisis económicas (hubo una gran hambre en Judea en el año 46 dC. [Hch. 11:28]) y varios conflictos políticos, sociales y religiosos que darían paso a la guerra judía que hubo del año 66 al 70.

V. TEOLOGÍA

Algunas personas dicen que Santiago no contiene Teología. La validez de esa afirmación depende de lo que queramos entender por «Teología». Es cierto que Santiago dice poco sobre muchas de las doctrinas cristianas básicas. Santiago no menciona temas como la persona y la obra de Cristo, el ministerio del Espíritu Santo, la importancia teológica de la Iglesia, ni el cumplimiento del AT en Cristo. Pero este argumento basado en el silencio (como ya hemos dicho antes) no tiene mucho peso. La Epístola de Santiago, como las demás epístolas del NT, es ocasional, escrita en una situación específica y para tratar unos problemas concretos. Por tanto, no nos debe extrañar que no mencione algunas doctrinas cristianas básicas, sino que es normal; de hecho, lo mismo ocurre en las otras cartas neotestamentarias. Ya hemos sugerido que Santiago está escribiendo para amonestar y exhortar a antiguos feligreses sobre algunos problemas específicos en cuanto a su práctica cristiana. Sabe que están familiarizados con las doctrinas básicas de la Iglesia y que no es necesario que se las repita. Mucho más seria es la acusación de que Santiago no fundamenta su enseñanza en la cristología. Es verdad que en toda la epístola solo se menciona a Jesús de forma explícita en dos ocasiones (1:1; 2:1). Así que si por «Teología» queremos decir un sistema de valores construido explícitamente sobre la persona de Cristo, entonces se puede decir que la Epístola de Santiago no contiene «Teología». Pero esa definición de «Teología» es demasiado cerrada. Si ampliamos la definición y aceptamos que Teología también es la enseñanza basada en una comprensión de quién es Dios y de sus propósitos en el mundo, entonces Santiago es completamente «teológica». Detrás de casi todos los elementos de esta epístola encontramos un llamamiento a poner la

---

58. La naturaleza del uso que Santiago hace de la tradición de Jesús y su dependencia de fuentes judías también podrían apuntar a una fecha temprana; ver Penner, 264-77; Hartin, 148-64.

mirada en la persona de Dios, los valores de su Palabra, y sus propósitos en la Historia. Y aunque la persona de Jesús apenas aparece de forma explícita, su enseñanza está claramente presente. Santiago es el documento neotestamentario con mayor influencia de las enseñanzas de Jesús. Así que vale la pena citar a Johnson, aunque su afirmación sea, quizá, un tanto exagerada y reaccionaria: «No es descabellado decir que la Epístola de Santiago es uno de los libros más 'teológicos' del NT».[59]

Con todo y con eso, es cierto que Santiago es menos teórico que, por ejemplo, Pablo. Podríamos conjeturar que un pastor práctico como Santiago no tenía el genio teológico y las preocupaciones teológicas de Pablo. En ese sentido, es verdad que Santiago es menos «teológico» que Pablo. No obstante, en algunos momentos y cuando el propósito que le mueve a escribir así lo requiere, Pablo también puede escribir de forma muy semejante a la de Santiago. De hecho, el texto neotestamentario más cercano al estilo de Santiago lo encontramos en Romanos 12:9-21, donde Pablo menciona de forma rápida algunos elementos clave del «amor sincero» que debe caracterizar a los creyentes. Para los propósitos que tiene en mente en ese momento, no hace falta aludir directamente a las grandes doctrinas que ya aparecen en otras partes de Romanos. Ese es el estilo que encontramos a lo largo de toda la Epístola de Santiago.

No podemos minimizar las contribuciones que Santiago aporta a algunos temas específicos de la Teología cristiana. Además de la importancia de su enseñanza sobre la fe y las obras en relación con la salvación final del creyente, Santiago también supone una contribución importante a nuestra comprensión de Dios, la tentación, la oración, la ley, la sabiduría y la escatología. Es verdad que todos estos temas surgen en la epístola en medio de un contexto práctico. El día que esa «divinidad práctica» deje de considerarse «Teología» será un día muy triste para la Iglesia. Por tanto, aunque la brevedad y los propósitos específicos de esta carta nos impiden elaborar una «Teología de Santiago» propiamente dicha, sí podemos destacar, de forma breve, las contribuciones de esta epístola a algunas cuestiones teológicas.

A. Dios

Si tomamos la definición de «Teología» en su sentido más estricto, la doctrina de Dios, entonces en Santiago la Teología es muy importante. Con frecuencia, las exhortaciones a llevar una conducta propia de un cristiano las basa en la naturaleza de Dios. H. Frankemölle no está muy equivocado cuando dice que el tema general de esta epístola es la naturaleza de Dios, y que Santiago

---

59. Johnson, 85.

basa todas sus ideas en la comprensión que tiene de Dios.[60] En Santiago hay tres características de Dios que son especialmente importantes: Dios es uno, y es un Dios celoso y un Dios de Gracia.

Está claro que Santiago es monoteísta. La confesión judía «Dios es uno» se cita como ejemplo de una doctrina correcta (2:19), y el autor recuerda a sus lectores que «no hay más que un solo legislador y juez» (4:12). Pero es bastante sorprendente el énfasis que Santiago hace en que Dios es uno. Aunque hay debate en cuanto a la traducción, es muy probable que 1:5 se esté refiriendo a que a la hora de dar, Dios tiene una única intención. Los cristianos nos podemos acercar a Dios confiadamente en oración porque su propósito es único e inmutable: darnos todo lo que necesitamos. La misma idea vuelve a aparecer en 1:7, donde Santiago cita la constancia o inmutabilidad de Dios para hacernos ver que Él solo da cosas buenas, por lo que no puede tentarnos a pecar. Esta idea que Santiago incluye en su epístola podría ser un reflejo de la enseñanza de Jesús, quien animaba a sus discípulos a pedirle a Dios lo que necesitaban porque, como un padre, siempre da buenas dádivas a sus hijos (Mt. 7:7-11). Santiago también se basa en esta característica de Dios para decir que debemos obedecer todos los mandamientos que vienen de Él (2:11). La naturaleza unitaria de Dios es especialmente importante para Santiago porque contrasta enormemente con el problema más profundo del ser humano: su tendencia a «dividir» su fidelidad, oscilando entre Dios y el mundo (1:8; 4:4, 8). Santiago concluye que los cristianos tienen que ser como Dios para vencer esa tendencia pecaminosa: de propósito firme e inmutable, y leales a un solo Señor.

Como la cristología en Santiago apenas es perceptible, tenemos muy pocas evidencias para saber cómo asociaba su claro monoteísmo con la persona de Cristo. Normalmente usa el título «Señor» para referirse a Dios (3:9; 4:10, 15; 5:4, 10, 11, 15), pero también lo usa para referirse a Jesús (2:1; 5:7, 8). Y aunque Santiago dice que «solo hay un... juez» (4:11), en 5:7 y 9 otorga a Jesús el papel de juez escatológico. En esta yuxtaposición encontramos un trinitarismo incipiente. Sin necesidad de modificar su profesión monoteísta, Santiago atribuye a Jesús títulos y funciones propias del Dios único.

Una segunda característica de Dios en la que Santiago hace hincapié es que Dios es un Dios celoso. Es cierto que solo la menciona en un versículo (4:5), y que el sentido de dicho versículo es tema de debate. Pero creemos que es muy probable que Santiago esté citando una enseñanza que encontramos a lo largo de todo el AT: Dios es celoso y por eso le dice a su pueblo que abandone

---

60.   H. Frankemölle, «Das semantische Netz des Jakobusbriefes: Zur Einheit eines unstrittenen Briefes», *BZ* 34 (1990), esp. 190-93.

la amistad con el mundo. Y aunque Santiago hace referencia a este atributo de Dios una sola vez, es una idea central del mensaje general de la epístola.

En tercer lugar, y en el mismo contexto, Santiago habla de la Gracia de Dios. Un Dios celoso exige que su pueblo solo le adore a él, un requisito que puede parecer inalcanzable y, por ello, que puede causar temor. Por ello, Santiago asegura a sus lectores que el mismo Dios que hace una demanda tan estricta también «da mayor ayuda con su Gracia» (4:6).

B. Escatología

Como ya vimos anteriormente, una de las características principales de la Epístola de Santiago es la gran cantidad de elementos que toma prestados de la enseñanza moral tanto judía como griega. Pero sus amonestaciones son diferentes por el contexto escatológico en el que aparecen.[61] Está claro que la perspectiva que domina el pensamiento de Santiago es la escatología futura. Con frecuencia, advierte a los creyentes sobre el juicio venidero para motivarles a adoptar la actitud y la conducta adecuadas (1:10-11; 2:12-13; 3:1; 5:1-6, 9, 12). Y les recuerda la recompensa que recibirán si viven como al Señor le agrada (1:12; 2:5; 4:10; 5:20). En la Iglesia primitiva reinaba la idea de que el día del juicio era inminente, y Santiago también se hace eco de esa forma de pensar: «la venida del Señor, que ya se acerca»; «el Juez ya está a la puerta» (5:8, 9). Algunos defienden que los primeros cristianos creían que Jesús iba a regresar en los años siguientes o, como mucho, en las décadas siguientes. Pero no hemos de interpretar el lenguaje de forma tan estricta. La «cercanía» de la que Santiago y otros cristianos de su época hablan, nace de dos convicciones: (1) ahora que el Mesías había venido y una nueva etapa había llegado, el siguiente suceso en el calendario divino es el final de la Historia; y (2) el fin de la Historia puede llegar en cualquier momento. Dicho de otro modo, Santiago motiva a sus lectores a que vivan de forma piadosa, pero no lo hace diciéndoles que el Señor *va a venir* en cualquier momento, sino que lo hace recordándoles que *puede volver* en cualquier momento.

Aunque la escatología futura es la perspectiva dominante en Santiago, no ignora la naturaleza escatológica presente de la vida cristiana. La pregunta retórica que aparece en 2:5, «¿No ha escogido Dios a los que son pobres según el mundo para que sean ricos en la fe y hereden el reino que prometió a quienes lo aman?», parece apuntar a que aquellos que Dios escogió ya poseen el reino (sobre todo a la luz de la «ley real» o «ley del reino» de 2:8). Santiago también alude al «nuevo nacimiento» que permite a los creyentes disfrutar de las bendi-

---

61. En cuanto a este tema, ver esp. Penner y R.W. Wall, «James as Apocalyptic Parenesis», *ResQ* 32 (1990) 11-22.

ciones del reino de Dios (1:18). Y la interpretación más posible de 5:3, «es *en los últimos días* que habéis acumulado tesoros», indica que Santiago creía que los creyentes ya estaban viviendo en la era de la consumación escatológica. Por tanto, en Santiago encontramos el patrón típicamente neotestamentario del «cumplimiento sin la consumación». Es lo que llamamos «escatología inaugurada»: hemos de interpretar y aplicar la enseñanza ética de Santiago en medio de esa tensión entre el «ya... pero todavía no».

C. La Ley

La ley *per se* no es un tema de la Epístola de Santiago. Las referencias a la ley aparecen en medio de exhortaciones sobre otras cuestiones. Cuando Santiago llama a los creyentes a ser «hacedores de la Palabra», hace referencia a «la ley perfecta, la ley de la libertad» (1:15). Habla en contra de la parcialidad en la Iglesia, diciendo que es una clara violación de la «ley real», del mandamiento de amar al prójimo como a nosotros mismos (2:8). En ese mismo contexto, Santiago enfatiza la unidad de la ley (2:10-11) y advierte a los creyentes de que serán juzgados según «la ley que nos da libertad» (2:12). Por último, Santiago condena la murmuración porque en el fondo es una crítica de la ley (4:11). Aunque este libro no contiene una Teología completa de la ley, estos textos sí nos ofrecen varias conclusiones sobre la comprensión que Santiago tenía de la ley.

En primer lugar, como ya vimos antes, Santiago no le da demasiada importancia a la obediencia de la ley ritual. Con esto en mente, algunos eruditos llegan a la conclusión de que Jacobo de Jerusalén, conocido por su lealtad a la Torá y por su intención de mantener buenas relaciones con el judaísmo, no puede ser el autor de esta epístola. Unas páginas atrás ya respondimos que (1) la imagen de un Jacobo fanático y obsesionado con la Torá es falsa; y (2) el hecho de que el autor no mencione en la epístola los elementos rituales de la ley no significa que no le importen. Los problemas que estaban viviendo los lectores de la epístola hacen que Santiago se centre en una serie de cuestiones éticas. Por eso, Santiago hace varias referencias a ese elemento de la ley.

En segundo lugar, varios de los temas que Santiago retoma en la carta también aparecen en Levítico 19. El «mandamiento del amor» aparece en el versículo 18 de ese capítulo (Ver Stg. 2:8). Pero ese capítulo también habla de jurar en falso (v. 12; cf. Stg. 5:12), de no pagar a los jornaleros (v. 13; cf. Stg. 5:5), de la parcialidad (v. 15; cf. Stg. 2:1-7), y de la murmuración (v. 16; cf. Stg. 4:11-12). L. T. Johnson, viendo estos paralelismos, sugiere que Santiago entendía al menos esta sección de Levítico 19 como un resumen de la intención básica de la ley.[62] Aunque no podemos concluir que para Santiago la ley «cristiana» solo consistiera en estos énfasis de Levítico 19, no podemos negar la importancia de ese capítulo para esta epístola.

En tercer lugar, en algunos momentos Santiago acompaña el sustantivo «ley» de diferentes calificativos: «la ley *perfecta, que da libertad*» (1:25); «la ley *suprema*» (2:8); de nuevo, «la ley que nos da libertad» (2:12). Hablar de que la ley era «perfecta» era muy común entre los judíos. Y los judíos también podían usar el adjetivo «real» para describir la ley (p. ej., Filón, *La posteridad de Caín y su exilio*, 102). Pero el contexto en el que Santiago usa estas descripciones sugiere que en ese lenguaje hay un matiz claramente cristiano. El adjetivo «real» de 2:8 (*basilikos*) debe verse a la luz de la referencia que Santiago hace al «reino» (*basileia*) en 2:5. Por tanto, el mandamiento del amor que aparece en 2:8 es «real» porque fue proclamado por Jesús el Rey, o quizá porque es la ley principal del reino que instauró. Así, la referencia que Santiago hace a la ley aquí no es una alusión directa a la Torá tal como la entendían los judíos, sino que incluye también la interpretación cristiana de la ley. En 1:25 encontramos una indicación aún más clara de esto, pues Santiago habla de «la ley de la libertad». Tanto los paganos (especialmente los estoicos) como los judíos podían atribuirle a la ley un efecto liberador.[63] Pero Santiago usa esa expresión en un contexto donde sustituye al término «palabra» (1:22-23). Esa palabra ha sido «implantada» en los creyentes (1:21) y en 1:18 se la describe como «la Palabra de verdad» a través de la cual los cristianos experimentan el milagro del nuevo nacimiento.

Aquí, Santiago deja claro que él ve una estrecha relación entre lo que normalmente llamamos «ley», en un sentido teológico (la voluntad de Dios en cuanto a las vidas que debemos llevar), y el «Evangelio» (la Gracia y las promesas de Dios).[64] ¿Cómo es esa relación? Algunos estudiosos creen que Santiago casi fusiona por completo la ley y el Evangelio. La «ley» para él ya no es la ley del AT, la Torá, sino que es la enseñanza de Jesús, la «ley» del reino, que incluye ambas cosas: la invitación a la salvación y los requisitos de una vida característica del reino.[65] Pero cuando consideramos las frecuentes alusiones que Santiago hace a Levítico 19, y su situación en la vida de la iglesia judeocristiana, es imposible negar que exista ningún tipo de relación con la ley del

---

62.   Johnson, «Levitivus 19».

63.   En cuanto a los estoicos, ver, p. ej., Epicteto, *Discursos* 4.1.158; Séneca, *De vita beata* 15.7; en cuanto a los judíos, ver, p. ej., Filón, *Todo hombre bueno es libre* 45; *b. Abot* 62b.

64.   Frankemölle, 202-12.

65.   Ver, p. ej., Mayor, 74; W. Gutbrod, TDNT 4:1,081-82.

AT. Nos convence más la idea de que la descripción que Santiago hace de la ley, que ha sido «implantada» en el creyente, es una alusión a la famosa profecía sobre el «nuevo pacto» de Jeremías 31:31-34.[66] Según esta profecía, Dios haría un «nuevo pacto» con su pueblo y, como parte de ese nuevo pacto, escribiría su ley en los corazones de su pueblo (v. 33). Dios había transmitido esa ley a su pueblo a través de la Revelación escrita; ahora, la iba a grabar en sus corazones, y en ese proceso, la ley sería transformada y, quizá, modificada. Sin embargo, Santiago nos ofrece muy poca información sobre el alcance y la identidad exacta de su término «ley». Le interesa más que sus lectores entiendan que no pueden experimentar los beneficios del Evangelio recogidos en la Palabra de Dios si no se comprometen a obedecer la ley que aparece en la Palabra de Dios.

La continuidad que la ley de Santiago mantiene con la ley del AT nos lleva directamente a la cuarta característica de la ley en Santiago: continúa siendo una guía, por lo que es una guía para la vida cristiana. Esta inferencia a partir de las alusiones que Santiago hace a la ley crea, dicen, una contradicción teológica con Pablo. A. T. Cadoux dice que la tensión entre Santiago y Pablo sobre esta cuestión es más seria que su desacuerdo en torno a la justificación.[67] Lutero resume esta objeción de la siguiente forma: Santiago «llama a la ley una 'ley de la libertad' aunque Pablo la llama una ley de esclavitud, de ira, de muerte, y de pecado». Una resolución adecuada de esta supuesta tensión nos llevaría mucho tiempo y ocuparía un libro entero. Pero, mencionaremos dos observaciones que pueden sernos de ayuda. En primer lugar, aunque se trata de un debate que aún no se ha resuelto, Pablo tiene una visión bastante negativa en cuanto al uso de la ley del AT para lograr una conducta cristiana. Él dice que los cristianos han «muerto a la ley» (Ro. 7:4); ya no están «bajo la ley» (Ro. 6:14, 15). En Gálatas 3 Pablo sugiere que la ley pertenece al pasado. No obstante, si queremos ser rigurosos hemos de reconocer que en Pablo también podemos encontrar cierta relación entre la ley cristiana y la ley veterotestamentaria (p. ej., Ro. 8:7; 1 Co. 7:19 [?]; 9:9; Ef. 6:2). Aquí no tenemos espacio para extendernos sobre el tema de Pablo y la ley. Pero acabaremos diciendo que la perspectiva de Santiago no es incompatible con la de Pablo, como algunos han pretendido demostrar.

Para el tema que tenemos entre manos, más importante aún es ver que para Santiago, la ley del AT sigue teniendo autoridad sobre los cristianos porque Jesús vino a cumplirla. El llamamiento de Santiago para que sus lectores vean «el mandamiento del amor» como *la ley real* guarda una relación directa con

66. Ver, p. ej., Mitton, 72.
67. Cadoux, 81.

Jesús; y está claro que toda la epístola está impregnada de las enseñanzas de Jesús. Esto sugiere que Santiago no separa explícitamente la enseñanza de Jesús de la ley del AT porque para él, se han entrelazado. Como dice Wessel, «'ley de la libertad' es la forma judía de describir la conducta cristiana que encontramos en la *didajé*».[68] Esta conducta cristiana sigue siendo «ley» porque en la nueva era de la salvación, esa «ley» da continuidad a la voluntad de Dios expresada en la Torá; la diferencia es que ahora es una ley «de libertad» porque nos llega a través de Aquel cuyo «yugo es fácil» y cuya «carga es ligera» (Mt. 11:30).

D. Sabiduría

En nuestra discusión sobre el género de Santiago, vimos que en muchas ocasiones la Epístola de Santiago se ha catalogado como literatura sapiencial. Los que así la clasifican se basan más en el estilo proverbial y el tono moral de la carta, que en el concepto de «sabiduría» en sí. Pero Santiago hace referencia a la sabiduría en dos ocasiones. En 1:5, exhorta a los lectores a pedirle a Dios sabiduría, quizá para que puedan entender y responder de forma adecuada ante las pruebas por las que están pasando (ver 1:2-4). Como en el AT, la sabiduría tiene que ver con entender los propósitos y los caminos del Dios, y poseerla lleva a la madurez espiritual (1:4). La sabiduría tiene un papel central en 3:13-18, donde Santiago hace un contraste entre la sabiduría «terrenal, puramente humana y diabólica» (v. 15) y «la sabiduría que desciende del cielo» (v. 17). De nuevo, como en el AT, la sabiduría en este pasaje va de la mano de la conducta. La gente que tiene el tipo erróneo de sabiduría es egoísta y conflictiva, y acaba esclavizada por la «confusión y toda cosa mala». Pero los que poseen la sabiduría divina son humildes y viven buscando la oportunidad de hacer buenas obras (v. 13). Este tipo de sabiduría, según Santiago, es «ante todo pura, y además pacífica, bondadosa, dócil, llena de compasión y de buenos frutos, imparcial y sincera» (v. 17).

Lo que Santiago dice sobre la sabiduría en estos pasajes es reminiscencia de la enseñanza veterotestamentaria que encontramos en Proverbios y en algunos de los libros judíos, como el *Eclesiástico de Ben Sirac*, que dan continuidad a la tradición del AT. Otros libros judíos intertestamentarios presentan un concepto de la sabiduría diferente. Algunos de ellos de forma implícita identifican la sabiduría con la Torá (una idea que puede empezar a apreciarse en el *Eclesiástico*). Otros retoman la personificación de la sabiduría que encontramos en Proverbios, explotando especialmente las asociaciones metafísicas del concepto que aparece en Proverbios 8:22-36. La sabiduría en estos autores

---

68.   Wessel, 960; ver también Goppelt, 2.203-6; D. Guthrie, *New Testament Theology* (Downers Grove: Inter-Varsity, 1981), 699.

judíos se convierte en un mediador entre Dios y los seres humanos, y se adjudica características semidivinas. Puede que algunos autores del NT utilicen estas ideas judías en su formulación de la cristología (p. ej., Col. 1:15-20) y otras doctrinas. Pero no podemos decir lo mismo de Santiago. Por otro lado, el AT (y algunos textos judíos) sugieren una relación muy estrecha entre la sabiduría y el Espíritu de Dios; por ejemplo, Isaías 11:2: «Y reposará sobre Él el Espíritu del SEÑOR, espíritu de sabiduría y de inteligencia, espíritu de consejo y de poder, espíritu de conocimiento y de temor del SEÑOR». Santiago solo hace una posible referencia al Espíritu (4:5); pero su descripción del «fruto» de sabiduría (3:17, citado más arriba) es muy similar a la lista paulina del «fruto del Espíritu» (Gá. 5:22-23). Por eso Davids concluye que «la sabiduría en Santiago funciona como el Espíritu en Pablo».[69] Podemos estar de acuerdo con Davids solo si la comparación entre la sabiduría de Santiago y el Espíritu de Pablo se basa en un único punto. Pablo desarrolla una amplia Teología del Espíritu, cosa que no vemos en Santiago. Y, aunque la sabiduría tiene un lugar en la Teología de Santiago, no tiene un papel tan central ni importante como algunos estudiosos han querido demostrar.[70] Como ya hemos visto, Santiago menciona la sabiduría únicamente en dos ocasiones, y en ninguna de ellas es el tema central del texto en el que aparece. Si queremos decir que la sabiduría tiene un papel a lo largo de la carta, solo podemos basarnos en los paralelismos lingüísticos: lo que Santiago dice es similar a lo que algunos textos del AT o textos judíos dicen sobre la sabiduría; por tanto, Santiago debe de tener en mente la sabiduría. Pero estos paralelismos rara vez son tan característicos de la literatura como para justificar este tipo de conclusión.[71]

E. Pobreza y riqueza

Según Mussner, «Casi todos los elementos de la tradición veterotestamentaria y de la tradición judía más tardía sobre la pobreza y la piedad aparecen también en la Epístola de Santiago».[72] Por eso, podemos apreciar mejor la enseñanza de Santiago sobre este tema si nos acercamos primero a la tradición judía y veterotestamentaria. Se trata de un tema amplio y un tanto controvertido, pero hay tres elementos de la tradición que son especialmente relevantes si pensamos en la Epístola de Santiago.

---

69. Davids, 56; ver también J.A. Kirk, «The Meaning of Wisdom in James: Examination of a hypothesis», *NTS* 16 (1969-70) 24-38.

70. Ver, p. ej., Hoppe, 51-71.

71. Ver Johnson, 33-34.

72. Mussner, 80 (mi traducción).

En primer lugar, Dios tiene un interés especial por los pobres, los marginados, los explotados. Dios es «Padre de los huérfanos y defensor de las viudas» (Sal. 68:5); «hace justicia al huérfano y a la viuda, y muestra su amor al extranjero dándole pan y vestido» (Dt. 10:18). Así que Santiago también afirma que «Dios escogió a los pobres de este mundo para ser ricos en fe» (2:5). En segundo lugar, el pueblo de Dios debe imitar a Dios mostrando el mismo tipo de interés por los pobres y los desvalidos. El pasaje de Deuteronomio, que citamos arriba, continúa: «Mostrad, pues, amor al extranjero, porque vosotros fuisteis extranjeros en la tierra de Egipto» (v. 19). Los profetas una vez tras otra denuncian a Israel por no obedecer este aspecto de la ley de Dios (ver, p. ej., Amós 2:6-7). Santiago también menciona el cuidado de los huérfanos y las viudas como un elemento clave de la religión pura (1:27).

Una tercera idea que encontramos en la tradición veterotestamentaria, sobre todo en los Salmos, es la relación que hay entre los «pobres» (*'ani*) y los justos (ver, p. ej., Sal. 10; 37:8-17; 72:2, 4; Is. 29:19). El pobre, afligido por los ricos y poderosos, clama a Dios para que lo libere. Y Dios promete rescatarle de su aflicción y juzgar al malvado opresor. En estos textos, y en otros textos semejantes, los autores del AT usan casi de informa indistinta la categoría económica «pobre» y la categoría espiritual «justo». Y, del mismo modo, el término «rico» en muchas ocasiones se asocia al término «malvado». Estos versículos reflejan un contexto social, económico y teológico específico, en el que la mayor parte del verdadero pueblo de Dios es pobre y vive bajo la opresión por parte de los ricos y poderosos. Parece ser que Santiago se encontraba en un contexto similar. En lo que probablemente es una alusión a la bienaventuranza de Jesús «Bienaventurados los pobres» (Lc. 6:20), Santiago deja claro que Dios presta una atención especial a los pobres (2:5). En 5:1-6, donde Santiago condena a los ricos, también parece hacerse eco de las palabras de juicio de Jesús en Lucas 6:24: «¡ay de vosotros los ricos!». La fuerza del lenguaje que Santiago usa, junto con su clara dependencia de las enseñanzas de Jesús y de la tradición veterotestamentaria, ha convertido esta epístola en uno de los libros bíblicos favoritos de muchos teólogos de la liberación. Según ellos, Santiago traza una línea divisoria entre los pobres y los justos por un lado, y los ricos e impíos por otro. Los pobres son el pueblo de Dios; mientras que los ricos y poderosos están destinados a la destrucción.

Pero no estamos ante un cuadro tan simple. La tradición veterotestamentaria no es tan tajante como algunos estudiosos han sugerido. Aunque es verdad que en muchas ocasiones presenta a los pobres como objeto de la preocupación y la liberación de Dios, con poca frecuencia simplemente se les *identifica* con los justos. De igual modo, rara vez se usa la palabra «pobre» como sinónimo de «malvado». (Ver la nota al pie en el comentario de 1:10). La situación en

Santiago también se complica a causa de 1:10-11. Los comentaristas no se ponen de acuerdo sobre la identidad de «el rico» en este pasaje: ¿es esa persona un «hermano» o no (cf. 1:9)? Nosotros argumentamos que probablemente sea un cristiano; y, si es así, Santiago no está equiparando las riquezas a la maldad, ni está diciendo que el pueblo de Dios solo esté formado por los pobres. En la misma línea está la forma en que Santiago justifica la condena que lanza en contra de los ricos en 5:1-6. Esa condena viene por unas acciones pecaminosas específicas: amontonar dinero a expensas de los pobres (vv. 2-3), vivir lujosamente (v. 5), defraudar a sus trabajadores (v. 4), perseguir a los justos (v. 6). Así que usar Santiago para respaldar la Teología de la liberación no es justificable. El estatus económico y la situación espiritual no son exactamente correlativos.[73]

No obstante, aunque es adecuado marcar una diferencia entre el texto de Santiago y la enseñanza de la Teología de la liberación, no podemos olvidar la denuncia que el texto bíblico hace de los ricos. Santiago sugiere que la posesión de riquezas, cuando los demás no tienen las necesidades básicas cubiertas, es pecado (ver el comentario de 5:2-3). Esta es una palabra que la Iglesia en los países del primer mundo tiene que escuchar y tomarse muy en serio. Si los que están sufriendo opresión tienden a radicalizar el mensaje de Santiago sobre la pobreza y la riqueza, los que disfrutamos de un estilo de vida cómodo y de amplio bienestar tendemos a trivializarlo.

F. La vida cristiana

La contribución más importante de Santiago a la Teología del NT tiene que ver con la ética: «no hay ningún otro libro en el Nuevo Testamento que se centre exclusivamente en cuestiones éticas».[74] Si decidiéramos tratar este tema de forma completa tendríamos que incluir aquí casi todo el comentario. Pero merece la pena, al menos, mencionar algunas cuestiones generales.

En primer lugar, la ética de Santiago debe situarse en el contexto de su escatología. Sus exhortaciones, aunque a veces tienen la apariencia de esa enseñanza sapiencial centrada en la prudencia y dirigida a personas de todas las épocas y lugares, siempre están orientadas, al menos de forma implícita, a la condición de sus lectores: son «nacidos de nuevo» (1:18), pero que aún no han sido «salvados» (1:21; cf. 2:14; 5:20). Aunque reconoce que sus lectores no van a poder escapar completamente de la influencia del pecado (3:2), los llama a que persigan la meta de ser «perfectos e íntegros» (1:4). La «doblez»

---

73. Ver, p. ej., Penner, 270-73.

74. W. Schrage, *Ethik des Neuen Testaments* (Göttingen: Vandenhoeck & Ruprecht, 1982), 226 (mi traducción); cf. también Laws, 27.

del ser humano, la condición que Santiago llama *dipsyjos*, «de doble ánimo», es la base del problema. La gente tiende a ser como las olas del mar, impulsada por el viento y echada de una parte a otra (1:6). Esta «doblez» se manifiesta en el habla, cuando la misma persona pronuncia tanto bendición como maldición (3:9-10), y, de forma diferente, cuando el cristiano profesa doctrina ortodoxa pero no vive una vida ortodoxa (2:14-26). En respuesta a esta tendencia, Santiago, por encima de todas las cosas, llama a sus lectores a avanzar hacia la madurez cristiana, hacia lo que Wesley llamó la perfección cristiana: «Se trata de una pureza de intención, de dedicar toda la vida a Dios. De darle todo nuestro corazón; de tener el deseo de que Él gobierne y diseñe nuestro carácter. De la devoción de toda nuestra alma, cuerpo y esencia, y no solo de una parte».[75]

Cuando Santiago insiste en que los creyentes no solo oyen, sino que *hacen* la Palabra de Dios(1:22), y exige una «fe que actúa» (2:14-26), vemos reflejada la misma preocupación. La obediencia de la «ley de la libertad» debe ser de corazón y coherente. Y la ley de Dios está centrada en el amor al prójimo (2:8). Por tanto, «la religión pura y sin mácula» se manifiesta en la preocupación y el amor por los desvalidos de la sociedad (1:27), en una actitud mansa y humilde ante los demás (3:13-18). No discrimina (2:1-13) y no habla mal de los demás (4:11-12).

La oración es otro componente de la vida cristiana que Santiago menciona. Nos anima a acercarnos a Dios recordándonos que Él es el Padre que da buenas dádivas (1:17) y se deleita respondiendo ante las peticiones de sus hijos (1:5). Pero Santiago quiere, sobre todo, que entendamos cuál es la condición para recibir lo que pedimos: la fe (1:6-8; 5:14). Si pedimos de forma egoísta, Dios no va a atender nuestras peticiones (4:3). No obstante, Dios no nos pide que hagamos algo que nos resulta imposible; Elías, alguien que tenía todas nuestras debilidades humanas, recibió respuestas espectaculares a sus oraciones porque era «un hombre justo» delante de Dios (5:17-18).

G. Fe, obras y justificación

La contribución más importante y más controvertida que Santiago ha hecho a la Teología del NT la encontramos en su enseñanza sobre la importancia de las obras para la justificación (2:14-26). Muchos teólogos solo citan a Santiago porque parece contradecir la doctrina de «la justificación solo por la fe» que Pablo enseñaba. Pero los que así piensan no hacen justicia a la Epístola de Santiago. Debemos apreciarla por lo que es. Santiago condena cualquier tipo

---

75. J. Wesley, *A Plain Account of Christian Perfection* (1766; *Wesley's Works* 2.444).

de cristianismo que se convierta en una «ortodoxia» estéril, pasiva. La base para establecer una relación con Dios es la fe, y no lo que hacemos. Pero la fe verdadera no es hueca. La fe genuina inevitablemente produce evidencias visibles de que existe. La fe *bíblica* va de la mano de la obediencia a Dios. Esa es la idea que Santiago quiere transmitir; de ahí, que aparezca de forma repetida: «La fe por sí sola, si no tiene obras, está muerta» (2:17); «la fe sin obras es estéril» (2:20); «la fe sin obras está muerta» (2:26). Como ya hemos dicho, Santiago hace hincapié en esta cuestión porque se dio cuenta de que algunos cristianos, haciendo una mala interpretación de la enseñanza paulina, tenían una visión de la fe muy corta, entendiéndola solo como una profesión verbal (v. 19). Esa «fe», según Santiago, no es una fe genuina. Es un engaño. Por tanto, no puede justificar al pecador (2:24) ni salvarle del juicio (2:14). Como algunos eruditos han malinterpretado toda esta cuestión, tenemos que dejar claro que esta «fe» estéril, esta «fe solo de palabra» no es la visión que Santiago tiene de la fe. Para él, la fe es un compromiso firme e inquebrantable con Dios y con Cristo (2:1) que se perfecciona en medio de las pruebas (1:2, 4) y se aferra a las promesas de Dios en oración (1:5-8; 5:14-18). Santiago no tiene una visión de la fe inferior a la de Pablo. De hecho, sobre el significado y la importancia de la fe, Santiago y Pablo parecen estar en total acuerdo. Para Pablo, según las conocidas palabras de Gálatas 5:6, «la fe que obra por amor» es la que nos lleva a ser herederos de Dios.

No obstante, depende de cómo se mire, la resolución entre Santiago y Pablo no parece tan sencilla. Pablo insiste en que una persona «es justificada por la fe aparte de las obras de la ley» (Ro. 3:28), mientras que Santiago afirma que a una persona «se la declara justa por las obras, y no solo por la fe» (2:24). Están de acuerdo en cuanto al papel fundamental que la fe tiene para la justificación, peo no están de acuerdo en cuanto al papel de las «obras». Es verdad que Pablo habla de «las obras de la ley», y que Santiago habla simplemente de «obras». Pero se están refiriendo a una misma cosa, por lo que la armonización de estas dos perspectivas no puede basarse en esta distinción. Hablaremos más de esta cuestión en el comentario correspondiente a 2:21-26, donde además de la exégesis del texto también hemos incluido un marco dentro del cual podemos resolver la aparente contradicción entre Pablo y Santiago. Lo que haremos ahora es situar esta cuestión dentro de una perspectiva más teológica. Para ello, antes tenemos que situar la enseñanza de Santiago sobre la salvación dentro de la Teología del judaísmo intertestamentario.

En los últimos veinte años ha habido un cambio de paradigma en la interpretación de la soteriología judía. La etiqueta que se le ha puesto a este nuevo paradigma, «nomismo pactual», ya apunta a sus énfasis principales. El concepto de «pacto» es un concepto básico en la historia judía. Los judíos se veían como el pueblo escogido, una nación elegida por Dios para ser su pueblo y llevar a cabo una misión en el mundo. Como Dios estableció este pacto con Israel de forma completamente gratuita, desde la perspectiva judía, la Gracia es el elemento principal de la salvación. Lejos de ser una religión de «obras» o «ley» (como muchas veces se presenta), el judaísmo era una religión de Gracia. Pero entonces, ¿qué hacemos con el énfasis obvio que los judíos hacen en la ley? Aquí es cuando entra en juego el segundo término de la etiqueta: «nomismo». Contrariamente al estereotipo de que el judaísmo es una religión «legalista», «nomismo» significa que los judíos obedecían la ley en agradecimiento por la Gracia de Dios. No creían que tuvieran que obedecer la ley para salvarse, pues ya eran salvos gracias al pacto. Por tanto, no obedecían la ley para «entrar en» sino para «seguir en».[76]

En líneas generales, el nomismo pactual es una buena imagen de la soteriología judía del periodo neotestamentario. Pero es necesario hacer dos ajustes importantes. En primer lugar, como en el caso de muchos de estos «paradigmas» generales, el nomismo pactual no ha sabido reconocer la diversidad del judaísmo del periodo intertestamentario. Puede que sí refleje la visión de algunos judíos e incluso de los teólogos judíos más influyentes de aquella época. Pero los judíos del periodo neotestamentario diferían bastante en cuanto a muchas de las cuestiones teológicas básicas. Un estudio de la literatura judía de ese periodo demuestra que se integraron muchas ideas diferentes en cuanto al pacto, la Gracia y la ley. Por tanto, hemos de reconocer que existe la posibilidad de que muchos judíos, incluso algunos de los grupos principales, fueran más «legalistas» de lo que el paradigma del nomismo pactual sugiere.

En segundo lugar, hemos de ajustar la forma en la que el nomismo pactual relaciona la obediencia a la ley con la salvación. Aunque la distinción entre «entrar en» y «seguir en» puede ser válida cuando hablamos del pacto, no necesariamente lo es cuando hablamos de la salvación. Pertenecer al pacto (en el sentido de haber nacido en el pueblo de Israel) no era una garantía de salvación. Para los judíos, la salvación era una decisión que Dios hacía en el día del juicio. La Gracia de Dios en el pacto era el medio de salvación; pero cada judío debía comprometerse a obedecer la ley para ser salvo en el día final. Dicho de otro modo, la soteriología judía del periodo intertestamentario era una sinergia: para salvarse, los seres humanos debían cooperar con la Gracia de Dios a través de la obediencia de la ley.

Aquí tenemos, por tanto, el punto de intersección entre las perspectivas judías y Santiago 2. La enseñanza de Santiago 2, tal como hemos explicado

---

76. El precursor de este nuevo paradigma fue E.P. Sanders, *Paul and Palestinian Judaism: A Comparison of Patterns of Religion* (Philadelphia: Fortress, 1977).

más arriba, parece coincidir con esta interpretación sinérgica de la salvación. Santiago da por sentado que la vida cristiana empieza por la Gracia de Dios: es una de las grandes dádivas que Dios nos ofrece, pues «nos hizo nacer por la Palabra de verdad» (1:18). La fe en Cristo es el fundamento de nuestra relación con Dios (2:1); como Abraham, los cristianos creen en Dios y eso les es contado por justicia (2:22-23). Pero Santiago insiste en que la salvación final, la liberación en el juicio de Dios («justificación» en Santiago 2), tiene en cuenta las obras. Aquí es donde encontramos el patrón básico del nomismo pactual, reinterpretado por la perspectiva del «nuevo pacto»: una persona «entra en» relación con Dios por la fe en Cristo, pero «sigue en» esa relación a través de la obediencia de la «ley real» (2:8).

Muchos intérpretes se contentan con esta conclusión. Pero cualquiera que tome en serio el lugar de Santiago en el canon del NT debe preguntarse sobre la relación de esta aparente sinergia en Santiago con la visión que encontramos en otros lugares del NT, especialmente en Pablo. Ya sé que muchos académicos modernos no estarán de acuerdo con una empresa así, pues muchos creen que cualquier intento de integración teológica es traicionar la Historia y la buena exégesis. Está claro que todo depende de la visión que uno tenga de las Escrituras. Si creemos que las cartas del NT son una serie de relatos históricos independientes sobre el desarrollo del cristianismo, cada epístola se puede interpretar sin tener en cuenta las demás. Algunos intérpretes están tan en contra de las interpretaciones «dogmáticas» de la Biblia que infravaloran la aplicación de grandes categorías conceptuales a documentos del mismo movimiento, ejercicio que, por otro lado, es típico en el estudio de otras religiones. Los estudiosos que adoptan este acercamiento ponen la soteriología de Santiago en un extremo, y la de Pablo en el otro. Concluyen que Pablo y Santiago presentan visiones contradictorias en cuanto a este tema y que, por tanto, en el NT no encontramos una visión unificada de la salvación.[77]

Pero si el NT es, como el texto mismo afirma, Revelación de Dios, y si las epístolas del NT no son escritos independientes sino parte de un libro de un único autor, entonces la búsqueda de una visión unificada dentro de las Escrituras no es solo apropiada, sino necesaria. Éste no es el lugar para elaborar un bosquejo detallado de la visión unificada de las Escrituras. Pero es la perspectiva que hemos adoptado en este comentario. Está claro que al buscar la integración de los diversos testimonios del NT, también se debe mantener la integridad de cada uno de los pasajes en cuestión. La armonización forzada de las Escrituras es mala exégesis y mala Teología. Pero buscar categorías

---

77. Ver, p. ej., J.D.G. Dunn, *Unity and Diversity in the New Testament* (Philadelphia: Westminster, 1977), 251-52.

trario que Pablo, que en Gálatas y, en menor grado en Romanos, se tiene que enfrentar a los «judaizantes» que insisten en que la obediencia de la ley es una condición para la salvación, Santiago está escribiendo a cristianos que han dejado de lado la obediencia a Dios. Según Pablo, las obras no sirven para obtener la relación con Dios. Según Santiago, las obras sirven para asegurar la vindicación de Dios en el día del juicio. Pablo ataca el legalismo; Santiago ataca el quietismo. Hemos de escuchar ambos mensajes.[81] Es normal que Lutero, que se enfrentó a la Teología católico-romana medieval y a su énfasis en las obras, se centrara en la enseñanza de Pablo. Y, del mismo modo, es normal que Wesley, que se enfrentó a una iglesia indiferente a las demandas morales del Evangelio, se apropiara de la perspectiva de Santiago. En nuestros días ocurre lo mismo. Los cristianos tenemos que escuchar la advertencia de Santiago: la fe verdadera será probada por las obras que produzca, y la fe que produce obras es la única fe auténtica y, por tanto, la única fe que salva. Santiago reconoce que los cristianos continúan pecando (3:2), por lo que no espera que cumplamos la voluntad de Dios al 100%. Pero, si no al 100%, ¿en qué porcentaje deberíamos cumplirla? ¿Cuántas obras son necesarias para validar la fe? Obviamente, Santiago no responde a esta pregunta. Pero lo que podemos decir con confianza a lo que Santiago enseña es que se puede cuestionar la fe de alguien que no tiene ninguna intención de llevar una vida de obediencia a Dios.

VI. ESTRUCTURA Y TEMA

Como vimos en el análisis que hicimos de la naturaleza y el género de la epístola, Santiago está formado por diferentes bloques de enseñanza sobre unos temas específicos (2:1-13; 2:14-26; 3:1-12; 5:1-6), junto con muchas exhortaciones más breves que parecen tener poca relación entre ellas (1:2-4; 5-8, 9-11, 12, 13-18, 19, 20-21, 22-25, 26-27; 3:13-18; 4:1-3, 4-10, 11-12, 13-17; 5:7-11, 12, 13-18, 19-20). Muchos eruditos están de acuerdo con Lutero, que acusó al autor de «echar muchas ideas en un mismo saco... de forma caótica».[82] Dibelius moderniza esta visión desde la crítica de las formas, tratando esta epístola como una colección artificial de exhortaciones independientes. No obstante, en las tres últimas décadas se ha vuelto a reconsiderar seriamente el tema de la estructura de Santiago. Adamson, en su comentario de 1976, afirma que la epístola muestra una «unidad constante».[83] Davids, en su obra de 1982,

---

81. Ver D.O. Via, «The Right Strawy Epistle Reconsidered: A Study in Biblical Ethics and Hermeneutic», *JR* 49 (1969) 253-67.

82. Lutero, «Preface to the New Testament» (1522), en *LW* 33.397.

83. Adamson, 20.

construye sobre la estructura epistolar identificada por F. O. Francis, sugiriendo que Santiago presenta una cuidadosa estructura literaria: «una introducción doble» (1:2-27); un cuerpo (2:1-5:6); y una conclusión (5:7-20). Además, dice que todas las secciones repiten los tres temas básicos de la carta: las pruebas, la sabiduría/el discurso puro, y la riqueza/pobreza.[84] Estas ideas de Francis y Davids han servido como punto de partida para un análisis literario más sofisticado y organizado de esta carta, típico de los estudios bíblicos de los últimos veinte años. El ejemplo más completo de este acercamiento lo encontramos en la obra de H. Frankemölle. Según él, 1:2-18 es la introducción (el *exordium*) y 5:7-20 la conclusión (la *peroratio*). Estos textos son similares en cuanto al orden de las palabras y a los temas, y forman así el marco en el que aparece el cuerpo de la carta. La introducción anuncia los temas que aparecerán en la carta; así, cada uno de los temas que Santiago mencionará puede asociarse a una de las breves exhortaciones que aparecen en 1:2-18. Por ejemplo, el llamamiento a ser «perfectos y completos» (1:4) vuelve a aparecer en 1:19-27; Santiago al principio nos invita a que pidamos la sabiduría de Dios, idea que retoma en 3:13-18; 2:14-26 desarrolla el llamamiento a la fe que encontramos en 1:6-8; etcétera.[85]

Nos vemos obligados a comentar estas sugerencias. En primer lugar, deberíamos evitar un prejuicio claramente presente en varios comentarios y estudios: el prejuicio de que la falta de una clara organización significa que Santiago no es un escrito bien elaborado. La estructura siempre va ligada al género y al propósito. Algunos tipos de escritura, por naturaleza, no siguen un principio de organización claro ni tienen un proceso lógico fácilmente identificable. Pero eso no es necesariamente malo; de hecho, puede que sea parte indispensable para que la epístola cumpla su fin de forma eficaz. Así que, si llegáramos a la conclusión de que Santiago sí está formado por una serie de exhortaciones breves y relativamente independientes, no estaríamos diciendo nada negativo.[86]

No obstante, y en segundo lugar, un estudio detallado de la carta revela que sigue una organización que Dibelius no supo ver; aunque también es cierto que no se trata de una organización tan elaborada como Frankemölle y otros

---

84. Davids, 22-29.

85. Ver esp. Frankemölle, «Semantische Netz». En la p. 193 aparece una tabla muy útil. Wuellner hace un acercamiento a la estructura de Santiago con una metodología similar y llega también a las mismas conclusiones básicas (J.H. Elliot retomó los esfuerzos de Wuellner en «The Epistle of James in Rethorical and Social Scientific Perspective: Holiness-Wholeness and Patterns of Replication», *BTB* 23 [1993] 171-81).

86. Ver esp. Bauckham, 62-63.

han creído ver. Hay una serie de temas que se repiten a lo largo de la carta. El tema de las pruebas aparece tanto al principio (1:2-4, 12) como al final (5:7-11), donde Santiago usa algunos términos similares logrando que la relación entre ambos pasajes sea bastante obvia. Aunque la prueba quizás no sea el tema principal, Santiago sugiere que ese es el contexto en el que la epístola debe leerse. La prueba, aunque puede tomar formas diversas (1:2), se manifiesta particularmente en la pobreza y la opresión que muchos de los primeros lectores estaban sufriendo; por tanto, sí es un tema realmente importante (1:9-11; 2:1-13; 5:1-6). A partir de aquí ya no estamos de acuerdo con Davids. El otro tema del que él habla confiadamente es la sabiduría/el discurso puro, y no estamos tan seguros de que este sea claramente un tema principal. Como ya hemos visto, la sabiduría se menciona en 1:5 y 3:13-18; pero no es un tema que se repita tanto como para decir que sea uno de los temas principales de la carta. El discurso puro o piadoso también aparece en varias ocasiones (1:20, 26; 3:1-12; 4:11-12; 5:12), pero no existe una conexión clara con el tema de la sabiduría. Y encontramos una serie de temas que, aparentemente, son de igual importancia: fe (1:6-8; 2:14-26; 5:14), humildad (3:13-18; 4:13-17), la ley (1:25; 2:8-13; 4:11-12). Cualquier otra conclusión (como identificar las diferentes partes de la epístola con los elementos convencionales de la retórica grecorromana; o unir diferentes secciones en función de los términos similares que contienen; o imponerle a la carta una estructura derivada de otros pasajes bíblicos, etc.) es querer introducir la carta en un molde en que no encaja.

En tercer lugar, pues, nuestra propuesta consiste en reconocer que hay una serie de temas que para Santiago son muy importantes (ver el párrafo anterior), pero que con frecuencia aparecen en un párrafo donde se está hablando de otros temas, por lo que la descripción de ese párrafo es más difícil de lo que quisiéramos. Concretamente, creemos que el cuerpo de la carta (1:2-5:11) se puede dividir en cinco secciones generales. La primera, 1:2-18, aunque tiene el tema de las pruebas como hilo conductor, también trata otras cuestiones. La segunda sección, 1:19-2:26, está caracterizada sobre todo por el tema de la obediencia a la Palabra. La amonestación en contra de la parcialidad, aunque podría considerarse un tema aparte, también se puede unir al tema de la obediencia a la Palabra debido a la advertencia final sobre el juicio (vs. 12-13). A primera vista, 3:1-4:12 no presenta una coherencia temática. Pero si miramos esta sección atentamente veremos que empieza (3:1-12) y acaba (4:11-12) con exhortaciones sobre el discurso adecuado y que 3:13-4:3 usa elementos recurrentes de un antiguo *topos* popular sobre la envidia y la violencia. Y a veces el discurso pecaminoso también aparece ligado a este *topos*. El párrafo 4:4-10 es un pasaje independiente en el que, como sugeriremos más adelante, Santiago expresa su preocupación más profunda en relación con los destinatarios de su epístola. La cuarta sección, 4:13-5:11, no contiene una temática única tan clara. Sin embargo, como explicaremos en el comentario, si pensamos en los temas que se desarrollan a lo largo de la Biblia veremos que la exhortación a ejercer la paciencia (5:7-11) está relacionada con la amonestación dirigida a los ricos (5:1-6). Por otro lado, los párrafos 4:13-17 y 5:1-6 tienen frases introductorias similares; ambos denuncian la arrogancia, por lo que podemos tomar ese tema como punto de unión entre los dos.

Finalmente, ¿qué podemos decir en cuanto al tema o propósito central de estas exhortaciones diversas? ¿O no podemos hablar de un tema general? En todo caso, tendría que ser un tema de amplio espectro, si con él pretendemos abarcar todo el material que aparece en la epístola. Quizá sea mejor hablar de la preocupación central del autor, en lugar de hablar de un «tema» concreto. ¿Cómo llegamos a esta conclusión? Miremos, por ejemplo, el emotivo clímax de 4:4-10. Aquí Santiago abandona su acostumbrado «hermanos» o «queridos hermanos» para castigar a sus lectores con el apelativo «gente adúltera». La forma femenina refleja la tradición bíblica que representa el pacto entre Dios y su pueblo como un matrimonio, en el que el pueblo de Dios tiene el papel de la novia. Santiago está llamando a sus lectores adúlteros espirituales. Buscan ser «amigos del mundo» y como resultado están convirtiendo al Señor, cuyo celo santo demanda la lealtad completa de su pueblo, en su enemigo (4:4-5; para entender esta interpretación, ver el comentario). Santiago se refiere a la misma idea cuando les habla a sus lectores de su «doble ánimo» (*dipsychos*; cf. 1:8 y 4:8). Como otros intérpretes han señalado, a lo largo de toda la carta Santiago usa opuestos para hacer ver a sus lectores que tienen que tomar una decisión y definirse: pueden optar por ser completamente leales al Señor obedeciendo su Palabra (1:21-25; 2:14-26), siguiendo la «sabiduría que desciende del cielo» (3:17), mostrando una «religión pura y sin mancha» (1:27); o pueden comprometer su fe llevando un estilo de vida incoherente, dejándose influir por la sabiduría «terrenal» (3:15) y por tanto «engañándose» a sí mismos sobre su estado espiritual (1:22).[87] En toda la carta podemos ver que la preocupación principal de Santiago es que sus lectores dejen de comprometer su fe y de abrazar el comportamiento y los valores terrenales, y se entreguen por completo al Señor.[88] Por tanto, sugerimos que la preocupación central de la carta es la «integridad» espiritual.

87. Ver esp. Frankemölle, «Semantische Netz», 184-87; Johnson, 14.
88. Ver también Baker, 20; Bauckham, 100-101; 177-85.

COMENTARIO DE SANTIAGO

Santiago 1

I. ENCABEZAMIENTO Y SALUDO (1:1)

Muchos lectores se saltan los versículos introductorios de las epístolas neo-testamentarias porque los ven como una formalidad de poca importancia. Pero eso es un error. Las introducciones normalmente contienen mucho más que una simple lista de nombres. Describen al autor y a los destinatarios de un modo que nos provee información sobre la naturaleza y el propósito de la carta que están presentando. Y, en este sentido, la introducción de Santiago no es una excepción.

En primer lugar, Santiago deja claro que está escribiendo una carta (es decir, deja claro que no se trata de una breve narración o un tratado teoló-gico). Esta es una buena información para empezar a evaluar lo que escribe. Por ejemplo, gracias a esa información sabemos que Santiago escribe pen-sando en unos destinatarios concretos, y que lo que dice estará condicionado en gran medida por la situación y las necesidades de estos. Por eso, no nos sorprenderá si Santiago, para llegar a todas esas necesidades, pasa de un tema a otro de forma dinámica y rápida. Además, prestaremos atención a lo que Santiago dice con la esperanza de descubrir y entender cuáles eran de hecho esas necesidades. Y también sabemos que es normal que no explicite mucho en cuanto a la situación de sus lectores, pues esa es una información que tanto escritor como destinatarios ya conocen. Así que como no conoce-mos las circunstancias, cuanto más podamos aprender sobre aquella situación, mejor podremos entender lo que Santiago dice a los lectores originales, y cuál es la enseñanza que los lectores del siglo XXI pueden poner en práctica.

Las epístolas antiguas solían empezar con una identificación del remitente, una referencia a los destinatarios, y un saludo: por ejemplo: «Antíoco a Julius, saludos». Las epístolas del NT son más extensas porque desarrollan cada uno de esos tres elementos, a veces con una extensión considerable. En su epístola a los Romanos, por ejemplo, Pablo se extiende seis versículos para explicar quién es él, antes de reconocer y saludar a sus lectores. La definición que

Santiago hace de sí mismo es mucho más breve. Tan solo añade a su nombre un breve título. Y en lugar de identificar a los destinatarios de la carta por nombre o lugar de residencia, los describe una expresión que, aunque un tanto ambigua, tiene claramente un significado teológico. Para acabar, mantiene el «saludos» típico del género epistolar antiguo.

1 *Santiago, siervo de Dios y del Señor Jesucristo, a las doce tribus que se hallan dispersas por el mundo: Saludos.*

«Santiago», como ya vimos en la Introducción, es el «hermano del Señor» que Pablo menciona en Gálatas 1:19 (cf. también Gá. 2:9, 12; 1 Co. 15:7), el líder de la iglesia de Jerusalén (Hch. 12:17; 15:3; 21:18). También vimos que muchos eruditos contemporáneos dudan que ese Santiago sea el autor de esta epístola. Defienden que otra persona la escribió posteriormente, quizá en los últimos años del siglo I, usando su nombre. Pero esta teoría presenta bastantes incongruencias (ver la Introducción). Deberíamos aceptar la afirmación de este versículo: el autor de esta epístola es el Santiago (o Jacobo) más conocido en la Iglesia primitiva, el hermano del Señor.

Pero si el autor es Santiago el hermano del Señor, ¿por qué no menciona la relación especial que tenía con Jesús? Probablemente porque «ser hermano de» no le daba a Santiago ninguna autoridad para amonestar a otros cristianos, tal como hace en esta carta. Santiago puede escribir una carta de este tipo, no por la relación familiar que le une a Jesús, sino por su relación espiritual con Jesús. Sabemos que Santiago no era uno de los doce apóstoles. Pero, al igual que Pablo, es probable que después de la resurrección la gente lo viera como un apóstol. Y Gálatas 1:19 sugiere que Pablo, al menos, veía a Santiago como un apóstol: «No vi a ningún otro de los apóstoles; solo vi a Jacobo, el hermano del Señor».[1]

No obstante, Santiago no utiliza ese título. Simplemente se identifica como un «siervo de Dios y del Señor Jesucristo». Al llamarse a sí mismo «siervo», Santiago reconoce su sumisión. De hecho, la palabra original también se puede traducir por «esclavo». Pero ser un «siervo de Dios», el soberano del Universo, también es un gran privilegio. En el AT este título se le otorgaba a los grandes líderes del pueblo de Israel, como Moisés (Dt. 34:5; Dn. 9:11) y David (Jer. 33:21; Ez. 37:25). Por tanto, como Pablo (cf. Ro. 1:1; Gá. 1:10; Fil. 1:1; Tit. 1:1) y Pedro (2 P. 1:1), Santiago se presenta en la introducción de su carta

---

1. El vocablo griego que traducimos por «sino» es *ei me*, «a excepción de» o «excepto», y probablemente haga referencia a toda la declaración anterior: «[Aparte de Pedro] no vi a ningún otro de los apóstoles excepto a Santiago». Ver, p. ej., R.N. Longenecker, *Galatians* (Waco, Tx.: Word, 1990), 38.

haciendo uso de un título que habla de su autoridad para dirigirse y amonestar a sus lectores.

El título «siervo de Dios» puede ser un título común, pero la descripción «siervo de Dios y del Señor Jesucristo» no lo es. Éste es el único lugar del NT en el que aparece. Santiago podría haber querido atribuirle a Jesús los dos títulos, «Dios» y «Señor»: «Jesucristo, tanto Dios como Señor».[2] Pero si esa hubiera sido la intención de Santiago, habría escrito los títulos en el orden opuesto. Por tanto, lo que Santiago quiere enfatizar es que sirve tanto a Dios como al «Señor Jesucristo». Estamos tan acostumbrados al compuesto «Jesucristo» que olvidamos que «Cristo» es en sí un título, equivalente al «Mesías» judeo-veterotestamentario. Aunque se usa muy poco en el AT, en el periodo del NT este título se empezó a usar para designar al rey/libertador que los judíos esperaban en los últimos días. El añadido del término «Señor» refleja que la compresión que tiene de Jesús coincide con la compresión de los inicios del cristianismo, expresada por el mismo Pedro en el sermón que pronunció el día de Pentecostés: «a este Jesús, a quien ustedes crucificaron, Dios lo ha hecho Señor y Mesías» (Hch. 2:36). ¡La visión que Santiago tiene de su hermano Jesús ha experimentado una transformación considerable desde los días en que compartían el mismo techo en compañía de su madre!

Siguiendo el patrón de la mayoría de epístolas neotestamentarias, Santiago se dirige a sus lectores mencionando su situación y ubicación; son «las doce tribus» «*que se hallan dispersas por el mundo*». «Las doce tribus» hace referencia a los orígenes históricos de Israel, compuesta originalmente por los descendientes de los doce patriarcas. Como resultado de las victorias de Asiria y Babilonia, la mayoría de las tribus estaban en el exilio y dispersas por diferentes lugares. Sin embargo, el Señor, a través de los profetas, prometió que reuniría al pueblo exiliado de Israel (Is. 11:11-12; Jer. 3:1-8-14; Ez. 37:21-22; Zac. 10:6-12; cf. también *Sal. de Salomón* 17:26-28). Era una expectativa muy extendida; ver especialmente *El Testamento de Benjamín* 9:2: «Pero en tu lugar asignado estará el templo de Dios, y la gloria del último templo excederá la gloria del templo anterior. Las doce tribus se reunirán allí y todas las naciones, cuando el Todopoderoso envíe su salvación a través del ministerio de su profeta». La elección de Jesús de escoger a doce apóstoles sugiere que su misión era instaurar ese Israel escatológico. Ver especialmente Mateo 19:28 (par. Lucas 22:30): «Les aseguro —respondió Jesús— que en la renovación de todas las cosas, cuando el Hijo del hombre se siente en su trono glorioso, ustedes que me han seguido se sentarán también en doce tronos para gobernar

---

2. Vouga, 31, 36; ver también M. Karrer, «Christus und die Welt als Stätte der Prüfung: Zur Theologie des Jakobusbriefes», *KuD* 35 (1989) 168-73.

a las doce tribus de Israel». El libro de Apocalipsis representa al pueblo de Dios de los últimos días de una forma similar: 12.000 personas de cada una de las doce tribus (Ap. 7:5-8); y la Jerusalén celestial tiene doce puertas en las que «había nombres escritos, que son los de las doce tribus de los hijos de Israel» (Ap. 21:12). Al llamar a sus lectores «las doce tribus», Santiago está dejando claro que ellos son el verdadero pueblo de Dios de los «últimos días».

La expresión «*que se hallan dispersas por el mundo*», en el griego original dice «en la diáspora». «Diáspora» se convirtió en un término técnico para describir todas las naciones fuera de Palestina donde vivía gente judía (2 Mac. 1:27; Jn. 7:35). En su primera epístola, Pedro usa este término para dirigirse a sus lectores que, con casi toda seguridad, son gentiles (1:1). Aquí, puede que la palabra tenga un significado figurado, caracterizando a los cristianos como a un grupo de personas que vive en este mundo, lejos de su verdadero «hogar» celestial. Pero la fecha temprana en la que se escribió Santiago, y la identidad judía de los destinatarios a los que escribe apuntan a que en este caso deberíamos quedarnos con el significado más literal del término. Como ya explicamos en la Introducción, Santiago escribe a cristianos judíos que han sido «esparcidos» como resultado de la persecución (Hch. 11:19).

II. LA BÚSQUEDA DE LA INTEGRIDAD ESPIRITUAL: LAS PRUEBAS, UNA OPORTUNIDAD (1:2-18)

Como ya vimos en la Introducción, no es fácil encontrar una estructura en la Epístola de Santiago. El autor quiere hablar de muchos temas, y por eso se mueve de un tema a otro con extrema rapidez. No está claro qué relación hay (si es que la hay) entre unos temas y otros. El lugar donde más cuesta encontrar una estructura es en este capítulo 1. En rápidas secuencias, Santiago:

- anima a sus lectores a responder positivamente ante las pruebas (1:2-4);

- les exhorta a pedir sabiduría, y a pedirla con fe (1:5-8);

- consuela a los pobres y advierte a los ricos (1:9-11);

- bendice a los cristianos que soportan las pruebas (1:12);

- dice a los creyentes que no culpen a Dios por la tentaciones que les sobrevienen (1:13-15);

- recuerda a sus lectores que todas las cosas buenas, incluido el nuevo nacimiento, vienen de Dios (1:16-18);

- advierte a sus lectores sobre los pecados del habla (1:19-20);

- exhorta a los creyentes a obedecer la Palabra que han recibido (1:21-25);

- y les recuerda cuál es la esencia de la «verdadera religión» (1:26-27).

Si miramos el texto en griego veremos asociaciones entre palabras que a veces no se pueden detectar en el texto traducido; y estas asociaciones pueden servir de unión entre las diferentes secciones:

- *chairein* («saludos») en el v. 1 y *charan* («dichosos») en el v. 2

- *leipomenoi* («falta nada») en el v. 4b y *leipetai* («le falta») en el v. 5

- *peirasmon* («tentación») en el v. 12 y *peirazomenos* («al ser tentado») en el v. 13

- ver también *teleios* («perfecto», «completo») que aparece en los vv. 4, 17 y 25

Pero, aparte de estas conexiones semánticas, Santiago no introduce ningún otro elemento que sugiera que hay relación entre las diferentes secciones. Así que es tarea del lector discernir qué conexión hay entre los diversos temas. Una conexión obvia es la similitud del v. 2 y el 12, pues ambos hablan de soportar las pruebas. Por tanto, para muchos estudiosos este es el párrafo introductorio y que además nos presenta el tema clave de la epístola: soportando las pruebas (vv. 2-4 y 12)[3] o la perfección espiritual (vv. 4, 5-8).[4] Pero los versículos 13-15 tienen una similitud lingüística con los vv. 2 y 12: la palabra «tentación», que es la palabra clave en los vv. 13-15, también sirve para traducir la palabra griega que en este texto se traduce por «prueba» (*peirasmos*). Así que estos versículos retoman el tema de los vv. 2-12, aunque en una dirección levemente diferente. Los versículos 16-18 son más difíciles de ubicar. Dado que el v. 18 introduce el tema de la «palabra» de Dios, el tema principal en los vv. 21-25, quizá nos veamos impulsados a establecer una división entre el v. 15 y el v. 16.[5] Pero los v. 19-20, con su advertencia sobre el habla precipitada, cambian de tema una vez más, haciendo que establecer una conexión entre el v. 18 y los vv. 21-25 sea aún más difícil. Así que, aunque los vv. 16-18 son claramente

3. Ver, p. ej., Davids, 35: «... el problema de las pruebas es el hilo conductor que une las diferentes secciones de la epístola».

4. Wuellner; H. von Lips, *Weisheitliche Traditionen im Neuen Testament* (Neukirchen/Vluyn: Neukirchener, 1990), 412-14; Penner, 144-49; Elliott, «The Epistle of James», 71-72 (que cree que el tema principal es la perfección espiritual). Francis («Form and Function», 118), Klein (37-38), Davids (65) y Johnson (174-75) creen que 1:12(13)-27 es una segunda «introducción», que introduce otro de los temas principales de la carta: ser hacedores de la Palabra de Dios.

5. Ver Crotty, 47-48; Baasland, 3,655-56.

una transición, probablemente tienen más relación con los vv. del 2 al 15 que con los vv. del 21 al 26.[6] Los versículos 19-20, por otro lado, tampoco guardan mucha relación con lo demás, pero podemos asociarlos con los vv. 21-25 si tomamos como nexo de unión el conector «por esto».

Así, los versículos 2-18 comprenden la sección introductoria de la carta. Pero, como vemos en la diversidad de opiniones sobre la estructura del capítulo, es muy difícil definir y delimitar esta sección. Ni siquiera se puede definir por el tema que trata, pues no se centra en un único tema. Los que sí hablan de un tema unificador hacen una lectura demasiado forzada del pasaje. Pero, aunque no podemos hablar de un tema concreto, sí podemos identificar algunos temas o motivos clave que parecen preocupar a Santiago. El primero de ellos es la resistencia y la paciencia en medio de las pruebas. Este tema aparece al principio del pasaje (vv. 2-4) y de nuevo en el v. 12. Y la mayor parte de este pasaje puede asociarse a este tema de forma más o menos directa. Pero quizá el segundo tema que aparece es aún más importante. Se trata de la integridad espiritual. La paciencia en medio de las pruebas tiene un resultado: para que los creyentes sean «perfectos e íntegros, sin que les falte nada» (v. 4). Lo contrario al cristiano coherente y completo es el que duda, el de «doble ánimo», que pedirá sabiduría, y no le será dada (vv. 5-8). Este texto recoge la cara positiva y la cara negativa de una preocupación que está presente a lo largo de toda la carta: un compromiso con Dios en Cristo coherente y total. Este tema es tan amplio que los otros temas que Santiago menciona en los vv. 2-18 guardan relación con él. Cuando el ser humano reconoce cuál es su situación delante de Dios, tanto el rico como el pobre se mantendrán íntegros delante del Señor (vv. 9-11). Soportar las diversas pruebas (v. 12) es esencial para mantener la integridad espiritual. Porque las pruebas solo se pueden resistir recordando que aunque Dios las envía, nunca busca nuestro fracaso (vv. 13-15). De hecho, Santiago concluye diciendo que Dios es la fuente de todas las cosas buenas de las que disfrutamos, incluido del nuevo nacimiento que los cristianos hemos experimentado, ese nuevo nacimiento que es el primer paso en el plan de Dios para que toda su creación vuelva a ser perfecta y completa (vv. 16-18).

---

6. Los que creen que los vv. 2-18 son la unidad principal son Dibelius (69-71), Ropes (128-9), Mussner (62-63), Vouga (19-20), Hartin (28), y, sobre todo, Frankemölle (137; ver también ídem, «Semantische Netz», 175-84; «Zum Thema des Jakobusbriefes: im Kontext der Rezeption von Sir 21,1-18 und 15,11-20», *BN* 48 [1989] 24-33. Cf. también Martin (30-32), que extiende el pasaje hasta el v. 19a.

A. Resistir en las pruebas produce madurez espiritual (1:2-4)

2 Hermanos míos, considérense muy dichosos cuando tengan que enfrentarse con diversas pruebas, 3 pues ya saben que la prueba de su fe produce constancia. 4 Y la constancia debe llevar a feliz término la obra, para que sean perfectos e íntegros, sin que les falte nada.

Después de los versículos iniciales, la mayoría de los autores de las epístolas neotestamentarias dan gracias por los destinatarios o bendicen a Dios por su abundante provisión espiritual. Pero Santiago no sigue ese patrón. Él pasa directamente a la exhortación. Al situar el tema de las pruebas en esta posición tan prominente (al inicio de la carta), Santiago sugiere que las pruebas o momentos difíciles por los que los creyentes estaban pasando es una de las razones principales por las que les escribe esta carta.[7] Como Pablo (Ro. 5:2-4) y Pedro (1 P. 1:5-7) en pasajes similares, Santiago recuerda a sus lectores que Dios permite que los creyentes pasen por dificultades con un propósito, y ese propósito solo se puede lograr si responden ante los problemas de forma adecuada. En cuanto a este tema, recordemos la intensa lucha con el tema del sufrimiento inmerecido y la persecución que habían experimentado los judíos durante el periodo intertestamentario. ¿Por qué Dios permite que los justos sufran? Ésta es una de las preguntas más difíciles para un creyente. Santiago no da una respuesta completa. Pero de forma implícita, vemos en sus palabras una convicción de que el sufrimiento de los creyentes está bajo el control providencial de Dios que solo quiere lo mejor para su pueblo.

2 El apelativo favorito de Santiago para dirigirse a sus lectores es «hermanos míos» (ver también 2:1, 14; 3:1, 10, 12; 4:11; 5:7, 9-10, 12, 19) o la variante «mis queridos hermanos» (1:16, 19; 2:5). Tanto los judíos como los paganos ya habían ampliado el uso de la palabra «hermano» para describir a cualquier persona que fuera miembro de su misma religión (en el NT, ver, p. ej., Mt. 5:22; Hch. 3:22; 13:15). Cuando se usaba en este sentido espiritual, este término incluía tanto a hombres como mujeres; de ahí que algunas versiones traduzcan «hermanos y hermanas». *Considérense muy dichosos*, Santiago exhorta a sus hermanos y hermanas, *cuando tengan que enfrentarse con diversas pruebas*. «*Muy dichosos*» es una traducción de la expresión griega *pasan charan* (lit. «todo gozo») puesto que la palabra *pas* probablemente esté sugiriendo intensidad (gozo completo y puro) y no tanto exclusividad (el gozo es la única reacción posible). En 1 Pedro 2:18 encontramos un ejemplo de este uso del vocablo «todo». En ese versículo Pedro exhorta a los siervos a someterse a sus amos «con todo respeto» (un respeto sincero). Por tanto, Santiago no sugiere

---

7. Ver Davids, 35-37.

que los cristianos que estén pasando por pruebas solo puedan responder con gozo, como si los cristianos no pudiéramos mostrar tristeza en medio de las dificultades. Lo que está diciendo es que las pruebas deberían verse como una oportunidad para experimentar un gozo genuino. Y la razón por la que eso es así la explicará en los vv. 3-4.

La palabra que traducimos por «prueba», *peirasmos*, y su sinónimo *peirazo*, son palabras muy importantes en esta sección: *peirasmos* aparece en los vv. 2 y 12, y *peirazo*, en los vv. 13 y 14. Estas palabras en el NT tienen dos significados distintos. Pueden hacer referencia a una prueba que viene del exterior o al proceso por el que pasamos cuando somos probados, o pueden hacer referencia a nuestra tendencia innata a sentirnos atraídos por el pecado: «tentación» o «tentar». Este segundo significado lo vemos en versículos tales como 1 Timoteo 6:9: «Pero los que quieren enriquecerse caen en *tentación* y lazo y en muchos deseos necios y dañinos que hunden a los hombres en la ruina y en la perdición» (ver también Lc. 22:40, 46). Por otro lado, 1 Pedro 4:12 es un buen ejemplo del otro significado: «Amados, no os sorprendáis del fuego de *prueba* que en medio de vosotros ha venido para probaros, como si alguna cosa extraña os estuviera aconteciendo» (ver también 1 P. 1:6; Mt. 26:41; Lc. 22:28; Hch. 20:19; Ap. 3:10). En algunos versículos no es fácil detectar cuál es el significado exacto de estas palabras. Un buen ejemplo de esto es el Padrenuestro. La mayoría de las versiones traducen: «No nos metas en tentación»; pero muchos eruditos contemporáneos creen que debería traducirse de la siguiente forma: «No nos metas en tiempos de pruebas o dificultades». En otros versículos, el significado de *peirasmos/peirazo* puede incluir ambas ideas, en el sentido de que las pruebas externas son al mismo tiempo una tentación (ver, p. ej., Lc. 4:13; 1 Co. 10:13; Heb. 3:8). Es probable que este doble sentido esté presente en los vv. 13-15. No obstante, en el v. 2, la palabra *peirasmos* significa «prueba». Las otras palabras que la acompañan apuntan en esa dirección: los creyentes corren el riesgo de «hallarse en» (LBLA) o «enfrentarse con» (como pone en algunas versiones como la NVI) esas pruebas, cuyo propósito es «probar» la fe y producir «constancia». En otros lugares del NT, estos término también acompañan al término *peirasmos* cuando este significa «prueba» (ver esp. 1 P. 1:6; y cf. v. 12).

¿Cuáles eran las «pruebas» por las que los lectores de la epístola estaban pasando? Sabemos que la pobreza era una de ella. La Epístola de Santiago está llena de referencias a la pobreza y la riqueza (1:9-11; 2:1-7; 2:15-17; 4:13-5:11), y el autor deja claro que la mayoría de sus lectores era pobre. En Santiago 2:6-7 vemos que una de las causas de la pobreza de los creyentes era la persecución religiosa. Los ricos, que «blasfeman» el nombre de Cristo, estaban «menospreciando y explotando» a los pobres, y —«los arrastran ante los tribunales». Ver también 5:1-6, donde Santiago acusa a los ricos de «dar muerte» a los justos, reteniendo sus salarios. Probablemente se dieron muchos casos en que los judíos adinerados verían a los seguidores de Jesús como traidores, y harían todo lo que estuviera en sus manos para hacerles la vida imposible. Además de la pobreza de los lectores de esta epístola, hemos de recordar que estaban exiliados, y que se habían tenido que adaptar a una situación nueva y extraña. Y de nuevo, esto sugiere que las «pruebas» que Santiago menciona se refieren a algo más que simplemente «persecución religiosa». Al decir que las pruebas eran «diversas», Santiago se refiere a un abanico muy amplio de situaciones, entre ellas, el tipo de sufrimiento que los cristianos experimentan por el simple hecho de vivir en un mundo caído: enfermedad, soledad, pérdida de seres queridos, decepción, etc.

3 ¿Por qué los creyentes pueden reaccionar ante las pruebas con gozo? Porque sabemos que Dios usa las pruebas para fortalecer y perfeccionar nuestra fe. Esa es la respuesta que encontramos en los vv. 3-4. Santiago menciona aquí lo que debían de ser las típicas palabras de ánimo y consuelo de los primeros cristianos siempre que se encontraban en medio del sufrimiento, porque tanto Pablo (Ro. 5:3-4) como Pedro (1 P. 1:6-7) dicen algo muy similar a lo que Santiago dice aquí. Las pruebas, explica Santiago, sirven para probar la fe. Cuando en estos versículos encontramos el verbo «probar», en griego encontramos una palabra muy poco común (*dokimion*), pues en el NT solo la encontramos en 1 Pedro 1:7 (y en la Septuaginta, aparece solo en el Sal. 11:7 [ET 12:6] y Pr. 27:21). Al parecer, Pedro usa este término para referirse al resultado de haber pasado por la prueba: se ve que la fe es «genuina» y «digna de aprobación». Pero los dos textos del AT hablan del proceso de refinar el oro y la plata, y así es como Santiago usa esta palabra. Dios usa las dificultades de la vida para «refinar» nuestra fe: haciéndola pasar por el crisol del sufrimiento para quemar las impurezas y que así se convierta en una fe pura y genuina. Por tanto, la «prueba de la fe» en este versículo no es una prueba para determinar si una persona tiene fe o no, sino que se trata de la prueba que sirve para purificar la fe que ya existe.

La prueba produce, en primer lugar, *constancia*. La etimología de la palabra griega apunta a la idea de «mantenerse bajo»; y, en este caso, la etimología nos lleva en la dirección correcta. La imagen que se nos presenta, pues, es la siguiente: la de una persona que lleva con éxito una pesada carta durante un periodo de tiempo. El NT enfatiza una y otra vez lo necesario que es que los cristianos cultiven esta cualidad de la perseverancia en medio de la dificultad (ver. p. ej., Lc. 8:15; 2 Ts. 1:4; Ap. 2:2; 13:10). Pero Santiago sugiere que las pruebas también pueden producir la cualidad de la resistencia. Del mismo modo que un músculo se vuelve más fuerte cuando ha tenido que resistir, los cristianos aprenden a seguir fieles al Señor y a resistir en los largos recorridos cuando se han tenido que enfrentar a dificultades. Trench, en su famoso libro de sinónimos,[8] hace una distinción entre las palabras *makrothymia* y *hypomone*. La primera, que normalmente se traduce por «paciencia», hace referencia a que los cristianos debemos soportar con amor a los demás; la otra, que es la que aquí se usa, hace referencia a que los cristianos debemos soportar las pruebas que nos sobrevienen. Esta distinción nos puede ayudar para explicar el significado de esta palabra en este versículo, pero es una explicación que no sirve para todas las ocasiones. Más adelante, Santiago exhortará a sus lectores a «ser pacientes» (gr. *makrothymeo*) hasta la venida del Señor; y parece que se está refiriendo tanto a la resistencia en medio de las pruebas, como a la paciencia con los demás.

4 Así, cuando la fe es probada, el resultado inmediato es, o debería ser, la *constancia*. Pero aunque eso tenga valor, la constancia *per se* no es el objetivo final de la prueba. Santiago dice que los creyentes deberían dejar a la paciencia «llevar a feliz término la obra». Esta traducción es bastante literal (ver la Biblia Textual), y nos ayuda a entender mejor lo que Santiago quiere decir. En primer lugar, revela que los beneficios de la prueba solo son para aquellos creyentes que reaccionan ante ella de forma adecuada: los cristianos deben permitir que la paciencia o resistencia haga la obra para la que fue diseñada. Ese énfasis en la respuesta del cristiano es típico del estilo discursivo de Santiago; en los textos paralelos que hemos mencionado de Pablo y Pedro no aparece este imperativo. Pero, en segundo lugar, ¿cuál es esa «obra completa» resultado de la constancia? Se podría estar refiriendo a la perfección de la misma perseverancia; la versión inglesa NLT traduce: «Dejadla crecer [la paciencia], porque cuando vuestra paciencia esté completamente desarrollada, seréis perfectos y completos, y ya no necesitaréis nada».[9] Pero el deseo que encontramos en toda la carta de que los creyentes respondan ante la Gracia de Dios con obediencia de corazón sugiere que la palabra «obra» en este versículo resume las muchas dimensiones del carácter cristiano ideal.[10] REB, otra versión inglesa de la Biblia, recoge muy bien esta idea: «Dejad que la paciencia perfeccione su obra en vosotros para que vosotros podáis llegar a ser perfectos o completos». Esta traducción, junto con el uso de la palabra «perfecto», nos lleva a la tercera cuestión que se desprende de esta exhortación de Santiago. La palabra griega es *teleios*, y su significado puede ir en dos direcciones ligeramente diferentes. En la filosofía moral griega, esta palabra normalmente significaba

---

8. R.C. Trench, *Synonyms of the New Testament* (reimpresión; Grand Rapids: Eerdmans, 1973), 195-98.

9. Ver, p. ej., Mayor, 36.

10. Ver esp. Klein, 55-56.

«perfecto». Pero en el NT y en la literatura judía, *teleios* recibe la influencia de la cosmovisión hebrea y pasa a significar «completo» o «maduro». Noé, por ejemplo, es el hombre «completo» por excelencia (Gn. 6:9; Eclesiástico 44:17; *Jubileos* 23:10). La mayoría de eruditos cree que Jesús usa esta palabra en ese sentido cuando les dice a sus discípulos que tienen que ser *teleios* (Mt. 5:48). No obstante, recordemos que Jesús comparó la *teleios* que los discípulos debían alcanzar con la *teleios* de Dios mismo. Esto sugiere que la traducción «maduro» no refleja completamente la idea del original. Y la diferencia entre «perfecto» y «completo» no es muy grande, pues el cristiano que ha llegado a ser «completo», también tendrá un carácter «perfecto». Hemos de recordar que Santiago está presentando esta idea como el objetivo último de las pruebas por las que pasa nuestra fe; no está diciendo que los creyentes vayan a lograr dicho objetivo. Pero no deberíamos «bajar el listón». A nuestro Dios, que es Santo y Justo, completamente separado del pecado, no le va a satisfacer nada que esté por debajo de la integridad moral completa.

Las últimas palabras de este versículo subrayan esta idea: cuando dejamos que la paciencia siga su curso y logre su objetivo, los creyentes son *perfectos e íntegros, sin que les falte nada*. Algunas versiones traducen *teleios* por «maduros», pero yo defendería el uso de una palabra más contundente. La palabra «*íntegros*» sugiere la idea de «integridad» o «buena condición», en oposición a, por ejemplo, mala salud (ver Hechos 3:16).[11] Según Santiago, cuando el creyente responde con confianza en Dios y con la determinación de resistir pacientemente, las pruebas producen un carácter cristiano íntegro al que no le falta ninguna de las virtudes que definen el carácter piadoso. Esta preocupación por la integridad espiritual gobierna toda la carta, y Santiago volverá a esta cuestión una y otra vez (ver esp. 1:7-8 y 4:4-5).

B. La integridad requiere sabiduría, que Dios da a todos los que la piden con fe (1:5-8)

5 Si a alguno de ustedes le falta sabiduría, pídasela a Dios, y él se la dará, pues Dios da a todos generosamente sin menospreciar a nadie. 6 Pero que pida con fe, sin dudar, porque quien duda es como las olas del mar, agitadas y llevadas de un lado a otro por el viento. 7 Quien es así no piense que va a recibir cosa alguna del Señor; 8 es indeciso e inconstante en todo lo que hace.

Después de animar a sus lectores a que valoren las pruebas por el potencial que éstas tienen para producir el crecimiento espiritual (vv. 2-4), Santiago les exhorta a que oren con fe pidiendo la sabiduría que Dios quiere dar a los que

---

11. Ver esp. Johnson, 178.

se la pidan (vv. 5-8). Santiago usa un nexo verbal para conectar estos dos breves párrafos: usa el verbo *faltar* al final del primero (v. 4b) y al principio del segundo (v. 5a). Pero es más difícil encontrar una secuencia en cuanto al contenido. Y Santiago no nos ofrece demasiada ayuda al iniciar el v. 5 con la vaga conjunción griega *de* (una «y» o un «pero» carentes de fuerza). Encontramos algo más de ayuda en las fuentes de sabiduría judías, que a veces unen algunos de los temas que Santiago trata en los vv. 2-8. Varios textos, por ejemplo, dicen que la sabiduría es esa cualidad necesaria para que el pueblo de Dios soporte las pruebas con valor y piedad (ver, p. ej., Eclesiástico 4:17).[12] Otros pasajes asocian la sabiduría con la perfección; ver, por ejemplo, Sabiduría 9:6: «y aunque alguien sea perfecto entre los hombres, sin la Sabiduría que proviene de ti, será tenido por nada». Algunos pasajes incluso unen los tres temas: las pruebas, la sabiduría y la integridad espiritual. Sabiduría 10:5 dice que la sabiduría fue lo que mantuvo a Abraham «irreprochable delante de Dios» cuando Dios lo probó pidiéndole que sacrificara a su hijo Isaac. A lo largo de su epístola, podemos ver que Santiago es consciente de este tipo de tradiciones judías, así que es muy probable que en esa secuencia de Santiago haya cierta influencia de ese tipo de material.[13] La perfección espiritual que es el objetivo de las pruebas (vv. 2-4) podrá lograrse únicamente cuando la sabiduría divina esté presente. Y la sabiduría solo se puede obtener a través de la petición, y tiene que ser una petición sincera y libre de doblez (vv. 6-8).

5 La exhortación que Santiago hace a sus lectores diciéndoles que pidan *sabiduría* se hace eco de un tema muy recurrente en el AT y en la enseñanza judía: «Porque el Señor da sabiduría», dice Proverbios 2:6, y la importancia de la sabiduría es el tema central de este libro del AT. La sabiduría es el medio por el que los rectos pueden discernir y llevar a cabo la voluntad de Dios (p. ej., 2:10-19; 3:13-14; 9:1-6). La sabiduría guardará al que la busque, de la inmoralidad y le permitirá complacer a Dios. Según Proverbios, el que encuentra la sabiduría encuentra la vida y recibe el favor del Señor (8:35). Los libros judíos intertestamentarios como el *Eclesiástico de Ben Sirac* o *Sabiduría de Salomón* retoman ese concepto de la sabiduría, añadiendo también algún nuevo matiz. Por ejemplo, en Proverbios ya se personifica la sabiduría, que tiene un papel activo guiando las vidas de los hijos de Dios y, en la mayoría de ese tipo de pasajes, se presenta también como el instrumento a través del cual Dios creó el mundo (8:22-31). Algunos autores judíos (p. ej., Filón) casi transforman ese recurso literario en una afirmación de la realidad, presentando a la sabiduría como un ser personal. En los últimos años, los estudiosos han prestado una atención considerable a este tipo de enseñanza judía por dos razones: algunos,

---

12. Ver la discusión en Martin, 17-18.
13. Ver, p. ej., Davids, 55; Martin, 17-18; Johnson, 179; Hartin, 86.

por su posible influencia en la cristología del NT, y otros, porque los acercamientos feministas a la Biblia encuentran en la Sabiduría una imagen que contrasta con las muchas imágenes masculinas que aparecen en la Biblia. Pero Santiago no tiene ningún interés en estas especulaciones más metafísicas. Su visión de la sabiduría refleja la visión práctica que encontramos en Proverbios, la *Sabiduría de Salomón* y el *Eclesiástico de Ben Sirac*.

Además de recibir la influencia de las enseñanzas del AT y de los libros sapienciales judíos, en este versículo vemos la influencia de otra tradición mucho más cercana: las enseñanzas de Jesús. En esta epístola podemos ver que Santiago conocía muy bien las enseñanzas de Jesús (ver la Introducción). Por eso, es muy probable que la combinación de esta exhortación con la promesa que aparece en la segunda parte del v. 5 – *pídasela a Dios, y él se la dará, pues Dios da a todos generosamente sin menospreciar a nadie* – sea reflejo de otra enseñanza de Jesús por todos conocida: «Pidan, y se les dará» (Mt. 7:7a). En esa sección del Sermón del Monte, Jesús dice que si pensamos en el carácter de Dios nos daremos cuenta de que su respuesta a nuestras oraciones está asegurada. Los padres terrenales dan cosas buenas a sus hijos; «¿cuánto más su Padre que está en el cielo dará cosas buenas a los que le pidan?». Santiago sigue este mismo patrón. Dios nos da sabiduría cuando la pedimos porque Él es un Dios bueno que *da generosamente*. Ésta es la traducción más común.[14] Éste parece ser el sentido también de las palabras de la misma familia que Pablo usa cuando habla de la ofrenda para los santos en 2 Corintios 8:2; 9:11, 13 (cf. también Ro. 12:8).

No obstante, deberíamos tener en cuenta otra posibilidad. La palabra griega que encontramos aquí no aparece en ningún otro lugar del NT. Proviene de una raíz cuyo significado es, básicamente, «sencillo», «solo», una idea que también aparece en el uso que Pablo hace de la palabra de la misma familia que aparece en Efesios 6:5 (cf. Col. 3:22): «Esclavos, obedezcan a sus amos terrenales... con integridad [o *sinceridad*] de corazón». 2 Corintios 11:3 recoge un uso similar de esta palabra, pues Pablo expresa su temor a que la mente o los sentidos de los corintios «sean desviados de un compromiso puro y *sincero* con Cristo».[15]

Encontramos otra palabra de la misma familia que podría tener este significado de «sencillo» o «íntegro» (sin doblez). En Lucas 11:24, la versión

14. La palabra griega es *haplos*; las palabras más comunes de la misma familia son *haplotes, haploo y haplous*. Ver esp. Hort, 7-9, donde encontrará una buena defensa de la traducción «generosamente» o «abundantemente».

15. La palabra también parece en una variante textual en 1 Co. 1:12, donde la idea sería de nuevo actuar con «sinceridad» o «integridad».

antigua de Reina-Valera dice: «La antorcha del cuerpo es el ojo: pues si tu ojo fuere *simple*, también todo tu cuerpo será resplandeciente».[16] Que esta palabra aparezca en este texto es particularmente importante porque sabemos que Santiago se basa en la enseñanza de Jesús que aparece en este versículo. Y si nos fijamos en el uso que en la Septuaginta se hace de este grupo de palabras, descubriremos que tan solo en una ocasión se refieren a la generosidad (3 Mac. 3:21). En las demás ocasiones recogen la idea de «sinceridad», «integridad» u «honestidad». Proverbios 10:9 es un buen ejemplo: «Quien se conduce con *integridad*, anda seguro; quien anda en malos pasos será descubierto». *Sabiduría* 1:1(-2), puesto que Santiago se hace eco de algunos de los temas que encontramos en este libro, también es bastante significativo: «Amad la justicia, vosotros, los que gobernáis la tierra, pensad rectamente acerca del Señor y buscadlo con *sencillez* de corazón. Porque él se deja encontrar por los que no lo tientan, y se manifiesta a los que no desconfían de él».[17] Estos textos provienen del AT y de los escritos sapienciales judíos que, como sabemos, influyeron en el pensamiento de Santiago; y sugieren que ha tomado un término del AT que significa «integridad» y lo ha usado para definir a Dios. Este movimiento lingüístico tendría sentido a la luz de la tendencia de Santiago de presentar el carácter cristiano como un reflejo y una extensión del de Dios.[18] Y se puede decir que el tema más importante en esta epístola es que los cristianos vivan en integridad espiritual: en la intención, que no sean de doble ánimo, y en sus acciones, que sean irreprochables. Además, esta misma idea aparece de forma explícita en los vv. 7-8. Por tanto, si los interpretamos conjuntamente, la evidencia sugiere que Santiago no pretende subrayar la generosidad de Dios en general, sino que está hablando de su determinación a darnos todo lo que necesitamos para poder agradarle.[19]

La expresión «sin menospreciar a nadie» también concuerda con esta interpretación. Según el Eclesiástico, «El regalo del insensato no te aprovechará, porque él espera que le devuelvan mucho más: da poco y echa en cara (*oneidizei*) mucho» (20:14-15a). En cambio, Santiago dice que cuando Dios da, «no lo hace con doble intención», «no espera nada a cambio», *no reprocha* (*oneidizontos*). Por tanto, el creyente no vacila a la hora de pedir sabiduría,

16. Ver la discusión en I. Marshall, *The Gospel of Luke* (NIGTC; Grand Rapids: Eerdmans, 1978), 489.

17. Ver también 2 Sa. 15:11; 1 Cro. 29:17; Job 21:23; 22:3; Pr. 11:25; 1 Mac. 2:37; 2:60; 2 Mac. 6:6; Sab. 16:27. La palabra hebrea en todos menos en uno de los textos donde aparece el hebreo original es *tam*, «estar completo, o consumado», «tener integridad».

18. Ver especialmente la obra de Frankemölle (esp. «*Zum Thema des Jakobusbriefes*», 21-49).

19. Ver esp. Dibelius, 77-79; Martin, 18.

como si Dios nos fuera a regañar porque aún no tenemos toda la sabiduría que necesitamos. Calvino comenta:

> *Como vemos que Dios no nos exige lo que está por encima de nuestras fuerzas, sino que está dispuesto a ayudarnos si se lo pedimos, cada vez que nos ordene hacer algo aprendamos a pedirle de su poder para realizarlo.*[20]

6 En el v. 5, Santiago nos animaba a pedirle a Dios en oración la sabiduría que nos falta. Pero ahora en los vv. 6-8 deja claro que debemos pedir con la actitud adecuada. Nuestra petición debe ser semejante a la forma en la que Dios da: Él da sin doblez, y así es como debemos pedir. Concretamente, Santiago anima a los lectores a orar *con fe, sin dudar*. Ha estado hablando de la sabiduría, pero en los vv. 6-8 no vuelve a mencionarla, y su enseñanza nos recuerda a otros textos del NT sobre la oración en general. Por tanto, podemos decir que estos versículos se pueden aplicar a cualquier tipo de oración. En esta epístola, Santiago habla en catorce ocasiones de *tener fe* o de *creer*. Nueve de ellas aparecen en la famosa sección sobre «la fe y las obras» (2:14-26), donde enfatiza que la verdadera fe cristiana es una cualidad activa, que produce fruto, un fruto que Dios tendrá en cuenta en el juicio. Pero la naturaleza activa de la fe en esta epístola no solo aparece en este párrafo. En 2:1 (cf. también 2:5), Santiago insiste en que la fe en Cristo no puede dar lugar a favoritismos por los que son de Cristo. Y tanto en este versículo como en 5:15, dice que la respuesta de Dios a nuestras oraciones depende de la fe. De nuevo, Santiago recoge la enseñanza de Jesús, quien, en respuesta a la sorpresa de los discípulos cuando la higuera se secó, les dijo: «Les aseguro que si tienen fe y no dudan —les respondió Jesús—, no solo harán lo que he hecho con la higuera, sino que podrán decirle a este monte: «¡Quítate de ahí y tírate al mar!», y así se hará. Si ustedes creen, recibirán todo lo que pidan en oración» (Mt. 21:21-22). Este texto es uno de los favoritos de esos falsos profetas que proclaman que Dios ha prometido «salud y riqueza» a todos los cristianos, siempre que su fe sea suficientemente fuerte. Pero ni Jesús ni Santiago dicen que Dios nos dé un cheque en blanco que podamos rellenar a nuestro antojo, esperando que Dios lo vaya a dar por válido. La expresión «todo lo que pidan» en las Escrituras solo recoge lo que Dios ha prometido dar a su pueblo (ver el comentario de 5:14). En Santiago esta idea queda clara por la conexión con el v. 5, donde dice que el deseo de Dios es darnos sabiduría.

Tanto en Mateo como en Santiago, lo opuesto a la *fe* es la *duda*. El significado de esta palabra es, básicamente, «diferenciar», y en el NT normalmente se usa con el sentido de «crear distinción» (Stg. 2:4), «juzgar» (1 Co. 14:29) o «disputar o discutir» (Hch. 11:2). Pero la voz media a veces

20. Calvino, 282.

introduce una idea reflexiva: «discutir con uno mismo». De ahí, la idea de «dudar». Pero como sugiere el significado básico de la palabra, lo más probable es que Santiago tenga en mente «una duda fuerte»: una división interna que lleva al creyente a una actitud ante Dios, de vacilación e incoherencia. Pablo usa la misma palabra para describir la fe de Abraham: «Ante la promesa de Dios no *vaciló* como un incrédulo» (Ro. 4:20). Pablo sabe que Abraham sí dudó de la promesa de Dios al menos en una ocasión, pues se rió cuando éste le prometió un hijo (Gn. 17:15-18). Así que Pablo no está diciendo que Abraham nunca dudara de las promesas de Dios, sino que, durante su larga vida, fue coherente en cuanto a su fe en Dios. Por tanto, Santiago no está diciendo que las oraciones no recibirán respuesta si en un momento puntual existe cierto grado de duda, puesto que en algunas ocasiones eso será inevitable dado nuestro estado presente de debilidad. Lo que quiere que entendamos es que Dios solo nos responde cuando nuestras vidas reflejan una coherencia, cuando vivimos con un propósito único y en integridad espiritual.

Los vv. 6b-8 desarrollan esta idea, describiendo a la persona incoherente que no va a recibir nada de Dios. Como indica el *porque* que aparece a mitad del v. 6, Santiago usa esta descripción para explicar la razón por la que los creyentes tienen que tener fe cuando oran. Al final del v. 6, Santiago compara a una persona que *duda* con *las olas del mar, agitadas y llevadas de un lado a otro por el viento*. La imagen que aquí se describe no es la de una fuerte ola que se eleva para romper con fuerza en la orilla, sino la del oleaje del mar, que nunca tiene la misma forma ni textura, sino que siempre cambia en función de la fuerza y la dirección del viento.[21] Es probable que Santiago tome esta imagen de la tradición judía. El filósofo Filón, por ejemplo, usa esta misma imagen para describir el propósito de Dios de llevar al pueblo de Israel a la tierra prometida:

> *Dios no os trajo aquí por azar, sino de acuerdo con su juramento.*
> *Y no os trajo aquí para que fuerais arrastrados de acá para allá,*
> *dejándoos llevar en medio del oleaje, los remolinos y torbellinos*
> *(klydona), sino para que estuvierais a salvo del bravo mar, para*
> *que habitarais en aguas tranquilas y bajo el cielo azul, y para*
> *que alcanzarais la virtud y la usarais como anclaje o refugio, y*
> *así encontrar un lugar de descanso estable.*[22]

---

21. Ver particularmente Hort, 10-11, sobre el significado que aquí tiene la palabra *klydon*.
22. De los sacrificios ofrecidos por Abel y Caín (*Sobre el sacrificio de Caín y Abel* 90).

Así que *el que duda*, que no posee un «ancla para el alma» (Heb. 6:19), no ora al Señor con sinceridad ni coherencia. Presa de la cambiante dirección de los deseos, hoy quiere la sabiduría de Dios, y mañana, la sabiduría del mundo.

7-8 La puntuación correcta de estos versículos es tema de discusión. Las tres alternativas principales son las siguientes:

- Ese hombre no debería pensar que va a recibir cosa alguna del Señor; es de doble ánimo [o indeciso] e inestable [inconstante] en todos sus caminos [en todo lo que hace].

- El que duda, siendo de doble ánimo e inestable en todos sus caminos, que no piense que recibirá cosa alguna del Señor.

- Esa persona no debe suponer que un hombre de doble ánimo, inestable en todos sus caminos, recibirá cosa alguna del Señor.

La última se diferencia de las otras dos en que «el hombre de doble ánimo» del v. 8 es el sujeto del verbo «recibir», en lugar de ser una simple calificación del hombre que aparece al principio del v. 7. Pero ya pocos eruditos respaldan esta traducción. «Ese hombre» es despectivo, por lo que es normal pensar que la caracterización negativa que aparece en el v. 8 esté describiendo a la misma persona. Por otro lado, la diferencia entre la primera y la segunda traducción es de poca importancia, pues, aunque de forma un tanto diferente, ambas indican que el v. 8 es una descripción de «ese hombre»/»el que duda» del v. 7.

«Esa persona» o «quien» serían mejores traducciones que «el hombre», pues sabemos que la palabra griega *anthropos* incluye, con casi toda seguridad, tanto al hombre como a la mujer. Está claro que Santiago está haciendo referencia a la persona «que duda» descrita en el v. 6. Esa persona debería cambiar de actitud, y así poder esperar que sus oraciones sean contestadas. Y por si no nos hemos enterado, en el v. 8 Santiago nos explica por qué: *es indeciso e incons-tante en todo lo que hace*. En el v. 8, la palabra que algunas versiones traducen por *hombre* no es *anthropos*, como en el v. 7, sino *aner*. Esta palabra griega normalmente hace referencia a un hombre o a un marido (término opuesto a mujer o esposa), pero éste es uno de los pocos lugares en el que se usa como una referencia genérica.[23] La palabra griega que traducimos por la expresión «*indeciso*» es *pipsychos*, cuya traducción literal más exacta sería «de doble alma». Esta es la primera vez en toda la literatura griega en la que aparece

---

23. D. A. Carson: «… me atrevo a decir que en el idialecto peculiar de Santiago, *aner* tiene la misma función que anthropos en otros autores» (*The Inclusive Language Debate: A Plea for Realism* [Grand Rapids: Baker, 1998]).

este término.[24] Es probable que se trate de un término acuñado por el mismo Santiago (vuelve a usarlo en 4:8) para subrayar que los creyentes deben vivir una fe íntegra. No obstante, aunque él sea el primero en usar esta palabra, que vuelve a usarlo en 4:8, es evidente que no es el primero en enunciar el concepto. El AT bendice a los que buscan a Dios «de todo corazón» (Sal. 119:2) y condena a la persona que presenta «doblez de corazón» (Sal. 12:2; Os. 10:2). Jesús citó Deuteronomio 6:5, que nos llama a una lealtad total, como uno de los grandes mandamientos del AT: «Ama al Señor tu Dios con *todo* tu corazón y con *toda* tu alma y con *todas* tus fuerzas». Otros textos judíos y del AT utilizan la tradición de «los dos caminos», según la cual los seres humanos tienen que decidir qué dirección va a tomar su vida, y la elección que hagan condicionará su destino eterno. Ver, por ejemplo, Eclesiástico 2:12: «¡Ay de los corazones cobardes y de las manos que desfallecen, y del pecador que va por dos caminos!». No podemos decir que Santiago deba su énfasis a la influencia de este o aquel texto, pues la integridad espiritual es algo que se nos demanda a lo largo de todas las Escrituras.

Santiago concluye con una característica negativa más de la persona que duda y que no recibirá una respuesta a sus oraciones: es *inconstante en todo lo que hace*. *Inconstante* es la traducción de una palabra que solo aparece en Santiago (cf. 3:8) y en la traducción griega de Isaías 54:11 (LXX), donde hace referencia a los efectos de una violenta tempestad. Quizá Santiago esté retomando la imagen del mar embravecido del v. 6,[25] aunque no tenemos forma de probarlo. La expresión «en todos sus caminos» o «en todo lo que hace» refleja que a Santiago le preocupa el espíritu y la actitud incoherente, más que la duda ocasional o puntual. Lo que Santiago critica en estos versículos de forma explícita, y a lo largo de toda su epístola de forma implícita es lo que solemos llamar la «esquizofrenia espiritual»: la división del alma que nos lleva a pensar, hablar y actuar de forma contraria a lo que Dios quiere.

---

24. Ver S. E. Porter, «Is *dipsuchos* (James 1, 8; 4, 8) a 'Christian' Word?» Bib 71 (1990).
25. Mussner, 72.

C. Todos los cristianos, ricos y pobres, deben verse como Dios les ve (1:9-11)

> *9 El hermano de condición humilde debe sentirse orgulloso de su alta dignidad, 10 y el rico, de su humilde condición. El rico pasará como la flor del campo. 11 El sol, cuando sale, seca la planta con su calor abrasador. A esta se le cae la flor y pierde su belleza. Así se marchitará también el rico en todas sus empresas.*

Este corto pasaje presenta dos temas interrelacionados. El primero es, una vez más, la relación que el tema que Santiago trata aquí tiene con el contexto. Santiago no nos da ninguna indicación explícita que nos permita saber cuál es esa relación, así que solo la podemos conocer analizando el significado de estos versículos a la luz de los versículos adyacentes. Pero el significado de estos versículos es el segundo tema de este pasaje. La idea principal de este párrafo es el contraste entre «el hermano de condición humilde» y «el rico». A ambos les dice Santiago que se «gloríen» o se «enorgullezcan»: el hermano de condición humilde en su «alta dignidad», y el rico en su «humilde condición». Pero la interpretación es bastante difícil porque nos cuesta identificar al «rico».[26] La mitad de los comentaristas de esta epístola cree que «el rico» es un cristiano.[27] Según ellos, Santiago está animando a este hermano a que no se gloríe en su riqueza, sino en su identificación con Cristo (lo que a los ojos del mundo parecería una «humillación»). Por tanto, los vv. 10b-11 respaldan ese mandamiento recordándole al hermano que la riqueza y el estatus social son transitorios. La otra visión, que cuenta con una cantidad aproximada de defensores, dice que el rico no es cristiano.[28] En el v. 10, Santiago estaría haciendo uso de la ironía, y le dice al rico que «se gloríe» en lo único que le quedará cuando llegue el juicio: su condenación, descrita en vv. 10b-11. Optar por una de estas dos interpretaciones es tan difícil que dejaremos la cuestión abierta mientras comentamos estos versículos, evaluando cada una de las interpretaciones a la luz de los detalles que iremos encontrando en el texto.

---

26. Encontrará un resumen de las diferentes opciones que hay en Baasland, 3,673-76.

27. Por ejemplo, Mayor 45-46, 189; Ropes, 145-46; Moffat, 15; Hort, 14; Knowling, 13-14; Mitton, 36-41; Adamson, 76-77; Mussner, 74; Hiebert, 78; Frankemölle, 241. Ver también Blomberg, 149-50.

28. Por ejemplo, Huther, 44-46; Windisch, 7; Dibelius, 85-87; Davids, 76-77; Laws, 62-64; Martin, 35-36; Penner, 204-10; G. M. Stulac, «Who Are 'the Rich' in James?» *Presbyterion* 16 (1990) 89-102. Davids (77) y Johnson (190-91) sugieren que Santiago se dirige a una persona que dice ser cristiana, pero al decir lo que dice de ella, deja claro que en realidad no lo es.

Una vez hayamos analizado los detalles del texto, estaremos en la posición de adoptar, aunque con dudas, una visión y otra. Solo entonces podremos evaluar la función de estos versículos dentro del hilo argumentativo de Santiago.

9 El *hermano* describe a una persona (hombre o mujer) que pertenece a la familia de Dios a través de la fe en Cristo (ver el comentario del v. 2). La descripción que Santiago hace de este hermano evoca una rica tradición bíblica. La palabra que usa podría traducirse por «de baja condición», «pobre» o «humilde». La Septuaginta, especialmente en los Salmos, usa esta palabra para describir a una persona que a la luz del mundo es de poca importancia, como por ejemplo los oprimidos (ver, p. ej., Sal. 10:18; 18:27; 34:18; 81:3; 102:17; 138:6). Usada con este sentido, esta palabra a veces aparece junto a «huérfano» o «viuda». Aparece con este sentido en la canción de alabanza de María, cuando refleja la creencia de que Dios un día dará un vuelco a la fortuna o infortunio que nos toca vivir: «De sus tronos derrocó a los poderosos, mientras que ha exaltado a los humildes» (Lc. 1:52). Esta *humilde condición* también recoge la pobreza, por lo que el término a veces puede verse como un equivalente al vocablo «pobre» (p. ej., Amós 2:7; 8:6; de hecho, algunas versiones traducen «pobre»). Pero esta palabra no solo puede hacer referencia al estatus o a las circunstancias externas, sino también a la actitud; y en tal caso se convierte en el opuesto de «altivo» o «orgulloso»; ver especialmente Proverbios 3:34, que se cita tanto en Santiago 4:6 como en 1 Pedro 5:5: «Dios se opone a los orgullosos, pero da Gracia a los humildes» (ver también Mt. 11:29; 2 Co. 7:6; 10:1). Puesto que el contraste que se establece en este texto es entre los «humildes» y los «ricos» (v. 10), queda claro que Santiago está usando la palabra en cuestión para describir la situación socioeconómica del creyente. Si, como pensamos, los cristianos a los que Santiago escribe se han visto forzados a marchar de Jerusalén y a establecerse en Siria y en el norte de Palestina, la mayoría de ellos estaría sufriendo tanto de precariedad económica, como de marginación social.

Pero Santiago quiere que miren más allá de su situación «terrenal» y que *deben sentirse orgullosos* en su elevada posición. El verbo griego que traducimos por «gloriarse» aparece muy a menudo en las epístolas de Pablo, pero el único otro autor del NT que la usa es Santiago (aquí, y en 4:16). La trayectoria de este término la marca de forma decisiva la famosa exhortación que encontramos en Jeremías 9:23-24:

> *Que no se gloríe el sabio de su sabiduría, ni el poderoso de su poder, ni el rico de su riqueza. Si alguien ha de gloriarse, que se gloríe de conocerme y de comprender que yo soy el Señor, que*

actúo en la tierra con amor, con derecho y justicia, pues es lo que a mí me agrada, afirma el Señor.

En este texto queda claro que «gloriarse» no tiene por qué ser malo; el problema está cuando no nos gloriamos en lo que debemos gloriarnos. Los cristianos, por difíciles que sean las circunstancias de este mundo, siempre se pueden gloriar en su «alta posición» o «exaltación». El término griego que Santiago usa refleja el reino del que el Espíritu descendió (Lc. 24:49) y al que Cristo ha ascendido (Ef. 4:9). Por la fe, los creyentes ya pertenecemos a ese reino celestial, aunque aún esperamos el día en que nuestros «cuerpos de humillación» serán transformados en «cuerpos de gloria» (Fil. 3:20-21). Por tanto, lo que Santiago quiere transmitir es que los creyentes deben mirar más allá de la perspectiva de este mundo para entender quiénes son y adoptar la visión que Dios tiene de ellos. Y ha «escogido Dios a los que son pobres según el mundo para que sean ricos en la fe y hereden el reino que prometió a quienes lo aman» (Stg. 2:5).

10a La estructura sintáctica de los vv. 9-10 a primera vista nos llevaría a pensar que *el rico* también es un «hermano». Lo más normal es interpretar que «rico» (v. 10) es un complemento de «hermano» (v. 9), al igual que «de condición humilde»: «el hermano de condición humilde… y el [hermano] rico…». Pero aquí no acaba la discusión. Ya hemos comentado que en el v. 9 podemos ver la influencia de la tradición bíblica que asocia a los rectos con las circunstancias humildes y la pobreza. Por tanto, cabe esperar que los términos opuestos, como por ejemplo «rico», con frecuencia tengan connotaciones negativas. Esta antítesis se hace particularmente evidente en la enseñanza de Jesús recogida en el Evangelio de Lucas. Según este evangelista, Jesús bendice a los «pobres» y maldice a los «ricos» (Lc. 6:23-24); véase también el contraste entre el «hombre rico» que sufre condenación y el «pobre» Lázaro que encuentra bendición después de la muerte (Lc. 16:19-31). Parece que Santiago, quizá por el entorno en el que escribe, se hace eco de esta tradición. Menciona a los «ricos» en dos pasajes más (2:1-6; 5:1-6), y en ambos los presenta como malvados y como los opresores del pueblo de Dios. Podemos entender, pues, que muchos intérpretes crean que «el rico» en este versículo es una persona no creyente.

No obstante, esta conclusión no es válida. Lo cierto es que, en el AT, son muy pocas las veces en las que la palabra «rico» aparece como sinónimo de «malvado» o «impío».[29] Y en algunos de los escritos judíos intertestamentarios con los que Santiago está en deuda, se presenta a los ricos de una forma bastante equilibrada: propicios al orgullo, al egoísmo y a la explotación de los

---

29. La única referencia clara es Isaías 5:14.

pobres, pero también con la capacidad de honrar a Dios con sus riquezas (ver esp. Eclesiástico 31:5-11). Y, como todos sabemos, aparte del hombre rico condenado por la vida ostentosa que llevó, en Lucas también encontramos a Zaqueo, el recaudador de impuestos que encuentra la salvación. Santiago también deja entrever que en la comunidad a la que él escribe debe de haber algún rico, pues hay los que se pueden permitir viajar por negocios y hablar de las ganancias que esperan acumular (4:13-17). Aunque debemos tener en cuenta el uso negativo que Santiago hace de esta palabra, hemos de reconocer que la palabra «rico» no dice nada sobre el estado espiritual de la persona a la que Santiago está escribiendo.

Si *el rico* de este versículo es un cristiano, entonces la exhortación *debe sentirse orgulloso... de su humilde condición* significará que el creyente rico no puede gloriarse en sus riquezas o en su posición social, sino en su identificación con Cristo y su Iglesia, identificación que el mundo verá como una «*humilde condición*». Así, Santiago estaría reflejando el concepto de «gloriarse» que aparece en el pasaje de Jeremías que acabamos de citar, del que también se hace eco Eclesiástico 10:22: «Para el rico, el ilustre o el pobre la única gloria es el temor del Señor». Si, por el contrario, *el rico* no es cristiano, entonces Santiago habla de cuál es su condenación haciendo uso de la ironía: ¡Tú sigue así, gloriándote, que verás lo que te espera! ¡Veremos cómo te glorías en la humillación final que te llegará en el juicio! En Mateo 23:12, parece que Jesús usa el verbo de la misma familia de este sustantivo con este mismo significado: «Porque el que a sí mismo se enaltece será humillado, y el que se humilla será enaltecido» (cf. también Lc. 14:11; 18:14).

10b-11 Santiago respalda su advertencia al rico recordándonos la transitoriedad del estatus y de las riquezas. Para ello utiliza una metáfora: la muerte natural de la vegetación. Y así, refleja también la influencia de la tradición bíblica. El ejemplo más conocido de esta imagen lo encontramos en Isaías 40:6b-8: «Que todo mortal es como la hierba, y toda su gloria como la flor del campo. La hierba se seca y la flor se marchita, porque el aliento del Señor sopla sobre ellas. Sin duda, el pueblo es hierba. La hierba se seca y la flor se marchita, pero la Palabra de nuestro Dios permanece para siempre». Ver también el Salmo 103:15-16: «El hombre es como la hierba, sus días florecen como la flor del campo: sacudida por el viento, desaparece sin dejar rastro alguno». El Salmo 49:16-17 deja atrás la metáfora y se expresa de forma muy explícita: «No te asombre ver que alguien se enriquezca y aumente el esplendor de su casa, porque al morir no se llevará nada, ni con él descenderá su esplendor». Y así, Santiago afirma que el rico *pasará como la flor del campo*. Los que piensan que este rico es un no creyente al que Santiago está condenando, normalmente interpretan que el verbo «pasar» es una referencia al juicio.[30] Pero este verbo nunca se usa en el NT para con la idea del juicio, sino con la idea de «dejar de existir», como por ejemplo en Mateo 24:35: «El cielo y la tierra pasarán, pero mis palabras jamás pasarán» (cf. también Mt. 5:18; 1 P. 3:10). No obstante, el argumento léxico no es determinante, pues hemos de tener en cuenta que Santiago está usando el verbo como parte de una imagen. Así que nos seguimos preguntando a qué está haciendo referencia la imagen de la flor que se marchita, ¿al juicio escatológico, o a la simple transitoriedad?

La imagen continúa en el v. 11. *Calor abrasador* es la traducción más común, probablemente por la mención del sol y porque ese es el sentido de la palabra en los dos otros textos neotestamentarios en los que aparece (Mt. 20:12; Lc. 12:55). Pero otra traducción posible sería «viento abrasador», puesto que la palabra que Santiago usa aquí normalmente aparece en la Septuaginta como una referencia al solano o viento caliente del desierto que llega desde Oriente (Os. 12:2; 13:15; Jon. 4:8; Is. 49:10; Jer. 18:17; 51:1 [LXX 28:1]; Ez. 17:10; 19:12). En cualquier caso, el énfasis está en la sequedad producida por el sol y/o el viento, que hace que la planta se marchite y la flor se muera.[31] *Así se marchitará también,* asegura Santiago, *el rico en todas sus empresas.* «Empresas» o «negocios» es una buena traducción, pero la palabra griega que aquí tenemos también puede significar «viajes» (es un plural) o «estilo de vida». El verbo «marchitar» da continuidad a la metáfora iniciada en el versículo anterior, puesto que es una palabra usada para describir la muerte de la hierba y las flores (Job 15:30; 24:24; no aparece en el NT). Pero también puede usarse para hacer referencia a la muerte de los seres humanos.[32] Santiago recoge aquí la imagen de una persona rica que puede morir incluso cuando está enzarzado en sus negocios. Este lenguaje podría respaldar la visión de que el rico al que Santiago se está dirigiendo en estos versículos no es cristiano. La expresión *así también,* deja claro que Santiago está introduciendo la idea de la imagen que acaba de usar; y esa asociación parece apuntar a la destrucción del rico. No obstante, tampoco aquí podemos pronunciarnos de forma concluyente. Que

---

30. Ver, p. ej., Martin, 26.

31. En la mayoría de versiones, los cuatro verbos que aparecen en el v. 11a están traducidos en presente: «sale», «seca», «cae» y «perece». Sin embargo, los verbos en griego están todos en aoristo. Las gramáticas tradicionales veían este uso del aoristo como un uso anómalo pues, como enseñaban, el aoristo era, al menos en el indicativo, un tiempo «pasado». No obstante, algunos lingüistas contemporáneos arguyen que fundamentalmente el aoristo no es un tiempo que hace referencia al pasado, y que el uso del aoristo en este versículo refleja su aspecto complexivo o indefinido, pues el aoristo subraya que el hecho tiene lugar (el momento en el que tiene lugar no es relevante) (ver esp. S. E. Porter, *Verbal Aspect in the Greek of the New Testament, with Reference to Tense and Mood* [Studies in Biblical Greek, 1; Frankfurt: Peter Lang, 1989], 223).

32. Ver BAGD, que hace referencia a una lápida y a Josefo, G. 6.274; *T. Simeon* 3.3.

aquí se está hablando de algún tipo de destrucción es evidente, pero Santiago podría estar pensando tanto en la muerte del rico como en su condenación.

Llegados a este punto, deberíamos unir los diferentes hilos de nuestro análisis exegético y llegar a una conclusión. Aunque no todas las evidencias apuntan en la misma dirección, creemos que la mayoría nos lleva a pensar que en estos versículos, Santiago se está dirigiendo a dos cristianos, a uno pobre y a uno rico. A ambos los exhorta a que vean su identidad espiritual como la fuente de su significado último. Al creyente pobre, tentado a sentirse insignificante y sin poder porque el mundo juzga a las personas por su dinero o su estatus, le dice: glóriate en la alta posición que tienen en el reino espiritual, pues estás sentado en las alturas con el mismo Jesucristo. Al creyente rico, tentado a verse como alguien realmente importante, porque así es como el mundo le ve, Santiago le dice: no te glóries en tu dinero o en tu posición social, pues todo eso un día no muy lejano se marchitará para siempre, sino, paradójicamente, glóriate en tu humillación como persona que se identifica con el que fue «despreciado y desechado» por este mundo. Por tanto, la idea de este pasaje es que los cristianos debemos vernos a nosotros mismos a través de nuestra posición espiritual, no a través de nuestra posición material. Mantener esa perspectiva en un mundo que nos impone valores tan diferentes no es fácil. Pero si la Iglesia desea ser el tipo de sociedad «contracultural» que Jesús quería, es esencial que interioricemos y propaguemos esta perspectiva.

Por último, ya estamos en la posición de evaluar el lugar de estos versículos en su contexto. La sección a la que pertenecen estos versículo empezaba hablando de «las pruebas» (vrs .2-4), y Santiago va a volver a ese tema en el versículo siguiente. Así que quizá el autor nos quiera hacer ver que la pobreza o la riqueza son, para el cristiano, las pruebas más difíciles.[33] Pero estos versículos también guardan relación con la preocupación que Santiago deja entrever a lo largo de toda la sección: que los cristianos reflejen una espiritualidad integral y coherente que no dé lugar a la actitud de «doble ánimo» típica de tantos y tantos que dicen seguir a Cristo. Las cosas que el dinero puede comprar son un señuelo tremendamente atractivo que nos puede hacer desviar de nuestra entrega total al Señor. Por eso Santiago, de forma natural, después de hablar de la necesidad de acercarse a Dios con una fe sólida (vv. 6-8) pasa a hablar de una de las principales amenazas a ese tipo de fe. Como ya dijo Jesús: «Nadie puede servir a dos señores, pues menospreciará a uno y amará al otro, o querrá mucho a uno y despreciará al otro. No se puede servir a la vez a Dios y a las riquezas» (Mt. 6:24).

---

33. Ver, p. ej., Ropes, 145; Mussner, 72; Martin, 22-24.

D. Dios recompensa a los que soportan las pruebas (1:12)

12 Dichoso el que resiste la tentación porque, al salir aprobado, recibirá la corona de la vida que Dios ha prometido a quienes lo aman.

Con este versículo, Santiago vuelve al tema con el que abrió esta sección: las pruebas. Encontramos similitudes en el léxico utilizado. La palabra «prueba» o «tentación» aparece tanto en el v. 2 como en el 12; el verbo «resistir» del v. 12 es de la misma familia que el sustantivo «perseverancia» o «paciencia» en los vv. 3-4; y la idea de «salir aprobado» del v. 12 nos recuerda la fe que es sometida «a prueba» del v. 3. En el pasaje anterior, Santiago exhortaba a los creyentes a responder ante las pruebas con gozo porque la prueba de su fe produciría paciencia. Ahora promete una recompensa a aquellos que perseveren y se mantengan firmes bajo la prueba. La expresión «bienaventurado» es bien conocida, tanto en el AT (p. ej., Sal. 1:1) como en el NT (p. ej., Mt. 5:3-12). La tendencia a traducir esta palabra por «felices» es un esfuerzo desacertado para evitar el lenguaje «religioso», por lo que se trata de una traducción que deberíamos evitar. Es posible que una persona «bienaventurada» no sea «feliz», pues nuestro estado emocional puede variar con las circunstancias de la vida. Pero podemos tener la seguridad de que, independientemente de las circunstancias, si perseveramos con fe y comprometidos con el Señor, recibiremos el favor de Dios. Según la versión, la bendición es para *el hombre* que persevera bajo la prueba. La palabra griega es la misma que Santiago ha usado en el v. 8: *aner*, que normalmente ser refiere al género masculino («hombre» o «marido»). Pero con casi toda seguridad estamos ante otro caso en el que Santiago usa esta palabra como equivalente de *anthropos*, «persona».

Y en el v. 2, «prueba» hace referencia a cualquier dificultad de la vida que pueda poner en peligro nuestra fidelidad a Cristo: una enfermedad, una mala situación económica, la muerte de un ser querido. La forma de expresarse de Santiago sugiere que no tienen en mente ninguna prueba concreta, sino que lo que tiene en mente es la naturaleza o la esencia de las «pruebas».[34] En el v. 4 se nos decía que la perseverancia o la paciencia producían un carácter cristiano completo. Aquí, la perseverancia trae bendición de Dios. Está claro que esta bendición es algo que los creyentes ya pueden disfrutar en esta vida, del mismo modo en que podemos experimentar la bondad de Dios y el gozo espiritual que él nos da. Pero Santiago aquí hace hincapié en la culminación futura de esa bendición, como indica la parte final del v. 12. El cristiano que persevere y se mantenga firme bajo la prueba *recibirá la corona de la vida que Dios ha prometido a quienes lo aman.* Cuando escuchamos la palabra *corona,*

34. En griego, la falta del artículo puede tener este efecto.

la mayoría de nosotros pensamos en una pieza redonda adornada con piedras preciosas que vestía la cabeza de reyes y reinas. Pero en el mundo grecorromano, cuando la gente escuchaba este término pensaba en la espiral de laurel con que se premiaba a los ganadores de las pruebas de atletismo. Pablo usa ese término con ese sentido en 1 Corintios 9:25: «Todos los deportistas se entrenan con mucha disciplina. Ellos lo hacen para obtener un premio que se echa a perder; nosotros, en cambio, por uno que dura para siempre». Es probable que Santiago también tuviera en mente esta imagen, puesto que la victoria de un atleta disciplinado que se ha entrenado para la carrera es una imagen muy apropiada para representar la recompensa que Dios da a los que se mantienen fieles a Él durante la larga (y a veces difícil) carrera de la vida. Por tanto, si Santiago usa la palabra *corona* para referirse a la idea de la recompensa, entonces la palabra *vida* que la acompaña describe en qué consiste la recompensa.[35] Apocalipsis 2:10, palabras de Jesús a los cristianos que sufren, es muy similar: «Sé fiel hasta la muerte, y yo te daré la corona de la vida». Santiago deja claro que Dios *ha prometido* la recompensa *a quienes lo aman*. No tiene sentido debatir sobre el lugar del que Santiago ha extraído esta promesa, pues a lo largo de todas las Escrituras encontramos la promesa de recompensa por la obediencia y la fidelidad a Dios.

Está claro que el propósito general de Santiago en este versículo es animar a los creyentes a perseverar y ser fieles en medio de las pruebas para que luego puedan recibir la recompensa que Dios ha prometido. A algunos cristianos no les gusta la idea de la recompensa, porque objetan que nuestra obediencia a Cristo debería ser pura y desinteresada. Esta objeción es comprensible, y es cierto que tristemente muchos cristianos sirven al Señor con esa mentalidad («¿Qué saco yo de esto?»). Pero la contemplación de las recompensas del cielo aparece por todo el NT como un estímulo para mantenernos fieles en medio del sufrimiento al que nos enfrentamos aquí en la tierra. Tener los ojos puestos en el premio nos puede motivar a mantener la integridad espiritual cuando nos sobrevienen tentaciones o dificultades. Además, como Mitton dice de forma muy acertada: «la recompensa de la que Santiago habla es un tipo de recompensa que solo aprecian aquellos que son cristianos verdaderos».[36]

---

35. Estamos dando por sentado que *tes zoes* es un genitivo epexegético o explicativo: «la corona que es vida».

36. Mitton, 44.

E. Aunque Dios prueba a su pueblo, nunca les tienta a pecar (1:13-18)

13 Que nadie, al ser tentado, diga: «Es Dios quien me tienta.» Porque Dios no puede ser tentado por el mal, ni tampoco tienta él a nadie. 14 Todo lo contrario, cada uno es tentado cuando sus propios malos deseos lo arrastran y seducen. 15 Luego, cuando el deseo ha concebido, engendra el pecado; y el pecado, una vez que ha sido consumado, da a luz la muerte. 16 Mis queridos hermanos, no se engañen. 17 Toda buena dádiva y todo don perfecto descienden de lo alto, donde está el Padre que creó las lumbreras celestes, y que no cambia como los astros ni se mueve como las sombras. 18 Por su propia voluntad nos hizo nacer mediante la Palabra de verdad, para que fuéramos como los primeros y mejores frutos de su creación.

El versículo 12 es el punto de unión entre los vv. 2-11 y 13-18. Los comentaristas de hace años, viendo el cambio de tema que se daba entre los vv. 11 y 12 y la introducción en el v. 12, donde aparecen palabras como «prueba»/«tentación» que seguirán apareciendo en los siguientes versículos, unen el v. 12 a la sección de los vv. 13- 18. Pero la tendencia en los últimos años es unir el v. 12 a la sección de los vv. 2-11.[37] Esta tendencia refleja el acercamiento literario a la Biblia predominante en la actualidad, pues una de las cosas en las que dicho acercamiento está interesado es los diferentes recursos que los autores antiguos usaban para organizar su material. Uno de estos recursos, la inclusión, utiliza palabras o ideas similares al principio y al final de una unidad literaria. La similitud léxica que mencionamos más arriba revela que los vv. 2-4 y el v. 12 son el principio y el final de una inclusión. Pero además, es evidente que el v. 12 también guarda relación con vv. 13-15. La palabra griega que traducimos en el v. 12 por la expresión «salir aprobado», *peirazo*, es la misma palabra que en los vv. 13-14 traducimos por «ser tentado». Santiago usa esta palabra como nexo, como transición entre el tema de la prueba y el tema de la tentación. Santiago ha dicho que Dios promete bendecir a los que perseveran en medio de las pruebas. Todas las pruebas, todas las dificultades que nos llegan del exterior, van de la mano de la tentación, pues en medio de los problemas, de nuestro interior, surge el impulso a pecar. Dios puede enviarnos pruebas, o permitirlas; pero Santiago insiste en que Él no es el autor de la tentación (v. 13). Porque la tentación a pecar no viene de Dios, sino de nuestra naturaleza pecaminosa (vv. 14-15).

---

37. Ver, p. ej., Johnson, 174-76; Klein, 44-45.

No es fácil ubicar los vv. 16-18 dentro de la argumentación que Santiago está elaborando. La presencia de la palabra «Padre» tanto en el v. 17 como en el 27 podrían estar indicando otra inclusión.[38] Pero parece más bien una conexión incidental. Además, hay otros nexos más importantes que unen los vv. 16-18 con los versículos que les preceden: el verbo «engendrar» o «hacer nacer» (*apokyo*) (vv. 15 y 18) y el tema de Dios como Aquel que da de forma sincera y para nuestro beneficio (vv. 5 y 17).[39] Así, podemos decir que, con casi toda probabilidad, después del v. 16 (o transición), los vv. 17-18 se disponen a explicar en positivo las razones que llevan a Santiago a decir lo que dice en los vv. 13-15. Dios no es el autor de la tentación, ni del mal. Él da buenas dádivas a los suyos pues, como nos recuerda, por encima de todo nos ha dado el nuevo nacimiento.

13 *Que nadie, al ser tentado, diga: «Es Dios quien me tienta.» Porque Dios no puede ser tentado por el mal, ni tampoco tienta él a nadie.* Esta traducción sugiere que todo el v. 13 trata sobre la tentación. Y muchas otras versiones apuntan a lo mismo. Pero observemos la siguiente traducción: «Cuando seas probado, nunca digas: Soy tentado por Dios; porque Dios no puede ser tentado por el mal y él no pone a nadie bajo prueba» (NJB). Según la interpretación reflejada en esta traducción, Santiago hace en el v. 13 una transición: pasa de hablar del tema de la prueba, a hablar de la tentación.[40] Esta es la mejor forma de acercarse o entender el movimiento que encontramos en este texto. No se puede trazar una línea continua entre el v. 12 y el v. 13, como si Santiago pusiera punto y final a un tema, para hablar de otro completamente diferente. Lo que él quiere es ayudar a sus lectores a resistir la tentación que sobreviene en medio de las pruebas. El momento de prueba siempre viene acompañado con la posibilidad de caer en la tentación. Las dificultades económicas pueden tentarnos a cuestionar la Providencia de Dios. La muerte de un ser querido puede tentarnos a cuestionar el amor de Dios. El sufrimiento de los pobres y la prosperidad de los injustos pueden tentarnos a cuestionar la justicia de Dios, o incluso, su existencia. Así, las pruebas siempre están asociadas a la tentación, y la tentación es, en sí misma, una prueba más. «Perseverar bajo la prueba» (v. 12) incluye vencer ese tipo de tentaciones. Pero a Santiago le preocupa un aspecto que encontramos en la Biblia, que podría convertirse en una dificultad a la hora de resistir la tentación. Con frecuencia, el AT deja claro que Dios hace que sus hijos pasemos por pruebas. «Dios probó a Abraham» cuando le pidió que sacrificara a su hijo Isaac (Gn. 22:1). Probó a Israel poniéndolo en medio

38. Wuellner, 47.

39. Klein, 44; Frankemölle, 276-82.

40. Entre los comentaristas, ver esp. Laws, 69.

de naciones paganas (Jue. 2:22). Y probó al rey Ezequías dejándolo solo ante los enviados de los gobernantes de Babilonia (2 Cro. 32:31; cf. 2 R. 20:12-19). Pero aunque Dios pruebe a sus siervos para fortalecer su fe, su objetivo nunca es inducirles a pecar o destruir su fe. Así, aunque Santiago usa la misma raíz griega (*peira-*) para referirse tanto a la prueba que proviene del exterior, como a la tentación, que proviene del interior, es muy importante distinguir entre la una y la otra. En el Eclesiástico, libro intertestamentario, vemos que otros judíos vieron la necesidad de aclarar esta idea:

> *No digas: «Fue el Señor el que me hizo claudicar», porque él no hace nunca lo que detesta. No digas: «él me hizo extraviar», porque él no necesita de un hombre pecador. El Señor detesta toda abominación, y nada abominable es amado por los que lo temen. Él hizo al hombre en el principio y lo dejó con su propio albedrío. Si quieres, puedes observar los mandamientos y cumplir fielmente lo que le agrada. Él puso ante ti el fuego y el agua: hacia lo que quieras, extenderás tu mano. Ante los hombres están la vida y la muerte: a cada uno se le dará lo que prefiera. Porque grande es la sabiduría del Señor, él es fuerte y poderoso, y ve todas las cosas. Sus ojos están fijos en aquellos que lo temen y él conoce todas las obras del hombre. A nadie le ordenó ser impío ni dio a nadie autorización para pecar. (Eclesiástico 15:11-20)*

Así, Santiago insiste en que Dios no puede ser tentado por el mal. Esta traducción, que aparece en la mayoría de traducciones, entiende la palabra poco frecuente *apeirastos* como un adjetivo verbal pasivo que significa «incapaz de ser tentado». Pero hemos de mencionar otras dos posibilidades. Hort comparó esta palabra a otra muy similar, y más frecuente, *apeiratos*, que significa «inexperimentado». Por otro lado, Davids cree que significa «no debería ser tentado». Según él, tiene más sentido que la traducción tradicional, porque, ¿qué sentido tiene mencionar la incapacidad de Dios para ser tentando como argumento para decir que Dios no puede tentarnos? Y esta interpretación también concuerda con la condenación que el AT pronuncia contra Israel por probar a Dios en el desierto.[41] Ninguna de estas alternativas es preferible a la interpretación tradicional. La sugerencia de Hort pasa por alto el posible juego de palabras (*peirazo*): Dios no «tienta» porque no puede ser «tentado». En cierto sentido, el cuestionamiento que Davids hace de la lógica de la perspectiva tradicional es comprensible, pero la interpretación que él hace de *apeiratos*

---

41. Davids, 82-83, y, con mayor profundidad, «The Meaning of APEIRASTOS in James I.13», *NTS* 24 (1977-78) 386-92.

tiene muy poco respaldo.[42] Si optamos por la traducción que ofrecíamos en cursiva cuando empezamos a comentar este versículo, ¿qué aporta la expresión «Dios no puede ser tentado» al hilo argumental de Santiago? Creo que la función que tiene es servir de observación preliminar que lleva a la idea central: ni tampoco tienta él a nadie. «Lo que tenemos que entender es que la tentación es un impulso a pecar, y como Dios no es susceptible de desear o sentirse atraído por el mal, no puede desear que eso le acontezca al hombre».[43]

14 En consonancia con la idea que encontramos en el pasaje del Eclesiástico que hemos citado más arriba, Santiago atribuye la tentación a la *pasión* (*malos deseos* o *concupiscencia*) de cada individuo. En el texto griego no hay ninguna palabra que se corresponda con la idea de «malos» o «mal», pero las traducciones sugeridas entre paréntesis están más que justificadas. «Pasión» o «deseo» (*epithymia*) en el NT en alguna ocasión puede tener un sentido neutral (cf. Lc. 22:15; Fil. 1:23), pero este contexto deja claro que Santiago lo usa con el sentido más extendido en el NT: deseo carnal o ilícito. Normalmente, para nosotros esta palabra tiene connotaciones sexuales (y también encontramos este sentido en el NT), pero generalmente tiene un significado más amplio, incluyendo cualquier deseo humano por aquello que Dios ha prohibido. Encontramos un uso similar de la palabra en 1 Pedro 2:11, «Queridos hermanos, les ruego como a extranjeros y peregrinos en este mundo, que se aparten de los deseos pecaminosos que combaten contra la vida», y 1 Juan 2:17, «El mundo se acaba con sus malos deseos, pero el que hace la voluntad de Dios permanece para siempre». Otros escritores judíos usan esta palabra de una forma similar; cf. Filón, y el uso que hace de esta palabra en *Sobre los diez mandamientos* (par. 153): «Pues todas las guerras entre los griegos y los bárbaros, y también las que éstos libran contra sus propios compatriotas… nacen de una sola fuente: el deseo, el deseo por el dinero o la gloria o el placer. Esa es la causa de los desastres que le sobrevienen a la raza humana». El uso que Santiago hace de esta singular palabra para referirse a la tendencia innata hacia el pecado también nos recuerda a la palabra hebrea que los rabinos usarían más adelante: *yetzer*. Según ellos, la batalla entre el bien y el mal es esencialmente un conflicto entre el «deseo de hacer el bien» y el «deseo de hacer el mal».[44]

---

42. Davids argumenta que en los apócrifos *Hechos de Juan* 17 y *Pseudo-Ignacio* 11 *apeirastos* significa «no debería ser tentado», pero que en ambos la traducción preferible es «incapaz de ser tentado». Además, esta interpretación tiene dificultades para explicar *estin* («es») y se ve obligada a darle al genitivo *kakon* un énfasis más fuerte del normal.

43. Laws, 71.

44. Sobre este tema en Santiago, ver esp. J. Marcus, «The Evil Inclination in the Epistle of James», *CBQ* 44 (1982) 607-21.

Los escritores judíos enfatizaban esta idea para tener una base sólida para sus exhortaciones morales. La obediencia a las leyes de Dios era posible porque Dios había dado a las personas, en la forma de «deseo de hacer el bien», la capacidad de obedecer. Sin embargo, Santiago no menciona esa tendencia innata a hacer el bien; y su silencio en cuanto a esa cuestión no lleva hacia la perspectiva paulina más pesimista (en comparación con el concepto judío) sobre la capacidad humana. Pero tampoco podemos decir algo que Santiago no dice. Lo que sí podemos afirmar es que Santiago, como otros autores judíos y cristianos, quiere dejar claro que la responsabilidad ante la tentación recae plenamente en el ser humano. Y en la misma línea, tampoco deberíamos llegar a conclusiones especulativas por el simple hecho de que Santiago no mencione a Satanás como una fuente de tentación (pues, además, habla de él más adelante: 4:7). Pero el propósito de Santiago en este punto es destacar la responsabilidad individual ante el pecado. Y, como Bengel comenta: «Las sugerencias del diablo no son, en sí, un peligro; lo son cuando las hacemos nuestras».[45]

Santiago usa un lenguaje metafórico para expresar la forma en la que los malos deseos actúan: la tentación aparece cuando *sus propios malos deseos lo arrastran y seducen*. Se trata de una metáfora inspirada en el mundo de la pesca. El cebo en el anzuelo *atraería* o *seduciría* al pez; y, una vez mordiera el anzuelo, el pez *sería llevado*. Santiago, quien en el caso de no ser pescador, estaría muy familiarizado con esa profesión pues creció muy cerca del mar de Galilea, usa aquí esos conceptos tan conocidos para él. Y la analogía es realmente adecuada. La imagen de Satanás lanzándonos el cebo del pecado para seducirnos y luego arrastrarnos cuando «mordemos» el anzuelo es muy gráfica y clara y, a la vez, aterradora. No obstante, debemos aclarar que antes de Santiago, ya había autores judíos que habían usado los dos verbos que tenemos aquí en ese sentido.[46] El filósofo Filón nos ofrece un ejemplo muy claro: «No hay nada que no ceda ante la seducción del placer, que no se deje arrastrar por sus redes» (*Sobre la agricultura* 103). Y Pedro usa uno de estos verbos para describir la seducción de los faltos maestros (2 P. 2:14, 18). El hecho de que estos verbos ya se usaban aplicándolos al campo espiritual nos hace sospechar que, en tiempos de Santiago, quizá la metáfora era ya una metáfora «muerta». Es decir, que aunque originalmente estos verbos se tomaran del mundo de la pesca, su uso en el campo espiritual se había normalizado tanto que ya no

---

45. Bengel, 7.

46. Los verbos que Santiago usa son *deleazo* y *exelko*. La mayoría de los comentaristas (p. ej., Hort, 25-26) dan por sentado que Santiago usa el segundo verbo como equivalente a su forma no compuesta (*helko*). Esta forma no compuesta es la que aparece en el texto de Filón.

tenían por qué asociarse con su contexto original (como por ejemplo cuando decimos «He mordido el anzuelo»).

15 Santiago cambia ahora de metáforas para describir los estragos que los *malos deseos* pueden causar en la vida espiritual. Como en griego es un sustantivo femenino, Santiago juega con la idea de que *cuando el deseo ha concebido, engendra el pecado.* Y el pecado, cuando ya *ha crecido* o ha sido consumado, *da a luz* la muerte. Santiago no nos dice de qué forma el *deseo* o la *pasión* concibe y da a luz. Pero está claro que tiene en mente la respuesta de la persona que es tentada. Según el autor, la tentación es el deseo innato hacia el mal cuando éste cae en la seducción del atractivo superficial del pecado. Si una persona, en lugar de resistir la tentación, la recibe o tolera, el deseo concibe; y si no es aborrecida de forma inmediata, produce pecado. Santiago, de forma implícita, dice que la tentación en sí misma no es pecado. Una vez el *deseo* «concibe», o cuando permitimos que «tenga descendencia», entonces aparece el pecado. Y ésta es una cuestión importante, porque algunos cristianos extremadamente sensibles creen que si están experimentando una tentación continua no están en comunión con el Señor. Es cierto que a medida que uno va desarrollando más y más la «mente» cristiana, tanto la frecuencia como el poder de la tentación debería ser menor. Pero la tentación va a formar parte de nuestra experiencia en la tierra, del mismo modo que fue la experiencia del Señor (Heb. 2:18). La madurez cristiana no significa que no habrá tentación, sino que no sucumbiremos a la tentación.

La imagen que hay detrás de este versículo es una imagen muy usada en los textos sapienciales del AT: el «deseo» como una seductora que arrastra al creyente a una unión adúltera que le lleva a la muerte. Vemos aquí una reminiscencia del papel que desempeña la «mujer adúltera» en Proverbios 5-9. Esta figura, que lleva a sus invitados a las «profundidades del Seol» (Pr. 9:18), es lo opuesto a la sabiduría, que da vida a los que la hallan (Pr. 8:35). Como Santiago ha mencionado la sabiduría en el v. 5, es probable que tenga en mente esta imagen del AT ahora que se dispone a contrastar la vida de los que perseveran bajo la prueba (v. 12) con la muerte a la que están destinados los que dejan que la pasión o los malos deseos sigan su curso (v. 15). La fuerte metáfora de Salomón fue diseñada para describir la tentación tal y como es. Y Santiago también quiere advertir a los creyentes del peligro de ceder ante la tentación en medio de las pruebas.

16 La mayoría de las versiones de la Biblia unen el ruego de Santiago, *mis queridos hermanos, no se engañen,* con los versículos que vienen a continuación. Es una división justificada, pues Santiago normalmente usa el vocativo «hermanos» para abrir una nueva sección (1:2, 9, 19; 2:1, 5, 14; 3:1, 11; 4:11;

5:7, 12, 19; aunque también hay algunas excepciones: 2:15; 3:10, 12; 5:9, 10). Por tanto, Santiago no quiere que sus lectores pasen por alto lo que va a decir sobre Dios: que Él es la fuente de todo lo bueno que recibimos. Pero es una advertencia que también hace referencia a lo anterior, para que no nos olvidemos de cuál es la fuente de la tentación (vv. 13-15). Así, sirve de transición entre los vv. 13-15 y los vv. 17-18.[47] Santiago está diciendo que los creyentes no deben «ser llevados» a la conclusión de que Dios es quien les tienta; al contrario. Él es Aquel que da buenas dádivas a sus hijos.

17 Los vv. 17-18 forman otra pequeña unidad, esas que son tan típicas en el primer capítulo de esta epístola. Los comentaristas que tienden a ver la carta como una serie de dichos extraídos de la tradición judía y cristiana (p. ej., Dibelius) analizan los versículos como si fueran unidades completas. Pero los comentaristas más modernos reconocen que Santiago usa estas breves secciones teniendo en mente un propósito más amplio. Como vimos en la Introducción, los vv. 2-18 forman parte de una unidad donde los nexos son las referencias a las pruebas y a la respuesta del cristiano maduro en medio de las dificultades. Como conclusión de esta unidad, los vv. 17-18 sirven para varios propósitos. En primer lugar, nos hablan de nuevo de la integridad del propósito de Dios, ahora en su faceta de Dador (ver v. 5). En segundo lugar, como hemos visto, el tema que tratan sirve de contraste con los vv. 13-15: Dios no nos tienta a hacer el mal; Él nos da buenas dádivas. Y, en tercer lugar, en el v. 18 se menciona la «palabra» (de Dios), introduciéndonos así en uno de los temas principales de los vv. 19-27.

Toda buena dádiva y todo don perfecto. ¿Por qué la misma idea dos veces? De hecho, aunque el griego es así, hay versiones que simplifican y traducen «todo don bueno y perfecto». Algunos comentaristas creen que la palabra «bueno» podría acompañar al verbo en lugar de acompañar al sustantivo, es decir, que sintácticamente hablando, se trata del atributo de un predicado nominal: «toda dádiva es buena». Así, la idea de Santiago sería establecer un contraste con la afirmación que aparece a continuación: «toda dádiva es buena, *pero* todo don perfecto viene de Dios».[48] Pero si ésta hubiera sido la intención de Santiago, habría usado una conjunción adversativa (en el texto griego no aparece ninguna). Una mejor explicación de la repetición que aquí tenemos es que se trata de una cuestión de estilo. Uno de los recursos poéticos más populares entre los griegos era el hexámetro, una serie de palabras cuyas sílabas formaban seis secciones rítmicas. En nuestro caso, las palabras del texto griego forman un hexámetro imperfecto. De ahí que, para poder crear

---

47. Ver, p. ej., Frankemölle, 288-89.
48. Hort, 27; Tasker, 47-48.

esa forma literaria, la repetición del concepto de «dar» sea necesaria. Por tanto, las dos palabras («dádiva» y «don») tienen el mismo significado.[49] Y probablemente ocurra lo mismo con los adjetivos «buena» y «perfecto», aunque esta última palabra (gr. *teleios*) toca uno de los temas principales de Santiago, y podría estar cerrando una inclusión que se abrió con la misma cuando ésta aparece en el v. 4.

Reconocer la presencia de este recurso literario también nos ayuda a explicar la forma un tanto inusual en la que Santiago se expresa aquí. Para crear un contraste con los vv. 13-15 (Dios no tienta a nadie), lo normal hubiera sido decir algo como «Dios solo da buenas dádivas y dones perfectos». Sin embargo, en lugar de una afirmación sobre Dios, tenemos una afirmación sobre el origen de las dádivas buenas. Quizá se trate de un dicho que ya se decía en la Iglesia primitiva[50] y, como las cosas se recuerdan mejor cuando nos son familiares, Santiago habría citado el dicho tal cual, con el objetivo de que sus lectores identificaran esa información con una verdad que ya conocían.

Varias traducciones unen la expresión «de lo alto» al verbo «venir»: «Toda buena dádiva y todo don perfecto viene de lo alto». Otras, interpretan correctamente que «de lo alto» es un atributo: *Toda buena dádiva y todo don perfecto es de lo alto*. Algunas versiones tienen «luces o lumbreras celestes», y creemos que es una buena interpretación del texto griego, donde solo aparece «luces», porque el término griego solo hace referencia a las «luces» que aparecen en el cielo: el sol, la luna y las estrellas (ver Sal. 136:7-9; Jer. 31:35). Aunque en ningún otro lugar de las Escrituras vemos que se llame a Dios «el Padre de las luces», la idea es bien evidente. Cuando se presenta a Dios como «padre», normalmente eso incluye su poder creador; ver, por ejemplo, Job 38:28: «¿Acaso la lluvia tiene padre? ¿Ha engendrado alguien las gotas de rocío?». Por tanto, Santiago usa la creación de Dios de los cuerpos celestes como una evidencia de su poder y del cuidado que tiene del mundo. Esta idea aparece con bastante frecuencia en el AT (cf. Job 38:4-15, 19-21, 31-33; Sal. 136:4-9; Is. 40:22, 26; y ver también Eclesiástico 43:1-12).

La descripción final que Santiago hace de Dios en este versículo es menos clara en cuanto al orden de las palabras y, por ello, en cuanto a su significado.

---

49. Santiago usa *dosis* y *dorema*. El uso neotestamentario no es suficientemente común como para poder pronunciarnos sobre la relación de estas dos palabras (ambas aparecen tan solo en dos ocasiones; dosis aparece también en Fil. 4:15; y *dorema* en Ro. 5:16. Filón distingue *dosis* y *dorea* (una palabra similar a la que Santiago usa) al menos en una ocasión (*Sobre los querubines*, 84), pero en las demás ocasiones usa estas dos palabras indistintamente.

50. Por ejemplo, Mayor, 57; Ropes, 159; Dibelius, 99; Davids, 86.

En primer lugar, el intérprete tiene que elegir entre seis variaciones textuales diferentes, aunque tan solo dos de ellas merecen consideración. Una, que encontramos en dos de los mejores manuscritos que poseemos, se traduciría de la siguiente forma: «cambio debido a una sombra de variación».[51] Pero con esa traducción, el texto no tiene demasiado sentido. El texto griego estándar, y la mayoría de traducciones, han adoptado una ordenación alternada que literalmente se traduciría de la siguiente manera: «cambio o sombra de variación».[52] Las palabras griegas que traducimos por «cambio» y «variación» normalmente se usaban en la Antigüedad para referirse a los fenómenos astronómicos, y ya que Santiago acaba de definir a Dios como «el Padre de las luces», lo más seguro es que él también esté usando esos términos con ese sentido. «Cambio» hace referencia a los movimientos periódicos y ordenados del sol, la luna, los planetas y las estrellas. «Sobra de variación» debería entenderse, muy probablemente, como «sombra que va cambiando» (si interpretamos que *tropes* es un genitivo de origen). Este sintagma podría estar haciendo referencia a las fases de la luna o a la constante variación del día y la nocHeb. Pero quizá no deberíamos forzar ninguna de las interpretaciones. Santiago no está escribiendo un tratado especializado, sino que usa el vocabulario normal sobre el movimiento constante de los cuerpos celestes para transmitir una característica de Dios: Él no cambia. Filón, filósofo judío del siglo primero, quiso plasmar la misma idea cuando comparó a Dios con su creación: «Toda cosa creada experimentará cambios, pues es parte de su condición, del mismo modo que la inmutabilidad es una de las características de Dios» (*Interpretación Alegórica* 2.33). Al principio de esta misma sección, Santiago ya ha apuntado a una idea similar: Dios da a todos los que le piden de forma íntegra (v. 5). Podemos ver que la integridad y la unidad de propósito de Dios, que contrasta con la doblez y la inestabilidad del hombre (cf. vv. 7-8), es una de las ideas principales de la carta.

18 De nuevo, Santiago no incluye ningún elemento que nos haga pensar que estos versículos tengan relación entre sí. Pero el hilo argumental sugiere que el nacimiento a través de la Palabra de verdad es un ejemplo de los dones maravillosos que Dios da a sus criaturas. La imagen del nacimiento, especialmente después de que el autor ha hablado de Dios como «padre», podría referirse a la creación de Dios de los seres humanos.[53] Filón usa el verbo griego «hacer

---

51. En griego es *parallage [h]e tropes aposkiasmatos*. Aparece así en el Códice Sinaítico original (A) y en el Códice Vaticano (B); Ropes defiende su validez.

52. El texto griego aquí es *parallage e tropes aposkiasma*, que aparece en el corrector del Sinaítico, en el Códice Alejandrino y en algunos otros manuscritos.

53. Hort, 32; Laws, 75-78 (con ciertas dudas); L.E. Elliott-Binns, «James I.18: Creation or Redemption?» *NTS* 3 (1956-57) 148-61; Klein, 129-34; cf. Frankemölle, 298-302.

nacer» (*apokyeo*) con ese sentido, y las últimas palabras del versículo, *de su creación*, vuelve a sacar a la luz el tema de la creación. Y dado que aquellos que Dios hace nacer son llamados «los primeros y mejores», lo que éstos han experimentado debe ser un anticipo de lo que toda la creación ha experimentado. Pero quizá Santiago no esté hablando de la obra creadora de Dios, sino de su obra redentora. Donald Verseput dice que el v. 17, al describir a Dios como «el Padre de las luces», podría estar haciéndose eco de la oración judía matutina, una oración que empieza reconociendo a Dios como creador de las luces celestes y acaba hablando de Dios como el redentor de su pueblo.[54] Además, el vocabulario que Santiago usa en este versículo, aunque proviene del ámbito «cosmológico», aquí tiene más sentido si lo interpretamos desde una perspectiva soteriológica. El verbo «hacer nacer» o «engendrar», que solo aparece dos veces en el NT, se usa en el v. 15 de forma metafórica para referirse al nacimiento espiritual. En el NT, «primicias» o «los primeros» es una palabra común para describir a los cristianos (ver especialmente 2 Ts. 2:13; Ap. 14:4; y también Ro. 16:5; 1 Co. 16:15). Pero la evidencia más clara de que aquí Santiago está hablando de la obra redentora es la expresión «la Palabra de verdad». La sintaxis apunta a que esta «palabra» es el instrumento a través del cual Dios da vida a las personas. Las otras cuatro ocasiones en las que esta expresión aparece en el NT, hablan del Evangelio como el agente de salvación (2 Co. 6:7; Ef. 1:13; Col. 1:5; 2 Ti. 2:15). Y la presencia del término «palabra» debe verse a la luz de los otros usos de este mismo término (gr. *logos*) en este mismo contexto (vv. 21, 22, 23). La «palabra implantada» del v. 21 a veces se ha interpretado como ese conocimiento de la existencia de Dios que de forma natural reside en todos los seres humanos. Pero esta palabra, según Santiago, puede «salvar vuestras almas»: indicando, de nuevo, que Santiago tiene en mente el Evangelio. Nuestra decisión sobre el significado del nacimiento del v. 18, si se refiere a la obra creadora o a la obra redentora de Dios, dependerá del contexto en el que interpretemos el lenguaje de Santiago. Si creemos que los términos de Santiago proceden del AT y del judaísmo tardío, probablemente concluiremos que está hablando de la creación. Por el contrario, si creemos que las palabras de Santiago reflejan la enseñanza del cristianismo primitivo, concluiremos que está hablando de la redención. Debido a que el texto de Santiago es bastante temprano, y debido a su contexto judío, es difícil saber dónde situarlo en relación con la tradición cristiana. Pero creemos que la expresión «palabra de verdad», sobre todo si tenemos en cuenta la mención en el v. 21 de que esa misma palabra puede «salvarles la vida», hace referencia a la redención.

---

54. «James 1:17 and the Jewish Morning Prayers», *NovT* 38 (1996) 1-15.

Por tanto, Santiago apela al «nuevo nacimiento» de los cristianos como un claro ejemplo de la bondad y la provisión de Dios. Santiago enfatiza la naturaleza libre de esa provisión al abrir estos versículos con el participio *bouletheis*, traducido como «en el ejercicio de su voluntad» o «por su propia voluntad». La Gracia de Dios, a través del Evangelio, llega a las personas para hacerles saborear un anticipo, o un adelanto («los primeros»), del plan de redención que un día alcanzará a toda la creación.

III. LA EVIDENCIA DE LA INTEGRIDAD ESPIRITUAL: OBEDIENCIA A LA PALABRA (1:19-2:26)

La obediencia a la Palabra de Dios es el tema que une las diferentes partes de esta sección. En ella, los términos clave son «palabra» (*logos*) (de Dios) (1:21, 22, 23), «ley» (*nomos*) (1:25; 2:8, 9, 10, 11, 12) y «obras» (*erga*) (2:14, 17, 18, 20, 21, 22, 24, 25, 26; cf. 1:25). Como vemos en la lista de versículos, Santiago se centra en cada uno de estos tres temas de forma ordenada. Primero, retomando el lenguaje del v. 18, Santiago pide a sus lectores que «reciban con humildad» la Palabra (v. 21), idea que desarrolla en los vv. 22-27, donde deja claro que aceptar la Palabra implica ponerla en práctica (vv. 22-24). A continuación, pasa a hablar de la «ley» para recalcar lo que la Palabra de Dios demanda de su pueblo (v. 25) y menciona tres formas prácticas de obedecer la Palabra/ley de Dios (vv. 26-27). Al principio del capítulo 2 parece que ha cambiado de tema completamente, pero a medida que avanzamos, nos damos cuenta de que Santiago quiere que veamos que tratar a los pobres del mismo modo que a los ricos (2:1-7) es otra forma de obedecer la ley (2:8-13). La preocupación de Santiago por la obediencia, y la importancia que ésta tiene para el juicio (vv. 12-13) podrían minimizar la centralidad de la fe para la vida cristiana y la salvación. Por eso, busca el modo de mostrar que la fe y las obras, aunque son dos cosas distintas, son también inseparables y elementos característicos de una verdadera relación con Dios (2:14:26).

A primera vista no parece haber mucha relación entre esta sección y la primera sección importante de la epístola (1:2-18). Pero si somos observadores podremos discernir una conexión. La preocupación principal de Santiago en la primera sección era animar a los cristianos bajo la presión de las pruebas a que respondan con una paciencia perseverante (vv. 3-4, 12) enraizada en una fe firme (vv. 6-8). La constancia, la coherencia y la integridad destacan como virtudes cristianas clave. Y Santiago sugiere que esa lealtad a Dios se materializa en la obediencia a su Palabra.

A. El discurso precipitado y la ira no agradan a Dios (1:19-20)

19 Mis queridos hermanos, tengan presente esto: Todos deben estar listos para escuchar, y ser lentos para hablar y para enojarse; 20 pues la ira humana no produce la vida justa que Dios quiere.

Santiago ha cerrado su primera exhortación general con una alusión a la Palabra de Dios (v. 18). Y esa «palabra» va a ser el centro de los vv. 21-27, en los que Santiago llama a los creyentes a reconocer que la Palabra de Dios demanda la obediencia de todos aquellos que dicen haber nacido de nuevo. Pero antes de introducirse en ese tema, Santiago inserta una breve exhortación sobre la forma de hablar y la ira. Esta preocupación por un discurso inadecuado y la ira que con frecuencia produce ese tipo de discurso es un tema tradicional de la literatura sapiencial judía. Pero Santiago retoma esa tradición porque ve que sus lectores luchan en esa área, como demuestran las otras menciones a «la lengua» y las pasiones desenfrenadas (ver 1:26; 3:1-12; 4:1-3, 11-12; 5:12). Los versículos 19-20 podrían ser un breve anticipo de uno de los temas que irá apareciendo a lo largo de la epístola.

El carácter independiente de estos versículos podría sugerir que quizá deberían ser otra sección aparte, como 1:2-18, y 1:21-2:26. Pero es mejor verlos como una transición que nos introduce en la gran sección que se abre a continuación. En la Epístola de Santiago, la expresión «mis amados hermanos» normalmente introduce un nuevo tema (ver el comentario del v. 16). Y el «por esto» del v. 21 que estas advertencias negativas de los vv. 19 y 20 son la base de la exhortación en positivo a recibir la Palabra.

19 «Tengan presente esto». Otras versiones traducen: «Esto sabéis». El «por esto» de la Reina-Valera está basado en una variante del texto griego que no debería ser aceptada.[55] Y traducir el *iste* en indicativo en lugar de imperativo también parece un error. El imperativo es la opción más probable puesto que este es el tipo de verbo que Santiago normalmente utiliza junto al apelativo «mis queridos hermanos». Este llamamiento general a prestar atención sirve de pausa en el hilo de la argumentación, ahora que Santiago pasa a hablar de otro tema.

Esta abrupta introducción a un nuevo tema en los vv. 19-20 ha llevado a algunos comentaristas a integrarlos de una forma más directa en el contexto en el que aparecen. La mayoría de ellos llega a la conclusión de que el objeto del imperativo «sed prontos para oír» es la Palabra de Dios, que se menciona

---

55. Aunque Adamson, 78, n. 132, la defiende. Las variantes del griego son *iste*, «ved», y *hoste*, «por esto».

en el v. 18 y que retoma un lugar importante en los vv. 21-25.[56] Pero entonces tendríamos que asociar el mismo objeto al siguiente imperativo. Y si eso fuera así, la ordenanza «ser lentos para hablar» la Palabra de Dios tendría que tener un significado similar al de Stg. 3:1: «no pretendan muchos de ustedes ser maestros». Pero hay que llegar a 3:1 para descubrir esta idea. Además, esta lectura del versículo no sirve cuando seguimos avanzando y llegamos al tercer imperativo, «ser lentos... para enojarse».

Pero la demostración más clara de que «la Palabra de Dios» no puede ser el objeto de los imperativos del v. 19 es la influencia que este texto tiene de la enseñanza sapiencial judía sobre la forma de hablar y la ira. La sabiduría que hay en escuchar mucho y hablar poco es un concepto que aparece con mucha frecuencia. De hecho, uno de los proverbios más conocidos es el que encontramos en Proverbios 17:28: «Hasta un necio pasa por sabio si guarda silencio; se le considera prudente si cierra la boca» (ver también 10:19; 11:12, 13; 13:3). Este tema aparece también en la literatura judía intertestamentaria. Un buen ejemplo de ello es Eclesiástico 5:11-13: «Está siempre dispuesto a escuchar y sé lento para responder. Si sabes, responde a tu prójimo; de lo contrario, quédate callado. Las palabras traen gloria o deshonor, y la lengua del hombre puede provocar su caída.» Además, estos escritos sapienciales también recogen la asociación entre el habla precipitada y la ira; ver, por ejemplo, Proverbios 17:27: «El que es entendido refrena sus palabras; el que es prudente controla sus impulsos». Según este proverbio, la persona de «espíritu irascible» es propensa a hablar de forma descuidada y sin consideración. La ira incontrolada lleva a una forma de hablar incontrolada. ¡Cuántas veces nos arrepentimos de haber hablado de forma acalorada dejándonos llevar por nuestros impulsos! Santiago nos recuerda que la persona sabia aprende a controlar la emoción de la ira y así elimina una de las causas del discurso necio y precipitado. Muchos psicólogos dicen que dado que las emociones son productos naturales de la personalidad, no se pueden controlar en su totalidad, sino solo reprimir o ignorar. Pero según la exhortación de Santiago (y muchas otras exhortaciones bíblicas), eso no es así. Las emociones son el producto de toda la persona; y, por la Gracia de Dios y la obra del Espíritu Santo, la persona puede ser transformada y adecuar sus emociones a la Palabra y a la voluntad de Dios.

20 Ahora Santiago explica (véase el «pues») por qué el cristiano debería ser *lentos para enojarse; pues la ira humana no produce la vida justa que Dios quiere*. Algunas versiones como la NVI traducen «la vida justa que Dios quiere», pero eso es una paráfrasis del texto griego, que dice literalmente «la justicia de Dios». La justicia de Dios es uno de los grandes temas teológicos

---

56. Ropes, 168-69; Adamson, 78; Hort, 35-36; C.E.B. Cranfield, «The Message of James», *SJT* 18 (1965) 186.

del AT. En primer lugar, se usa para describir un atributo de Dios: su pureza moral y, sobre todo, su fiabilidad y fidelidad para cumplir todo lo que ha prometido. Encontramos un ejemplo de este significado en la oración de David del Salmo 35:24: «Júzgame [otras traducciones: vindícame] según tu justicia, Señor mi Dios; no dejes que se burlen de mí». Confiado gracias al estatus y al derecho que Dios le ha dado, David pide a Dios que le libere porque Dios ha prometido proteger a su pueblo y destruir a sus enemigos. En otros versículos del AT, la expresión «la justicia de Dios» expresa más bien un concepto dinámico y relacional, centrándose en el hecho mismo de la vindicación. Ver, por ejemplo, que Isaías profetiza, en el nombre del Señor, «Mi justicia no está lejana; mi salvación ya no tarda. ¡Estoy por traerlas! Concederé salvación a Sión, y mi esplendor a Israel» (46:13). Profecías como esta son la base de la bien conocida expresión paulina «justicia de Dios» que el apóstol usa para resumir el Evangelio (ver, p. ej., Ro. 1:17; 3:21-22). Pablo se refiere a una obra de Dios a través de la cual pone a las personas en posición de poder presentarse ante Él y así poder tener una relación con Él; y es este uso veterotestamentario el que más encontramos en el NT.

Pero es un error pensar que Santiago esté usando esta expresión de la misma forma que Pablo. De hecho, el error más grande a la hora de interpretar la Epístola de Santiago es hacerlo a la luz del pensamiento paulino. Recordemos que Santiago escribe, como vimos más arriba, antes de que Pablo escribiera sus epístolas; y es probable que no tuviera un conocimiento directo de la enseñanza de Pablo. Santiago debe interpretarse a la luz del AT, del judaísmo y de la enseñanza de Jesús, y no a la luz del apóstol Pablo. Es cierto que Santiago, al igual que Pablo, hace uso de Génesis 15:6 («Abram creyó al Señor, y el Señor lo reconoció a él como justo», Stg. 2:23). Pero, al igual que Pablo, Santiago también pudo usar y aplicar el lenguaje veterotestamentario. Creer lo contrario sería un error. No obstante, la palabra «justicia» en Santiago debe interpretarse a la luz del verbo al que acompaña. Y la combinación «obrar» o «producir» justicia apunta a que Santiago no se está refiriendo al acto de Dios o al don de la justicia. Porque, ¿quién va a pensar que la ira del hombre puede producir ese tipo de justicia? «Obrar justicia» puede significar «conseguir u obtener justicia» (ver quizá Heb. 11:33). Si optamos por esta traducción, parece que Santiago quiere dejar claro que la gente no puede justificar su ira diciendo que se trata de la retribución de Dios. Pero este uso de la palabra «justicia» es muy poco usual. Podemos estar seguros de que Santiago aquí usa la expresión «obrar justicia» con el significado que normalmente tiene en la Biblia: hacer lo que Dios demanda de su pueblo. Jesús usó la palabra «justicia» en este sentido cuando dijo a sus seguidores que su «justicia» debía superar a la de los escribas y fariseos (Mt. 5:20; ver también 5:6, 10; 6:33).[57] Este significado encaja perfectamente en nuestro texto. Lo que Santiago quiere decir es que la ira humana no produce una conducta agradable a los ojos de Dios. Seguramente, tiene en mente diferentes actos pecaminosos que son producto de la ira, como la violencia, el homicidio (ver Mt. 5:21-26 y Stg. 4:2-3) y, sobre todo, por el contexto, el discurso airado.

¿Pretende Santiago prohibir todo tipo de ira, incluso la que llamamos «ira justa»? Probablemente no. Aquí es cuando debemos recordar la fuerte influencia que la Epístola de Santiago tiene de la literatura sapiencial. Muchos proverbios hacen afirmaciones absolutas para hablar de una verdad general. Así que podemos dar por sentado que la idea de Santiago es que interpretemos su advertencia como una verdad general aplicable en la mayoría de los casos: por lo general, la ira humana no agrada a Dios, y nos lleva a caer en todo tipo de pecados. Pero argumentar que Santiago está diciendo que *nunca* es agradable a Dios es no ser sensible al estilo literario que está usando.

B. La obediencia a la Palabra es la marca del verdadero cristianismo (1:21-27)

21 Por esto, despójense de toda inmundicia y de la maldad que tanto abunda, para que puedan recibir con humildad la Palabra sembrada en ustedes, la cual tiene poder para salvarles la vida. 22 No se contenten solo con escuchar la Palabra, pues así se engañan ustedes mismos. Llévenla a la práctica. 23 El que escucha la Palabra pero no la pone en práctica es como el que se mira el rostro en un espejo 24 y, después de mirarse, se va y se olvida en seguida de cómo es. 25 Pero quien se fija atentamente en la ley perfecta que da libertad, y persevera en ella, no olvidando lo que ha oído sino haciéndolo, recibirá bendición al practicarla. 26 Si alguien se cree religioso pero no le pone freno a su lengua, se engaña a sí mismo, y su religión no sirve para nada. 27 La religión pura y sin mancha delante de Dios nuestro Padre es ésta: atender a los huérfanos y a las viudas en sus aflicciones, y conservarse limpio de la corrupción del mundo.

El tema de este pasaje es obvio: los que han experimentado el nuevo nacimiento por la Palabra de Dios (v. 18) deben «aceptar» o «recibir» esa palabra (v. 21) poniéndola en práctica (vv. 22-27). La preocupación de Santiago por

---

57.   Algunos eruditos insisten en que en Mateo, el término «justicia» tiene el sentido de legar que tiene en Pablo. Pero son minoría, y la mayoría cree que en Mateo este término hace referencia a la conducta humana.

la obediencia práctica en el vocabulario que usa: pasa de usar el término «palabra» (de Dios) (vv. 21-23) a usar el término «ley» (v. 25) y, con bastante frecuencia, la idea de «practicar» la Palabra (vv. 22, 23, 25). La religión que cuenta ante los ojos de Dios (v. 27) y que puede salvar vuestras almas (v. 21) debe materializarse en un estilo de obediencia a la Palabra de Dios, «implantada» en todos los creyentes (v. 21).

No es fácil determinar dónde está el punto de transición. Muchas traducciones y comentaristas colocan la transición entre los versículos 21 y 22. Pero la introducción al tema de la «palabra» en el v. 21 sugiere que éste va con el material que le sigue. El conector que aparece al principio del v. 21 («por esto»), estaría uniendo el debate que aparece en los vv. 21-27 con el v. 18, y no con los vv. 19-20. La secuencia similar que encontramos en 1 Pedro 1:23-2:2 sugiere una estrecha relación entre Santiago 1:18 y 1:21-27. En ambos pasajes, el nuevo nacimiento a través de la Palabra de Dios va seguido del mandamiento (introducido por *dio*, «por tanto» o «por esto») a «despojarse de» la conducta maliciosa y a aferrarnos a la Palabra de Dios.[58] Sabemos que Pedro escribe en una fecha posterior, así que obviamente no podemos decir que Santiago se basara en el texto de Pedro. Pero de estos dos pasajes se desprende que quizá en la Iglesia primitiva era muy normal unir la mención del nacimiento espiritual, don inmerecido que Dios da a los suyos a través de su palabra, a la exhortación a (1) huir de todo tipo de conducta asociada con la vieja manera de vivir y (2) empezar a vivir según la Palabra que les había salvado.[59] La similitud de Santiago y de 1 Pedro en otros momentos corroboran esta posibilidad (ver la Introducción).

21 El verbo «despojarse» o «desechar» (gr. *apotithemai*) recoge la idea de despojar de la vestimenta (cf. Hch. 7:58). En el NT se usa metafóricamente para hablar del creyente que se «desviste» del estilo de vida que tenía antes de conocer a Cristo (ver Ro. 13:12; Ef. 4:22, 25; Col. 3:8; Heb. 12:1; 1 P. 2:1). El uso que Santiago hace de este término es otra indicación de que probablemente aquí esté citando una enseñanza muy mencionada en la Iglesia primitiva. El verbo en griego es un participio, por lo que se podría interpretar que la acción es más un supuesto o una idea subordinada que un mandato. Pero los participios griegos en este tipo de situaciones suelen adoptar el sentido del imperativo

58. Esto es dar por sentado que *to logikon adolon gala* en 1P. 2:2 hace referencia a la Palabra de Dios («la leche pura de la palabra»; ver los argumentos de J.N.D. Nelly, *A Commentary of the Epistles of Peter and Jude* [New York: Harper & Row, 1969], 85).
59. Muchos eruditos creen que el origen de esta tradición está en la ceremonia del bautismo.

que acompañan. Así que podríamos decir que la traducción de las versiones que incluyen en este versículo más de un imperativo está justificada.

Santiago quiere que el creyente «se deshaga» de *toda inmundicia y de la maldad que tanto abunda*. «Inmundicia» da continuidad al simbolismo de la vestimenta. Este es el único lugar en la Biblia en el que aparece este término (*rhyparia*), pero en 2:2, Santiago usa el adjetivo de la misma raíz para describir la vestimenta de una persona pobre. Y encontramos el mismo término cuando se describen las ropas sucias que el sumo sacerdote Josué se tiene que quitar antes de ponerse ropas de gala (Zac. 3:3-4). Santiago lo que hace es elegir una palabra que nos recuerda lo ofensivo y detestable que es el pecado. Y ligado a la inmundicia está *todo resto de malicia*. Esta traducción (LBLA) apunta a «todo lo que queda de malicia», pero este significado es muy poco probable. El término griego que hay detrás de esta expresión es «abundante» (*perisseia*), así que son más adecuadas las versiones que proponen «la maldad que tanto abunda» (NVI) o «abundancia de malicia» (RV). Este término aparece en el NT tres veces más (Ro. 5:17; 2 Co. 8:2; 10:15), y en las tres ocasiones significa «abundancia». Santiago advierte a sus lectores que para eludir el pecado hay que luchar contra un enemigo que toma muchas formas distintas. Como un ejército con muchos soldados, el pecado nos ataca de forma persistente y vestido con diferentes disfraces. Si vences un pecado, enseguida aparece otro que tomará su lugar, pues estamos en una batalla espiritual constante.

Los autores del NT que usan la metáfora de «despojarse» para referirse al pecado, normalmente completan la metáfora animando a los creyentes a «ponerse» o «vestirse con» un nuevo atuendo: la vida de justicia a la que Cristo nos llama. Vemos que llegado este punto, Santiago abandona este simbolismo, y lanza un mandamiento usando el verbo *aceptar* o *recibir*. Y lo hace porque quiere que veamos un nuevo código de conducta. Es la influencia de la Palabra de Dios la que produce ese nuevo tipo de conducta. La descripción que Santiago hace aquí de la palabra como *sembrada en ustedes* es causa de controversia. Argumentando que la palabra griega (*emphytos*) quiere decir «innato», algunos eruditos insisten en que Santiago se debe estar refiriendo a una capacidad humana natural de responder a la Revelación de Dios: «la capacidad original parte en la Creación a imagen de Dios que hace posible que el hombre aprehenda cualquier Revelación».[60] Pero esta concepción, aparte de carecer de un claro respaldo bíblico, es demasiado general para este contexto, donde se nos dice que «la Palabra» tiene el poder de salvar (v. 21) y para regenerar (v. 18), y que más adelante se describe como la «ley de la libertad» (v.

---

60. Hort, 37-38. Cita Sabiduría 2:10, pues es el único texto en griego «bíblico» en el que encontramos este término.

25). Santiago no se está refiriendo a una cualidad innata del ser humano, sino que está hablando de la Palabra del Evangelio.[61]

Si ese es el significado que había en la mente de Santiago, entonces *emphytos* no significa «innata», sino «implanta».[62] Este término no habla de algo que todas las personas tienen en su interior desde que nacen, sino de una entidad que reside en los creyentes. Es posible que Santiago tome esta idea de la palabra implantada en el nuevo pacto tal como se describe en la profecía de Jeremías 31.[63] El profeta, viendo que Israel era incapaz de vivir según las normas del pacto mosaico, anuncia que Dios hará con su pueblo un nuevo pacto. La novedad de este nuevo pacto es que Dios promete escribir su ley en los corazones de sus hijos (Jer. 31:33). Israel nunca logra obedecer la ley que Dios les ha dado, lo que prueba que el corazón del hombre no es capaz de someterse a unas normas externas. Para poder responder de forma adecuada y obediente a la Palabra de Dios, era necesario que él obrara en el interior de las personas, que les diera un «nuevo corazón» (ver el texto paralelo en Ez. 36:24-32). Aquí Santiago les recuerda a sus lectores que han experimentado el cumplimiento de esa fantástica promesa. Pero también les recuerda que después de la conversión no pueden deshacerse de esa palabra que les ha salvado. Dios la implanta en sus hijos, haciendo que sea algo permanente, una parte inseparable del creyente, una guía constante.

Si esta interpretación es correcta, entonces la orden de *recibir con humildad la palabra sembrada* no exhorta a los no creyentes a que se conviertan (eso es lo que significa «recibe la Palabra» en el resto del NT),[64] sino que exhorta a los creyentes a que la Palabra influya todas las áreas de sus vidas. Al añadir la expresión «con humildad», Santiago nos recuerda que hemos de estar receptivos a la obra de la Palabra en el corazón. Los cristianos que realmente han «nacido de nuevo» (v. 18) demuestran que la Palabra les ha transformado cuando aceptan de forma humilde que la Palabra tiene autoridad sobre ellos y es su guía para la vida. Jesús dijo algo similar, aunque haciendo uso de otra metáfora: el creyente ha de procurar que su corazón sea «buena tierra» para que la «semilla» de la Palabra que le ha sido implantada pueda producir mucho

---

61. Ver, p. ej., Klein, 135-7.

62. En cuanto a este significado de *emphytos*, ver Herodoto 9:24, *Epístola de Bernabé* 1:2; 9:9 (donde se trata de una referencia al Evangelio), y la nota en Adamson, 98-100.

63. Klein, por otro lado, cree que Santiago pudo extraer esa idea de Deuteronomio 30, donde Moisés recuerda al pueblo que Dios ha puesto la «palabra» (=la Torá) en sus bocas y corazones (v. 14; cf. Ro. 10:6-8) (136-37).

64. Lc. 8:13; Hch. 8:14; 11:1; 17:11; 1 Ts. 1:6; 2:13.

fruto (Mr. 4:3-20). En lugar de hablar de «fruto», Santiago habla de «la salvación de vuestras almas» (traducción literal). Como ocurre muchas veces en el AT, la palabra «alma» (gr. *psyche*; hebr. *nefesh*) probablemente no se refiera a una «parte» del ser humano, sino a toda la persona; así que, a nuestro entender, cualquier traducción que recoja la idea «que puede salvaros» es adecuada. En este punto, deberíamos ver que para Santiago, la salvación es algo futuro. A algunos cristianos, acostumbrados a igualar la salvación a la conversión o regeneración, quizá esta orientación futura les incomode un poco. Pero, de hecho, ésta es una perspectiva muy común en el NT, donde el verbo «salvar» y el sustantivo «salvación» normalmente hacen referencia a la liberación final, cuando el creyente será liberado totalmente del pecado y de la muerte, que tendrá lugar cuando Cristo vuelva en gloria (ver, p. ej., Ro. 5:9, 10; 13:11; 1 Ts. 5:9; Fil. 2:12; 1 Ti. 4:16; 2 Ti. 4:18; Heb. 9:28; 1 P. 1:5, 9; 2:2; 4:18). Los otros usos que Santiago hace de esta terminología también recogen esta orientación futura (2:14; 4:12; 5:20; en 5:15, «salvar» no hace referencia a la liberación espiritual, sino a la restauración física). Si queremos entender correctamente la Teología de Santiago, es importante tener en mente esta perspectiva de la salvación.

22 La exhortación de Santiago a «recibir» la palabra implantada (v. 21) es la idea principal de los vv. 21-27. Pero, dado que realmente le preocupa que los creyentes vivan vidas obedientes que demuestren la realidad de la fe, Santiago pasa a describir qué significa «recibir» la Palabra. Básicamente, según dice Santiago en los vv. 22-25, «recibir» la Palabra significa «ponerla en práctica». En los vv. 22-25 la idea principal es «hacer»: el párrafo empieza diciendo «sed *hacedores* de la Palabra» (aunque en algunas traducciones no sigan este orden, en el texto griego el versículo empieza con esta proposición), y finaliza «recibirá bendición al *practicarla*». Antes de adentrarnos en este concepto, quiero dejar claro que esta preocupación de Santiago por «el hacer» no significa que «oír la Palabra» no sea necesario. Santiago no se opone a la idea de «escuchar la Palabra», sino a la idea de que lo *único* necesario sea escuchar. Aunque aparentemente éste no es un tema que aparezca en la epístola, está claro que Santiago respaldaría la necesidad de prestar atención a lo que dice la Palabra, estudiarla cuidadosamente, meditar en ella, en su significado y su aplicación práctica. ¿De qué otra forma, si no, vamos a saber lo que nos manda hacer? Es cierto que la idea de que la Palabra haya sido «sembrada» en los creyentes parece sugerir que el estudio meticuloso de la Palabra de Dios ya no es necesario. Pero, si tenemos en cuenta el trasfondo veterotestamentario, el concepto de la Palabra «escrita en los corazones» no significa que los creyentes poseamos un conocimiento automático de la voluntad de Dios. La idea es que tenemos acceso a la Palabra de Dios y, sobre todo, que tenemos un corazón nuevo, movido por el Espíritu para ayudarnos a obedecer esa palabra. Algunos cristianos han cometido el error de interpretar la metáfora de la palabra «implantada», y otras metáforas similares del NT, concluyendo que en cuanto a la Revelación y la puesta en práctica de la voluntad de Dios, los creyentes tenemos un papel casi totalmente pasivo. Pero el mensaje claro de este pasaje y de otros muchos, donde se nos insta a tomar un papel activo tanto a la hora de «escuchar» como a la hora de «hacer», nos muestra lo desequilibrada que es esa interpretación.

Así que, tal como dice Santiago, escuchar la Palabra de Dios debe llevarnos a ponerla en práctica. De hecho, la demostración última de que «recibimos» la Palabra es cuando la practicamos. Esta exhortación recoge la principal preocupación pastoral de Santiago; por ello, el v. 22 es el más conocido de toda la epístola. No obstante, esta preocupación no es nueva en la historia de la religión. Los filósofos y moralistas griegos y romanos enfatizaban que los maestros y los seguidores de cualquier creencia debían mostrar sinceridad y «practicar lo que predicaban». Y esta idea también estaba presente entre los judíos. «Lo más importante no es la exposición [de la ley], sino su puesta en práctica», como dice un rabino del siglo II,[65] Pablo refleja esta perspectiva judía en la Epístola a los Romanos: «Porque Dios no considera justos a los que oyen la ley sino a los que la cumplen» (2:13). Y, por último, volvemos a ver en Santiago la influencia de las enseñanzas de Jesús: «Dichosos más bien —contestó Jesús— los que oyen la Palabra de Diosy la obedecen» (Lucas 11:28). En su mensaje sobre el reino, Jesús anunció la sublime Gracia de Dios que se extiende hasta los pecadores arrepentidos para que éstos puedan volver a Él. Pero no hay nadie que haga un hincapié tan grande en que aquellos que hayan aceptado la Gracia de Dios tienen que responder con una obediencia radical. El Evangelio recoge tanto la iniciativa misericordiosa de Dios como la respuesta agradecida del ser humano. Ambos son aspectos presentes en la Revelación. La Palabra, a través de la cual nacemos a una vida nueva (v. 18), y que Dios implanta en nosotros (v. 21), es una palabra que debe llevarse a la práctica.

Según Santiago, la gente que es *tan solo* oidora está sobre arenas movedizas: se *engaña* a sí misma. Pablo usa este mismo verbo en Colosenses 2:4 (ya no aparecerá más veces en todo el NT), donde advierte a los cristianos de Colosas sobre los falsos maestros que «engañan» a la gente «con razonamientos persuasivos». La idea de «engañar» en estos contextos es bien clara: ser «engañado» es estar ciego ante la realidad del propio estado espiritual. La gente puede creer que está bien con Dios aun cuando no lo está. Y eso es lo que le ocurre a la gente que «oye» la Palabra (gente que asiste a la Iglesia, estudiantes

---

65. Simeón b. Gamaliel en *m. Abot* 1:17.

de seminario, incluso profesores de seminario), pero no la pone en práctica. Están equivocados cuando piensan que por «oírla», Dios se agrada de ellos. Si uno quiere los beneficios de su poder salvador, debe también aceptarla como la única guía para la vida. Por tanto, Santiago está sugiriendo que aquel que no «practica» la Palabra (y así se anticipa introduciendo la idea que encontraremos en 2:14-26), realmente no ha recibido la Palabra de Dios.

23 En los vv. 23-25, Santiago usa un símil doble un tanto confuso para ilustrar la importancia de poner el práctica la Palabra de Dios. Primero compara al *que escucha la Palabra pero no la pone en práctica* con un hombre que se mira en un espejo e inmediatamente *se olvida en seguida de cómo es* (vv. 23-24). Pero en el v. 25 abandona ese símil para hacer una afirmación directa sobre la persona que *se fija atentamente en la ley perfecta que da libertad*. Este cambio que Santiago hace de pasar de un símil a una afirmación directa en medio de la ilustración, unido al uso de términos griegos diferentes que hacen referencia a la misma idea en ambas partes de la ilustración, hacen que la idea de estos versículos no quede del todo clara. ¿Qué es lo que Santiago está contrastando? ¿El *objeto* que los dos tipos de persona miran? ¿La *forma* en que lo miran? ¿O el *resultado* de mirar?

En el v. 23, el que es «oidor pero no hacedor» mira «su rostro»; en el v. 25, el «hacedor» mira «atentamente la ley perfecta que da libertad». ¿Es éste el contraste que Santiago tiene en mente? Depende de la palabra «rostro» del v. 23, aparentemente fácil de entender. Algunas traducciones omiten la palabra que acompaña a «rostro»: *genesis*, que es una de las dificultades que nos plantea el texto griego. Esa palabra, que también existe en castellano como una transliteración, puede tener dos significados distintos: «existencia» y «principio». En castellano, usamos esa palabra con el segundo sentido; de ahí el título del primer libro de la Biblia. De las cinco veces que aparece en el NT, *genesis* tiene ese segundo sentido al menos en dos ocasiones, refiriéndose a los «nacimientos» de Jesús y de Juan (Mt. 1:18; Lc. 1:14); y varios versículos del AT lo usan también con ese significado (p. ej., Os. 2:5; Ez. 4:14; 16:3, 4). Si Santiago tiene en mente este significado más general, entonces «el rostro original» estaría haciendo referencia a lo que Dios quería que fuéramos desde el principio. La persona que ve esa naturaleza «ideal» del ser humano reflejada en la Palabra de Dios se da cuenta de sus defectos porque no alcanza a ser igual a ese ideal. Hay textos que asocian la palabra «espejo» con «imagen» que vendrían a corroborar esta interpretación (Sab. 7:26), y sugerirían que lo uno ve en el espejo podría ser la imagen original de Dios.[66] Sin embargo, aunque la palabra «génesis» naturalmente nos recuerda el relato de los orígenes, en la Biblia

---

66. Hort, 39; Martin, 50.

nunca se usa para hablar del estado «original» de los seres humanos. Además, la idea de que una persona pudiera «ver» su naturaleza *invisible* en un espejo convierte hace que el símil que Santiago usa sea un tanto forzado.

En este contexto, el significado más probable de la palabra *genesis* es «existencia». Éste parece ser el sentido de la palabra en la única otra ocasión que Santiago la usa (3:6; aunque se trata de un versículo de difícil traducción). Lo mismo ocurre cuando la encontramos en los libros intertestamentarios (p. ej., Judit 12:8; Sabiduría 7:5). Si la palabra en cuestión tiene este significado, nos encontramos ante dos posible interpretaciones: una interpretación negativa y una interpretación relativamente neutra. En el primer caso, Santiago se estaría refiriendo a la pecaminosidad de la existencia natural del ser humano. Una persona que se mira en un espejo ve cómo es en realidad, ve claramente sus «defectos o imperfecciones», pero no hace nada al respecto.[67] Por otro lado, la interpretación más neutra sería no otorgarle ninguna connotación negativa a la palabra «existencia». Santiago simplemente la habría usado para decir que el rostro que la persona ve en el espejo es su rostro real, su rostro natural.[68] En cuanto a la interpretación negativa, encontramos alguna evidencia en los textos de Filón, donde dice que el mundo que «existe» es transitorio e incierto, a diferencia del la naturaleza eterna y estable de Dios (ver, p. ej., *Sobre la posteridad de Caín y su exilio* 23). Pero es una evidencia que no tiene un peso determinante. Así que quizá no deberíamos darle un sentido rebuscado a esta expresión. Y esta conclusión estaría respaldada por el hecho de que en el v.24, Santiago simplemente sustituye «su rostro natural» por una expresión reflexiva: «a sí mismo» («se olvida de como es» en NVI). Como mucho, podríamos encontrar un pequeño matiz negativo, como si Santiago hubiera querido sugerir que el rostro que vemos en un espejo pertenece a este mundo y, en realidad, somos más complejos de lo que se puede ver a simple vista.[69]

Así, no creo que la intención de Santiago fuera que le diéramos mucha importancia al contraste entre «el rostro natural» y «la ley perfecta» (v. 25). Pero antes de decidir que Santiago no está haciendo hincapié en los contrastes que puede haber entre lo que el «oidor» ve y lo que el «hacedor» ve, tenemos que detenernos en otro de los elementos que encontramos en el v. 23: el espejo. En el mundo antiguo, el espejo, normalmente una pieza de metal pulido, era un objeto bastante común. Y, como en muchas de las parábolas de Jesús, es muy probable que el espejo no tenga en la analogía una función interpreta-

---

67. Mitton, 68-70.

68. Ésta es la interpretación que encontraremos en BAGD y en la mayoría de los comentaristas (p. ej., Dibelius, 115-16; Davids, 98).

69. Laws, 86.

tiva.[70] Así, Santiago solo lo habría usado porque era un objeto conocido por los oyentes y, por eso, útil para establecer una comparación y ayudar a sus oyentes a entender lo que quería transmitirles sobre la acción de «escuchar la Palabra de Dios». Pero los filósofos antiguos también usaron la metáfora del espejo para ilustrar algunos conceptos. Algunos lo hicieron para establecer un contraste entre el reflejo imperfecto que se ve en un espejo y el objeto mismo, entre la imagen imperfecta y la realidad. En el NT, el espejo aparece una vez más, y en esa ocasión tiene esta función general: «Porque ahora vemos por un espejo, veladamente, pero entonces veremos cara a cara» (1 Co. 13:12a). Si Santiago usa la metáfora del espejo teniendo en mente esta última idea, quizá su intención sea que veamos un contraste entre lo que un espejo puede revelar, es decir, «verdad sobre este mundo» (*el rostro natural*) y lo que Dios puede revelar, o lo que es lo mismo, «verdad sobre la realidad última». Pero si tenemos en cuenta el contexto, nos daremos cuenta de que es una idea es demasiado rebuscada. Creo que Santiago escoge la ilustración del espejo por otros motivos. La aplicación metafórica más común de mirarse en un espejo, si ampliamos el alcance de su uso normal, se daba en el campo de la moral. Por tanto, si el espejo tiene algún significado metafórico, será porque de forma natural se puede comparar a cualquier libro en el que buscamos enseñanza sobre la vida moral.

Después de ver que lo que Santiago está contrastando no es los dos tipos de persona ven, podemos pasar a la segunda pregunta: ¿Su intención es, entonces, contrastar la *forma* en que miran? Un análisis superficial del texto griego responde a esa pregunta de forma afirmativa, porque en este texto, cuando Santiago hablar de «ver» usa dos verbos diferentes. El verbo *katanoeo* se usa para describir la acción del «oidor» que mira su rostro en un espejo; y el verbo *parakypto* aparece en el v. 25 para describir al «hacedor» que mira la ley perfecta. Al notar este cambio, este giro, muchos intérpretes dicen que la intención de Santiago es contrastar la acción rápida de mirarse al espejo con la mirada detenida y esmerada con la que uno se acerca a la ley de Dios. Precisamente por eso, porque mira en el espejo de forma rápida y descuidada, inmediatamente olvida lo que ha visto. Al contrario, la persona que contempla con esmero la ley de Dios, experimenta un cambio real en su vida. Sin embargo, aunque esta interpretación pueda parecer atractiva, no responde a las palabras que Santiago usa en este texto. El verbo «mirar» de los vv. 23-24 no tiene la connotación de una acción rápida y superficial. Aunque en algunos lugares del NT no tiene ningún tipo de matiz, y simplemente significa «mirar» (Mt. 7:3; Lc. 6:41; Hch. 7:31, 32; 27:39), este verbo normalmente significa «considerar con sumo cuidado», «contemplar» (Lc. 11:24, 27; 20:23; 11:6; Ro. 4:19;

---

70. Davids, 98.

Heb. 3:1; 10:24). Ante esta evidencia léxica, Laws sugiere incluso que demos la vuelta a la interpretación de estos versículos. Según esta autora, Santiago quiere que veamos que aún una mirada rápida en la ley de Dios, debido a lo que ésta es, tiene el poder para transformar, a diferencia de una mirada en el espejo, por detenida y cuidadosa que ésta sea. Pero esta interpretación, como veremos más adelante, pone demasiado peso en el significado del verbo *parakypto* del v. 25. Por tanto, tampoco hemos de dar demasiada importancia al hecho de que Santiago utilice dos verbos diferentes. La clave para entender la analogía va en otra dirección.

24 Y esa clave se ve de forma clara en el v. 24. Aquí Santiago habla de los *resultados* de mirar en el espejo (v. 23): *y, después de mirarse, se va y se olvida en seguida de cómo es*. Y el resultado es bien diferente a lo que se comenta de la persona que mira la ley perfecta (v. 25): *persevera en ella, no olvidando lo que ha oído sino haciéndolo*. Cuantos más esfuerzos se hagan por encontrar alusiones sutiles en algunos de los términos del símil del v. 23, mayor peligro habrá de debilitar este énfasis fundamental. Entenderemos la analogía de Santiago si logramos ver que ambas personas, tanto la que se mira en el espejo como la que mira la Palabra de Dios, son capaces de dar dos respuestas diferentes. Al que oye la Palabra pero no la hace se le acusa de no reaccionar ante lo que ve en el espejo (de lo cual deducimos que, si hubiera querido, podría no haber reaccionado). Y al «hacedor» del v. 25 se le felicita por poner en práctica lo que ha visto en la ley de Dios (lo que quiere decir que hubiera querido, podría haber hecho caso omiso de lo que había leído o escuchado). Por tanto, el fallo del oidor es el olvido. Y aquí tenemos un tema que se repite una y otra vez a lo largo de toda la Biblia. El Señor constantemente advertía al pueblo de Israel repitiéndoles que no «olvidaran» las maravillas que había hecho por ellos, y que se acordaran de su misericordia y recordaran su ley (Éx. 13:3; Nm. 15:39; Dt. 6:12; 8:2; Mal. 4:4). En el NT, Pedro, por ejemplo, organiza la exhortación de su segunda carta en torno al tema de la memoria (2 P. 1:12-13; 3:1, 8; cf. el contraste con los burladores que ignoran y olvidan, 3:5). «Acordarse» de Dios, de sus obras y enseñanzas, significa acercarse a ellas de modo que dejen una huella perenne en nuestra mente y en nuestro corazón. Aquel que «olvida» lo que ha visto en la Palabra de Dios es el que lee o escucha de forma superficial, no dejando que el mensaje se le grave en el alma.

25 Ahora que ya va a cerrar el contraste entre el «oidor» y el «hacedor», Santiago abandona el símil de los vv. 23-24. El lugar de comparar al «hacedor» con una persona que se mira en el espejo y recuerda, Santiago lo describe. «Hacedor» es aquel *se fija atentamente en la ley perfecta que da libertad*. La expresión «fija/mira atentamente» es una buena traducción del verbo que Santiago usa. El verbo en cuestión significa «inclinarse», por lo que aquí la idea es «inclinarse para mirar». Este sentido ha quedado documentado también en Juan 20:11, donde se dice que María «se inclinó y miró dentro del sepulcro» (cf. también Jn. 20:5 y Lc. 24:12, aunque en ambos textos el verbo que se usa para describir la acción de mirar es otro distinto). En ocasiones, este verbo pierde el significado de movimiento, y simplemente significa «observar cuidadosamente», «investigar» (1 P. 1:12, la única otra ocasión que aparece en el NT). Como vimos en nuestro comentario del v. 23, no tiene mucho sentido discutir sobre un posible contraste entre este verbo y el verbo que Santiago usa en los vv. 23 y 24.

Uno de los aspectos más sorprendentes de este pasaje es el uso de palabra «ley». Y, curiosamente, es un elemento que pasamos por alto con mucha facilidad. Hasta este momento, Santiago ha hablado sobre la «palabra» de Dios (vv. 18, 21, 22, 23). Sin embargo, aquí, un versículo en el que se sigue con el tema de los versículos anteriores, encontramos la palabra «ley». ¿Por qué cambia de término? ¿Y cuál es el contenido de esta «ley»? Dado el trasfondo y el contexto de Santiago, lo más probable es que se trate de una referencia a la ley de Moisés. La ley que Dios dio al pueblo de Israel en el Sinaí a través de Moisés era una de las partes más importantes de la revelación veterotestamentaria, y era el elemento indispensable de la vida cotidiana de los judíos en tiempos de Jesús. Para los judíos, la «ley» significaba «la Torá», las leyes y los mandamientos que Dios había dado a su pueblo para que éste supiera cómo gobernar la nación, cómo practicar la religión, y como conducirse en el día a día. Como Santiago, los judíos muchas veces definían la ley de Moisés como «perfecta» (cf. Sal. 19:7) y también como «liberadora» (p. ej., *m. Abot* 6:2). Además, en 2:8, Santiago cita un mandamiento del AT como ejemplo de la ley. Pero no podemos dar por sentado que la «ley» de la que Santiago habla solo hace referencia a la ley de Moisés. En primer lugar, en el capítulo 2, la descripción que Santiago hace de la ley sugiere que tiene en mente que el «cumplimiento» de esa ley se ha dado en las enseñanzas de Jesús (ver el comentario de esos versículos. En segundo lugar, Santiago con frecuencia basa sus mandamientos en las enseñanzas de Jesús, y raramente cita el AT. En tercer lugar, Santiago no dice en ningún lugar que espera que sus lectores continúen cumpliendo los ritos y los sacrificios de la ley mosaica. En cuarto lugar, el contexto textual más cercano nos obliga a pensar que estamos ante una referencia más amplia. La «ley» del v. 25 debe ser casi totalmente equivalente a la «palabra» de los vv. 22-23. Sin embargo, esa «palabra» también debe ser muy similar, si no idéntica, a la «palabra de verdad» a través de la cual los hombres y las mujeres experimentan la regeneración y la salvación (v. 18). Si unimos todos estos puntos, vemos que la «ley» en Santiago no se refiere simplemente a la ley de

Moisés, sino a la ley de Moisés interpretada y complementada por Cristo.[71] Así, quizá la palabra «perfecta» es una referencia a ley en su forma escatológica y «perfeccionada» o «acabada», mientras que la calificación «que da libertad» hace referencia a la promesa del nuevo pacto de que Dios escribiría su ley en los corazones de sus hijos (Jer. 31:31-34; ver el comentario del v. 21), acompañada de la obra del Espíritu que es la que hace capaces de obedecer la ley por primera vez.[72]

Algunas versiones y comentaristas creen que la segunda descripción que Santiago hace en este versículo, después de «quien se fija atentamente», está estrechamente relacionada con el primer verbo: *persevera en ella* (fijándose atentamente).[73] Podría ser una interpretación adecuada: la idea de «continuar» o «perseverar» es una referencia más amplia y hace referencia a aquel que, después de haber oído la ley, se aferra a ella interiorizando su mensaje y usándola para transformar su vida. Según esta interpretación, lo que sigue, *no olvidando lo que ha oído sino haciéndolo*, es una explicación de la idea de «continuar». Pero en el texto griego encontramos un contraste retórico mucho más fuerte: «no un oidor del olvido sino un hacedor de obra». «Del olvido» es una típica construcción semítica que significa «oidor olvidadizo», mientras que «hacedor de obra» es una expresión extraña incluso en griego. Aparentemente, Santiago la usa como equivalente retórico de la primera expresión. Podría significar «hacedor activo»,[74] pero lo más probable es que signifique «uno que hace obra», por ejemplo, alguien que pone en práctica los hechos que la ley demanda.[75] Toda la descripción contrasta con la persona descrita en los vv. 23-24, que inmediatamente olvida lo que ha visto en el espejo, demostrando que le es indiferente y, por lo tanto, no hace nada al respecto.

Al añadir todas estas calificaciones después de «continúa» o «persevera», Santiago se aleja de la sintaxis original de la frase, por lo que se ve obligado a empezar con un «éste» (gr. *houtos*, no aparece en la NVI). El que mira atentamente la ley y persevera en ella *recibirá bendición al practicarla*. Esta última proposición podría significar que la persona que practica la ley encuentra bendición cuando. Esa bendición estaría haciendo referencia a la bondad

---

71. Ver esp. Mussner, 241-42; Davids, 99-100; Goppelt, 2:203-6; Frankemölle, 203-5. Es menos probable que Santiago esté pensando en los ejemplos morales de la ley (cf. L.T. Johnson, «The Mirror of Remembrance (James 1:22-25)», *CBQ* 50 [1988] 632-45).

72. Hoppe (95-97) sugiere que la ley da libertad porque el creyente recibe de parte de Cristo el poder para cumplir su esencia, el mandamiento del amor (ver 2:8).

73. Ver Johnson, 209.

74. Moule, 175, que interpreta el genitivo *ergou* como descriptivo.

75. En este caso, el genitivo sería objetivo; ver Mayor, 74; Dibelius, 120.

y la misericordia de Dios con su pueblo en esta vida cuando éste vive en obediencia a Él. Pero lo más probable es que esté hablando de la bendición futura, la salvación que uno obtiene cuando «recibe» la Palabra (v. 21).[76]

26 A medida que el texto va avanzando, Santiago se va volviendo más práctico y más concreto en su llamamiento a responder ante la Palabra de Dios de forma adecuada. «Recibir la Palabra» (v. 21) se convierte en «hacer la Palabra» (v. 22) y en «hacer la ley». Los vv. 26-27 son el clímax de esta progresión, y Santiago sugiere tres formas en las que los creyentes pueden hacer la Palabra/ley. Estas tres manifestaciones de obediencia a la Palabra nos introducen en tres temas a los que Santiago volverá más adelante:

- el control de la lengua – (1:19-20); 3:1-12; 4:11-12
- la preocupación por los «desamparados» – 2:1-13, 15-16; cf. 5:16
- la enemistad con «el mundo» – 4:4-10

Y la idea de estos versículos, que la verdadera religión se manifiesta en un estilo de vida de obediencia a Dios, se convierte en el *leitmotiv* de los próximos cuatro capítulos. Así, en un sentido, estos versículos marcan la pauta a seguir en el resto de la epístola.

Las palabras «religioso» (v. 26) y «religión» (v. 27) no son muy comunes en el NT (Hch. 26:5; Col. 2:18); y por esa misma razón, muchos cristianos evitan usarla. Su significado es muy general: hacen referencia a la adoración en general, y con frecuencia a lo externo, a la práctica de ceremonias en honor a un dios. Entre los autores judíos, normalmente estas palabras se usaban para referirse a la adoración cúltica en el templo. Quizá Santiago elige estos términos amplios de forma deliberada: *alguien* que diga que su experiencia religiosa es genuina tiene que demostrarlo pasando estas tres «pruebas».

La primera «prueba», como hemos visto, tiene que ver con un tema muy importante en el AT y en la literatura judía (ver 1:19-20): *refrenar* la lengua. Santiago es el único autor bíblico que usa la imagen de los frenos o bridas en relación con la lengua (ver también 3:2), pero la imagen es suficientemente clara. La brida, junto con las riendas, era el instrumento que el jinete usaba para controlar el caballo, y es una imagen que sirve tanto para hablar de control como de dirección (ver 2 Re. 19:28; Is. 30:28; 37:29). Así que la persona cuya religión es «genuina» lo demostrará siendo cuidadoso con lo que dice. Santiago asegura que el que no logra controlar su lengua se «engaña a sí mismo» pues en realidad su religión no es genuina (ver v. 22); y ese tipo de religión es *vana* o *no sirve para nada*. En griego se usa la palabra *mataios*, que normalmente se usa en las Escrituras para describir la idolatría como «vana»

---

76. Mussner, 110; Davids, 100.

o «carente de significado» (en el NT, ver Hch. 14:15; Ro. 1:21; Ef. 4:17; quizá 1 P. 1:18). Santiago sugiere que la «religión» de la gente que no controla su lengua no es mejor que la idolatría.

27 Santiago no intenta resumir en estos versículos todo lo que la verdadera adoración a Dios implica. Como dice Calvino, «[Santiago] no nos da una definición general de lo que la religión es, sino que nos recuerda que la religión sin los elementos que él menciona es menos que nada».[77] Santiago no está escribiendo en contra de la ritualidad religiosa *per se*, sino en contra de la ritualidad que no va más allá de la imagen y las palabras. Muy probablemente se está haciendo eco de la tradición tanto pagana como judía que recordaba que la adoración cúltica debe ir acompañada de una conducta ética.[78] Para demostrar que uno realmente es «religioso», es necesario contar con evidencias, con acciones concretas. Evidentemente, los tres elementos que Santiago menciona en estos versículos tienen que ver con problemas que los creyentes a los que escribe están viviendo. Pero a la vez son temas que se mencionan a lo largo de toda la Escritura como componentes indispensables de un estilo de vida bíblico. La idea de «atender a los huérfanos y a las viudas» aparece de forma reiterada en el AT. En el mundo antiguo, en el que las mujeres no tenían ningún estatus social ni ningún modo de ganarse la vida, las viudas y los huérfanos no tenían cómo sostenerse. Por tanto, una de las características de la obediencia de Israel era tener una preocupación especial por los desamparados. El Señor había ordenado a su pueblo: «No explotes a las viudas ni a los huérfanos» (Éx. 22:22); y la ley también decía que el pueblo debía esforzarse en proveer de lo necesario para la viuda y el huérfano (Dt. 14:29, *passim.*). Isaías, en un pasaje similar a estos versículos de Santiago, anuncia que Dios no reconocerá más la adoración de que su pueblo le ofrece; su pueblo debe arrepentirse y «¡Busquen la justicia y reprendan al opresor! ¡Aboguen por el huérfano y defiendan a la viuda» (Is. 1:10-17). A través de estas acciones, el pueblo de Israel imitaba a su Dios, «Padre de los huérfanos y defensor de las viudas» (Sal. 68:5). Quizá ésta es la razón por la que en estos versículos Santiago describe a Dios como «Padre». Por tanto, uno de los *tests* para probar la religión genuina es la medida en la que ayudamos a los «desamparados» de nuestro mundo, ya sean viudas y huérfanos, inmigrantes que están intentando acostumbrarse a una nueva vida, inmigrantes del tercer mundo, discapacitados o gente sin techo.

Y la tercera característica de la verdadera religión es más general que las dos anteriores y también menos específica: *conservarse limpio de la corrupción*

---

77. Calvino, 299.

78. Ver D.J. Verseput, «Reworking the Puzzle of Faith and Deeds in James 2.14-26», *NTS* 43 (1997) 101-4.

del mundo. Santiago no quiere dar la impresión de que la religión que agrada a Dios solo consiste en las acciones externas y la acción social. El «mundo» es una forma típicamente bíblica de referirse a la cosmovisión y al estilo de vida del no creyente, de todo el que está apartado del Creador. Los cristianos, que ya no están apartados, pues han aceptado la obra reconciliadora del Dios en Cristo, deben trabajar de forma perseverante para distanciarse del estilo de vida que les rodea por todas partes, para mantenerse «limpio» o «sin mancha» (traducción literal de la palabra griega) de la influencia contaminadora del mundo.

Santiago 2

C. La discriminación de los pobres viola la ley del reino (2:1-13)

En esta sección, Santiago aplica muchas de las ideas principales de 1:19-27 a una situación específica: la discriminación en contra de los pobres de la comunidad cristiana. Según Santiago, cumplir la Palabra (v. 22), «la ley perfecta» (v. 25), incluye mostrar compasión por los desamparados (v. 27). Al tener favoritismos con los ricos, y tratar a los pobres con desprecio, los creyentes a los que Santiago escribe están actuando de forma totalmente contraria a esta ordenanza tan importante de la ley de Dios. El punto central de la ley, especialmente tal como el Jesús el Rey y Señor la interpretó y aplicó, es el amor al prójimo (v. 8; cf. 1:25). Al discriminar a los pobres, estos cristianos violan la ley, la cual les juzgará (vv. 9-13). En efecto, sus acciones sugieren que están entre los que «se engañan a sí mismos» sobre la realidad de su relación con Dios (cf. 1:22, 26).

El mandamiento a no hacer discriminación del v. 1 es, por tanto, la idea principal de esta sección. En los vv. 2-4 se nos ofrece un ejemplo específico de ese tipo de discriminación, y se nos dice también que ese tipo de acción es malvada. Entonces Santiago da tres razones por las que tratar con favoritismo a los ricos y con discriminación a los pobres está mal. En primer lugar, esa actitud se contradice con la forma de actuar de Dios, quien honra a los pobres (vv. 5-6a). En segundo lugar, mostrar favoritismo hacia los ricos revela una mentalidad servil, pues eran los ricos los que estaban persiguiendo a la comunidad cristiana (vv. 6b-7). Y, en tercer lugar, la discriminación contra los pobres viola el mandamiento de amar al prójimo, la clave de la reinterpretación que Jesús hizo de la ley de Dios (vv. 8-13). Esta última sección, además de ser la más desarrollada, también sirve como transición al tema que Santiago tratará a continuación. Por tanto, merece aparecer como un apartado *per se* en el bosquejo de la epístola.

1. La discriminación en la comunidad está mal (2:1-7)

1 Hermanos míos, no tengáis vuestra fe en nuestro glorioso Señor Jesucristo con una actitud de favoritismo. 2 Porque si en vuestra congregación entra un hombre con anillo de oro y vestido de ropa lujosa, y también entra un pobre con ropa sucia, 3 y dais atención especial al que lleva la ropa lujosa, y decís: Tú siéntate aquí, en un buen lugar; y al pobre decís: Tú estate allí de pie, o siéntate junto a mi estrado; 4 ¿no habéis hecho distinciones entre vosotros mismos, y habéis venido a ser jueces con malos pensamientos? 5 Hermanos míos amados, escuchad: ¿No escogió Dios a los pobres de este mundo para ser ricos en fe y herederos del reino que Él prometió a los que le aman? 6 Pero vosotros habéis menospreciado al pobre. ¿No son los ricos los que os oprimen y personalmente os arrastran a los tribunales? 7 ¿No blasfeman ellos el buen nombre por el cual habéis sido llamados?

El espacio que Santiago dedica a este tema revela que la discriminación era una práctica visible entre los lectores originales de esta epístola. No obstante, Santiago no es muy explícito, así que no sabemos con exactitud en qué consistía el problema, ni tampoco, si lo que narra es un hecho real o simplemente un caso hipotético. La primera pregunta surge porque lo que encontramos en los vv. 2-3 podría ser la descripción de, al menos, dos situaciones distintas. Según los comentaristas más antiguos, Santiago estaría describiendo el típico culto de adoración semanal de una comunidad cristiana. Los «porteros», quizá con la aprobación implícita de los líderes de la asamblea, acomodaban a las personas que vestían de forma espléndida a los mejores asientos, mientras que a las personas que vestían de una forma pobre les ordenaban con desdén que se sentaran en el suelo. Pero últimamente algunos autores han propuesto otra alternativa, que además, está ganando terreno: se trata de una reunión de la asamblea cristiana para juzgar una disputa entre dos de sus miembros.[1] Los que defienden esta propuesta dicen que Santiago no describe esta situación usando el típico lenguaje que se usaba para hablar de las reuniones de adoración («iglesia», *ekklesia*) y, además, acusa a sus lectores de ser «jueces con malos pensamientos» (v. 4). Los detalles de la situación narrada en los vv. 2-3 son similares a los que encontramos en los juicios comunitarios que se describen en los textos rabínicos. Ver, por ejemplo, *b. Shabuot* 31a: «¿Cómo sabemos que, si dos vienen ante el tribunal, uno vestido pobremente y el otro con ropas por valor de cien minas, deberían decirle, 'Vístete como él, o vístele

---

1. Ver, esp. R.B. Ward, «Partiality in the Assembly: James 2:2-4», *HTR* 62 (1969) 87-97; Davids, 109; Martin, 57-58; Johnson, 223.

como tú'»; y *Sifre* 4.4 (comentario rabínico de Lv. 19:15): «No debes dejar que ningún litigante hable tanto como desee, y luego diga al otro litigante, 'Abrevia tu discurso'. No debes permitir que uno esté en pie, y el otro sentado». Si ésta es la situación que Santiago está describiendo, lo que tiene en mente se correspondería al procedimiento legal informal que Pablo recomienda a los cristianos de Corinto en 1 Corintios 6:1-8.

Nos resulta difícil decidirnos por una u otra alternativa, debido a que el texto no aporta la información necesaria. Pero, afortunadamente, eso no afecta la idea principal de lo que Santiago quiere transmitir. No obstante, el posesivo que encontramos en el v. 2, «vuestra congregación», apunta más bien a una reunión o encuentro general, lo cual encajaría mejor con la teoría del culto de adoración, que con la del juicio.

Tampoco está claro si lo que Santiago describe es un hecho que ocurrió en realidad, o si tan solo es una ilustración para introducir la problemática sobre la que va a escribir. En los vv. 2-3, usa un tipo de lenguaje que sugiere que se trata de una situación hipotética; pero en el v. 6, «habéis menospreciado al pobre», parece ser la descripción de algo que ha ocurrido.[2]

1 *Hermanos míos* (miembros de la familia de Dios; ver 1:2) marca, de nuevo, un cambio de tema (ver también 1:2, 16, 19). Este versículo es difícil de traducir, así que las diferentes versiones tienen que tomar una serie de decisiones para que el versículo tenga sentido. La traducción más literal sería «No tengáis fe... con [*o* en el] favoritismo». Por tanto, el sentido sería «no viváis la fe con una actitud de favoritismo». Santiago deja claro que la discriminación no concuerda con la verdadera fe en Cristo.

En su epístola, Santiago menciona de forma directa a Jesucristo tan solo en dos ocasiones (cf. también 1:1); y algunos eruditos creen que ambas son interpolaciones, y que originalmente Santiago era un documento puramente judío. Pero no hay base textual suficiente como para eliminar este título, y los eruditos modernos mencionan esa opinión tan solo como una curiosidad de la historia interpretativa. «Señor Jesucristo» es la combinación de varios títulos, combinación muy común en el NT; pero en todo el NT no encontramos ningún otro lugar en el que esta combinación aparezca junto a la palabra «gloria». En griego, esta palabra está en genitivo, y aparece justo después de «nuestro Señor Jesucristo». Los comentaristas la unen a esta combinación de títulos, y al menos se han propuesto siete traducciones distintas. Pero las opciones más importantes son éstas: (1) «Nuestro Señor Jesucristo, el glorioso»; (2) «Nuestro glorioso Señor Jesucristo» (LBLA; RV; NVI); o (3) «nuestro Señor

---

2.   Martin, 60-61.

de la gloria, Jesucristo [*o* Jesús el Mesías]» (BT). En la primera traducción, «gloria» se entiende como un título independiente que añade un calificativo más a «Señor Jesucristo» (un genitivo epexegético). La base para esta interpretación es que el término «gloria» se asocia con Dios en el AT, y con Dios y Cristo en el NT. «El Señor de gloria» es un título muy común en el AT, y se traslada a Jesús en el NT (1 Co. 2:8). Y la palabra «gloria» (en hebreo, *kabod*) puede hacer referencia a la presencia de Dios (ver, p. ej., 1 S. 4:22). En el NT, cuando Pedro describe la transfiguración, usa la palabra «gloria» para referirse a Dios: «Pues cuando Él [Jesús] recibió honor y gloria de Dios Padre, la majestuosa Gloria le hizo esta declaración…» (2 P. 1:17; ver también Heb. 1:3; Ro. 9:4). Y los escritos del NT atribuyen esa misma gloria a Cristo (p. ej., Jn. 1:14). Por tanto, Santiago debe estar siguiendo un patrón más que común en el NT: los atributos y títulos de Dios en el AT también son aplicables a Jesucristo. Como la manifestación de la presencia de Dios, él es «el glorioso».[3]

Sin embargo, esta interpretación, aunque no se puede refutar desde un punto de vista teológico, sí tiene una dificultad: en las Escrituras (Antiguo y Nuevo Testamento), la palabra «gloria» nunca aparece por sí sola como título de Dios o de Cristo.[4] Así, es muy poco probable que aquí tenga ese significado. Por otro lado, la base gramatical de la segunda alternativa, «glorioso Señor», es muy sólida, pues el genitivo descriptivo es una de las construcciones favoritas de Santiago. Según esta propuesta, Santiago atribuye al Señor Jesús la cualidad de esplendor exclusivamente característico de Dios.[5] La tercera traducción es la más ambigua de todas, pues no queda claro qué relación tiene la palabra «gloria» con Señor. Y, por esta razón, probablemente sea la mejor alternativa. «Gloria» tiene suficiente significado teológico en el NT, por lo que convertirla en un simple adjetivo, «glorioso», podría debilitar el sentido que Santiago quiere transmitir. «Gloria» es ese estado al que los cristianos estamos destinados (Ro. 5:2; 8:18; 2 Co. 4:17) y que Cristo ya posee (Fil. 3:21; Col. 3:4; 2 Ts. 2:14; 1 Ti. 3:16; Tit. 2:13; Heb. 2:7, 9). Describir a Jesús como al Señor de la gloria hace pensar en la esfera celestial en la que él está, exaltado, y de la que vendrá al final de la historia para salvar y juzgar (cf. Stg. 5:9). ¡Y qué adecuado es recordar esta perspectiva a un grupo de cristianos que estaban dando mucha importancia a la «gloria» humana!

Santiago insiste en que, la persona que tiene fe en este Señor de la gloria no debería mostrar *favoritismos*. La palabra griega que traducimos por «favo-

3. Mayor, 80-81; Hort, 47-48; Laws, 94-97; Tasker, 56-57; Adamson, 103-4.
4. Sal. 29:9 y Hch. 7:55 podrían ser dos excepciones.
5. Ropes, 187-88; Cantinat, 120-21; Dibelius, 127-28; Davids, 106-7; Mussner, 116; Martin, 60.

ritismo» o «acepción de personas» significa, literalmente, «recibir la cara». Parece ser que se trata de una palabra inventada por los autores neotestamentarios (ver también Ro. 2:11; Ef. 6:9; Col. 3:25; en Stg. 2:9; Hch. 10:34; 1 P. 1:17 encontramos palabras asociadas), por traducción literal de la palabra hebrea «parcialidad». «Recibir la cara» significa juzgar a una persona por su apariencia externa. Santiago aplica esta idea a las vestimentas que reflejan distintas situaciones sociales/económicas. Pero aquí la palabra griega está en plural, «acciones de favoritismo», por lo que queda claro que esta prohibición tiene una aplicación muy amplia. No debemos juzgar a la gente basándonos en factores externos, ya sea vestimenta, color de la piel, o la apariencia física general. El AT repite una y otra vez que Dios es imparcial, que no hace acepción de personas, que no mira la apariencia, sino el corazón, y que el pueblo de Dios debe imitarle. En un pasaje del que el AT se hace eco en muchas ocasiones, y que trata muchos de los temas que Santiago recoge en 1:21:2-26, Moisés les recuerda a los israelitas que «el SEÑOR vuestro Dios es Dios de dioses y Señor de señores, Dios grande, poderoso y temible que no hace acepción de personas ni acepta soborno. Él hace justicia al huérfano y a la viuda, y muestra su amor al extranjero dándole pan y vestido» (Dt. 10:17-18). Quizá Levítico 19:15 es aún más pertinente: «No harás injusticia en el juicio; no favorecerás al pobre ni complacerás al rico, sino que con justicia juzgarás a tu prójimo». Pues este texto aparece en el mismo contexto donde también está el famoso «mandamiento del amor» que Santiago cita en el v. 8 (Lv. 19:18).[6]

2 Ahora, Santiago da un ejemplo del favoritismo que ha condenado en el v. 1. Los vv. 2-4 son, en griego, una sola frase condicional, en la que los vv. 2-3 forman la prótasis (la hipótesis normalmente introducida por la conjunción «si») y el v. 4, la apódosis (la consecuencia o el resultado de lo expresado por la condición). La forma de la condición sugiere que Santiago está dando un ejemplo hipotético del tipo de conducta que condena. Pero los vv. 6-7 dejan constancia de que la conducta vista en el ejemplo anterior sí se había dado entre los lectores originales de su epístola.

El escenario en el que nos encontramos es una «reunión». La palabra griega es *synagoge*, ampliamente usada por los judíos para describir el lugar en el que se reunían para adorar, aprender y edificarse. Algunos creen que el uso que Santiago hace aquí de la palabra indica que estaba escribiendo a judíos cristianos que aún asistían a las reuniones de la sinagoga judía.[7] Una buena evidencia que respalda esta interpretación es el uso que el NT hace de la palabra *synagoge*, pues en todas sus demás apariciones se refiere al centro de adora-

6. Ver esp. Johnson, «Leviticus 19», 391-401.
7. Adamson, 105.

ción judío (aparece en cincuenta y cinco ocasiones, de las que todas menos dos están en los relatos históricos de los Evangelios y Hechos). Pero al decir «vuestra» sinagoga, Santiago está dando a entender que los cristianos dirigían aquellas reuniones. Otra posibilidad, por tanto, es pensar que Santiago usa esta palabra en su sentido más general, «encuentro» o «asamblea». Esa asamblea podría ser un encuentro de la comunidad para arbitrar una disputa entre dos de sus miembros o, más probablemente, el encuentro semanal de adoración e instrucción (ver la introducción a esta sección). Es natural que los cristianos judíos que habían aceptado a Jesús como el Mesías siguieran adorando según las convenciones de su experiencia pasada; incluso cuando ya estaban haciendo suyos los términos cristianos (cf. «iglesia» en 5:14). En *Mandate* 11.9, Hermas usa la palabra *synagoge* para referirse a una «asamblea» de cristianos («hombres justos»).

En esta reunión entran dos personas, que se diferencian por sus vestiduras. Uno lleva *un anillo de oro* y va vestido con *ropa lujosa*. El «anillo de oro» era un emblema de una clase social alta, en concreto, la clase «ecuestre» romana; aunque es probable que la intención de Santiago no fuera establecer una identificación tan específica. La palabra griega que traducimos por «lujosa» significa «brillante, luminosa», y se aplica, por ejemplo, a las vestiduras de los seres celestiales (Hch. 10:30; Ap. 15:6). Y esa descripción contrasta visiblemente con el *pobre con ropa sucia*. La palabra en griego que traducimos por «sucia» proviene de la misma raíz que la palabra que Santiago usa en 1:21 para referirse a la «inmundicia» que el creyente debe desechar. En nuestros tiempos, esa imagen vendría a coincidir con la de una persona que vive en la calle, que viste ropa sucia, vieja y maloliente.

3 Dado que a ambas personas se les tiene que decir dónde sentarse, es probable que fueran visitantes.[8] En 1 Corintios 14:23 podemos ver que los cultos cristianos a veces recibían visitas. Pero tiene más sentido pensar que está hablando de dos nuevos conversos.[9] Los que saludan al que va bien vestido, al guiarle a un buen lugar, muestran que están haciendo un «trato especial». El verbo que traducimos por «atender bien» o «dar una atención especial» puede significar, simplemente, «mirar», pero con frecuenta tiene la connotación de «mirar con favoritismo» (como ocurre las otras dos veces que aparece en el NT: Lc. 1:48; 9:38). A la persona pobre, por otro lado, se la trata con desprecio, y se le dice *Quédate ahí de pie o siéntate en el suelo, a mis pies*. En griego, aquí el texto no es demasiado claro. Por un lado, muchos manuscritos añaden la palabra «aquí» en la segunda orden («quédate ahí de pie o

---

8. Ropes, 191; Tasker, 57.
9. Martin, 62; Frankemölle, 387-88.

130

siéntate aquí en el suelo, a mi estrado»).[10] Pero la mayor dificultad es que la segunda orden en griego dice: «siéntate debajo de mi estrado». Como los estrados quedaban muy cerca del suelo, es imposible imaginar a un hombre sentado debajo. La mayoría de comentaristas cree, por tanto, que apunta a «junto a», por lo que la traducción «a mis pies» recoge muy bien el sentido: se le dice que se siente en el suelo junto a su estrado o asiento.[11] Sea como sea, la situación es bastante clara: los cristianos que tienen algún cargo con autoridad en la comunidad (el verbo «atendéis bien» o «dais atención especial» está en plural) están adulando al rico, y menospreciando al pobre.

4 En la segunda parte de esta frase condicional, Santiago se pronuncia en cuanto a la conducta que ha descrito en los vv. 2-3. Da su veredicto en dos proposiciones, ambas en forma de una pregunta que espera una respuesta afirmativa. (En griego se usa la partícula *ou* para indicar este tipo de pregunta; en castellano se logra el mismo efecto usando la palabra «no»). Por tanto, esas preguntas son equivalentes a una afirmación (cf. DHH: «entonces estáis haciendo discriminaciones y juzgando con mala intención»). En la primera acusación, Santiago usa una forma del verbo *diakrino*, que tiene dos significados que podrían encajar en este contexto: «separar, hacer distinción» y «dudar, vacilar». La mayoría de traducciones y comentaristas adoptan el primer significado: *¿acaso no hacéis discriminación entre vosotros?*[12] Este significado del verbo está respaldado en otros lugares del NT (ver el ejemplo más claro de todos, Hch. 15:9) y encaja en este contexto. Pero lo cierto es que no aporta nada nuevo a la argumentación de Santiago, puesto que se trata de una conclusión bastante obvia. Por tanto, la segunda interpretación podría ser una mejor opción. En el NT, este verbo también se usa con bastante frecuencia para describir una actitud interior de duda (p. ej., Mt. 21:21; Mr. 11:23; Hch. 10:20; Ro. 4:20; 14:23; Jud. 22). Además, Santiago ya ha usado el verbo con este sentido (1:6) para introducir uno de los temas principales de la carta: que los cristianos no deben dudar ni tener un corazón dividido en cuanto a su relación con Dios y con los demás. «Entre vosotros» entonces se tendría que traducir «en vosotros», y la idea que Santiago estaría intentando transmitir sería que la discriminación que hay en medio de la comunidad es otra muestra de esa actitud dividida, de esa falta de entrega total a Dios.[13] La «división» que se hace entre el rico y el pobre refleja la «división» que hay en las mentes de los

10. Metzger prefiere esta lectura, 680; cf. también Johnson, 223.
11. Ver esp. Mayor, 84.
12. Mayor, 85; Dibelius, 136-37; Tasker, 58; Laws, 102; Davids, 110.
13. Ver esp. Ropes, 192-93; Hort, 50; Mussner, 119; Johnson, 223.

creyentes. Una conducta *cristiana* coherente solo proviene de un corazón cristiano y coherente y de una mente cristiana y coherente.

Los cristianos que practican la discriminación que Santiago ha descrito en los vv. 2-3 son *jueces con malas intenciones*. El hecho de que aparezca la palabra «jueces» podría sugerir que la «reunión» que Santiago está describiendo es una sesión en la que se está juzgando algún asunto (ver las notas en la introducción a esta sección). Pero Santiago también podría estar influenciado por el lenguaje de la fuente veterotestamentaria que aparentemente usa (Lv. 19:15), que condena la parcialidad en el contexto de una disputa judicial. También podría haber usado la palabra «jueces» en un sentido peyorativo. En 4:11-12, acusa a los cristianos que hablan en contra de otros creyentes de adjudicarse la función de «juez», función que solo Dios puede ejercer de forma legítima. Cuando los cristianos muestran favoritismo en la congregación, están diciendo de forma implícita que tienen el derecho de juzgar a los demás. Pero la expresión que Santiago usa para calificar a ese tipo de «jueces», *con malas intenciones*, no deja duda alguna sobre la naturaleza negativa de este tipo de «juicio». Es perfectamente aceptable traducir «intenciones» o «pensamientos», pues en el NT, la palabra griega (*dialogismos*) que Santiago usa, generalmente se refiere a «pensamientos» (Mt. 15:19; Mr. 7:21; Lc. 2:35; 5:22; 6:8; Ro. 1:21; 1 Co. 3:20). Pero «pensamiento» más bien estaría haciendo referencia a la mentalidad pecaminosa que lleva a los jueces a tomar la decisión que toman,[14] o incluso a los veredictos que los jueces dictaminan.[15]

5 *Escuchad, mis queridos hermanos* marca un cambio en el discurso, y resalta la importancia de lo que Santiago va a decir (ver, p. ej., Dt. 6:3; Is. 1:10; Mr. 4:3; 7:14; Hch. 2:22; 7:2; 13:16; 15:13). Después de ilustrar y condenar en los vv. 2-4 la discriminación que prohíbe en el v. 1, Santiago ahora explica por qué ese tipo de favoritismo está mal.

En primer lugar, el favoritismo con los ricos está mal porque contradice la actitud de Dios, revelada en su misericordiosa elección en la salvación. No es necesario que hagamos una explicación completa de la elección en el NT para comprender este texto. Basta con decir que Santiago se une a otros autores neotestamentarios para dejar claro que Dios es el que escoge (el verbo que Santiago usa aquí también se usa con este mismo sentido en 1 Co. 1:27, 28; Ef. 1:4). Santiago da por sentado que sus lectores saben de toda la gente pobre que ha aceptado a Jesús como el Mesías. Su conversión es una evidencia poderosa de que Dios tiene en alta estima a los pobres. En

---

14. Turner, 213.

15. BAGD, diciendo que esta palabra tiene ese significado en el griego secular, sugiere esta traducción; cf. también BDF 165; Laws, 102.

un rápido cambio de estatus, los pobres se han pasado a ser *ricos en la fe*. «En» habla de dónde se encuentra la riqueza de estos creyentes. Santiago añade algo más de información sobre esa riqueza espiritual diciendo que ellos son los que *heredarán el reino que prometió a quienes lo aman*. El sujeto de la forma verbal *prometió* debe ser Dios. Pero también es posible que Santiago tenga en mente la bienaventuranza de Jesús: «Dichosos los pobres, porque el reino de Dios les pertenece» (Lc. 6:20; cf. Mt. 5:3). El reino de Dios es un elemento esencial de la predicación de Jesús. Se presentaba a sí mismo como aquel a través del cual el reino de Dios había llegado (Mt. 12:28; Mr. 1:15; Lc. 17:21). Pero la plenitud de su poder y las riquezas de su bendición aún están por venir: será «Cuando el Hijo del hombre venga en su gloria, con todos sus ángeles», entonces su siervos recibirán «su herencia, el reino preparado... desde la creación del mundo» (Mt. 25:31, 34). Los escritores del NT siguieron la línea del Señor Jesús, y con frecuencia usaban la expresión «heredar el reino» para describir el establecimiento final del poder de Dios en las vidas de sus hijos (1 Co. 6:9; 15:50; Gá. 5:21; Ef. 5:5). Los cristianos, aunque sean pobres y tengan muy pocas posesiones materiales, en el presente ya poseen una enorme riqueza espiritual, y saben que la bendición futura es aún mucho mayor. Por tanto, los cristianos han de juzgar a los demás desde esta perspectiva espiritual, y no desde una perspectiva material. Los cristianos no deberían juzgar a nadie, ya sean creyentes o no creyentes, según los valores del mundo.

Por tanto, la idea de este versículo está bien clara: el hecho de que Dios haya elegido a los pobres para heredar su reino es una prueba de que él los tiene en alta estima. Así que los cristianos no pueden discriminarlos. No obstante, es cierto que este argumento hace que nos hagamos una pregunta muy seria. Santiago condena una forma de discriminación. Pero, tal y como lo hace, ¿está sustituyendo la discriminación que condena por otro tipo de discriminación? ¿Si Dios elige a los pobres, significa eso que deja de lado a los ricos? Estas preguntas se han convertido en uno de los aspectos más controvertidos de la Teología de Santiago. Aunque en la Introducción encontrará algo más sobre este tema, aquí comentaremos sobre la contribución específica de este texto. Para ello, hay dos cuestiones que son especialmente importantes: la connotación de la palabra «pobre», y el alcance de la afirmación que Santiago hace.

En el griego bíblico, la palabra griega *ptochos* tiene más de un significado o matiz. Normalmente se usa para designar a personas que son pobres en el sentido material, a aquellos que no tienen mucho dinero o posesiones. Pero el uso aparece en el AT, cuando lo encontramos como traducción de la palabra hebrea *'anaw* (y especialmente su plural, *'anawim*), introduce un segundo matiz. Esa palabra hebrea hacía referencia a las personas que eran «pobres» en un sentido espiritual: humildes y mansos, que reconocen su total dependencia del Señor y confían en su liberación (ver esp. Sal. 69:32; Is. 29:19; 61:1; Amós 2:7; en la LXX, todos estos textos usan la palabra *ptochos*). Dicho de otro modo, la palabra *ptochos* apunta tanto a un sentido material como a un sentido espiritual. En el primer sentido, es antónima de «rico»; en el segundo sentido, es antónima de «impío». En las enseñanzas de Jesús, concretamente en las bienaventuranzas, podemos entrar esta dualidad de significado: «Dichosos los pobres» (Lc. 6:20); «Dichosos los pobres en espíritu» (Mt. 5:3). En muchos textos del NT es muy difícil decidir cuál de estos dos significados es el más adecuado o, también, si lo más adecuado es una combinación de ambos significados. La ilustración de los vv. 2-3 deja claro que el término del v. 5 debe tener cierto grado de significado material. Pero la calificación que Santiago usa también deja abierta la posibilidad de otros significados. Antes de todo, hay que decidir el significado de esa calificación, pues el texto no es demasiado claro. Muchos manuscritos contienen el genitivo de la palabra *kosmos*, «mundo», con lo que una de las traducciones posibles es «del mundo» o «de este mundo» (RV, LBLA). Pero en otros manuscritos, probablemente superiores, la palabra en cuestión está en dativo, con lo que hay dos posibles traducciones más: «en el mundo»;[16] o «a los ojos del mundo» (NVI).[17] Creo que esta última es la traducción más adecuada. La decisión de que esta gente es «pobre» está hecha conforme al criterio de este mundo, conforme al criterio de los no creyentes que están en contra de Dios. Aunque esta interpretación no elimina el sentido material de la palabra «pobre», sí sugiere que también tiene un sentido espiritual.[18]

En segundo lugar, ¿qué alcance tiene la afirmación que Santiago hace de que *Dios ha escogido a los que son pobres según el mundo para que sean ricos en la fe?* Algunos intérpretes, particularmente los defensores de la Teología de la liberación, dicen que Dios solo ha escogido a los pobres para salvación, mientras que va a excluir a los ricos.[19] Pero esta interpretación solo es posible si ignoramos muchos pasajes del NT, entre los cuales hay un texto de Santiago mismo (1:10-11, donde se dice que había gente rica que formaba parte de la Iglesia). Y también, esta interpretación introduce el adverbio «solamente», palabra que Santiago no usa. Santiago escribe a una comunidad cristiana que está compuesta en su mayoría por gente pobre. Así que para ellos era bastante claro que Dios también estaba eligiendo a gente pobre. Ahora bien, inferir

---

16. Esta traducción da por sentado que el dativo indica «la esfera» o «el lugar».

17. Esta traducción ve el dativo como un dativo de referencia o un dativo «ético» (ver Turner, 238; Ropes, 193-94; Martin, 64).

18. Davids, 111-12; Martin, 64-65. Ver también Penner, 270-73.

19. Ver, p. ej., Tamez, 31-32.

que esta afirmación condena a los ricos, es decir, que Dios no escoge a gente rica, no tiene ningún fundamento. Pero el equilibrio en torno a este tema es realmente difícil. Si los teólogos de la liberación pecan por un lado, también es fácil para mí y otros cristianos de Occidente pecar por el otro. Pues la afirmación de Santiago de que Dios escoge a los pobres para heredar su reino se hace eco de un tema ciertamente recurrente en el NT. La venida del Mesías, María anuncia, recordando el lenguaje del AT, supondrá un cambio en las experiencias de la gente de este mundo:

> *«Desbarató las intrigas de los soberbios. De sus tronos derrocó*
> *a los poderosos, mientras que ha exaltado a los humildes. A los*
> *hambrientos los colmó de bienes, y a los ricos los despidió con*
> *las manos vacías» (Lc. 1:51b-53).*

Lucas incluye este tema de la inversión a lo largo de todo su Evangelio. Igualmente, el apóstol Pablo recuerda a los corintios:

> *Hermanos, consideren su propio llamamiento: No muchos de*
> *ustedes son sabios, según criterios meramente humanos; ni son*
> *muchos los poderosos ni muchos los de noble cuna. Pero Dios*
> *escogió lo insensato del mundo para avergonzar a los sabios,*
> *y escogió lo débil del mundo para avergonzar a los poderosos.*
> *También escogió Dios lo más bajo y despreciado, y lo que no es*
> *nada, para anular lo que es, a fin de que en su presencia nadie*
> *pueda jactarse (1 Co. 1:26-29).*

El NT sugiere que Dios se deleita especialmente en derramar su Gracia sobre aquellos que el mundo ha despreciado y sobre aquellos que son conscientes de su propia incompetencia. Santiago pide a la Iglesia que desarrolle una ética similar de preocupación por los pobres y los desamparados.

6 El principio del v. 6 es la continuación del argumento que se ha iniciado en el v. 5. Dios muestra su actitud hacia los pobres escogiéndoles para que hereden su reino (v. 5); *¡Pero ustedes han menospreciado al pobre!* «Menospreciar» también se podría traducir por «deshonrar», que además serviría para establecer un contraste aún más claro. La Iglesia «deshonra» a aquellos a los que Dios «honra». Vemos que la primera razón por la que Santiago prohíbe la discriminación hacia los pobres es que pone de manifiesto una actitud contraria a la de Dios. La segunda razón, que la encontramos en los vv. 6b-7, toma la forma de dos preguntas paralelas, ambas con una respuesta afirmativa. Al principio, estas preguntas parecen sugerir una ética de reciprocidad. Parece ser que Santiago les aconseja que no hagan ningún favor a los ricos, porque éstos no lo merecen. Os han maltratado, así que sería una estupidez si ahora actuáis con ellos con amabilidad. Pero Santiago no está diciendo a los creyentes que no sean amables con los ricos; simplemente está intentando transmitir que no hagan acepción de personas favoreciendo a los ricos a expensas de los pobres. Quizá algunos creyentes pensaban que si trataban bien a los ricos que visitaban la congregación, saldrían ganando. Y Santiago quiere dejarles claro que están muy equivocados.

En primer lugar, Santiago pregunta: *¿No son los ricos quienes los explotan a ustedes y los arrastran ante los tribunales?* Como ya hemos visto, Santiago trata de pobres a la mayoría de cristianos a los que escribe. Ahora sugiere que la causa, o una de las causas de esta pobreza es la inmoralidad y quizá las prácticas ilegales de los ricos. La gran distinción de clases que se detecta aquí se corresponde con la información que tenemos sobre las condiciones socioeconómicas de Oriente Medio en el primer siglo de nuestra era. Un pequeño grupo de terratenientes y mercaderes acumulaban más y más poder, mientras que un elevado número de personas se veían forzadas a abandonar sus tierras y se hacían cada vez más pobres. La mayoría de los lectores de esta Epístola de Santiago probablemente pertenecía a esta clase de agricultores pobres. Una escena de hecho muy similar a la de los lectores del AT. Los profetas frecuentemente denunciaban (incluso usando el mismo verbo que Santiago usa aquí, *katadynasteuo*) a los ricos que «oprimían» a los pobres (Amós 4:1), que incluían a los huérfanos y a las viudas (Ez. 22:7).

La segunda parte de la pregunta recoge otra acusación, pues los ricos también están arrastrando a los pobres ante los tribunales. Y esta acusación está estrechamente relacionada con la primera. Está claro que estos ricos estaban usando sus riquezas para sobornar a los jueces y así obtener veredictos favorables. Santiago probablemente se está refiriendo a prácticas que han sido comunes a lo largo de toda la Historia: los ricos decomisaban las tierras de aquellos que no pagaban a su debido tiempo, o imponían intereses altísimos a aquellos a los que prestaban ayuda económica.

7 El tercer ejemplo de la opresión de los ricos ya no tiene que ver con la economía, sino con la religión: los ricos *blasfeman el buen nombre de aquel a quien ustedes pertenecen.* Aunque quizá no sea necesario separar estas dos áreas, pues puede que las diferencias religiosas fueran una razón más para que los ricos actuaran en contra de la indefensa comunidad cristiana. La «blasfemia» dirigida contra los cristianos podía haber tomado diferentes formas. La palabra que Santiago usa es *blasfemeo*, de donde proviene el vocablo «blasfemar». En su sentido más profundo, esta palabra hace referencia a un abuso o ataque, normalmente verbal, en contra de Dios mismo (ver, p. ej., Mt. 9:3; 26:65; Mr. 3:28-29). Pero también se aplica a la blasfemia en contra de cualquier cosa que tiene que ver con Dios, incluso de forma indirecta, como la crítica por parte de creyentes dirigida contra la conducta cristiana de otros creyentes (1 Co. 10:30; Ro. 14:16), o la crítica por parte de los incrédulos porque no practicamos la inmoralidad que ellos practican (1 P. 4:4). En este caso concreto, Santiago nos proporciona muy poca información sobre la situación que está describiendo, así que todas nuestras deducciones, por lógicas que sean, quedan en el área de la especulación. Podría estar hablando de un grupo de gentiles que se burlaban del Dios de los cristianos. O de un grupo de judíos que criticaban a los cristianos porque adoraban a Jesús. O, de forma más general, podría estar hablando de los no creyentes que se reían de la moralidad de los cristianos y de sus prácticas de adoración (como, por ejemplo, de la Santa Cena).

En este caso concreto, la blasfemia está dirigida contra *el buen nombre de aquel a quien ustedes pertenecen*. La traducción de la NVI es una buena paráfrasis de una construcción un tanto difícil de traducir: «el nombre por el cual habéis sido llamados». Y es difícil porque la construcción en griego no es una construcción bien hecha, lo que delata su origen semítico (ver, p. ej., Amós 9:9, citado en Hch. 15:17). «Llamar a alguien por un nombre» sugiere la idea de *pertenencia*; de ahí la traducción de la NVI. ¿De quién es el nombre «bueno» o «honorable» (gr. *kalos*) que se atribuye a los creyentes? Una posibilidad sería el apelativo «cristiano» (cf. 1 P. 4:14, 16), pero la idea de pertenencia que se desprende de la construcción griega apunta más bien en otra dirección. Lo más probable es que Santiago tuviera en mente a Dios o, más concretamente, a Cristo (ver el v. 1). Algunos ven aquí una alusión a la ceremonia del bautismo, en la que de forma solemne se invocaba el nombre de Cristo para, en un sentido, «transferirlo» al creyente. Pero no está demasiado claro.

2. La discriminación en la comunidad está mal porque viola la ley del reino sobre el amor (2:8-13)

> *8 Hacen muy bien si de veras cumplen la ley suprema de la Escritura: «Ama a tu prójimo como a ti mismo»; 9 pero si muestran algún favoritismo, pecan y son culpables, pues la misma ley los acusa de ser transgresores. 10 Porque el que cumple con toda la ley pero falla en un solo punto ya es culpable de haberla quebrantado toda. 11 Pues el que dijo: «No cometas adulterio», también dijo: «No mates.» Si no cometes adulterio, pero matas, ya has violado la ley. 12 Hablen y pórtense como quienes han de ser juzgados por la ley que nos da libertad, 13 porque habrá un juicio sin compasión para el que actúe sin compasión. ¡La compasión triunfa en el juicio!*

En los vv. 5-7, Santiago ha argumentado que el favoritismo hacia los ricos a expensas de los pobres está mal porque (1) es contrario a la estima que Dios tiene por los pobres; y (2) no tiene sentido. La primera razón es teológica, mientras que la segunda es más pragmática. Pero la atención que Santiago le presta a este asunto sugiere que el tercer argumento en contra de este tipo de favoritismo es el más importante: está mal porque viola la ley del amor (vv. 8-13). En los vv. 8-9 encontramos la idea principal: la parcialidad es pecado porque atenta contra el mandamiento del amor. Los vv. 10-11, basándose en que la ley es indivisible, justifican que el que comete un solo pecado, como el de la parcialidad, ya ha quebrantado la ley. Así, en los últimos versículos de este pasaje, Santiago insiste en que los creyentes tendrán que rendir cuentas de las acciones que van en contra de la ley de Dios. Este énfasis en la obediencia como criterio en el día del juicio nos recuerda el tema de la «verdadera religión» que encontramos al principio de esta sección (1:21-27), y nos introduce en el tema de «la fe y las obras» que desarrollará en 2:14-26.

8 La conexión entre el v. 8 y los versículos anteriores se establece mediante la palabra griega *mentoi*, que podría traducirse por «de veras/en verdad» o por «sin embargo». Es difícil tomar una decisión porque el uso apunta a la segunda opción, mientras que el contexto apunta a la primera. Las otras veces que aparece en el NT, siete en total, esta palabra tiene un significado adversativo (Jn. 4:27; 7:13; 12:42; 20:5; 21:4; 2 Ti. 2:19; Jud. 8). Pero si pensamos en el contexto, no tiene mucho sentido darle al versículo 8 un sentido adversativo. En todo caso, podría haber una relación adversativa con el v. 6a: «ustedes han menospreciado al pobre… *sin embargo*, si cumplen la ley suprema hacen bien».[20] No obstante, esta conexión es bastante lejana. Por tanto, dado que también hay evidencias de que esta palabra puede significar «de veras»,[21] nos decantamos más por esta alternativa.[22]

En los vv. 8-9, Santiago desarrolla su argumentación contrastando dos frases condicionales:

Si de veras cumplen la ley suprema…   *hacen bien;*

pero si muestran algún favoritismo,   *pecan…*

El concepto de «cumplir la ley» es muy común en el AT, el judaísmo, y el NT (aunque el verbo que Santiago usa aquí [*teleo*] solo aparece con este significado en Lc. 2:39 y Ro. 2:27); y casi siempre hace referencia a la ley de Moisés. Dado que Santiago cita un mandamiento de la ley mosaica para ilustrar lo que quiere decir, podemos decir que estamos ante una clara referencia

---

20. Los defensores de un sentido adversativo son BDF, 450(1); Davids, 114; Mayor, 89; Mussner, 123.

21. Ver LSJ, 1102.

22. Nosotros, y la mayoría de comentaristas.

a la ley. Pero alguna consideración más nos dice que la referencia puede tener algún matiz más.

En primer lugar, vemos que la ley va acompañada del adjetivo «suprema», que también puede traducirse por «real»; y algunos creen que se refiere al mandamiento del amor que se menciona a continuación. En ese caso, Santiago estaría diciendo que su mandamiento era la «ley» que gobierna o está por encima de todas las demás.[23] Aunque esta interpretación concuerda con la enseñanza de Jesús sobre el mandamiento del amor, la palabra griega que aquí se usa probablemente no pueda traducirse por «suprema». Este término significa «que pertenece al rey». Filón, cuando comenta Números 20:17, compara el «camino real» que se menciona en ese versículo con la ley de Dios. Argumenta que el camino es «real» porque pertenece a Dios y porque lleva a Él, y que la ley tiene exactamente las mismas propiedades (*Sobre la posteridad de Caín y su exilio* 101-2). El uso del NT, aunque escaso, sugiere también que la traducción «real» es más acertada (Jn. 4:46, 49; Hch. 12:20, 21). Aunque con este significado, Santiago también podría haber asociado la «ley real» con el mandamiento del amor que aparece a continuación.[24] Pero en el NT, «la ley» normalmente se refiere a todo un grupo de mandamientos, y no a un solo mandamiento. Y la argumentación de los vv. 10-11 parece que da por sentado esta aplicación más amplia del término. Véase también la proximidad entre la palabra «real» y otra muy similar que aparece en el v. 5: «reino» (*basileia*). Esto, junto con el énfasis que Jesús hace en el mandamiento del amor de Levítico 19:18 (Mt. 22:34-40 y par.), sugiere que Santiago usa «real» para referirse a la ley del reino de Dios. Por tanto, al igual que la frase «la ley perfecta que da libertad» (1:25), la «ley real» podría ser la forma en que Santiago se refiere a la suma total de lo que Dios, a través de Jesús, pide de los creyentes: «toda la ley interpretada y transmitida a la Iglesia en la enseñanza de Jesús».[25] Entendida así, la «rey leal» va más allá de la ley mosaica, que Jesús cumplió y reinterpretó, e incluye las enseñanzas de Jesús.

Si queremos decir que la «ley real» hace referencia a todos los mandamientos dirigidos a los cristianos, la NVI contiene una dificultad más: la expresión *de la Escritura* parece indicar que la ley real se refiere al mandamiento del amor. Sin embargo, la traducción de la NVI podría no estar justificada. En griego se usa una preposición que normalmente traducimos por «conforme a» (*kata*; cf. las traducciones más literales que aparecen en LBLA y RV). Por tanto, Santiago probablemente está sugiriendo que uno cumple la voluntad de

23. Hort, 53.
24. Laws, 108-9.
25. Davids, 114; Ver también Johnson, 230; Frankemölle, 400-402.

Dios para su pueblo (la ley moral) cuando está en conformidad con el mandamiento central de esa ley: amar al prójimo.[26]

Obviamente, la sugerencia de Santiago de que el mandamiento del amor es el centro del código ético del NT se remonta a las enseñanzas de Jesús. Cuando le preguntaron cuál era «el mandamiento más importante» de la ley, Jesús dijo:

> *«Ama al Señor tu Dios con todo tu corazón, con todo tu ser y con toda tu mente» —le respondió Jesús—. Este es el primero y el más importante de los mandamientos. El segundo se parece a este: «Ama a tu prójimo como a ti mismo.» De estos dos mandamientos dependen toda la ley y los profetas (Mt. 22:37-40)*

La enseñanza de Jesús sobre esta cuestión tuvo un impacto duradero en la forma en que la Iglesia primitiva entendió su obligaciones en el nuevo pacto, especialmente en relación con la ley del AT (Gá. 5:13-14; Ro. 13:8-10). En el AT, el prójimo (*re'a*) significa «tu hermano israelita», pero Jesús amplía el significado de esa palabra para incluir a toda persona con la que entramos en contacto, incluyendo los extranjeros (Lc. 10:25-37) y los enemigos (Mt. 5:44). Santiago va en la misma línea cuando argumenta que el amor al prójimo, que es el centro de «la ley real», prohíbe a la Iglesia hacer acepción de personas. Y la forma en la que Santiago aplica este mandamiento del amor al problema del favoritismo tiene su base en Levítico 19, donde la prohibición de practicar la parcialidad aparece tan solo tres versículos antes del mandamiento del amor (comparar Lv. 19:15 y 19:18).[27]

9 La aclaración por parte de Santiago de que cuando completan la ley real, resumida en el mandamiento del amor, «hacen bien», no tiene una clara conexión con el resto del versículo. Pero es que ese versículo, como ya hemos visto, no funciona por sí solo; es la primera parte del argumento que acaba en el v. 9. Y al regresar al tema del favoritismo, vemos que Santiago no ha abandonado el tema que inició en el v. 1. Y cuando vemos todo el argumento, quizá sacado de Levítico 19, queda claro, aunque sea de forma implícita, que el favoritismo viola el mandamiento del amor al prójimo. Así, Santiago puede acusar a los que muestran favoritismo por determinados pecadores, y puede también llamarles «culpables». *Mostrar favoritismo* es la traducción de un verbo que solo sale una vez en todo el NT, un verbo que tiene la misma raíz que el sustantivo «favoritismo» del v. 1. *Pecan* es una traducción abreviada de una expresión más larga, que literalmente traduciríamos por «están obrando pecado».

---

26. Ver Johnson, 230-31.
27. Ver esp. Johnson, «Leviticus 19».

Johnson dice que, aunque Santiago tiene una visión de las «obras» muy positiva, el verbo «obrar» solo lo usa en un sentido negativo (cf. también 1:20: «la ira humana no produce [obra] la vida justa que Dios quiere»). El amor al prójimo, que Jesús amplió a «todo el mundo», incluyendo a aquellos que son diferentes a nosotros (Lc. 10:25-37; Mt. 5:43-47), significa que las personas que van con ropas sucias y pobres merecen el mismo respeto y atención que las que van bien vestidas. Y si aplicamos el principio de Santiago, el mandamiento del amor también nos empuja a recibir con entusiasmo en nuestras iglesias a personas de otras razas, y a tratar a cualquier marginado del mismo modo en el que trataríamos a un actor o deportista famoso y popular. En Cristo, como dice Pablo, «ya no hay judío ni griego, esclavo ni libre, hombre ni mujer» (Gá. 3:28). En obediencia a su rey Jesús, los cristianos tienen el deber de construir una contracultura, viviendo según los valores del reino de Dios en vez de los valores de este mundo.

Dado que el favoritismo viola el mandamiento del amor, que es la base de la ley del reino, la conclusión final de Santiago en este versículo es de una lógica aplastante: los creyentes que muestran favoritismo *son culpables, pues la misma ley los acusa de ser transgresores*. El verbo que traducimos por «declarar culpable» (*elencho*) normalmente quiere decir «reprobar» (a un pecador; cf. Mt. 18:15) o «refutar» (a los opositores; cf. Tito 1:9), pero a veces, como aquí, tiene el sentido legal de «condenar» o «ser hallado culpable» (de cometer maldad o pecado; cf. también Jn. 8:46; 16:8; 1 Co. 14:24; Jud. 15). La ley es la que pronuncia sentencia, pues el que muestra favoritismo viola sus normas. Esos creyentes son «infractores» o «transgresores» de la ley (el término técnico del NT para referirse a una persona que desobedece de forma directa una ordenanza o mandamiento; ver también v. 11; Ro. 2:25, 27; Gá. 2:18; y ver el uso de la palabra «transgresión», de la misma familia, en Ro. 2:23; 4:15; 5:14; Gá. 3:19; 1 Ti. 2:14; Heb. 2:2; 9:15).

10 En los vv. 10-11, Santiago justifica (*Porque…*) la última proposición del v. 9 demostrando que al quebrantar un solo mandamiento, uno se convierte en transgresor de toda la ley. Y presenta una cadena de argumentos que concluyen al final del v. 11 con la misma acusación que ya ha pronunciado en el v. 9: los cristianos que muestran favoritismo son «transgresores de la ley». Esta afirmación de que la ley es una unidad indivisible no es nada nuevo, pues los judíos e, incluso los paganos, con frecuencia admitían ese concepto. Por ejemplo, en su tratado *De beneficiis*, Séneca dice que «el que tiene un vicio los tiene todos».[28] Pero, claro está, la versión judía de esta enseñanza es mucho más relevante

---

28. M. O'Rourke Boyle, «The Stoic Paradox of James 2:10», *NTS* 31 (1985) 611-17.

para nuestro estudio. Ver, por ejemplo, la respuesta del piadoso Eleazar cuando le ordenaron comer alimentos prohibidos: «No supongan que comer alimentos impuros sería un pecado pequeño; tiene la misma seriedad quebrantar la ley en cuestiones pequeñas, que quebrantarla en cuestiones mayores, porque en ambos casos se desprecia la ley» (4º Macabeos 5:20-21; ver también *b. Horayot* 8b; *b. Shabbat* 70b; 1QS 8:16; *T. Asher* 2:5-10; Filón, *Interpretación Alegórica* 3.241). Pablo se hace eco de la misma tradición en Gálatas 5:3: «De nuevo declaro que todo el que se hace circuncidar está obligado a practicar toda la ley». Pero más significativa aún es la enseñanza de Jesús, sobre todo para el estudio de Santiago: «Les aseguro que mientras existan el cielo y la tierra, ni una letra ni una tilde de la ley desaparecerán hasta que todo se haya cumplido. Todo el que infrinja uno solo de estos mandamientos, por pequeño que sea, y enseñe a otros a hacer lo mismo, será considerado el más pequeño en el reino de los cielos» (Mt. 5:18-19).

Santiago quiere hacer ver que en los vv. 10-11 está citando una verdad proverbial, y lo hace pasando de la segunda persona del plural de los vv. 8-10, que luego también usará en los vv. 12-13, a la tercera persona del singular, que se usaban para transmitir una verdad «gnómica» o «habitual» (*el que...*). La naturaleza hipotética de la situación hace que no sea necesario seguir a Johnson y darle al verbo «cumplir» un sentido conativo (por ejemplo, «comprometerse a cumplir toda la ley»). Santiago no está sugiriendo que alguien esté cumpliendo todas las exigencias de la ley; tan solo está hablando de un supuesto, diciendo algo como «imaginen que así fuera». Esa persona, en el caso de que «fallara» (cf. 3:2; Ro. 11:11; 2 P. 1:10) en un solo punto (o mandamiento), *es culpable de haberla quebrantado toda*. La traducción de la NVI es muy apropiada. Algunas versiones simplemente traducen «se convierte en transgresor de la ley», sin incluir el concepto judicial de «culpabilidad» que tiene, al parecer, la palabra que Santiago usa (*enochos*; cf. seis de las siete otras apariciones en el NT: Mt. 5:21, 22; 26:66; Mr. 3:29; 14:64; 1 Co. 11:27; Heb. 2:15 es menos claro).

11 Santiago ahora explica por qué la ley es una unidad indivisible. Tal y como Johnson dice: «El hecho de que el mandamiento no es simplemente un texto, sino que es 'alguien que habla' es crucial para entender esta idea».[29] Si vemos la ley como una serie de mandamientos separados, podemos concluir que la desobediencia de un mandamiento significa ser culpable solo en cuanto a esa cuestión en particular. Pero, de hecho, los mandamientos forman parte de una unidad indivisible, porque reflejan la voluntad de Aquel que ha dado la ley.

---

29. Johnson, 232.

Violar un solo mandamiento es desobedecer a Dios, y por esa desobediencia ya es culpable ante Él.

Los mandamientos que Santiago usa para ilustrar lo que va a explicar son mandamientos extraídos del Decálogo. Cambia el orden en el que aparecen en el NT (ver Éx. 20:13-14; Dt. 5:17-18), pero los encontramos en este orden al menos en un manuscrito importante de la Septuaginta (Vaticanus, B; ver también Lc. 18:20; Ro. 13:9). Aunque quizá Santiago no esté siguiendo el orden de ningún texto, sino que está siguiendo su propio criterio para construir un argumento lógico. Santiago no cita la prohibición de «matar» al azar, sino porque la considera adecuada para la situación en la que se encuentran sus lectores. Martin sugiere la posibilidad de una aplicación literal, y especula que los lectores de Santiago estaban enredados en la guerra de aniquilación que precedió a la guerra de rebelión contra Roma.[30] Pero eso es muy poco probable (ver la Introducción). Es más probable que la referencia que Santiago hace a la prohibición de matar sea un reflejo del trato que Jesús hace de este tema (Mt. 5:21-26). Jesús enseñó, en su reinterpretación de dicho mandamiento, que «matar» también incluye la ira; y Santiago podría estar diciendo que el favoritismo es un ejemplo de ese tipo de ira y que, por eso, es equivalente al «homicidio». Puede que en la comunidad hubiera gente que se enorgulleciera de no caer en los «pecados de la carne» (adulterio), pero que estaba discriminando a los pobres y, por tanto, cometiendo adulterio. Y Santiago les quiere llamar la atención.[31] Aunque es una interpretación muy atractiva, hemos de admitir que el texto no nos proporciona toda esa información. Después de todo, quizá Santiago solo cita estos dos mandamientos como ejemplos representativos de todos los demás (como p. ej. Pablo [Ro. 13:9]).

Así, como vimos más arriba, la lógica de estos versículos es totalmente judía. Pero, ¿hasta qué punto Santiago refleja una mentalidad «judía»? Si siguiéramos el argumento de Santiago hasta sus últimas consecuencias, parecería ser que fuera necesario obedecer todos los mandamientos de la ley, incluyendo las ordenanzas en cuanto a la observancia ceremonial. ¿Es éste el mensaje de Santiago? En la epístola no encontramos nada que apunte a una posición tan estricta. De hecho, en los vv. 10-11 encontramos una pista que nos revela que eso no es así. Generalmente, cuando los teólogos judíos hablaban de lo que Santiago habla en el v. 11, citaban un mandamiento «pequeño» y un mandamiento «grande». Así, Eleazar, en el texto de 4° Macabeos que citamos más arriba, afirma que comer alimentos impuros (un mandamiento «pequeño») es tan serio como la desobediencia de un mandamiento «grande». Pero Santiago

---

30. Martin, 70.
31. Ver Hort, 55.

cita dos mandamientos del Decálogo que supuestamente tienen el mismo «peso». Por tanto, nuestro autor sugiere que en los vv. 10-11 solo está pensando en algunas partes de la ley veterotestamentaria. La práctica de la Iglesia primitiva corrobora esta sugerencia, pues en aquel entonces el mandamiento del amor estaba estrechamente relacionado con los mandamientos de la segunda parte del Decálogo, los que tienen que ver con la relación con el prójimo (ver Mt. 19:18-19; Ro. 13:8-10). Así, aunque sí emplea una lógica extraída del AT y de la ortodoxia judía, Santiago la aplica a una nueva situación. Él no habla de una sumisión a la ley del AT *per se*, sino a «la ley real» (v. 8), «la ley que nos da libertad» (v. 12; cf. 1:25). Esta «ley» retoma la ley del AT, pero entendida a través del cumplimiento de Jesús. Y del mismo modo en que las palabras de Jesús sobre la aparente imposibilidad de cumplir la ley (Mt. 5:18-19, citado arriba) se ven desde otra perspectiva cuando dice que él es el que la cumple (v. 17), Santiago aplica este principio sobre la unidad de la ley a la ley que Jesús ha reinterpretado (ver el comentario del v. 8).

12 Después de hacer un alto en el camino para explicar por qué las personas que muestran favoritismo «transgreden la ley» (vv. 10-11), Santiago retoma de nuevo su exhortación: *Hablen y pórtense como quienes han de ser juzgados por la ley que nos da libertad*. En griego, el tiempo verbal de «hablen» y «pórtense» pone de relieve la continuidad de dichas acciones: «hablen constantemente», «pórtense siempre». Y el texto griego hace un énfasis especial en el juicio venidero; la traducción literal sería: «Hablen y pórtense como aquellos que en breve van a ser juzgados por la ley de la libertad». Con estos mandamientos, Santiago vuelve al tema principal de esta sección de la carta: la importancia de que los creyentes demuestren la autenticidad de su «religión» «haciendo» la Palabra (1:22). Pero aquí añade un elemento nuevo. Por primera vez Santiago les advierte del juicio escatológico, y sugiere que el criterio de ese juicio será la obediencia a las demandas de la ley. Y así anticipa la controvertida enseñanza que viene a continuación (2:14-26), donde argumenta que el «hacer» (las obras) es un requisito necesario para poder experimentar la justificación de Dios.

Teológicamente hablando, esta enseñanza sobre un juicio según la ley puede resultar un tanto confusa. Hort no es el único comentarista que intenta entender y resolver este problema: «… al parecer, no dice que la ley de la libertad es el baremo o el instrumento por el que van a ser juzgados, sino que van a ser juzgados como hombres que han vivido en el ambiente de una ley de libertad…».[32] Pero la preposición que Santiago usa (gr. *dia*, «por» en la NVI) no puede referirse tan solo al «ambiente» de la ley. El sentido instrumental

---

32. Hort, 56.

que normalmente tiene, encaja perfectamente en este versículo; en otros textos similares, la preposición en cuestión tiene exactamente el mismo sentido: por ejemplo, Romanos 2:12b: «todos los que han pecado conociendo la ley, por la ley serán juzgados». Hemos de recordar, como ya hemos visto de forma reiterada en esta sección (ver especialmente los comentarios de 1:25 y de 2:8), que lo que aquí está en cuestión no es la ley del AT como tal, sino el AT tal como Cristo lo reinterpretó y lo transmitió a sus seguidores. Y la idea de que los cristianos serán juzgados por su cumplimiento de la voluntad de Dios expresada en las enseñanzas de Cristo aparece en muchos lugares del NT. Jesús advirtió que cuando regresara, juzgaría a «todas las naciones» y solo recompensaría a los que hubieran actuado con compasión hacia los demás (Mt. 25:31-46). Juan dice: «El que obedece sus mandamientos permanece en Dios» (1 Jn. 3:24). Incluso Pablo, de quien muchas veces se dice que en este tema está en total desacuerdo con santiago, afirma que «es necesario que todos comparezcamos ante el tribunal de Cristo, para que cada uno reciba lo que le corresponda, según lo bueno o malo que haya hecho mientras vivió en el cuerpo» (2 Co. 5:10). El hecho de que Dios ya nos haya aceptado por su misericordia no significa que ya no tengamos la obligación de obedecerle. Lo que ocurre es que cambia la perspectiva. La ley de Dios ya no es una carga ni una amenaza, pues ahora la voluntad de Dios es para nosotros una *ley de libertad*, una obligación que desempeñamos con el conocimiento gozoso de que Dios nos ha «liberado» de la pena del pecado y nos ha dado, en su Espíritu, el poder para obedecer su voluntad. Usando la descripción del propio Santiago, esa ley es una «palabra implantada», «escrita en el corazón», que tiene el poder de salvarnos (Stg. 1:21).

13 Santiago refuerza lo que dice en el v. 12 con una advertencia más, probablemente citando de nuevo una verdad proverbial (como en los vv. 10-11; ver que aquí también cambia a tercera persona del singular). La fórmula de la «retribución», por la que la gente cosecha lo que ha hecho a los demás, era muy popular en el mundo antiguo. Así que Santiago advierte que *habrá un juicio sin compasión para el que actúe sin compasión*. La conexión entre este versículo y el anterior revela que para Santiago, la misericordia está incluida dentro de la ley por que van a ser juzgados. El AT dice en incontables ocasiones que el pueblo de Dios ha de ser misericordioso con los que le rodean. Vale la pena citar Zacarías 7:9-10, debido a la relación que establece entre la misericordia y la preocupación por los pobres y los desamparados: «Así dice el Señor Todopoderoso: "Juzguen con verdadera justicia; muestren amor y compasión los unos por los otros. No opriman a las viudas ni a los huérfanos, ni a los extranjeros ni a los pobres"». Los escritores judíos coetáneos de Santiago se hacen eco de esta idea: «También ustedes, hijos míos amados, tengan compasión hacia todas las personas, sean misericordiosos, para que el Señor sea compasivo y misericordioso con ustedes» (*T. Zebulun* 8:1). Pero, como suele ocurrir, más relevante aún es la enseñanza de Jesús. Recordemos la parábola del siervo despiadado (Mt. 18:21-25). Pero lo que Santiago hace es invertir la bienaventuranza de Jesús de Mateo 5:7: «Malditos los que no son compasivos, porque no serán tratados con misericordia». Este texto sugiere que ser «misericordioso» no es tan solo un sentimiento, una preocupación, sino que es una acción, una disposición activa a mostrar amor a los demás. La discriminación que los lectores de Santiago están practicando es lo opuesto a la misericordia; y si siguen así, se encontrarán al final de sus días un juicio «sin misericordia».

Pero Santiago no acaba este párrafo con ese tono negativo, sino que acaba con una palabra de esperanza: *¡La compasión triunfa en el juicio!* Una afirmación breve, quizá (¡de nuevo!) proverbial; y, por ello, de difícil traducción. El significado de la palabra «juicio» está claro gracias al v. 12: en el día final, Dios condenará a aquellos que no han hecho el bien. Pero, ¿de quién es la «misericordia» que triunfa sobre el juicio? Algunos comentaristas creen que Santiago se refiere a la misericordia de Dios. Aunque las exigencias para salir bien parado el día del juicio son estrictas, obedecer la ley santa de Dios, Dios es un dios de misericordia, quien también nos ofrece su Gracia para poder escapar de ese juicio. Hort describe la imagen del siguiente modo: «krisis [el juicio] viene ante el tribunal de Dios como nuestro acusador, y eleos [la Gracia] lo recibe desafiante y sin temor, dispuesta a que se anule la imputación».[33] Esta idea aparece una y otra vez en el NT; y es probable que Santiago la tuviera en mente.[34] Pero la «misericordia» de la que se ha estado hablando en el texto es la misericordia humana (v. 12). Por lo que es más probable que la idea que Santiago quiere transmitir es que la misericordia que tenemos hacia los demás es una muestra de nuestro deseo de obedecer la ley del reino e, indirectamente, de un corazón que ha sido limpiado por la obra de la Gracia de Dios.[35]

El creyente siempre será merecedor del juicio de Dios: nunca logrará cumplir de forma perfecta la «ley real» (vv. 10-11). Pero nuestra actitud y acciones misericordiosas darán testimonio de la presencia de Cristo en nosotros. Y esta unión con Aquel que cumplió la ley de forma perfecta por nosotros nos garantiza que en el día del juicio seremos vindicados.

---

33. Hort, 57.
34. Ver esp. Martin, 72-73.
35. Ver, p. ej., Dibelius, 148; Laws, 117-18.

D. La fe se revela en las obras (2:14-26)

Teológicamente hablando, este pasaje es el más importante de la Epístola de Santiago, y también el más controvertido. Es fundamental acercarse a toda la unidad de forma adecuada, así que antes de adentrarnos en los comentarios exegéticos, empezaremos investigando algunas cuestiones más generales.

En primer lugar, la estructura del pasaje. El siguiente bosquejo nos ayudará a visualizar la secuencia.

Introducción del tema: la fe sin obras no puede «salvar» (v. 14)

(¿De qué sirve?)

A. Ilustración (vv. 15-16) *(¿De qué servirá?)*

Conclusión: *la fe por sí sola, si no tiene obras, está muerta* (v. 17)

B. Un interlocutor: la fe y las obras son separables (v. 18a)

Santiago:

la fe solo es visible a través de las obras (v. 18b-19)

la fe sin obras es estéril (v. 20)

Abraham fue declarado justo por una obra (v. 21)

(Explicación de la fe y las obras de Abraham [vv. 22-23])

Por lo que: la justificación necesita la fe y las obras (v. 24)

Rahab también fue declarada justa por una obra (v. 25)

la fe sin obras está muerta (v. 26)

El pasaje empieza con un apelativo dirigido a los lectores («hermanos míos»), y trata el tema de la eficacia de la fe que no está acompañada por obras. Como ya hizo en 2:2-4, Santiago inicia su argumentación con una ilustración que tiene que ver con la pobreza (vv. 15-16), que va seguida de una conclusión (v. 17). La pregunta «¿De qué sirve?» enmarca los vv. 14-16. Santiago luego utiliza un recurso muy popular en la literatura antigua, la diatriba, introduciendo un interlocutor imaginario con el que Santiago tiene una «conversación» con el objetivo de instruir a sus lectores. Su interlocutor no está de acuerdo con Santiago, y protesta diciendo que la fe y las obras no tienen por qué ir unidas (v. 18a). La primera respuesta de Santiago es práctica: la única forma de demostrar la fe es mediante las obras (vrs .18b-19). La segunda respuesta empieza con unas palabras que se dirigen, de nuevo, al interlocutor («¡Qué tonto eres!»). Para dejar bien clara la idea que quiere transmitir, Santiago empieza y acaba con el mismo énfasis (una inclusión): «la fe sin obras es estéril /está muerta» (vv. 20 y 26). Los ejemplos de Abraham y Rahab ocupan el siguiente «anillo» interno de la argumentación (vv. 21-23 y 25), mientras que en el centro de la estructura Santiago introduce una frase con la que se dirige directamente a sus lectores: «Como pueden ver, a una persona se la declara justa por las obras, y no solo por la fe» (v. 24).

No hay duda alguna en cuanto al tema de este pasaje. Santiago lo repite explícitamente en tres ocasiones:

- la fe por sí sola, si no tiene obras, está muerta (v. 17)
- la fe sin obras es estéril (v. 20)
- la fe sin obras está muerta (v. 26)

¿Qué quiere decir que está «muerta»? Significa que no cumple su propósito: no puede salvar (v. 14) o justificar (v. 24). Para entender la idea de esta sección e integrarla en el mensaje de toda la Biblia, es importante ver que Santiago no está diciendo que a la fe se le deben *añadir* obras. Lo que quiere decir es que la fe genuina, la fe bíblica, produce obras. Intentar añadir obras a una fe falsa es un ejercicio inútil, pues la única forma de producir obras que agraden a Dios es «recibiendo la palabra implantada» (1:21) y experimentando la transformación interior que ésta realiza. En cierto sentido, Santiago nos propone en estos versículos un «test» con el que determinar la veracidad de la fe: las obras de obediencia a la voluntad de Dios.

Esta insistencia en que la fe verdadera produce obras, guarda relación con su contexto más cercano, y lo hace al menos de tres formas. La relación más inmediata es con los vv. 12-13. La advertencia de que los creyentes serán juzgados según la «ley de la libertad» puede suscitar la siguiente pregunta: «¿Qué juicio? ¡Si pensábamos que habíamos sido salvos por fe y que ya no nos teníamos que preocupar del juicio!». Así que Santiago se dispone a explicar qué tipo de fe es la que sirve para el día del juicio. En segundo lugar, encontramos otra relación, aunque algo más remota, en la argumentación que Santiago desarrolla en 2:1-13. Como revelan los ejemplos de los vv. 15-16, Santiago aún tiene en mente el trato que los creyentes dan a los pobres. El llamamiento a una fe que produzca obras se hace eco de la idea del v. 1 y sirve como una justificación más de la advertencia en contra del favoritismo.[36] Algunos comentaristas enfatizan esta dimensión hasta el punto de decir que es la temática principal del pasaje; Davids, por ejemplo, titula esta sección «La genero-

---

36. Ver, p. ej., Martin, 80; Frankemölle, 421-24.

sidad es imprescindible».[37] Pero el que así se pronuncia, infravalora o ignora la tercera y más amplia relación de este pasaje: la relación que 2:14-26 guarda con la totalidad de la carta. Dado que este párrafo es el toque final de la presentación que Santiago ha hecho de la «verdadera religión» (1:21). Santiago ha dejado claro que la obediencia a la palabra es una característica necesaria del verdadero cristianismo. Aunque por sí solo, este énfasis podría llevar a una interpretación externalista del cristianismo, como si lo único que importara fuera el cumplimiento exterior de las demandas de las Escrituras. Así que 2:14-26 añade una idea que podría usarse como elemento corrector, en el caso de que alguien cayera en el extremo externalista. Y la idea es la siguiente: la «verdadera religión» empieza con la fe, pero una fe que obra. En este sentido, la «verdadera religión» de 1:26 es exactamente la misma que la fe genuina de 2:14-26, y la antítesis fe-obras que aparece en este pasaje se corresponde casi de forma exacta con la antítesis «escuchar la Palabra» / «poner en práctica la Palabra» de 1:22.[38]

Pero el hincapié que Santiago hace en la «fe verdadera» responde a una situación que va más allá de la que se refleja de forma explícita en la carta. El estilo polémico de Santiago, con la introducción de un interlocutor imaginario al que amonesta (vv. 18 y 20), apunta a que está escribiendo para responder a unas falsas creencias que estaban circulando entre sus lectores. Y la crítica que hace en el v. 24 a la idea de que la justificación viene «solo por la fe» sugiere que estas falsas creencias tenían algo que ver con el apóstol Pablo. Es cierto que no podemos si esta relación es del todo cierta, pues esas creencias ya habían circulado entre los judíos independientemente de las enseñanzas de Pablo y de la Iglesia primitiva.[39] Pero es mucho más probable, si tenemos en cuenta el lenguaje claramente paulino del v. 24, que lo que hay detrás de todo esto sea la enseñanza del apóstol a los gentiles. Pero, ¿cuál es la relación que la epístola de Santiago tiene con la enseñanza de Pablo? Muchos comentaristas siguen la línea de Lutero e insisten en que Santiago se opone de forma directa a la visión que Pablo tenía de la justificación y que había sido aceptada en las iglesias paulinas.[40] ¡Algunos incluso creen que el «tonto» del v. 20 es Pablo! Estos comentaristas dan por sentado que la Epístola de Santiago se escribió en una fecha que a nosotros nos parece muy poco probable. Si, como explicamos en la Introducción, la epístola se escribió a mediados de la década de los 40,

---

37. Davids, 119.

38. Johnson, 238; cf. también Verseput, «Faith and Deeds», 100-101.

39. Ver esp. Davids, 131-32.

40. Ver, p. ej., G. Luedemann, *Opposition to Paul in Jewish Christianity* (Minneapolis: Fortress, 1989), 144-49.

entonces Santiago no podía conocer la enseñanza de las epístolas de Pablo; y por ello, menos probable aún que supiera de aquellas enseñanzas por medio de otras fuentes. Si a todo esto le añadimos que la polémica de Santiago en realidad no interfiere con la idea central de la perspectiva paulina, lo que más sentido tiene es pensar que Santiago escribe para responder a una forma tergiversada de la enseñanza paulina. Los lectores de la carta, que a causa de la persecución ahora están dispersos en zonas cercanas a Antioquía, han conocido una forma corrompida de la perspectiva paulina, que lleva por bandera el eslogan «la fe sola justifica».[41] Por tanto, Santiago escribe para responder a esa falsa perspectiva sobre la relación entre fe, obras y salvación. Cuando estudiamos e interpretamos a Santiago y Pablo de forma adecuada, es decir, a cada uno en su propio contexto, vemos que no tienen visiones opuestas en cuanto al tema de la justificación. Puede parecer que entre ellos haya un conflicto, pero eso es porque escriben desde situaciones distintas y para combatir problemas distintos.

14 Hermanos míos, ¿de qué le sirve a uno alegar que tiene fe, si no tiene obras? ¿Acaso podrá salvarlo esa fe? 15 Supongamos que un hermano o una hermana no tienen con qué vestirse y carecen del alimento diario, 16 y uno de ustedes les dice: «Que les vaya bien; abríguense y coman hasta saciarse», pero no les da lo necesario para el cuerpo. ¿De qué servirá eso? 17 Así también la fe por sí sola, si no tiene obras, está muerta. 18 Sin embargo, alguien dirá: «Tú tienes fe, y yo tengo obras.» Pues bien, muéstrame tu fe sin las obras, y yo te mostraré la fe por mis obras. 19 ¿Tú crees que hay un solo Dios? ¡Magnífico! También los demonios lo creen, y tiemblan. 20 ¡Qué tonto eres! ¿Quieres convencerte de que la fe sin obras es estéril? 21 ¿No fue declarado justo nuestro padre Abraham por lo que hizo cuando ofreció sobre el altar a su hijo Isaac? 22 Ya lo ves: Su fe y sus obras actuaban conjuntamente, y su fe llegó a la perfección por las obras que hizo. 23 Así se cumplió la Escritura que dice: «Le creyó Abraham a Dios, y esto se le tomó en cuenta como justicia», y fue llamado amigo de Dios. 24 Como pueden ver, a una persona se le declara justa por las obras, y no solo por la fe.

---

41. Ver la Introducción; cf. También Martin, 95-96 (según él, la carta es más tardía). Parece ser que esta comprensión del contexto histórico se remonta a Agustín (cf. *Enarrationes in Psalmos* 31/II, 3, 6) (cf. P. Bergauer, *Der Jakobusbrief bei Augustinus und die damit verbundenen Probleme der Rechtfertigungslehre* [Vienna: Herder, 1962], 51-52).

*25 De igual manera, ¿no fue declarada justa por las obras aun
la prostituta Rajab, cuando hospedó a los espías y les ayudó a
huir por otro camino? 26 Pues como el cuerpo sin el espíritu está
muerto, así también la fe sin obras está muerta.*

14 Formalmente, el v. 14 no está unido a su contexto (lo que los lingüistas llaman asíndeton); y la expresión «hermanos míos» (ver el comentario de 1:2) apunta a un cambio de tema. Santiago anuncia cuál será el nuevo tema usando dos preguntas retóricas relacionadas entre ellas: *¿de qué le sirve a uno alegar que tiene fe, si no tiene obras? ¿Acaso podrá salvarlo esa fe?* El verbo que traducimos por la expresión «servir para algo» es *ophelos*, que significa «beneficio», «provecho» o «ganancia»; cf. 1 Co. 15:32: «¿Qué he ganado si, solo por motivos humanos, en Éfeso luché contra las fieras?» (lit., «¿cuál es la ganancia?») (en el NT, solo encontramos esta palabra en los dos textos mencionados, y en el v. 16). En la primera pregunta, la frase condicional habla de un caso hipotético (*ean* con el subjuntivo); y la identificación de la persona que hace la alegación también es un tanto vaga: *uno* (o «alguien» [*tis*]; de género neutro). No obstante, eso no significa que Santiago solo está haciendo una advertencia general que nada tiene que ver con los lectores de su carta. El v. 20 y los siguientes dejan claro que no se trata de una situación hipotética. Muy probablemente, Santiago usa este tipo de pregunta porque quiere hacer ver a sus lectores que no está hablando de algo que se ha dado en un momento puntual, sino de una práctica que se viene dando. El uso del verbo *alegar* (lit., «dice») sugiere que Santiago está cuestionando la autenticidad de la fe.

La palabra que traducimos por «obras» será la palabra clave de la argumentación. Se trata de la forma plural de una palabra muy común en griego, *ergon*, que significa «obra», «acción», o «logro». La forma plural que tenemos aquí, en el NT se suele usar para hablar de la conducta que tiene consecuencias éticas y religiosas. Las «obras» pueden ser perversas, y llevar a la condenación, o buenas, y llevar al elogio por parte de Dios (contrastar Jn. 3:19-20 con 3:21). Al pensar en este uso neotestamentario nos acordamos del énfasis que los judíos hacían en las «obras» en obediencia a la Torá, que era la respuesta adecuada ante el Dios que les había escogido como su pueblo. La expresión paulina «obras de la ley» (Gá. 2:16; 3:2, 5, 10; Ro. 3:20, 28) se hace eco de este énfasis judío. Santiago usa el término «obras» en un sentido general para referirse a las acciones realizadas en obediencia a Dios. Algunas versiones modernas intentan evitar la traducción «obras», optando por «hechos» o «acciones», puesto que «obras», quizá por influencia de algunos versículos conocidos de Pablo (p. ej., Ef. 2:9), a veces tiene una connotación negativa.

La segunda pregunta retórica de Santiago está hecha de forma que la única respuesta posible es una respuesta negativa (eso es lo que se logra con la partícula griega *me*); su sentido es, pues, equivalente a una afirmación: «Ese tipo de fe no puede salvar a nadie». La interpretación de esta frase se debe hacer de forma cuidadosa, para no caer en los extremos. Por un lado, tenemos una traducción como «¿Podrá la fe salvarle?» (RV) que puede llevar a la siguiente conclusión: Santiago está negando que la fe puede salvar. Está claro que esa no es la opinión de Santiago, puesto que en este mismo párrafo él subraya que la fe verdadera sí salva (ver vv. 21-26). La RV pasa por alto que el artículo griego que acompaña a la palabra «fe» tiene un significado anafórico, es decir, que hace referencia a un uso anterior de la misma palabra (de ahí la traducción «*esa* fe»). Por tanto, lo que Santiago está cuestionando es que la fe de la que acaba de hablar pueda salvar. «Esa fe» se refiere a lo que alguien que no tiene obras *alega* o *dice* tener. Pero el mensaje de Santiago es que, desde una perspectiva bíblica, «esa fe» no es fe ni es nada.

El otro error es irse al otro extremo. Los que lo cometen son los que, con buenas intenciones, no quieren caer en el error teológico que acabamos de explicar. Evitan la dificultad lógica diciendo que el término «salvar» no se refiere aquí a la liberación escatológica, sino a la protección ante cualquier peligro o prueba aquí en la tierra.[42] Dicen que ese parece ser el sentido de «salvar» (gr. *sozo*) en 5:15. Pero no tiene ese sentido en ningún otro lugar de la Epístola (1:21; 4:12; 5:20). Fijémonos, sobre todo, en el uso que encontramos en 1:21, pues ahí es donde se inició el argumento del que es parte el versículo que estamos comentando ahora; y está claro que 1:21 habla de la «salvación de las almas». Además, «salvar» también se usa aquí en un contexto en el que se está hablando del rescate en el día del juicio (vv. 12-13) y de la justificación (vv. 21-25). Por lo tanto, hemos de reconocer que el verbo tiene la fuerza teológica que tiene en el resto de epístolas del NT (de las 30 veces que «salvar» aparece en el resto de las epístolas, en 29 ocasiones vemos una clara referencia a la liberación escatológica; la posible excepción sería Heb. 5:7).[43]

15 Las dos preguntas del v. 14 que marcan la línea del resto del pasaje van de lo general a lo particular. El «beneficio» o la «ganancia» de la fe sin obras que aparece en la primera pregunta pasa a ser, en la segunda pregunta, la salvación. En el resto del pasaje, donde sigue elaborando esta idea, Santiago también va de lo general a lo particular. Así, en los vv. 15-17 habla de la ausencia de «beneficio» que generalmente hay en la fe sin obras. Luego, después de la tran-

---

42. Por ejemplo, Z. Hodges, *The Gospel under Siege* (Dallas: Redención Viva, 1981), 26-27.

43. Ver esp. G.Z. Heide, «The Soteriology of James 2:14», *Grace Theological Journal* 12 (1992) 69-97.

sición en los vv. 18-19, afirma directamente que la fe «muerta» que no produce obras no tiene poder para salvar (usando el verbo «justificar»).

Para dejar claro que la ilustración de los vv. 15-16 tiene que ver con la primera pregunta (v. 14), Santiago la repite al final del v. 16: «¿De qué sirve?». Esta ilustración funciona de forma similar a la que Santiago usa en los vv. 2-3, en la que menciona un incidente concreto de la vida de la Iglesia para explicar el mensaje que les quiere hacer llegar. ¿Es este incidente un hecho real? Algunos comentaristas creen que Santiago está hablando de una situación real que ha llegado hasta sus oídos.[44] Pero la construcción sintáctica que Santiago usa para describir el incidente (*ean* con el subjuntivo) sugiere que Santiago está dando un ejemplo hipotético (aunque tan solo lo sugiere). Y el carácter indefinido de la expresión *un hermano o una hermana* también hablan de una situación hipotética. No obstante, como Santiago vuelve a hablar de una comunidad cristiana que no se preocupa por los pobres, es lógico pensar que la ilustración representa un patrón de conducta nada desconocido para los lectores de la epístola.

Santiago empieza describiendo la condición desesperada de un miembro de la comunidad (*hermano o hermana*; en el NT, éste último sustantivo apenas se usa para describir a una creyente [cf. también 1 Co. 7:15; 9:5; Ro. 16:1; Flm. 2; 1 Ti. 5:2]): *no tienen con qué vestirse y carecen del alimento diario*. La palabra griega que traducimos por «no tienen con qué vestirse» es *gymnos*, «desnudo» (la palabra de la que deriva nuestro vocablo «gimnasio», llamado así porque los griegos competían desnudos). Así, vemos que la palabra puede hacer referencia a la ausencia total de ropa. Pero también se usaba para describir a una persona que tan solo llevaba la ropa interior; ver Juan 21:7, donde Pedro se pone la ropa porque, como Juan explica, esta «desnudo» (NVI: «pues estaba semidesnudo»; RV: «se había despojado de ella»; LBLA: «porque se la habían quitado para poder trabajar»). Por tanto, quizá la interpretación más adecuada sea pensar en alguien que no iba vestido de forma adecuada. La desnudez puede simbolizar tanto pobreza (Ap. 3:17) como vergüenza (Ap. 3:18). El creyente en cuestión también carece del alimento «para el día» (traducción literal). Esa palabra podría hacer referencia a que aquella persona no tenía alimento para aquel día en concreto,[45] pero lo más probable es que signifique que normalmente no tenía qué comer, pues de forma continuada le faltaba el alimento diario necesario para la salud.[46] El cuadro que Santiago describe encaja perfectamente con los mendigos y personas sin hogar de nuestra sociedad.

---

44. Por ejemplo, Martin, 84.
45. Laws, 120-121.
46. Adamson, 122.

16 Ante una necesidad obvia e inmediata, el miembro de la comunidad (*uno de ustedes*) responde con palabras piadosas, pero ofrece una ayuda concreta. Una mejor traducción de *que les vaya bien* sería «vayan» en paz, una bendición bíblica muy común (p. ej., Jue. 6:23; 1 Sa. 20:22; 2 Re. 5:19; Mr. 5:34; Lc. 7:50; 8:48; 24:36; Jn. 20:19; Hch. 16:36). En una bendición, el término «paz», reflejando el uso bíblico común de dicho término, hace referencia al bienestar o a la bendición que Dios da a los que caminan con él. Por tanto, como dice Johnson, «Lo censurable no es lo que el creyente dice, sino el hecho de que aquello que dice funciona de tapadera religiosa para cubrir la falta de acción».[47] Lo mismo se puede decir en cuanto a *abríguense y coman hasta saciarse*. La traducción de la NVI (que parece interpretar que los verbos están en la voz media) sugiere que el creyente despreocupado lo único que hace es animar al hermano o hermana a buscar ropa y comida. Pero también podría traducirse «que seáis vestidos y alimentados» (interpretando que los verbos están en voz pasiva), quizá una oración para que Dios supliera sus necesidades. Sea como sea, la idea es la misma: ante la necesidad de sus hermanos y hermanas, este «creyente» no hace nada; tan solo palabras. Y Santiago pregunta: *¿De qué sirve?* ¿Cuál es la ganancia? Pensando en esta ilustración, la palabra griega que podría traducirse por «ganancia» hace referencia a la situación de necesidad que no se ha cubierto: las palabras, por más que fueran bienintencionadas, no han servido para aportar ninguna «ganancia» a las personas necesitadas. Pero muy probablemente, Santiago también alude a la segunda pregunta del v. 14: cuando no se ofrece ayuda ante una necesidad obvia, no solo se daña al que pasa necesidad, sino que se pone en cuestionamiento el estado espiritual de la persona que no hace nada por aliviar la necesidad. Aunque esta ilustración habla de la situación que se daba entre los lectores de la epístola, Santiago podría estar haciendo alusión a la enseñanza de Jesús que encontramos en la parábola de las ovejas y los cabritos (Mt. 25). Jesús dice que Dios abrirá la entrada al reino en función de las obras de caridad realizadas, y que apartará de su lado a los que no hayan aliviado las necesidades de los desamparados. Jesús, citando a una de las personas necesitadas, dice: «Porque tuve hambre, y ustedes no me dieron nada de comer; tuve sed, y no me dieron nada de beber; fui forastero, y no me dieron alojamiento; necesité ropa, y no me vistieron; estuve enfermo y en la cárcel, y no me atendieron» (Mt. 25:42-43).

17 *Así también* introduce la «moraleja» de la ilustración: *la fe por sí sola, si no tiene obras, está muerta*. Esta conclusión sugiere que los vv. 15-16 tienen dos funciones en la argumentación de Santiago. Por un lado, dan un ejemplo concreto de la falta de preocupación que los lectores de Santiago tenían por pobres. Pero, por otro lado, sirven como ilustración de la cuestión teológica

---

47. Johnson, 239.

que Santiago les quiere transmitir: las palabras que un creyente que no hace nada por ayudar a una persona necesitada, son tan inútiles como la profesión de fe de un creyente que no tiene obras. La palabra griega que traducimos por «obras» es la misma que en el v. 14 (*erga*). Según Santiago, el problema con este tipo de fe es que es «por sí sola». Esta traducción, no obstante, da la impresión de que el problema de la fe de la que Santiago habla es que no va acompañada de obras. Pero si pensamos en toda la argumentación que Santiago elabora en este pasaje, el sentido de esta expresión es más bien «en sí misma», como vemos en la RV y la BT. Dicho de otro modo, Santiago está diciendo que el tipo de fe que acaba de describir «no es operativa en el exterior, pero además, está muerta en el interior».[48] La expresión griega (*kath heauten*) tiene un significado similar en las palabras que Josefo pronuncia sobre la ley: «El más grande de los milagros es que nuestra ley no seduce haciendo uso del cebo del placer sensual, sino que ejerce su influencia *por medio de sus propios méritos*» (*Contra Apión* 2.284). Así que Santiago concluye que la fe que no tiene obras también es, debido a su propio defecto, inútil e inerte (el significado de la palabra *nekros* en un contexto como este; cf. Ro. 7:8; Heb. 6:1; 9:14). Y, de nuevo hemos de recordar, que Santiago no está contrastando la fe y las obras, como si fueran dos opciones distintas a la hora de acercarse a Dios. Está estableciendo un contraste entre dos tipos de fe: la fe que, porque es en sí misma defectuosa, no produce obras, y la fe genuina que lleva a la acción.

18 Santiago da un paso adelante en su argumentación introduciendo una discusión con una persona a la que cita: *Pero alguno dirá*. Pero, ¿quién es esta persona? ¿A quién está citando Santiago? ¿Y cuál es la extensión de la cita? ¿Y cuál es la posición de esa persona en cuanto a Santiago? Estas preguntas no tienen una respuesta fácil; Martin Dibelius, uno de los comentaristas clásicos de Santiago, dice que los vv. 18-19 son «uno de los pasajes más difíciles del Nuevo Testamento».[49] El problema surge por dos razones. En primer lugar, los antiguos manuscritos griegos, con alguna excepción, no usaban signos de puntuación. Por tanto, en el NT no es fácil saber dónde empiezan y acaban las citas. En este caso, es obvio que la cita empieza inmediatamente después de la fórmula introductoria *Pero alguno dirá*. Pero, ¿dónde acaba? En segundo lugar, sea cual sea la postura que uno adopte, seguirá encontrando dificultades. En la literatura no encontramos ninguna solución plenamente satisfactoria que nos pueda ayudar a explicar lo que tenemos en este texto. Tendremos que contentarnos con la interpretación que presente menos dificultades. Pero, como es lógico, la decisión sobre cuál es la interpretación que menos dificultades

---

48. Mayor, 99.
49. Debelius, 154.

presenta está sujeta a la subjetividad. Por tanto, los intérpretes difieren sobre el sentido de este versículo. Incluiremos aquí las tres opiniones principales.

1. Santiago podría estar citando la opinión de un «aliado» suyo en cuanto a la cuestión de la fe y las obras. Santiago citaría a esta persona que tiene la misma opinión que él para subrayar la fe cuestionable de la persona que ha descrito en los vv. 14-17. Una paráfrasis será suficiente para transmitir la opinión de este aliado: «Tú [el falso creyente de la ilustración] dices que tienes fe; y yo tengo obras. Pero no puedes mostrarme tu fe porque no tienes obras; yo, por el contrario, puedo mostrar mi fe por mis obras».[50] Un punto a favor de esta interpretación es que es coherente en cuanto al uso de los pronombres en todo el versículo. «Tú» siempre hace referencia a la persona que dice que tiene fe, pero no tiene obras (es decir, al hombre de los vv. 14-17); «yo» siempre hace referencia a Santiago o a su aliado, quien insiste en que la fe siempre debe ir acompañada de la prueba de las obras. Pero esta interpretación tiene un serio problema: no cuenta con una buena explicación para la fórmula introductoria «Pero alguno dirá». La fuerte conjunción adversativa (gr. *alla*) sugiere que lo que Santiago va a citar está en desacuerdo con su opinión. Además, «alguno» (*tis*) parece tener la misma función que en el v. 14: introducir en la escena a una persona con la que Santiago no está de acuerdo. Este «alguno» parece ser también el hombre al que se dirige en el v. 20, y ahí está bastante claro que Santiago no lo considera un aliado: «¡Qué tonto eres!». A la fórmula adversativa con la que empieza el v. 18 hay que añadirle la fuerza de otro recurso que Santiago utiliza: la diatriba, muy utilizado en la dialéctica antigua. El elemento clave de la diatriba era citar a un interlocutor imaginario, que hacía preguntas o presentaba objeciones en contra de la opinión del autor. Era un buen método para hacer llegar al lector respuestas claras y contundentes. Pablo emplea este recurso a lo largo de todo el libro de Romanos, haciendo preguntas sobre su propia enseñanza, y respondiendo luego a sus propias preguntas (ver, p. ej., 3:1, 5, 9, 27; 4:1; 6:1, 15; 7:7, 13; 9:19, 30; 11:1, 11). Pero en 1 Corintios 15:35 encontramos el paralelo más cercano a Santiago 2:18. En medio de la elaborada defensa de la resurrección del cuerpo, Pablo dice: «Tal vez alguien pregunte: '¿Cómo resucitarán los muertos?'». Es cierto que la persona que hace esta pregunta no tiene por qué estar en desacuerdo con Pablo. Pero la realidad es que cuando se usa la diatriba, nunca se presenta al interlocutor imaginario como un «aliado»; ni aquí, ni en los otros ejemplos que encontramos en el NT, ni en la literatura secular.

---

50.   Mayor, 99-100; Adamson, 124-25; 135-37; Mussner, 136-38.

2. La persona que Santiago cita podría ser un opositor que duda de la autenticidad de la fe de Santiago. Dentro de este acercamiento general, existen diferentes perspectivas, y merece la pena mencionar al menos tres de ellas.

a. El opositor solo habría dicho las primeras palabras del v. 18, y las habría dicho en forma de pregunta: «¿Tú [Santiago] realmente tienes fe?». A lo que Santiago habría contestado: «Yo tengo obras; y mientras que tú no puedes mostrarme tu fe, porque no tienes obras, yo puedo mostrarte mi fe *por* mis obras».[51] Pero para llegar a esta conclusión hay que hacer una interpretación muy forzada de la palabra griega *kago*, «y yo», que vendría inmediatamente después de la supuesta pregunta. Es muy poco probable que Santiago usara esa palabra para introducir la respuesta a una pregunta.

b. Las palabras del opositor podrían ocupar los vv. 18 y 19: «Tú [Santiago] dices que tienes fe, y de la misma forma, yo puedo decir que tengo obras. Pero tú no puedes mostrarme tu fe porque no tienes obras, mientras que yo, si quisiera, podría mostrarte mi fe con mis obras. ¡Tu fe [de Santiago] no es mejor que la de los demonios!». Y la respuesta de Santiago empezaría en el v. 20.[52] Esta interpretación tiene en cuenta la expresión introductoria, pero, como la primera opción, también hace una interpretación un tanto forzada de «y yo tengo obras». Además, aquí parece que el opositor se coloca en la misma posición que Santiago, diciendo que es capaz de mostrar su fe por sus obras.

c. La dificultad de este texto ha llevado a algunos estudiosos a sugerir un texto alternativo. Zane Hodges propone la adopción de algunas variantes de la tradición textual bizantina, y de ahí, el resultado es el siguiente (las variantes las hemos puesto en letra cursiva): «Tú tienes fe y yo tengo obras. Muéstrame tu fe *por tus* obras, y yo te mostraré, por mis obras, *mi* fe. Tú [Santiago] crees que Dios es uno. Haces bien. Pero los demonios también creen [igual que tú] y tiemblan [por temor al juicio]». Según Hodges, el opositor de Santiago está contradiciendo de forma sarcástica la idea de que cualquier persona podría demostrar su fe (una cuestión interior, del corazón) a través de las obras. Según este opositor, la fe es una confesión; y la visión que Santiago tiene de la fe es,

51. Hort, 60-61; H. Neitzel, «Eine alte crux interpretum im Jakobusfrief 2.18», *ZNW* 73 (1982) 286-93; Klein, 71-72; Cargal, 122-25.
52. Cf. C.E. Donker, «Der Verfasser der Jak. Und sein Gegner. Zum Problem der Einwandes in Jak. 2:18-19», *ZNW* 72 (1981) 227-40.

por tanto, deficitaria.[53] No obstante, y aparte de la dudosa base textual de esta interpretación,[54] esa supuesta ironía simplemente no está presente en este texto.

3. Las palabras del opositor solo serían «Tú tienes fe, y yo tengo obras», pero los pronombres no estarían haciendo referencia a Santiago ni a un opositor, sino que se usarían de forma más general para distinguir entre dos personas o dos posiciones diferentes: «Una persona tiene fe; otra tiene obras»; o «Una elige la fe; otra, las obras».[55] Con cualquiera de estas construcciones, la opinión del opositor sería que la fe y las obras son entidades diferentes; incluso, «dones» diferentes. ¿No dijo Pablo que el Espíritu distribuye esos dones como él quiere (1 Co. 12)? ¿Y no dijo que la fe es uno de esos dones (1 Co. 12:9; cf. Ro. 12:3)? Entonces, ¿cómo puede Santiago pedirles a todos los cristianos que tengan fe y obras? Ante este razonamiento, Santiago responde que la fe y las obras no son dones especiales que un cristiano pueda tener o pueda no tener, como si se tratara de una «opción». Cuando hay obras, entonces hay fe genuina. La dificultad que tiene esta interpretación es que ignora la función natural del «tú» y del «yo», que es hacer referencia a personas concretas. Es cierto que existen algunos casos en los que se da este uso generalizado de los pronombres (en los que equivalen a «alguien»… «Algún otro»),[56] pero son raras excepciones.

Como vemos, todas estas opiniones tienen algunos problemas; no obstante, creemos que la tercera es la que menos tiene. Respeta el sentido normal de la fórmula introductoria, la perspectiva sobre la fe y las obras coincide con la que Santiago plasma en el resto del pasaje, y encaja de forma natural en el hilo argumental. Santiago usa el recurso del opositor imaginario para argumentar que la fe y las obras son inseparables. A diferencia de su opositor, que defiende que una persona puede tener fe genuina aunque no tenga obras, Santiago insiste en que siempre van de la mano.

---

53. Z.C. Hodges, «Light on James Two from Textual Criticism», *BibSac* 120 (1963) 341-50.

54. La variante clave, que consistiría en aceptar la palabra *ek* en sustitución de la palabra *choris* (ver el «por» [o «por medio de»] de la traducción de arriba), solo aparece en el texto bizantino, una familia de manuscritos que, según los estudiosos, son inferiores a otros manuscritos. (Sin embargo, Hodges defiende esa tradición textual).

55. Esta se está convirtiendo en la perspectiva más popular entre los académicos. Ver esp. Ropes, 208-14; y S. McKnight, «James 2:18ª: The Unidentifiable Interlocutor», *WTJ* 52 (1990) 355-64.

56. Ropes (p. 209) menciona un pasaje en las obras de Teles el Cínico (siglo III a.C.).

Si nos centramos en la interpretación por la que hemos optado, la respuesta de Santiago aparece en los vv. 18b-19. Empieza con un desafío: *Pues bien, muéstrame tu fe sin las obras, y yo te mostraré la fe por mis obras.* El verbo «mostrar» normalmente significa «hacer visible». Ese es el primer significado que este verbo (*deiknymi*) tiene en el NT. Pero también puede significar «probar, demostrar» (p. ej., Mt. 16:21; Hch. 10:28), y ese es el significado que tiene en la otra aparición en la Epístola de Santiago: «Que [el sabio] lo demuestre con su buena conducta, mediante obras hechas con la humildad que le da su sabiduría».[57] Por tanto, quizá Santiago no está desafiando a su opositor a que revele su fe por medio de sus acciones, sino a que pruebe que tiene fe mediante lo que hace; cosa que Santiago está completamente dispuesto a hacer.

19 Santiago completa su respuesta a este opositor comparando su fe a la fe de los demonios. Lo que Santiago dice aquí es similar al punto de partida del v. 14. En ambas situaciones, la fe es una confesión verbal que no va más allá de las palabras. Las diferencias en la tradición textual nos confunden, y no sabemos exactamente si la profesión verbal de este versículo es «Solo hay un Dios» (confesión del monoteísmo) o «Dios es uno» (confesión de la unidad de Dios). Quizá la segunda opción es la más preferible, pues es muy similar a la *shemá*, la famosa confesión judía (Dt. 6:4). Recordemos que Santiago está escribiendo a cristianos de trasfondo judío, para quienes la *shemá* era una de sus creencias básicas (esta confesión fue adoptada por los primeros cristianos; cf. 1 Co. 8:4-6; Gá. 3:20; Ef. 4:6; 1 Ti. 2:5). Proclamar en ese contexto que «Dios es uno» sería equivalente a que los miembros de las iglesias hoy proclamaran en voz alta su creencia en la deidad de Cristo. La respuesta de Santiago es ¡*Magnífico!* (lit. «bien haces»). Quizá Santiago quiso darle a su respuesta un tono irónico; Johnson ve aquí un contraste implícito con la misma expresión que ya usó en 2:8. Pero la intención de Santiago también podría haber sido pronunciar una condena, clara y directa. Fuera como fuera, el problema no es la confesión misma, sino el hecho de que se quede en palabras y no llegue al corazón ni influya en la vida cotidiana. Como dice Mitton: «Está bien poseer una Teología adecuada, pero de nada sirve si no estamos poseídos y dirigidos por esa buena Teología».[58] Esta advertencia está dirigida especialmente a gente como yo que se dedica a la enseñanza de Teología. Se dice que C. S. Lewis estaba en contra de que los nuevos conversos entraran enseguida en el ministerio, por miedo a que el contacto constante con las «cosas sagradas» les llevara a verlas como «cosas ordinarias». Los que estamos en el ministerio

---

57. BAGD clasifica estos dos versículos de Santiago en la entrada «explicar, probar».

58. Mitton, 110.

debemos procurar que nuestra Teología, por adecuada que sea, no degenere en un mero ejercicio verbal.

Los demonios son una buena ilustración de una «mera confesión verbal». Según Santiago, los demonios están entre los teólogos más «ortodoxos», pues están totalmente de acuerdo con la *shemá* (la NVI dice «*lo* creen»; en el griego no aparece ese complemento directo, pero parece ser que el verbo sí lo rige). Y, sin embargo, ¿cuál es su reacción? *Tiemblan*. Este verbo, la única vez que aparece en todo el NT, hace referencia al miedo provocado por el contacto con la deidad o lo sobrenatural. Aparece con bastante frecuencia en los papiros para describir el efecto que produce un hechicero.[59] Dado que en la Antigüedad se creía que pronunciar el nombre de un dios tenía el poder de provocar miedo o terror, este verbo es muy apropiado para este contexto. Lo que no está demasiado claro es el grado de importancia de esta palabra. Podría ser tan solo una información añadida, sin relevancia alguna para el hilo argumental. Pero quizá Santiago quiso introducir la ironía para establecer un contraste entre los demonios y la gente que tiene fe sin obras: ¡los demonios al menos reaccionan![60] Otros han sugerido la posibilidad de otro matiz. La palabra «temblar» también puede aplicarse al temor que sienten los pecadores que saben que merecen el juicio que ha de venir (p. ej., Filón, *Sobre las habituales intrigas de lo peor contra lo mejor* 140). Así que Santiago podría estar diciendo que, si los demonios, que saben algo sobre el Dios verdadero, y aunque no tiene la fe genuina que transforma, tiemblan ante la idea del juicio, con más razón deberían temblar aquellos cuya profesión verbal no va seguida de acciones.

20 Santiago continúa dirigiéndose al interlocutor con el que empezó a dialogar en el v. 18. El cambio de párrafo que vemos en la NVI refleja que este versículo pertenece más bien a lo que viene a continuación que a lo que le precede. En este nuevo párrafo encontramos el tema que nos va a ocupar durante el resto del capítulo. En el v. 17, Santiago afirmaba que «la fe por sí sola, si no tiene obras, está muerta». Ahora retoma esta idea y, para probar que eso es así, presenta evidencias del AT que demuestran el rol positivo de las obras (vv. 21-25). Y para acabar, Santiago cierra este pasaje repitiendo la idea principal: *la fe sin obras está muerta*.

¡Qué tonto eres! es la expresión típica de las diatribas para dirigirse al opositor ficticio que no está de acuerdo con el escritor (en el NT, ver Ro. 2:1; 9:20). Así, aunque la opinión que Santiago le atribuye a este «tonto» tenía sus seguidores entre los lectores de esta epístola, no hemos de dar por sentado que

---

59. MM.
60. Laws, 127-28.

se esté dirigiendo a una persona en concreto. (Y mucho menos pensar, como algunos académicos radicales, que se esté dirigiendo a Pablo; no hay nada en la carta que apunte a que eso sea así). «Tonto» es la traducción de una palabra griega que significa, literalmente, «vacío». En el griego bíblico apenas se usa para calificar a una persona (cf. solamente Jue. 9:4 y 11:3 [en MS B]. Pero los autores seculares a veces la usaban en este tipo de contexto; y probablemente sea equivalente a otros términos que en el NT se usan de forma similar (cf. esp. *moros* en Mt. 23:17; *anoetos* en Lc. 24:25 y Gá. 3:1; y *aphron* en 1 Co. 15:36). Todos ellos hablan de una falta de entendimiento, y normalmente recogen que ese fracaso intelectual tiene una base o implicaciones morales. La idea general sería una ignorancia debida a la tozudez y a la dureza de corazón. Otro paralelo podría ser el «necio» de Proverbios, aunque quizá con un mayor hincapié en el fracaso moral. Dirigiéndose a esta persona de forma directa, Santiago pregunta, *¿Quieres convencerte de que la fe sin obras es estéril?* La traducción de la NVI *quieres convencerte* recoge bien el sentido, aunque el significado del verbo griego es «saber». Santiago está preguntando si el hombre tonto quiere «llegar a saber» o quiere que se le muestre que la fe sin obras está muerta. La traducción «muerta» está basada en una variante textual inferior. En algunas versiones dice «es inútil», traducción que recoge el sentido, pero no logra reflejar el juego de palabras que hay en el texto griego. La palabra griega para «obras» es *erga*, mientras que la palabra que aquí traducimos por «muerta» es *argos*, que literalmente significa «no funciona» (Jesús usa esta palabra para describir a los obreros «desocupados» [Mt. 20:3, 6]). Aunque una traducción exacta del juego de palabras es muy imposible, las traducciones existentes transmiten claramente que lo que Santiago está diciendo es que la fe que no tiene obras, «no funciona»: «no sirve» (v. 14), «está muerta» (vv. 17 y 26) y es inútil (v. 20).

21 Como Santiago escribe a cristianos judíos, es normal que apele al AT. En este caso, lo hace para demostrar la importancia de una «fe que funciona». También es normal que apele a Abraham porque, como él mismo dice, Abraham es *nuestro padre*, nuestro «antepasado» (la palabra *pater* puede hacer referencia tanto al padre, el antecesor directo, como a un antepasado lejano). La nación de Israel fue creada como cumplimiento de una promesa que Dios le había hecho a ese antepasado (hecha por primera vez en Gn. 12:1-3). La expresión «descendientes de Abraham» se convirtió en una forma común para designar al pueblo de Dios (p. ej., Sal. 105:6; Jer. 33:26; cf. Gá. 3:16; Heb. 2:16). Pero la importancia de Abraham para los judíos va mucho más allá, pues la tradición judía lo ensalzaba como ejemplo de moralidad. «Abraham fue perfecto en todas sus obras delante del Señor, y vivió justamente como agrada al Señor todos los días de su vida» (*Jubileos* 23:10); Abraham «no pecó contra ti» (*Oración de Manasés* 8); «no se halló quien le igualara en gloria» (*Eclesiástico* 44:19). Por tanto, mencionar a Abraham para hablar de la importancia de las «obras» era, para el oído judío, algo muy natural.

Pero Santiago no se contenta solo con mencionar las «obras» de Abraham en general. Concretamente, hace referencia a uno de los episodios más conocidos de la vida de Abraham: la ofrenda de su hijo Isaac (Gn. 22). Como prueba de la obediencia de Abraham, Dios le pide que ofrezca en sacrificio a su único hijo, el hijo que según la promesa de Dios sería el fundador de la línea de los descendientes de Abraham. Cuando Abraham está a punto de culminar el sacrificio, Dios provee para que Isaac no muera. Este incidente ha sido motivo de mucho debate y especulación tanto entre los autores antiguos como modernos. La decisión de Santiago de usar este ejemplo también podría ser un reflejo del uso que los judíos de la época hacían de esta historia. Según Filón, el «sacrificio de Isaac» es la «obra» más importante de Abraham (*Sobre Abraham* 167). Más pertinente aún es la tradición que encontramos en 1º Macabeos 2:51-52: «Recuerden las obras que realizaron nuestros padres en su tiempo: así alcanzarán una inmensa gloria y una fama imperecedera. ¿Acaso Abraham no fue hallado fiel en la prueba y, por eso, Dios lo contó entre los justos?». Este texto, además de las similitudes que tiene con Santiago 2:21 («nuestro padre» y el formato de pregunta), también hace alusión a tres de los principales temas de la Epístola de Santiago: las «obras» de Abraham; las «pruebas» (ver 1:2-4, 12); y el hecho de que las obras son «contadas como justicia» (Gn. 15:6, citado en el v. 22). Y la «prueba» en el texto de Macabeos es, con casi toda seguridad, una referencia al sacrificio de Isaac. Por tanto, Santiago basa su argumentación en una tradición judía ampliamente extendida. Pero los vv. 22-23 muestran que se acerca a esa tradición de forma crítica: según él, la fe es la causa última de esas obras que justificaron a Abraham.

Pero eso no impide que en el v. 21 Santiago presente las «obras» de Abraham (*erga*, traducido en la NVI por «lo que hizo») como la causa o el instrumento (*ex*, preposición griega que aquí tiene ese sentido; «por» en la NVI) que hacen que Abraham sea «declarado justo». De ahí surge la famosa tensión entre Santiago y Pablo, que, al parecer, contradice a Santiago en dos cuestiones principales. En primer lugar, Pablo cita Génesis 15:6 para probar que fue la *fe* la que justificó a Abraham o lo que «se le tomó en cuenta como justicia» (Gá. 3:6; Ro. 4:1-9). En segundo lugar, Pablo insiste en que la justificación tanto de Abraham como de cualquier otra persona es por la fe, no por las obras (p. ej., Ro. 3:28). La tensión entre los dos autores se puede solucionar cuando se tienen en cuenta todos los factores relevantes. Las bases necesarias para llegar a un acuerdo en cuanto a los detalles exegéticos irán surgiendo a medida que comentamos los versículos de esta sección. En la Introducción, tratamos la solución que aquí defenderemos en un contexto más amplio (ver la sección titulada «Fe, obras y justificación», que forma parte de un apartado más amplio titulado «Teología»). En este texto hay dos cuestiones que hemos de analizar de forma detallada: el significado que la palabra «justificar» tiene para Santiago, y la relación entre las «obras» de Abraham, que parecen ser la base de su justificación, y el sacrificio de Isaac.

La mayoría de cristianos desarrolla su comprensión del verbo «justificar» a partir de los escritos de Pablo; lo cual es natural, pues él le da al término un valor teológico que es fundamental para la Teología bíblica, y para la Soteriología. Sobre todo, Pablo usa «justificar» (gr. *dikaioo*) para referirse a la declaración inicial que Dios hace sobre la «inocencia» del pecador que deposita su fe en Jesucristo. Pero no hemos de dar por sentado que Santiago, que escribe antes que Pablo, usa este término de la misma forma. De hecho, el uso que se hace de este verbo en el AT, en el judaísmo, y en las enseñanzas de Jesús, apuntan a lo contrario. Después de considerar la literatura anterior a Santiago, creemos que él podría haber usado el verbo «justificar» con uno de los dos sentidos que explicamos a continuación.

En primer lugar, *dikaioo* podría significar «vindicar en el juicio». Este verbo aparece 44 veces en la LXX, normalmente cuando se habla en términos legales. Son muy relevantes los textos en los que Dios es el juez al que uno presenta su causa (1 Sa. 12:7; Is. 43:26; Mic. 7:9) y el que juzga las vidas de los hombres y las mujeres. En estos textos, la «vindicación» de Dios llega en función de la conducta de la persona que es juzgada. Por ejemplo, en Miqueas 6:11, el Señor advierte que no tendrá por justo (*diakaioo*) al hombre con la «balanza falsa». En la oración de Salomón cuando se va a celebrar la dedicación del templo, el rey le pide a Dios: «Si alguien peca contra su prójimo y se le exige venir a este templo para jurar ante tu altar, óyelo tú desde el cielo y juzga a tus siervos. Condena al culpable, y haz que reciba su merecido; absuelve al inocente (*diakaioo*), y vindícalo por su rectitud». Por tanto, la línea general del AT es que «los hombres son declarados justos *según los hechos*, porque en general o en una cuestión concreta son rectos, e inocentes».[61] Y, naturalmente, esta declaración está estrechamente relacionada con el juicio final (Is. 43:9; 45:25; 50:8; 53:11[?]).

El judaísmo sostenía la misma idea: la «justicia» de una persona (gr. *dikaios-yne*) tiene que ver con la conducta correcta, de acuerdo con la ley de Dios, por lo que el veredicto de «justicia» recaía sobre los que cumplían de forma fiel

---

61.   J.A. Ziesler, *The Meaning of Righteousness in Paul: A Linguistic and Theological Inquiry* (SNTSMS 20); Cambridge: Cambridge University Press, 1972), 18.

las normas del pacto.[62] El Evangelio de Mateo refleja este uso judío.[63] Aunque la entrada al reino depende del compromiso con Jesús («seguir a Jesús»), la «justicia» es la conducta esperada del discípulo (Mt. 5:20), y «justificar» hace referencia al veredicto en el día del juicio según lo que una persona haya hecho. Ver especialmente Mateo 12:37: «Porque por tus palabras se te absolverá [«justificará»], y por tus palabras se te condenará.»

Si Santiago usa este verbo con este sentido, lo que está diciendo es que la vindicación última del creyente en el día del juicio está basada, o al menos tiene en cuenta, lo que la persona ha hecho. Así, «justificar» en Pablo hace referencia a la forma en la que uno establece una relación con Dios, mientras que en Santiago describe cómo debe ser esa relación para, al final, poder recibir la aprobación de Dios.[64]

Pero deberíamos considerar un segundo significado de *diakaioo*. En algunos pasajes, el verbo tiene el sentido de «demostrarse justo», «justificarse», «vindicar». Quizá el más claro es el de Mateo 11:19 (par. Lc. 7:35): «Pero la sabiduría queda demostrada por sus hechos»; dicho de otro modo, la existencia y el valor de la sabiduría quedan demostrados por las acciones que nacen de ella (cf. también Lc. 10:29; 16:25). Aunque no encontramos tantos casos de este sentido de «justificar», normalmente es el sentido que se le atribuye a *diakaioo* cuando aparece en Santiago. Así, Santiago estaría diciendo que la «justicia» de Abraham «quedó demostrada» por sus acciones: la aprobación de Dios (Gn. 15:6), la «justicia» que había obtenido por medio de la fe, se demostró en sus actos de obediencia.

Si adoptamos este segundo significado, vemos que la armonía con Pablo sí es posible. Pero nos preguntamos si es el significado más probable. Lo cierto es que ese uso del verbo («la justicia queda demostrada») es bastante extraño; y, además, no encaja bien con el contexto. Los defensores de esta interpretación pueden apuntar al v. 18, donde Santiago desafía a su opositor a que le muestre su fe. Pero, como ya vimos en el comentario de ese versículo, lo más probable es que «mostrar» tenga más bien el sentido de «probar», y no tanto el de «revelar». Por encima de todo, hemos de tener en cuenta la idea general del

62. Ver, en cuanto a toda esta temática, esp. L. Morris, *The Atonement: Its Meaning and Significance* (Leicester, Eng.: Inter-Varsity Press, 1983), 177-202.

63. Ver esp. B. Pryzybylski, *Rightousness in Matthew and His World of Thought* (SNTSMS 41; Cambridge: Cambridge University Press, 1980), 37-76.

64. Otra posibilidad sería pensar que Santiago ve la absolución de Abraham como la aprobación expresada por Dios y como una consecuencia de su obediencia (R.T. Rakestraw, «James 2:14-26: Does James Contradict the Pauline Soteriology?» *Criswell Theological Review* 1 [1986] 33).

pasaje, establecida por el contexto más amplio, en el que se está hablando de cuáles son los elementos de la «verdadera religión» que sobrevivirá al juicio de Dios (1:21-27; 2:12-13), y por la pregunta del v. 14: «este tipo de fe», ¿podrá salvar? Por tanto, aunque con cierta timidez, optamos por el primer significado del verbo, según el cual Santiago afirma que Dios declaró justo a Abraham por sus obras piadosas.

Pero esta interpretación parece entrar en conflicto con otro aspecto del texto, y aquí surge la segunda cuestión exegética que hemos de analizar. Según la NVI (y muchas otras versiones), Santiago dice que Abraham fue declarado justo *cuando* ofreció a Isaac, y no en el día del juicio final. No obstante, la palabra «cuando» no aparece en el texto griego, sino que se trata de una interpretación del participio *anenenkas* (del verbo «ofrecer»). Este participio también podría traducirse por «habiendo ofrecido», en cuyo caso el veredicto de «justo» se habría dado en algún momento (indeterminado) *después del sacrificio*. Otra posibilidad, más probable quizá, sería entender que el participio está describiendo *una de las «obras»* de Abraham.

22 En este versículo, Santiago continúa dirigiéndose al interlocutor imaginario del v. 18. Instruye a sus lectores a través del debate con este interlocutor, a quien ya le ha probado que «la fe sin obras es estéril» (v. 20). Ya vimos que el v. 21 se debe interpretar a la luz de este propósito expreso, por lo que no tiene sentido pensar que Santiago cite a Abraham como ejemplo de alguien que tiene obras sin fe. Ahora, el v. 22 viene a confirmar esta idea, pues lo que hace es comentar el v. 21: *Ya lo ves: Su fe y sus obras actuaban conjuntamente, y su fe llegó a la perfección por las obras que hizo*. Ahora Santiago aclara que él ha tenido en mente la fe de Abraham a lo largo de toda su argumentación. Es más, probablemente tenía en mente Génesis 15:6 desde el principio. En el v. 21, Santiago se centra en las obras de Abraham porque ese es el aspecto de la vida del patriarca que necesitaba subrayar para ilustrar lo que estaba diciendo. Puede que algunos de sus lectores usaran Génesis 15:6 para hacer hincapié en la fe de Abraham y luego interpretaran esa fe, como algunos judíos hacían, en un sentido intelectual (cf., p. ej., Filón, *Sobre las virtudes* 216; Josefo, *Ant.* 1.154-57; *Jubileos* 11-12).[65] Pero la intención de Santiago es demostrar que la fe de Abraham iba mucho más allá de una mera afirmación intelectual. De nuevo, con la traducción perdemos un juego de palabras del texto griego: «Ya ves que la fe estaba obrando con [*synergei*] sus obras [*ergois*]». En lugar de la traducción «obrar con», algunos comentaristas sugieren «ayudar», «estimular», ya que era la fe de Abraham lo que sostenía sus obras, lo que le permitía

---

65. Ver Davids, 128-29.

realizarlas.[66] Pero en el NT, el sentido de este verbo normalmente es «obrar con» (1 Co. 6:16; 2 Co. 6:1; [Mr. 16:20]; Ro. 8:28, aunque con cierto debate; cf. también una de las dos apariciones en la LXX [1 Esdr. 7:2]). Así que probablemente deberíamos aceptar la traducción tradicional. El énfasis de Santiago no es que la fe de Abraham produce obras, sino que la fe y las obras cooperan juntas. Y el fin de esta cooperación no aparece en el versículo, pero si tenemos en cuenta los vv. 21 y 23, podemos concluir que el fin de dicha cooperación es la justificación. La NVI, *trabajaban conjuntamente*, refleja la continuidad del tiempo verbal que Santiago usa (el imperfecto). Así, deja claro que la fe de Abraham no se limitaba a una reorientación mental en el momento de su «conversión» o a una profesión puntual, sino que era una fuerza activa, que de forma constante actuaba junto con sus obras.

La segunda afirmación que Santiago hace en este versículo sobre la fe de Abraham encaja con la primera con un equilibrio perfecto: «la fe coopera con las obras», y «las obras completan la fe». Podemos ver aquí un quiasmo que sigue el siguiente patrón: fe – obras – obras – fe.[67] Pero, ¿qué quiere decir que las obras «completan» la fe? ¿Está Santiago diciendo que la fe está incompleta hasta que hay obras? Para no llegar a esta conclusión, Calvino sugiere que lo que ocurre es que las obras revelaban que la fe de Abraham era perfecta. Pero la palabra que encontramos en este texto no tiene ese significado. El verbo (*teleioo*) significa «completar una tarea o misión» (p. ej., Jn. 17:4; 19:28; Hch. 20:24), «llevar a la perfección o madurez» (Fil. 3:10; Heb. 2:10). En ningún otro texto del NT se usa la combinación de palabras que Santiago usa aquí (el verbo *teleioo* y la preposición *ek*), pero Filón sí lo hace, al menos en dos ocasiones, describiendo a Jacob: «fue perfeccionado como resultado de la disciplina» (*Sobre la agricultura* 42); «fue hecho perfecto a través de la práctica» (Sobre la confusión de las lenguas 181; cf. también *Sobre la unión con los estudios preliminares* 35 [con *dia*]). Estos textos sugieren que Jacob maduró o creció en madurez como resultado de los retos a los que tuvo que enfrentarse en la vida. Pero, como el sujeto es inanimado, el paralelo más cercano al uso que hace Santiago (aunque la construcción no es exactamente igual) es 1 Juan 4:12: «si nos amamos los unos a los otros, Dios permanece entre nosotros, y entrenosotros su amor se ha manifestado plenamente [*o, en otras versiones*, su amor se perfecciona en nosotros]». Está claro que nuestro amor no «completa» o «perfecciona» el amor de Dios; ¡cómo si el amor de Dios fuera deficiente o insuficiente cuando nosotros no le correspondemos! Lo que quiere decir es que, cuando ante la Gracia de Dios nosotros respondemos amando a

---

66. Tasker, 69; Cranfield, 341.
67. Ver, p. ej., J.C. Lodge, «James and Paul at Cross-Purposes», *Bib* 62 (1981) 201.

los demás, el amor de Dios se expresa, alcanza su objetivo. Del mismo modo, la fe de Abraham alcanzó su objetivo cuando el patriarca hizo lo que Dios le pedía que hiciera.

23 La conjunción «y» que une este versículo con el anterior no nos dice demasiado sobre la relación que hay entre ambos versículos. Pero, a la luz del contexto, podemos suponer que Santiago expone en el v. 23 el resultado de la cooperación dinámica entre la fe y las obras de Abraham que describió en el v. 22. Los resultados eran dos: se «cumplió» la Escritura que dice que la fe de Abraham «se le tomó en cuenta como justicia» (Gn. 15:6); y fue llamado «amigo de Dios». Escritura, en singular, podría referirse a todo el AT (p. ej., Gá. 3:22), pero normalmente se refiere a un texto específico del AT (cf., p. ej., Mr. 12:10; Lc. 4:21; Jn. 19:24); y, en este caso, está claro que se refiere a Génesis 15:6. Teniendo en cuenta la tradición judía en la que Santiago se basa en estos versículos, es probable que ya tuviera en mente Génesis 15:6 desde el momento en el que empieza a hablar de Abraham. En este famoso versículo del AT, la fe de Abraham habla de la completa confianza en que Dios cumpliría su promesa de que Abraham iba a tener descendencia (vv. 4-5). En consecuencia, Dios «toma» o «cuenta» la fe de Abraham como justicia. Algunos intérpretes judíos pensaban que eso significaba que la fe de Abraham era su justicia, que era así como él se había ganado el favor de Dios.[68] Pero la forma en la que está construida la frase apunta a que «se le otorgó una justicia que no le pertenecía».[69] Pablo también retoma esta idea cuando cita este texto en Gálatas 3 y en Romanos 4. El apóstol usa a Abraham para mostrar que Dios en su misericordia declara justo al pecador, aunque lo que este merece es el veredicto de culpable (ver esp. Ro. 4:3-5).

Sin embargo, Santiago usa Génesis 15:6 con un propósito muy distinto (algunos dirían que hasta contradictorio). Según él, ese versículo «se cumple» en la cooperación de la fe y las obras de Abraham. Hemos de detenernos para considerar el uso que Santiago hace del término «cumplir» (*pleroo*). A veces, de forma automática damos por sentado que «el cumplimiento de la Escritura» hace referencia al cumplimiento de lo que se había predicho en las profecías del AT; es cierto que ese es un uso muy común de este término en cuestión. Por eso algunos dicen que Santiago entendió que la profecía de Génesis 15:6 se «cumplió» cuando Abraham ofreció a Isaac.[70] Pero este término tenía un uso

---

68. Ver, p. ej., Ziesler, *Righteousness*, 181-85.

69. O.P. Robertson, «Genesis 15:6: New Covenant Exposition of an Old Covenant Text», *WTJ* 42 (1980) 265-66. Ver también G. von Rad, «The Anrechnung des Glaubes zur Gerechtigkeit», *TLZ* 76 (1951) cols. 129-32; Morris, *The Atonement*, 187.

70. Ropes, 221.

mucho más amplio. Su significado básico es «llenar» y se usaba para hablar, por ejemplo, de las redes de pescar (Mt. 13:48) y de las casas (Jn. 12:3). Así, cuando se aplica al AT, tiene un sentido general que traduciríamos por «llevar a la plenitud», y puede aplicarse a la historia del AT (p. ej., Mt. 2:18) y a la ley (Mt. 5:17). Y el texto tiene más sentido si interpretamos que esta palabra tiene aquí ese significado más amplio. Santiago está sugiriendo que la fe de Abraham fue llevada a la plenitud mediante la vida de obediencia de Abraham. Cuando Abraham «confió en» el Señor, en aquel preciso momento, Dios lo declaró justo para que pudiera tener una relación con Él: *antes* de haber hecho ninguna obra, *antes* de haber sido circuncidado. Eso es lo que Pablo dice de Abraham (Ro. 4:1-17). Pero la fe de Abraham y la absolución por parte de Dios fueron «llenadas», «llevadas a su plenitud», cuando Abraham «perfeccionó» su fe con sus obras. Después de la mayor de sus obras, citada en el v. 21, el ángel del Señor reafirmó el veredicto de Dios: «Ahora sé que temes a Dios» (Gn. 22:12).

Entonces, en este texto, ¿cuál es la compresión que Santiago tiene de «la justicia»? Ziesler le da una interpretación «moral»: «la justicia de Abraham se basa en una fe completada por las obras».[71] Pero aunque la interpretación ética de este término se pueda respaldar con algunos textos del NT, no encaja ni con el sentido original de Génesis 15:6 ni con el contexto (comparar el verbo «justificar» o «declarar justo» en los vv. 21 y 24). Tenemos muy pocas evidencias de que el término «declarar justo» o «justificar» pueda tener ese sentido. A la luz del uso de dicho término y también del contexto, podemos decir que Santiago le da un sentido «jurídico», describiendo así el veredicto que Dios ha pronunciado sobre Abraham («justo»). Muchos se preguntan: ¿Cuándo logró Abraham estar en esa posición? Pero Santiago no responde a esa pregunta. A Santiago no le importa el momento, sino el hecho: Dios declara justo a Abraham. Las obras de Abraham, especialmente el sacrificio de Isaac, revelan el carácter de su fe, una fe que le cuenta como justicia. Simplemente no le importa el momento en el que Dios le confiere a Abraham esa justicia.[72]

Vemos que Santiago no usa Génesis 15:6 de forma opuesta a Pablo. Cada uno habla de un tema, escribe desde un trasfondo, y por ello resalta unos elementos concretos de la experiencia de Abraham con el Señor. De ahí que, aunque ambos autores están en desacuerdo sobre el sentido básico del versículo, cada uno sitúa Génesis 15:6 en un contexto bíblico-teológico distinto. Y debido a esas lecturas distintas, marcadas por el contexto de cada uno, llegan a conclusiones diferentes. Pablo se fija en la posición cronológica de 15:6 y

---

71. Ziesler, *Righteousness*, 132.
72. Ver, p. ej., Rakestraw, «James 2:14-26», 5.

lo cita como evidencia de que, en el momento inicial, Abraham fue declarado justo solo en base a su fe. Santiago ve el mismo versículo más como un «lema» que marcó toda la vida de Abraham.

El segundo resultado de la cooperación entre la fe y las obras de Abraham es que *fue llamado amigo de Dios*. La NVI, como la mayoría de traducciones, cierra las comillas cuando acaba la cita de Génesis 15:6, dando a entender así que estas palabras ya no son una cita del AT. Se trata de una decisión apropiada porque estas palabras no aparecen en el AT. Santiago probablemente deriva el título «amigo de Dios» de la tradición judía, donde aparece en numerosas ocasiones (ver, p. ej., *Jubileos* 19:9; 20:20; Filón, *Sobriedad* 56; *Abraham* 273; y *T. Abraham*, passim). Pero la atribución de este título tiene sus orígenes en el AT, donde Dios llama a Abraham «mi amigo» (2 Cro. 20:7; Is. 41:8; ver también Is. 51:2; y Daniel 3:35 en la Septuaginta). Con esta «cita», Santiago resalta la posición privilegiada que Dios le da a Abraham a cambio de su profunda fe y su vida de obediencia. Para Santiago, Abraham es «el ejemplo supremo de lo que significa tener 'amistad con Dios» en lugar de tener 'amistad con el mundo'» (Stg. 4:4).[73]

24 Este versículo es el centro de la discusión sobre la fe, las obras y la justificación (vv. 21-25). En los vv. 21-23 Santiago se estaba dirigiendo a un interlocutor imaginario, pero en el v. 24, y eso revela la importancia de lo que va a decir, se dirige directamente a sus lectores: *Como pueden ver*. En los vv. 21-23, usando el ejemplo de la vida de Abraham, Santiago ha demostrado que las obras están estrechamente relacionadas con la fe, y que las obras también tienen un papel en lo que él llama «justificación». Ahora une estos tres conceptos en lo que es un brevísimo resumen teológico: *a una persona se le declara justa por las obras, y no solo por la fe*. Al usar el término general «persona» (gr. *anthropos*), Santiago subraya el carácter programático de su afirmación (paralelos: Mt. 4:4; Hch. 4:12; Ro. 3:28; Gá. 2:16). Aquí se vuelve a usar la palabra «obras» (*erga*) que Santiago tanto usa en este pasaje. «Justificar» o «declarar justo» tiene el mismo sentido que en el v. 21: la declaración final que Dios hará sobre la «inocencia» de esa persona en el día del juicio. Santiago no usa el tiempo presente, «se le *declara* justa», porque se trate de una acción que esté teniendo lugar en el presente, sino porque está presentando una verdad atemporal.

Si este versículo es un resumen de la enseñanza de Santiago sobre la justificación, también es el punto central de la controversia teológica entre Santiago y Pablo. La tensión entre Santiago y Pablo es evidente cuando comparamos la afirmación que cada autor hacer sobre la justificación:

---

73. Johnson, 244.

❖ Santiago 2:24: Una persona es justificada por las obras y no solo por la fe

❖ Romanos 3:28: Una persona es justificada por la fe y no por las obras de la ley

Una diferencia evidente es que Santiago solo habla de «obras», mientras que Pablo habla de «las obras de la ley». Muchos eruditos ven en esta diferencia un elemento que permite resolver la aparente contradicción entre Pablo y Santiago. Casi todo el mundo está de acuerdo en que Santiago usa ese término para hablar de cualquier cosa que se hace para servir al Señor (con un énfasis especial, según dicen algunos, en las obras de caridad). Pero, ¿se está refiriendo Pablo a lo mismo cuando habla de «obras de la ley»? Los teólogos en el pasado a veces afirmaban que las «obras de la ley» hacían referencia a las prácticas ceremoniales de la fe judía.[74] Por tanto, las obras que los cristianos hacían en respuesta a la Gracia de Dios quizá sí tenían, a los ojos de Pablo, algún tipo de función instrumental en la justificación, y así podría existir cierta armonía entre Pablo y Santiago. Pero muy pocos eruditos contemporáneos creen que la expresión «las obras de la ley» solo hace referencia a la observancia de las ceremonias. Pablo rara vez habla de las ceremonias de la fe judía, y los contextos en los que esa expresión aparece apuntan a que su sentido es mucho más amplio. Pero hoy en día un buen número (y cada vez mayor) de eruditos aboga por otro significado también bastante restringido. Partiendo de la base de que la palabra «ley» se refiere a la ley judía, la Torá, dicen que en versículos como Romanos 3:28, lo único que Pablo niega es que las obras realizadas por observancia de la Torá puedan justificar. No obstante, aunque estos eruditos están en lo cierto cuando interpretan que la «ley» hace referencia a la Torá, las conclusiones a las que llegan son muy poco probables. Pablo habla concretamente de la Torá porque está tratando el tema de las obras en un contexto judío, en el que las acciones de obediencia a Dios estaban definidas por la ley mosaica. Pero en el contexto en el que usa la expresión «obras de la ley» se ve claramente que éstas son una subcategoría de el término general «obras» (comparar Ro. 3:28 con Ro. 4:1-8).[75] Por tanto, de Romanos 3:28 se desprende que ningún tipo de obra hace que una persona sea declarada justa.

---

74. Ver, p. ej., el monje Pelagio del siglo IV (enemigo de Agustín de Hipona); y el teólogo inglés George Bull, del siglo XVII (cf. su *Harmonica Apostolica* [1670]).

75. El significado de «obras de la ley» en Pablo (que usa en Gá. 2:16; 3:2, 5, 10; Ro. 3:20, 28) es el elemento central de la controversia sobre la «nueva perspectiva» de Pablo y, por tanto, ha acaparado gran parte de la atención de la erudición contemporánea. Ver, p. ej., D.J. Moo, « 'Law,' 'Works of the Law,' and Legalism in Paul», *WTJ* 43

Un acercamiento más provechoso consiste en comparar la palabra «fe» en Pablo con la expresión «solo por la fe» de Santiago. La palabra «solo» deja claro que Santiago está hablando de la fe falsa que ha estado atacando durante todo el pasaje: la fe que una persona «alega» tener (v. 14); una fe que está «muerta» (vv. 17 y 26) y es «estéril» (v. 20). Está claro que esta no es la fe de la que Pablo habla. Según él, la fe es algo dinámico, una fuerza poderosa, a través de la cual el creyente está íntimamente unido con Cristo, su Señor. Y dado que la «fe» es fe en un *Señor*, de ahí se desprende que el concepto paulino de «fe» también recoge la idea de la obediencia a ese Señor. Por eso habla de «la obediencia a la fe» (Ro. 1:5) y dice que en Cristo, lo que importa es «la fe que actúa mediante el amor» (Gá. 5:6). Y este es exactamente el concepto de fe que Santiago está propagando en este pasaje. Una vez hemos entendido la expresión «solo por la fe», una abreviación de la fe que Santiago ha estado criticando, vemos que Pablo podría estar de acuerdo con la afirmación de que una persona no es justificada «solo por la fe» (esa fe falsa).

Sin embargo, aún nos queda una aparente contradicción entre Santiago y Pablo: el primero asegura que las obras son necesarias para la justificación; el segundo niega que las obras cuenten para la justificación. Como sugerimos en nuestra interpretación del v. 21, la resolución de la tensión solo llegará cuando reconozcamos que Santiago y Pablo usan el verbo «justificar» para referirse a dos cosas diferentes. Pablo lo usa para describir la declaración inicial que Dios hace sobre la «inocencia» del pecador; y Santiago, para referirse a la declaración final que Dios hará sobre la «inocencia» del pecador en el día del juicio.[76] Si un pecador puede establecer un relación con Dios solo por la fe (Pablo), la validación última de dicha relación tiene en cuenta las obras que la auténtica fe produce (Santiago). Como dijo Calvino, «… del mismo modo en que Pablo defiende que somos justificados sin la ayuda de las obras, Santiago no concibe que aquellos que no producen obras sean considerados justos».[77]

25 A primera vista, la expresión de transición *de igual manera* sugiere que el v. 25 nos aportará otro ejemplo o prueba del principio que Santiago nos ha presentado en el v. 24. Pero probablemente esté haciendo referencia a la ilustración de Abraham que encontramos en los vv. 21-23. Dos consideraciones

---

(1983) 73-100; ídem, *The Epistle to the Romans* (NICNT; Grand Rapids: Eerdmans, 1996), esp. 211-17.

76.   En cuanto a este acercamiento general, ver esp. G. Eichholz, *Glaube und Werke bei Paulus und Jakobus* (Munich: Kaiser, 1961), esp. 24-37; J. Jeremias, «Paul and James», *ExpTim* 66 (1954-55) 368-71; T. Laato, «Justification according to James: A Comparison with Paul», *TrinJ* 18 (1997) 43-84.

77.   Calvino, *Institución de la Religión Cristiana* 3.27.2.

respaldan esta conexión algo más remota. En primer lugar, la formulación de los vv. 25 y 21 es muy similar:

v. 21 ¿No fue declarado justo nuestro padre Abraham por lo que hizo

v. 25 ¿no fue declarada justa aun la prostituta Rajab por las obras

v. 21 (cont.) cuando ofreció sobre el altar a su hijo Isaac?

v. 25 (cont.) cuando hospedó a los espías y les ayudó a huir por otro camino?

En segundo lugar, el v. 24, aunque desde el punto de vista conceptual es un versículo muy importante de esta sección (vv. 20-26) , desde el punto de vista retórico es una interrupción. El pasaje está construido como un diálogo con un interlocutor imaginario; y el v. 25, debido a su similitud con el v. 21, probablemente también forma parte de ese diálogo. Es como si en el v. 24, Santiago interrumpiera ese diálogo para ser claro y directo, y luego lo reanudara de nuevo.

No es necesario repetir aquí las conclusiones a las que ya llegamos en cuanto a las palabras y las formas tan similares de los vv. 25 y 21. «Declarado/a justo/a» (*dikaioo*) significa, de nuevo, «vindicar en el día del juicio»; y la proposición final que la NVI introduce con el adverbio *cuando*, debería entenderse como un ejemplo de las «obras» mencionadas anteriormente.

La historia de Rahab la encontramos en Josué 2. Era una habitante de Jericó que a través de las maravillas que el Dios poderoso hacía en favor de Israel llegó a creer que «el Señor y Dios es Dios de dioses tanto en el cielo como en la tierra» (v. 11). Por tanto, cuando los espías de Israel llegaron a Jericó, Rahab los hospedó, los escondió cuando el rey los buscaba, y les ayudó a escapar haciéndoles descender por el muro desde su ventana. El texto del AT la identifica como una «ramera» o «prostituta» (tanto el texto hebreo como la Septuaginta; sin embargo, otras versiones dicen «mesonera»). Santiago es bastante literal. Él también define a Rahab como prostituta (*porne*); aunque difiere de la Septuaginta, donde en Josué 2 no se habla de espías, sino de mensajeros o enviados (*angeloi*). Es cierto que Santiago no menciona la «fe» de Rahab de forma explícita, pero el paralelismo con Abraham y la historia del AT apuntan a que eso es lo que tiene en mente.

Ahora bien, quizá nos preguntemos por qué Santiago elige el ejemplo de Rahab, cuando podría haber elegido personajes mucho más ilustres. La tradición antigua nos sugiere dos posibles explicaciones. Algunos autores judíos veían a Abraham y Rahab como ejemplos clásicos de los prosélitos, de los extranjeros que se identifican con el pueblo de Israel. No hay duda de que

Rahab encaja perfectamente en esta descripción; pero Abraham también, pues dejó la tierra de Ur en respuesta al llamamiento de Dios a identificarse con el pueblo de Israel. No obstante, no sabemos a ciencia cierta si esta tradición ya circulaba en tiempos de Santiago (aparentemente esta tradición solo se ha encontrado en textos rabínicos posteriores al NT, aunque entonces estaba muy extendida). Además, tampoco sabemos exactamente qué importancia tiene para el argumento de Santiago el estatus de prosélito.

Hay una segunda tradición que sería más cercana al uso que encontramos en Santiago. Aparece de forma muy clara en 1ª Clemente, un escrito cristiano de finales del S. I. En esta epístola, Abraham y Rahab son descritos como modelos de fe y hospitalidad: Rahab porque hospedó a los «espías» en su casa, y Abraham porque recibió a los tres «hombres» quienes, según Génesis 18, le visitaron y le hablaron del futuro de su familia (este último incidente se menciona con mucha frecuencia en la tradición judía). Por tanto, quizá la intención de Santiago fue que sus lectores vieran en la fe de Abraham y de Rahab un contraste directo con la «fe» muerta del hombre de los vv. 15-16 que se niega a ayudar al necesitado.[78] No obstante, si esta tradición influenció a Santiago, uno se pregunta por qué no menciona el incidente de Génesis 18. Una respuesta más sencilla y a la vez satisfactoria sería que Santiago quería variedad. Así que después de mencionar al respetado patriarca del pueblo judío, un hombre, «el amigo de Dios», menciona también a una mujer gentil que además vive en la inmoralidad. De ese modo, transmite que cualquier persona es capaz de tener una fe viva, una fe que lleva a la acción; sea un patriarca o una prostituta.

26 Santiago cierra el pasaje reiterando la idea central: la fe sin obras está muerta. Este recordatorio final es similar a las afirmaciones de los vv. 17 y 20. Aunque desde un punto de vista literario, la relación con el v. 20 es particularmente importante, pues junto con el v. 26 enmarcan del diálogo en torno a la fe, las obras y la justificación. La comparación entre la fe sin obras y *el cuerpo sin el espíritu* es simplemente una analogía general, por más que algunos quieran ver más de lo que hay. Por ejemplo, Zane Hodges dice que Santiago compara la fe con el «cuerpo», por lo que las buenas obras son la fuerza motriz que da vida a la fe.[79] Pero la idea que Santiago está queriendo transmitir es mucho más sencilla y, si nos fijamos en las repeticiones a lo largo del pasaje, muy evidente. En este caso, el *espíritu* es aquel que da vida al cuerpo (cf. Gn. 2:7; Lc. 8:55; 23:46; 1 Co. 7:34): sin el espíritu, el cuerpo deja de existir. Y Santiago sugiere que del mismo modo, la fe que no va acompañada de obras deja de

---

78. Ver especialmente R.B. Ward, «The Works of Abraham: James 2:14-26», *HTR* 61 (1968) 283-90.

79. Hodges, *Dead Faith*, 8-9.

existir. Se convierte en una mera profesión verbal y deja de parecerse a la fe bíblica. De nuevo queremos recordar que Santiago no dice que para salvarnos, nuestra fe necesita de las obras; sino que nos anima a tener una fe auténtica, una «fe que obra».

Resulta irónico que, precisamente, nadie ha plasmado el mensaje básico de Santiago 2:14-26 tan bien como Lutero (en el prefacio a su *Comentario de Romanos*):

> *«La fe es una cosa viva, laboriosa, activa, poderosa, de manera que es imposible que no produzca el bien sin cesar. Tampoco interroga si hay que hacer obras buenas, sino que antes que se pregunte ya las ha hecho y está siempre en el hacer. Pero quien no hace tales obras es un hombre incrédulo, anda a tientas. Busca la fe y las buenas obras y no sabe lo que es la fe o las buenas obras, y habla y charla mucho sobre ambas».*

[*Comentarios de Martín Lutero; Romanos*; Volumen I, Terrassa: CLIE, (1998), p. 15.]

Santiago 3

IV. LA DIMENSIÓN COMUNITARIA DE LA INTEGRIDAD ESPIRITUAL: EL DISCURSO PURO Y LA PAZ, PARTE 1 (3:1-4:3)

Santiago 1:19-2:26 es la única sección de la carta que tiene una unidad conceptual clara: la necesidad de practicar la verdadera religión haciendo las obras que la Palabra de Dios recoge. En los párrafos siguientes no encontramos un tema unificador. Santiago advierte sobre el poder destructor de la lengua (3:1-12); diferencia la «sabiduría que desciende del cielo» y la «sabiduría» terrenal (3:13-18); amonesta a sus lectores por pelearse (4:1-3); los llama al arrepentimiento (4:4-10); y les dice que dejen de criticarse entre ellos (4:11-12). Sin embargo, aunque está claro que Santiago no tiene en mente un solo tema, hay dos consideraciones que nos sugieren que estas secciones tienen un punto de unión. En primer lugar, el pasaje empieza (3:1-12) y termina (4:11-12) con advertencias sobre el mal uso de la lengua, especialmente en el contexto de la comunidad (cf. los «maestros» de 3:1 y la expresión «unos de otros» de 4:11). En segundo lugar, los temas que Santiago trata en estas secciones con frecuencia aparecen juntos en la literatura moral tanto judía como secular. Johnson ha demostrado la similitud que hay entre 3:13-4:10 y el antiguo *topos* («asunto en disputa») «Sobre la envidia», que normalmente asociaba la conducta violenta (4:1-3) con la envidia.[1] Pero las mismas exhortaciones sobre la envidia también contienen en ocasiones amonestaciones sobre el discurso pecaminoso. Uno de los libros judíos del periodo intertestamentario que contiene muchos temas similares a los que encontramos en Santiago es el *Testamento de los Doce Patriarcas*. En este libro tenemos algunos de los paralelos más cercanos a la discusión que Santiago elabora sobre la envidia y la violencia. Pero

---

1. L.T. Johnson, «James 3:13-4:10 and the *Topos* ΠΕΡΙ ΦΘΟΝΟΥ», *NovT* 25 (1983) 327-47.

en algunos de ellos también se denuncia la crítica y el discurso movido por el odio (cf. *Testamento de Gad* 4-5). Además, Santiago coloca el tema de las «peleas» como parte central de su elaboración de este *topos* moral tan popular (4:1). Todo esto apunta a que Santiago ve las secciones 3:1-12 y 4:11-12 como parte de esta discusión tan extendida.[2]

Dado que la relación entre los temas de esta sección no es tan estrecha como en la sección anterior, es difícil encontrar un tema común que sirva como título o encabezamiento. Pero parece ser que la máxima preocupación de Santiago son las violentas disputas que se están dando en la comunidad. Todo lo que Santiago dice en esta sección se puede asociar a esta preocupación:

> Los maestros, sobre todo, no deberían usar la lengua de forma destructiva (3:1-12)
> La verdadera sabiduría es humilde y pacífica (3:13-18)
> Los conflictos surgen de la envidia (4:1-3)
> Arrepiéntanse de la amistad con el mundo; sométanse a Dios (4:4-10)
> Los miembros de la comunidad deberían dejar de hablar mal unos de otros (4:11-12)

Aunque hemos presentado el material siguiendo la estructura del quiasmo, no creemos que aquí haya un quiasmo auténtico. Las secciones del principio y del final tienen relación; y la idea central aparece en el medio. Pero para que haya un quiasmo, debería haber una relación entre 3:13-18 y 4:4-10. Pero entre ambas secciones tan solo hay alguna similitud leve y superficial. El llamamiento al arrepentimiento que encontramos en 4:4-10 sobresale como una parte importante de la epístola, parte con la que Santiago intenta, creemos, recoger todas las exhortaciones de la epístola. Por tanto, trataremos esos versículos como una unidad aparte.

A. El control de la lengua habla de un corazón transformado (3:1-12)

> *1 Hermanos míos, no pretendan muchos de ustedes ser maestros, pues, como saben, seremos juzgados con más severidad. 2 Todos fallamos mucho. Si alguien nunca falla en lo que dice, es una persona perfecta, capaz también de controlar todo su cuerpo. 3 Cuando ponemos freno en la boca de los caballos para que nos obedezcan, podemos controlar todo el animal. 4 Fíjense también en los barcos. A pesar de ser tan grandes y de ser impulsados por*

---

2. Ver también Cargal, 138-39.

fuertes vientos, se gobiernan por un pequeño timón a voluntad
del piloto. 5 Así también la lengua es un miembro muy pequeño
del cuerpo, pero hace alarde de grandes hazañas. ¡Imagínense
qué gran bosque se incendia con tan pequeña chispa! 6 También
la lengua es un fuego, un mundo de maldad. Siendo uno de
nuestros órganos, contamina todo el cuerpo y, encendida por
el infierno, prende a su vez fuego a todo el curso de la vida.
7 El ser humano sabe domar y, en efecto, ha domado toda clase de
fieras, de aves, de reptiles y de bestias marinas; 8 pero nadie puede
domar la lengua. Es un mal irrefrenable, lleno de veneno mortal.
9 Con la lengua bendecimos a nuestro Señor y Padre, y con ella
maldecimos a las personas, creadas a imagen de Dios. 10 De una
misma boca salen bendición y maldición. Hermanos míos, esto
no debe ser así. 11 ¿Puede acaso brotar de una misma fuente
agua dulce y agua salada? 12 Hermanos míos, ¿acaso puede dar
aceitunas una higuera o higos una vid? Pues tampoco una fuente
de agua salada puede dar agua dulce.

Esta sección tiene dos puntos en común con la discusión que la precede. En primer lugar, la preocupación por las «palabras» en este pasaje está levemente relacionada con la preocupación por las «obras» en 2:14-26; como dice Tasker, «las palabras también son obras». De hecho, son «obras» muy importantes; en un dicho que probablemente influyó toda la argumentación que Santiago elabora en 2:14-26, Jesús asegura que las palabras serán un elemento crucial en el juicio escatológico de Dios (Mt. 12:37). Por tanto, que Santiago esté hablando de la importancia de las obras, y que luego pase a hablar de la «obra» crucial del discurso no es más que una progresión natural. En segundo lugar, esta larga sección sobre el problema de la lengua retoma la identificación que Santiago hizo en el capítulo 1: el control de la lengua es una de las expresiones más claras de la «verdadera religión» (1:26; cf. 1:19-20).

El versículo 1 hace que nos preguntemos a quién está dirigida esta advertencia sobre el discurso pecaminoso. ¿Por qué menciona de una forma tan específica al maestro al principio de la exhortación? Normalmente se dan las dos respuestas siguientes. La mayoría de comentaristas, aunque sin ignorar el v. 1, no cree que Santiago en este pasaje solo tenga en mente a los maestros. Sugieren que si Santiago empieza dirigiéndose a los maestros es porque lo ve como un buen «punto de partida» para redactar una advertencia general sobre la lengua. Sin embargo, otros creen que esa introducción refleja claramente a quiénes está dirigido el pasaje. Aunque no niegan que se pueda aplicar de forma más general, defienden que este pasaje está dirigido concretamente a los líderes cristianos que están usando la lengua de forma indebida. Según ellos, las ilustraciones que Santiago escoge también hablan de un contexto concreto. Cuando en el v. 9 Santiago habla de «bendecir» y «maldecir», probablemente tenía en mente el contexto de la adoración comunitaria; y las cosas pequeñas que controlan las cosas grandes (vv. 3-5) podría estar haciendo referencia a los líderes que controlan la Iglesia.[3] Pero, aunque es evidente que Santiago quiere que los líderes cristianos se apliquen esta enseñanza (cf. también v. 13), no creemos que todo este pasaje solo esté dirigido a esos líderes. Después de todo, el v. 1 no está dirigido a los líderes cristianos, sino a cualquier cristiano que quiera convertirse en maestro. Los apelativos generales que encontramos en 4:1 y 4:11 dejan claro que el problema de la crítica y el discurso pecaminoso no solo afecta a los líderes. Y no encontramos ninguna indicación más de que los vv. 2-12 estén dirigidos a los líderes. Por tanto, preferimos la primera interpretación: una preocupación por aquellos que quieren enseñar lleva a Santiago a redactar una advertencia general sobre la lengua.

El pasaje tendría cuatro partes. (1) En los vv. 1-2 Santiago introduce el tema advirtiendo a aquellos que quieren ser maestros sobre la dificultad de controlar la lengua. (2) El increíble poder de la lengua es el tema de los vv. 3-6, que resume muy bien en el v. 5a: «la lengua es un miembro muy pequeño del cuerpo, pero hace alarde de grandes hazañas». (3) Como tiene ese poder increíble, es muy difícil controlarla (vv. 7-8). (4) Los vv. 9-12 ponen fin al pasaje, y lo hacen usando una idea que se repite a lo largo de toda la carta: la lengua revela su naturaleza pecaminosa dando lugar a la «doblez» tan típica del pecado.[4]

Estos versículos, más que otros, nos hablan de la amplia influencia de la que Santiago bebe. El problema del control de la lengua es un tema frecuente entre los moralistas seculares, en el AT y en la literatura sapiencial judía. Este tema es especialmente importante en el libro de Proverbios, donde constantemente se asocia el discurso adecuado con la piedad y la justicia (ver, p. ej., 10:8, 11, 21; 11:9; 12:18, 25; 13:3; 16:27; 17:14; 18:7, 21; 26:22). Las ilustraciones que Santiago usa en esta sección reflejan un conocimiento profundo de todas estas fuentes. Eso no quiere decir que Santiago estuviera profundamente imbuido de la filosofía moral greco-romana, pues son ilustraciones que cualquier persona con un mínimo de conocimiento de la cultura helena podía haber escuchado. Del texto se desprende que Santiago es un judío que ha recibido una buena educación, que por tanto conoce muy bien el AT, y que está familiarizado con la cultura, la lengua y la literatura helenojudaica.

---

3. Ver Martin, 103-7, donde encontrará una buena explicación y defensa de este acercamiento.

4. Ver Frankemölle, 478-81.

1 En lugar de adentrarse inmediatamente en el tema principal del pasaje, que es el poder destructor de la lengua, Santiago empieza disuadiendo a sus lectores de convertirse en maestros. Los *maestros* (*didaskaloi*) eran personajes importantes en la vida de la Iglesia primitiva. Si la comparamos con la cultura judía, el oficio del maestro cristiano era equivalente al del rabino judío (Mt. 23:8; Jn. 1:38). Cuando Pablo enumera los dones el que Espíritu da a la Iglesia, el don de la enseñanza es uno de los primeros de la lista (1 Co. 12:28; ver también Hch. 13:1; Ro. 12:7; Ef. 4:11). A diferencia del profeta, que transmitía a la comunidad revelaciones que había recibido de parte del Señor (cf. Co. 14:30), el maestro tenía la tarea de exponer la verdad del Evangelio basándose en la creciente tradición cristiana (cf., p. ej., 2 Ti. 2:2). Si el maestro era el equivalente al rabino, eso significa que los maestros de la Iglesia judeocristiana temprana contaban con un prestigio considerable; sobre todo porque la mayoría de gente no sabía leer y la Iglesia estaba formada por gente de clases sociales bajas que no tenía muchas oportunidades de cambiar su condición. Así, podemos entender que Santiago recomendara a los creyentes que no pusieran tanto empeño en convertirse en maestros. Dado que en 3:13 Santiago hablará de nuevo de un cierto grado de arrogancia entre los líderes de la comunidad, podemos suponer que se trataba de un problema real.[5] Había demasiada gente que quería ser maestro, pero que no cumplía los requisitos morales (y quizá intelectuales) necesarios. De hecho, es probable que la presencia de maestros no cualificados fuera una de las causas principales del espíritu partidista (cf. 3:13-18), los conflictos (4:1) y el discurso malvado (4:11) que al parecer caracterizaba a aquella comunidad. Por tanto, Santiago empieza su amonestación sobre la lengua con una ilustración práctica del problema que la lengua incontrolada puede llegar a crear.

La segunda parte del v. 1 explica el porqué del mandamiento que aparece en la primera parte. Según Santiago, los cristianos no deberían tener tanto deseo de convertirse en maestros porque *seremos juzgados con más severidad*. Aquí Santiago cambia a la primera persona del plural (nosotros), lo que él se consideraba maestro. Se identifica con aquellos a los que está advirtiendo buscando así ser más eficaz. El mismo propósito tiene la expresión de afecto con la que empieza el versículo: *Hermanos míos*. La mayoría de traducciones hablan de un juicio, pero la RV sugiere una traducción diferente: «recibiremos mayor condenación». Es cierto que el texto griego se puede traducir así, pues la palabra *krima* en el NT normalmente hace referencia al resultado negativo de un juicio, es decir, la condenación (cf. p. ej., Mr. 12:40 [=Lc. 20:47]; Lc. 23:40; Ro. 2:2; 3:8; 5:16). No obstante, esta palabra también puede tener un

5. Martin, 107, contra, p. ej., Johnson, 255. La construcción griega que encontramos aquí (*me* + presente imperativo) no nos saca de dudas.

sentido neutral, haciendo referencia al juicio en sí, independientemente del resultado o veredicto (Jn. 9:39; 1 Co. 6:7; Heb. 6:2). Y por el contexto, la mayoría de traducciones prefiere esta opción: es muy improbable que Santiago dijera que en el juicio los maestros recibirían una pena más severa que la de los demás creyentes. Si así fuera, ¡pocos querrían ocupar el cargo! Pero si analizamos la lógica y el desarrollo del texto, fijándonos también en el v. 2, vemos que puede haber una tercera interpretación de ese «mayor juicio»: los maestros, dado que su ministerio consiste en hablar o usar la lengua, una de las partes del cuerpo más difíciles de controlar, se exponen a un mayor *peligro*, pues es probable que tengan *mucho* por lo que ser juzgados. Ese uso constante de la lengua significa que fácilmente pueden caer en pecado, haciendo caer a otros con ellos.

Dado que los maestros son los grandes responsables del estado espiritual de aquellos a los que ministran, en el juicio, el Señor analizará sus vidas de forma muy detallada. Jesús ya lo advirtió: «A todo el que se le ha dado mucho, se le exigirá mucho; y al que se le ha confiado mucho, se le pedirá aún más» (Lc. 12:48). Dios ha dado a los maestros un gran don y les ha confiado «el depósito» de la fe (cf. 2 Ti. 1:14). Y Dios espera que sean buenos mayordomos de lo que les ha confiado. Pablo refleja este mismo sentido de responsabilidad cuando se dirige a los ancianos de la iglesia de Éfeso; les dice que ha sido fiel a Dios llevando a cabo su tarea de heraldo del Evangelio: «Por tanto, hoy les declaro que soy inocente de la sangre de todos, porque sin vacilar les he proclamado todo el propósito de Dios» (Hch. 20:26-27). Si Pablo es un buen ejemplo, muchos de los maestros judíos en días de Jesús eran todo lo contrario: debido a su falta de honestidad y a su afán de ganancia personal, Jesús dijo que ellos «recibirán peor castigo» (Mr. 12:40). Aquellos que enseñamos la Palabra de Dios con regularidad tenemos que seguir el ejemplo de Santiago y aplicarnos la advertencia que aquí hace. Cuando aceptamos la tarea de guiar a otros en la fe, hemos de ser especialmente cuidadosos y mostrar los frutos de esa fe; es decir, que esa fe se note en el modo en que vivimos. Un gran conocimiento conlleva una gran responsabilidad: la responsabilidad de vivir de acuerdo a ese conocimiento. Obviamente, Santiago no está tratando de desanimar a aquellos que tienen el llamamiento y el don de ser maestros. Pero quiere que entendamos la seriedad de esa llamada y, a la vez, advertir a aquellos que entran en el ministerio con motivaciones erróneas.

2 La NVI no ofrece ninguna marca explícita de la relación entre los vv. 1 y 2. Pero Santiago usa de nuevo la palabra *gar*, «porque», indicando así que el v. 2 explica el v. 1. Probablemente, Santiago quiere decir lo siguiente: los maestros van a ser juzgados con mayor severidad que los demás *porque* tienen que usar mucho la lengua, esa parte del cuerpo tan difícil de controlar. Santiago empieza reconociendo que *todos fallamos mucho*. La palabra griega que traducimos por «mucho» o «de muchas formas» (*polla*) podría referirse también a una gran cantidad de pecados. Pero el contexto favorece la traducción «de muchas formas», pues en el argumento de Santiago tiene más sentido que se refiera a la variedad de pecados, y no tanto a la cantidad. La palabra griega que traducimos por «fallar» (*ptaio*), en la Biblia siempre tiene un sentido metafórico: «caer en la ruina» o «ser derrotado» (normalmente en la LXX); o «cometer un error», «pecar» (en el NT; ver también 2:10; Ro. 11:11; 2 P. 1:10 [aunque esta última cita podría pertenecer a la primera categoría]). Es una palabra que aparece en pocas ocasiones, así que no podemos saber con precisión cuál es aquí el matiz; pero podría estar apuntando a un pecado menor o involuntario. Este sentido encajaría con las dos ocasiones en las que Santiago usa esta palabra, pues en ambas está hablando de las consecuencias de desviarse de la voluntad de Dios por pequeña que sea la desviación (ver también 2:10). Y, aunque el verbo griego es diferente, parece que ese también es el sentido del texto que podría estar detrás de estas palabras de Santiago: «Se puede cometer un desliz sin querer, ¿y quién no ha pecado con su lengua?» (Eclesiástico 19:16).

Santiago usa ese mismo verbo en la segunda afirmación del versículo: *Si alguien nunca falla en lo que dice, es una persona perfecta, capaz también de controlar todo su cuerpo*. Como todos sabemos, en muchas ocasiones hablamos antes de pensar lo que decimos. Y muy a nuestro pesar, llegamos a ser los causantes de resultados no muy afortunados. El libro de Proverbios habla mucho de la seriedad de este problema. Ver, por ejemplo, Proverbios 18:6-7: «Los labios del necio son causa de contienda; su boca incita a la riña. La boca del necio es su perdición; sus labios son para él una trampa mortal». Pero el paralelo más próximo lo encontramos en un texto de Filón: «Pero si un hombre, como si estuviera tocando la lira bien, logra que todo lo que hace suene afinado, que su discurso esté en armonía con el propósito, y el propósito con la acción, ese hombre será considerado perfecto y de un carácter verdaderamente armonioso» (*Sobre la posteridad de Caín y su exilio* 88).[6] La facilidad con la que la gente peca cuando habla, y los desastrosos resultados de ese tipo de pecado son temas recurrentes tanto en la literatura sapiencial judía como en la literatura moral griega. Por tanto, Santiago no está diciendo nada nuevo cuando asegura que una persona (gr. *anthropos*) que no falla en lo que dice debe ser perfecta. De hecho, Santiago añade que esa persona es capaz de controlar todo su cuerpo. Es tan difícil controlar la lengua, y tan fácil mentir, criticar, hablar cuando es mejor callar, que la persona que la controla muy probablemente sea capaz de controlar otras partes de cuerpo menos rebeldes. La palabra que traducimos por *controlar* significa literalmente «frenar»

---

6. Cf. Johnson, 256.

(como cuando frenas a un caballo tirando de las bridas). Esta palabra nos hace remontarnos a 1:26 (éstas son las dos únicas ocasiones que este verbo aparece en el NT) y anticipa la metáfora del v. 3 (en griego, la palabra que en el v. 3 traducimos por «freno» es sinónima de la palabra que en el v. 2 traducimos por «controlar»).

Dado que Santiago se sigue incluyendo en lo que dice en esta parte del versículo, *todos fallamos* (primera persona del plural) *mucho*, creemos que aún tiene en mente a los maestros. Y algunos comentaristas piensan que Santiago continúa con el mismo enfoque porque usa un vocabulario relacionado con el «cuerpo». El pronombre posesivo que aparece después de «cuerpo», que la NVI traduce por «su», en el griego no tiene con qué corresponderse. Por tanto, mientras la metáfora precisa que haya alguna referencia al cuerpo humano, es posible que la expresión «controlar todo su cuerpo» sea una referencia a la influencia sobre la Iglesia, «el cuerpo de Cristo».[7] Los maestros que hablan bien y de forma apropiada tienen un gran poder para dirigir la vida de la congregación. Aunque esta afirmación es cierta, es muy poco probable que Santiago tuviera eso en mente. En primer lugar, porque Santiago no da ninguna indicación que de él o sus lectores estuvieran familiarizados con la metáfora del «cuerpo» para referirse a la Iglesia. Es cierto que no podemos descartar la posibilidad, pues aunque dicha metáfora no tomó un claro significado teológico hasta los escritos de Pablo, se trata de un simbolismo que tiene sus raíces en las enseñanzas de Jesús (p. ej., Jn. 2:20-22). Pero de todas las veces en las que Santiago usa la palabra «cuerpo» (ver también 2:16, 26; 3:3, 6), en ninguna de ellas la aplica a la Iglesia. Y en segundo lugar, el uso que Santiago hace de la palabra «todos» sugiere que está volviendo al tema del v. 1a: «muchos de ustedes», los lectores de la carta en general.

3 Santiago ha dejado claro que nuestras palabras tienen un impacto enorme sobre nuestra condición espiritual. Pero, ¿no es Santiago demasiado exagerado? ¿Es verdad que nuestras palabras tienen un impacto *tan grande*? Santiago anticipa esta objeción, y decide usar una serie de ilustraciones para respaldar su creencia de que un miembro tan pequeño como la lengua puede tener una influencia enorme. Santiago compara la lengua al freno que controla al caballo (v. 3), el timón que dirige al barco (v. 4) y la chispa que puede causar un gran incendio (v. 5). Todas estas ilustraciones eran muy conocidas en la literatura antigua, y en ocasiones aparecen juntas, como en este texto de Santiago. De nuevo vemos que el autor de esta epístola es un pastor cuya preocupación es que el mensaje lleve a sus lectores de forma clara y comprensible, y por eso

---

7. Ver, p. ej., Reicke, 37; Martin, 110.

escoge ilustraciones de su realidad cotidiana y de la literatura contemporánea.

La NVI empieza el v. 3 con el adverbio «cuando», aunque algunas versiones empiezan con el «si» condicional, o con «he aquí» o «fíjense». Esta diferencia refleja las variantes de los manuscritos griegos: algunos contienen *ide* (o *idou*), un imperativo del verbo «ver», mientras que otros contienen *ei de*, «ahora bien». Son dos variantes muy similares, por lo que es muy probable que la una surgiera de la otra. Lo más probable es que *ei de* sea el original, y podemos pronunciarnos así por dos razones: (1) es lo que aparece en la mayoría de los manuscritos y (2) un escriba podría haber hecho el cambio, quizá inconscientemente, pues es muy fácil asociar y/o confundir el inicio del v. 3 con el inicio del v. 4 (*idou*, «miren» o «fíjense»).

Puede ser que a Santiago se le ocurriera la imagen del caballo y los frenos del v. 3 después de haber usado la idea «frenar» o «controlar» en el v. 2. Pero el ejemplo del caballo para ilustrar que algo muy pequeño puede controlar algo mucho más grande era bastante conocido en el mundo antiguo. Sófocles, el dramaturgo del siglo V a.C., dice por boca de uno de sus personajes: «Sé de fogosos caballos que una pequeña brida ha domado» (*Antígonas*, 477). Es verdad que Santiago no menciona el tamaño de la brida o freno. Pero se trata de un detalle que los lectores conocían, y además, cuando Santiago dice «todo el animal» podría estar haciendo un contraste entre el tamaño del freno y el del caballo. Santiago explica que cuando ponemos un freno en la boca de un caballo, podemos hacer que nos obedezca (literalmente, «persuadirle para nuestro beneficio» [si entendemos *henil* como un dativo de ventaja). Y, como resultado, *podemos controlar todo el animal*. La traducción de la NVI esconde lo que podría ser otra conexión entre el versículo 2 y 3, pues la palabra que traducimos por «animal» es la palabra griega *soma*, «cuerpo». Por tanto, la expresión «todo el cuerpo» es una pequeña fórmula que crea un vínculo entre los dos versículos. Esto es importante porque algunos comentaristas sugieren que «cuerpo» no solo se refiere al cuerpo físico del caballo, sino que también alude al «cuerpo de Cristo» (la Iglesia). Según estos intérpretes, su posición tiene sentido porque si no, es muy difícil unir la ilustración que Santiago usa, con la idea que quiere transmitir. Porque la lengua no «controla» al cuerpo del mismo modo en que la brida controla al caballo. «La intención de Santiago es mostrar que la lengua es el medio por el cual un cuerpo de grandes proporciones …, es decir, la Iglesia, es controlado por una parte separada mucho más pequeña, es decir, los maestros, que son pocos y controlan … la dirección de todo el cuerpo».[8] Pero rechazamos esta interpretación por la misma razón

---

8. Martin, 110; ver también Reicke, 37-38.

que la rechazábamos en el v. 2: Santiago no ha preparado a sus lectores para hacer una aplicación teológica de la palabra «cuerpo». Por tanto, quizá lo que Santiago quiere ilustrar no es tanto el «control», sino la «dirección»: del mismo modo en que el freno determina la dirección del caballo, la lengua puede determinar el destino de la persona. Los creyentes que ejercen un control cuidadoso de la lengua son capaces de dirigir toda su vida por el camino que Dios ha determinado: son «perfectos» (v. 2). Pero cuando no controlan la lengua, aunque se trata de un miembro muy pequeño y aparentemente insignificante, es muy probable que tampoco controlen ni disciplinen el resto de su cuerpo.

4 La segunda ilustración de Santiago transmite exactamente la misma idea: hay cosas pequeñas que pueden dirigir cosas muy grandes. Santiago nos invita a pensar en los barcos. Está claro que no está hablando de unos barcos en concreto, sino de los barcos en general (el artículo griego probablemente sea genérico). Aunque se trate de una idea importante para la comprensión de estos versículos, en el versículo anterior Santiago no se esfuerza por subrayar la diferencia que hay entre el tamaño del freno y el tamaño del caballo. Pero con esta segunda ilustración transmite esa idea de forma muy clara. En primer lugar, Santiago compara los barcos, que son «tan grandes», con un «pequeño timón» (el adjetivo superlativo *elachistou* probablemente sea absoluto). En segundo lugar, explica que el pequeño timón controla el barco en medio de *fuertes vientos*. La palabra que traducimos por «fuertes» es *skleros*, que significa «duro», «cruel» (otros lugares del NT en los que aparece: Mt. 25:24; Jn. 6:60; Hch. 26:14; Jud. 15). Cuando esta palabra se aplica al viento (cf. Pr. 27:16 [LXX] e Is. 27:8), necesariamente tiene que significar «violento». Otra diferencia entre esta ilustración y la primera es la referencia explícita a la «voluntad» o «impulso» (gr. *horme*) que controla el timón y por tanto el barco: *el piloto*. Así, Santiago anuncia la aplicación que va a hacer en el v. 5 de estas dos ilustraciones, presentando los tres componentes clave: «el deseo que guía» (el timonero), el medio que usa para ejercer el control (el timón), y el objeto que el timonero controla (el barco), que se corresponden a su vez con el deseo humano, la lengua y el cuerpo».[9]

La metáfora del timón que, a pesar de su pequeño tamaño, es capaz de controlar a un gran barco, también estaba muy extendida en el mundo antiguo. Aristóteles, por ejemplo, comparó el tamaño del timón, al mando del cual hay un solo hombre, con la «gran masa» del barco que controla (*Quaestiones Mechanica* 5). Pero más interesante aún es ver que un buen número de escritores usaron la misma combinación de ilustraciones que encontramos en Santiago. Vemos que se compara el poder de Dios sobre el mundo al auriga que conduce

---

9. Johnson, 258.

su carreta guiando al caballo con las riendas y los frenos, y al timonero de un barco (p. ej., Pseudos-Aristóteles, *De mundo* 6; frecuente en Filón). También encontramos textos que en el mismo pasaje hacen referencia al auriga, al timonero, y al domador de animales (cf. v. 7) (Filón, *Sobre la creación* 83-86). Y otros combinan las ilustraciones del caballo, del barco y del fuego, como hace Santiago en vv. 3-5. El mejor ejemplo lo encontramos, quizá, en un pasaje de Filón donde éste habla del poder de la mente sobre los sentidos:

> *La Mente es superior a la percepción de los Sentidos. Cuando el auriga está al mando y guía a los caballos con las riendas, la carreta va a donde él quiere ... También, un barco se mantiene en su debido curso cuando el timonero cumple su función ... De mismo modo, cuando la Mente gobierna toda la vida como el gobernante que gobierna una ciudad, la vida avanza siguiendo su debido curso ... Pero cuando el sentido irracional toma protagonismo, ... la mente arde y se evapora, y ese fuego se alimenta y crece gracias a los objetos que la percepción de los sentidos le suministra (Interpretación Alegórica 3.224).*

El moralista Plutarco usa la ilustración de un barco fugitivo y un incendio para ilustrar la naturaleza destructora e incontrolada de la lengua (*De garrulitate* 10). Pero la idea de citar todos estos textos paralelos no es sugerir que Santiago se basara en ellos de forma directa. Las ilustraciones del caballo, el barco y el fuego eran un recurso muy utilizado en la literatura antigua, por lo que en tiempos de Santiago ya se habían convertido en las ilustraciones por excelencia, usadas tan a menudo que a nadie se le ocurría pensar que estabas citando o basándote en la idea de otro.

5 Santiago cierra esta sección introductoria del discurso sobre la lengua aplicando de forma explícita las ilustraciones de los vv. 3-4. El freno y el timón, se pueden comparar a la *lengua*, que *es un miembro muy pequeño del cuerpo* y, sin embargo, *hace alarde de grandes hazañas*. Ésta es la primera vez que la palabra «lengua» aparece en este pasaje, y se usa como metonimia del discurso humano. Aunque es la única vez que la palabra griega que traducimos por *hacer alarde* (*aucheo*) aparece en el NT, la idea de «hacer alarde» o «jactarse de» suele tener connotaciones negativas, pues normalmente están asociadas con una actitud arrogante delante de Dios. Ese es el sentido de la otra referencia a «jactarse» que encontramos en esta epístola (4:16-17). Aquí, sin embargo, tiene un sentido más neutral: la lengua puede jactarse legítimamente de que tiene un gran poder.

La ilustración de la chispa y del incendio en el bosque en la segunda parte del v. 5 es un ejemplo más de las «grandes hazañas» de las que una cosa pequeña puede hacer alarde (v. 5a). Y además, la ilustración gana un matiz más, pues aquí se añade la idea de destrucción. Por tanto, vemos una pequeña ruptura entre el v. 5a y el 5b, pues la segunda parte del versículo introduce la imagen del fuego, que será el tema del versículo siguiente.[10] El principio de la primera parte del versículo también parece sugerir una pequeña ruptura. Santiago usa la misma palabra que usó en el v. 4, «he aquí» o «fíjense» (*idou*), pero en este caso sin la conjunción *kai* (traducida en la NVI por «también»). La palabra *imagínense* de la NVI recoge bien el sentido de la palabra griega. Santiago quiere que imaginemos *qué gran bosque se incendia con tan pequeña chispa*. En esta frase aparece un recurso retórico imposible de reflejar en nuestro idioma: en griego, las palabras «gran» y «pequeña» son la misma palabra, *helikos*, «que expresa magnitud en ambas direcciones» (Hort). Al darles a través del contexto un significado opuesto, Santiago acentúa el contraste el pequeño «fuego» inicial (NVI *chispa*; la palabra griega es la palabra que comúnmente se usa para «fuego» [*pyr*]) y el enorme resultado del incendio.[11] Aunque aquí Santiago usa la palabra «bosque», es probable que Santiago no esté haciendo referencia a un bosque propiamente dicho (pues se trata de un elemento de la naturaleza nada común en la topografía del Oriente Medio de aquella época) sino a la maleza que solía cubrir las colinas palestinas que, en un clima tan seco como el mediterráneo, podía arder fácil y rápidamente.[12]

No es extraño que Santiago use esta ilustración. En primer lugar, ya vimos cuando comentamos el v. 4 que hay más autores que han usado en un mismo contexto las ilustraciones del caballo, el barco y el fuego para transmitir la misma idea de la que Santiago está hablando. En segundo lugar, un incendio fuera de control es una forma muy natural de ilustrar unas consecuencias desastrosas. No en vano usamos la expresión «extenderse como el fuego», y podemos decir, por ejemplo, que «la enfermedad se extendió como el fuego». En la Antigüedad, la rápida y demoledora extensión del fuego se usaba frecuentemente para advertir sobre el efecto de las pasiones desenfrenadas. Algunos autores solo aplican esta imagen al discurso humano. El AT compara las palabras del perverso a un «fuego devorador» (Pr. 16:27), y un autor judío del periodo intertestamentario dice que la lengua «no tiene poder sobre los hombres buenos y ellos no se quemarán en sus llamas» (Eclesiástico 28:22).

---

10. Ver, p. ej., D.F. Watson, «The Rhetoric of James 3:1-12 and a Classical Pattern of Argumentation», *NovT* 35 (1993) 58-59.

11. La palabra tiene una función similar en Filostrato, *Vida de Apolunio* 2.11.2: «pues me parece una hazaña sobrehumana que una criatura tan pequeña [*telikoud*] pueda gobernar a un animal tan grande [*telikouto*]».

12. L.E. Elliot-Binns, «The Meaning of '*YLH* in Jas. III.5», *NTS* 2 (1995) 48-50; ver también la nota en Hort, 104-7.

Como estas referencias sugieren, al comparar algo con el fuego sacamos a la luz sus efectos destructivos. Por tanto, en esta mitad del versículo encontramos un anticipo del argumento que Santiago va a plantear: la lengua, no solo tiene el poder de controlar cosas mucho más grandes que ella (como el freno y el timón), sino que además tiene el potencial de causar enormes desastres (como una chispa en un seco paraje).

6 Ahora Santiago abandona el símil (la lengua es *como* el freno, el timón y la chispa) para pasar a una metáfora directa: *también la lengua es un fuego*. El adverbio «también» que aparece en la NVI es una posible traducción de la palabra que Santiago usa (*kai*); pero la conjunción «y» es una traducción al parecer más adecuada en este contexto. De hecho, usar la palabra «también» no tiene mucho sentido pues Santiago ya ha comparado (aunque de forma implícita) la lengua con el fuego en el v. 5b. Así, en el v. 6 su objetivo es subrayar la idea de que la lengua es un fuego y, por ello, podríamos parafrasearlo de la siguiente forma: «Sí, es verdad que la lengua es un fuego».

Lo que no está claro es cómo debemos traducir la siguiente parte de la afirmación. La dificultad que aquí encontramos se debe a que Santiago usa una serie de cinco sustantivos, todos ellos en nominativo, acompañados de un único verbo en indicativo. Los intérpretes y los traductores se encuentran con la tarea de decidir cómo combinar estas palabras de forma que el resultado sintáctico y el sentido sean coherentes. Y, dado que cualquier combinación concebible tiene dificultades, no es fácil elegir una de entre las diferentes opciones. De hecho, el texto es tan complicado que algunos eruditos especulan que el texto podría haber sido algo diferente y ofrecen un texto mejorado. Creen que un escriba muy temprano podría haberlo copiado mal, por lo que todos los manuscritos que nos han llegado están mal. No obstante, aunque es verdad que no podemos probar lo contrario, el gran número de evidencias tempranas sobre el NT siempre nos obliga a usar la conjetura de la «enmienda» o «mejora de un texto» como último recurso. Menos descabellada es la sugerencia de que sigamos una de las traducciones antiguas (la Peshita en siríaco) y traduzcamos «la lengua, también, es un fuego; el mundo pecaminoso [es] bosque».[13] Pero esta sigue siendo una interpretación que no puede basarse en ningún texto griego de Santiago 3:6. Mejor trabajar con el texto que tenemos, a pesar de las dificultades que nos plantee, que afirmar lo que no conocemos ni podemos llegar a conocer.

Podemos empezar aclarando el significado de una expresión clave, traducida en la NVI como *un mundo de maldad*. Dado que la palabra que traducimos por «mundo» (gr. *kosmos*) también puede significar «adornos» (como en 1P. 3:3),

13. Adamson, 142.

algunos eruditos creen que Santiago podría estar sugiriendo que la lengua es el «adorno» del mal o de la injusticia (*adikia*).[14] Según ellos, el autor estaría pensando en palabras que suenan bien y disfrazan el mal, para que éste parezca aceptable e incluso beneficioso. Pero esta interpretación no cuenta con mucho apoyo. Le atribuye a *kosmos* un significado muy poco común en el NT y, además, no encaja muy bien con la metáfora del fuego. También deberíamos rechazar la interpretación de la Vulgata, que traduce *kosmos* por «suma total» o «gran cantidad» (de ahí que alguna versión traduzca «está llena de maldad»). Esta interpretación también depende de un uso muy poco frecuente de *kosmos* (un uso que no aparece de forma clara en el NT). El significado más común de *kosmos* en el NT es «mundo», normalmente con el matiz de «caído» y «pecaminoso». Y ese es su significado las tres veces que aparece en esta epístola (1:27; 4:4). La palabra «injusticia» o «maldad» es un añadido para aclarar que está hablando del sentido negativo de la palabra mundo; podríamos traducir «el mundo injusto» o «el mundo malvado». (Encontramos un paralelo muy cercano en Lc. 16:9, «riquezas de injusticia», que la NVI traduce «riquezas mundanas»). La mayoría de las traducciones adoptan este significado (p. ej., «un mundo de iniquidad», LBLA).

Ahora que ya hemos aclarado el significado de esta expresión clave, estamos en la posición de decidir cuál es la mejor traducción de toda la frase. Hay tres opciones posibles (las traducciones son mías, y son traducciones literales a partir del texto griego):

1. «La lengua es un fuego, el mundo de maldad. [La lengua] es puesta entre los otros miembros como aquel que contamina todo el cuerpo, inflamando el curso de nuestra existencia». Esta opción, defendida por el erudito pietista Bengel, descansa básicamente en tres decisiones: (a) interpreta que la expresión «mundo de maldad» es una aposición de «fuego»; (b) coloca un signo de puntuación después de esta expresión; y (c) interpreta que la proposición «que contamina todo el cuerpo» es el predicado del verbo «es puesta».

2. «La lengua es puesta como un fuego, ciertamente, como el mundo de maldad en nuestros miembros; contamina todo el cuerpo, inflama el curso de nuestra existencia...». Defendida por Mussner, esta interpretación, de acuerdo con la primera alternativa, (a) coloca la expresión «mundo de maldad» como aposición de «fuego»; pero (b) ubica el signo de puntuación entre «miembros» y «que contamina»; y (c) interpreta que «fuego» es el predicado del verbo «es puesta».

---

14. Chaine, 81.

3. «Y la lengua es un fuego. La lengua es puesta entre nuestros miembros como el mundo de maldad, contaminando todo el cuerpo, inflamando el curso de la existencia...». Esta alternativa es la más popular de las tres, la que siguen la mayoría de traducciones, y la más aceptada por los comentaristas. (a) No coloca la expresión «mundo de maldad» como aposición de «fuego», sino que (b) interpreta que es el predicado del verbo «es puesta»; y (b) ubica el signo de puntuación entre la afirmación inicial y la elaboración consiguiente. Así, la proposición «que contamina...» da comienzo a una explicación más detallada sobre «la lengua».

Quizá lo mejor sea seguir la propuesta que cuenta con más aceptación. La forma de la palabra que hemos traducido por «contaminar» (un participio femenino, *spilousa*) hace que sea muy difícil verla como el predicado del verbo «es puesta», como propone la primera alternativa. Pero la segunda alternativa es igual de problemática, porque en el texto griego hay demasiadas palabras entre el verbo «es puesta» y su predicado, «fuego». La tercera opción evita estas dificultades y nos ofrece, en general, la traducción más natural del texto griego. No obstante, el problema de esta tercera opción surge cuando observamos el uso que Santiago hace del verbo que hemos traducido por «es puesta» (*kathistatai*). La versiones que siguen esta interpretación del texto revelan dicho problema al traducir el verbo por «está puesta» (RV y LBLA), «está constituida» (BT), «siendo» (NVI), «es» (LBJ). Si el verbo es pasivo, las traducciones de la RB y LBLA son bastante aproximadas; y el sujeto del verbo incluso podría ser «Dios», que ha puesto en ellos la lengua para probarles.[15] Pero Santiago usa la misma forma del verbo en una construcción similar en 4:4, donde está en voz media y tiene el sentido de «hacerse o constituirse». Esta interpretación encaja perfectamente con la arrogancia y el alarde que la lengua hace de sí misma (v. 5). Aunque es una parte pequeña del cuerpo, se «constituye» a sí misma como el «mundo de maldad»; es decir, la lengua, dado que es la parte del cuerpo más difícil de controlar, se convierte en el medio por el que toda la maldad del mundo que nos rodea se expresa en nosotros. Tal como dice Calvino, «una pequeña porción de carne contiene todo un mundo de maldad». Jesús dijo algo similar. Nos enseñó que «lo que contamina a una persona no es lo que entra en la boca sino lo que sale de ella»; y siguió diciendo que la boca nos muestra lo que hay en el corazón, de donde salen «los malos pensamientos, los homicidios, los adulterios, la inmoralidad sexual, los robos, los falsos testimonios y las calumnias» (Mt. 15:11, 18-19). Probablemente la lengua sea el «obstáculo» más grande para poder llevar una vida piadosa, agradable a Dios.

15. Baker, 126-27.

Santiago acaba el v. 6 con una serie de tres participios paralelos que siguen censurando los efectos fatales de la lengua. Se trata de un paralelismo difícil de conservar, pues la mayoría de versiones traducen dos de los participios por verbos indicativos en voz activa («contamina» e «inflama»), pero al traducir al participio restante recurren a otra forma rompiendo así el paralelismo original (es decir, traducen una forma pasiva, «es inflamada»).

Al «contaminar» o «manchar» (*spilousa*) a toda la persona, la lengua destruye la «verdadera religión», la cual, según nos ha dicho Santiago, nos demanda que nos «conservemos limpios de la corrupción del mundo». La palabra griega que traducimos por «cuerpo» es *soma*, que en este contexto no solo hace referencia al cuerpo físico, sino a «toda la persona» o «todo nuestro ser». La segunda y la tercera proposición se vuelven a centrar en la imagen del fuego que aparece en los vv. 5b-6, pues Santiago pretende hacernos ver el grado y la fuente de la destrucción que la lengua puede causar en la vida de una persona. En griego, la expresión que traducimos por «todo el curso de la vida» es, literalmente, «la rueda del origen, o de la existencia». Esta misma expresión se usaba en algunas religiones paganas ancestrales para describir el círculo de reencarnaciones del que uno debía intentar liberarse a través de dichas religiones. Algunos comentaristas (p. ej., Ropes) creen que la presencia de esta expresión demuestra que el autor de la carta debía de conocer esas corrientes religiosas, por lo que el autor no puede ser un palestino judío como Santiago el hermano de Jesús. Pero no es necesario llegar a esa conclusión. Los judíos ya usaban la «rueda» en el periodo helenista para describir el «movimiento» regular de la fortuna. Y la expresión «la rueda de la existencia» o «la rueda de la vida», igual que muchas otras expresiones un tanto técnicas, se ha convertido en una forma común de describir los «altos y bajos» de la vida.[16] Las palabras «vida» o «existencia» son la traducción del mismo vocablo griego [*genesis*] que Santiago usó en 1:23 para acompañar al sustantivo «rostro»; (ver el comentario de dicho versículo). Un judío palestino con conocimiento del mundo heleno podría ver esa expresión con ese sentido. Por tanto, la traducción de la NVI, todo el curso de la vida, capta el sentido bastante bien. La lengua no solo corrompe toda la persona; también «inflama» o «prende», es decir, destruye, toda su vida. Pero, ¿de dónde proviene ese potencial enormemente destructivo? Según Santiago, del *infierno*. La palabra griega que traducimos por «infierno» es *gehenna*, que es una transliteración de dos palabras hebreas que significan «Valle de Hinón». En el AT y en el periodo intertestamentario, ese valle, que estaba a las afueras de Jerusalén, pasó a tener una mala reputación. Allí los paganos llevaban a los niños sacrificados (cf. Jer. 32:35), y también era el lugar donde se quemaban los desperdicios. Jesús usó la palabra para referirse al lugar de la condenación

---

16. Encontrará una explicación y ejemplos en Dibelius, 196-98; y Johnson, 260.

final. De nuevo, vemos aquí una conexión con Jesús, pues las otras menciones en el NT aparecen en las enseñanzas de Jesús (11 veces). El poder de Satanás, el morador principal del infierno, es el que le da a la lengua su gran poder destructor.

Santiago no explica las formas en las que ese poder destructor se materializa. Pero es muy probable que tuviera en mente esos pecados que tienen que ver con las palabras, de los que tanto se habla en Proverbios: hablar neciamente (10:8; cf. 12:18; 29:20); la mentira (12:19); los alardes y la arrogancia (18:12); la calumnia (10:18). Pensemos en el daño, muchas veces irreversible, que podemos causar al propagar rumores sin un fundamento claro. Puede ser más difícil para un rumor de ese tipo que parar un fuego (v. 5). Bien sabemos que es más fácil curar las heridas causadas por un apaleamiento que las producidas por las palabras.

7 Después de dejar claro en los vv. 3-6 que la lengua tiene un gran poder destructor, en los vv. 7 y 8 Santiago nos recuerda lo difícil que es controlar ese pequeño músculo. Esa es la idea que ya planteó en el v. 2, donde dijo que la persona que es capaz de no pecar con la lengua es una persona perfecta. Estos versículos van precedidos de un «Porque...», aunque en la NVI no aparece, por lo que Santiago los escribe como evidencia de que la lengua es «encendida por el infierno» (v. 6). Si no, ¿cómo explicar que el ser humano es incapaz de domar la lengua? Pero Santiago lo explica estableciendo un contraste: primero comenta que el ser humano sí ha sido capaz de domar *toda clase de fieras, de aves, de reptiles y de bestias marinas*. La palabras que traducimos por «fieras» pueden referirse a casi cualquier tipo de animal (en Hch. 28:4, 5, una serpiente), pero normalmente, como aquí, se refiere a animales cuadrúpedos.[17] Aunque las palabras no son exactamente las mismas, esta catalogación del reino animal es un reflejo del relato del Génesis: «y [Dios] dijo: Hagamos al ser humano a nuestra imagen y semejanza. Que tenga dominio sobre los peces del mar, y sobre las aves del cielo; sobre los animales domésticos, sobre los animales salvajes, y sobre todos los reptiles que se arrastran por el suelo» (Gn. 1:26). Los autores judíos (p. ej., Filón, *Sobre las leyes particulares*, 4.110-16) y cristianos (p. ej., Hch. 11:6) adoptaron esta forma de describir el mundo animal. Esta alusión a la creación muestra que Santiago está haciendo una afirmación teológica sobre la naturaleza del mundo. Según Santiago, la capacidad del ser humano de «domar» el mundo animal se debe a que estamos hechos a imagen de Dios y a que Dios ordenó que «tuviéramos» dominio sobre el mundo. Hay un detalle que se pierde en la traducción. En el texto griego, el versículo empieza haciendo referencia a toda la «especie» animal, y concluye

---

17. BAGD, 361.

haciendo referencia a la «especie» humana. Así que Santiago está diciendo que la «especie humana» tiene dominio sobre «toda la especie animal». Además, Santiago usa el verbo «domar» dos veces: una en tiempo presente para enfatizar que, de forma continua, el ser humano domina sobre los animales; y la otra en tiempo perfecto, *ha domado*, para demostrar que esa continuidad tiene su fundamento en el estado en el que Dios creó y ordenó las cosas. El efecto que se logra subrayando el poder que el hombre tiene sobre el mundo animal es enorme, pues saca a la luz la verdadera naturaleza de ese pequeño músculo que el mismo hombre es incapaz de dominar. Pero es muy probable que Santiago también le deba estas imágenes a la tradición judía, que ilustra el dominio que el hombre tiene sobre el mundo comparándolo al conductor de un carro (v. 3) o al timonel de un barco (v. 4).[18]

8 En el texto griego, lo primero que aparece es *la lengua*, para que haya un claro contraste con lo anterior: puede que el ser humano sea capaz de dominar a los animales, pero nadie puede dominar *la lengua*. La mayoría de versiones traduce que nadie puede domar la lengua. Pero en el texto griego encontramos «ninguna persona... de (entre) la gente». ¿Por qué añadir ese detalle? Quizá Santiago quiere mantener el énfasis en la «especie humana» como grupo que había en el v. 7. Pero San Agustín pensó que Santiago estaba intentando transmitir algo más: «... no dice que nadie puede domar la lengua, sino que nadie de entre los hombres; por tanto, cuando logramos domarla confesamos que es gracias a la misericordia, la ayuda, y la Gracia de Dios».[19] Si eso es lo que Santiago quiere transmitir, estaría hablando de la esperanza de que podemos, a través de la poderosa obra del Espíritu, usar la lengua de acuerdo a la voluntad de Dios. En el v. 2 ya ha dicho que la persona que así hace es «perfecta» o «completa» (gr. *teleios*). Aparte de considerar la cuestión exegética (¿es ese el sentido de las palabras de Santiago?), también hemos de considerar la cuestión teológica: ¿recogen Santiago y / o el NT la posibilidad de que los cristianos podemos alcanzar la perfección en esta vida? Ya hemos contestado que no (ver el comentario de 1:4). Por tanto, no creemos que la interpretación de San Agustín sea correcta. Santiago sugiere que el dominio total de la lengua es imposible. Entonces, ¿abandonamos los esfuerzos por controlar nuestra

---

18. El v. 7 es prácticamente un resumen del argumento que Filón usa en *Sobre la Creación* 83-85. El filósofo judío explica el dominio del hombre sobre el mundo basándose en que el ser humano ha sido capaz de someter a todo tipo de fieras, incluyendo el caballo (haciendo uso del freno), y concluye que «el Creador creó al hombre después de crear todo lo demás, como conductor y piloto, para que dirigiera esta nave que es la tierra, y le encargó que cuidara de los animales y las plantas, como gobernador subordinado al gran Rey».

19. *La Naturaleza y la Gracia* 15; cf. Knowling, 78.

lengua? ¡De ningún modo! Aunque nos damos cuenta de que la perfección es algo que no podemos lograr, eso no debe impedir que trabajemos para hacer lo que podamos. Es probable que nunca lleguemos a controlar la lengua completamente; pero está claro que podemos avanzar y usar nuestra lengua para glorificar a Dios cada día más.

Al final del v. 8 Santiago añade dos características más de la lengua para explicarnos por qué es tan difícil dominarla: es *un mal irrefrenable, lleno de veneno mortal*. En griego, la palabra que traducimos por «irrefrenable» es la misma palabra que Santiago usa en 1:8 para describir al hombre «*indeciso* e *inconstante* en todo lo que hace». La LXX usa la misma palabra para referirse a los pecados de la lengua en Proverbios 26:28: «La lengua mentirosa odia a sus víctimas; la boca lisonjera lleva a la *ruina*». Véase también el antiguo documento cristiano, *El Pastor de Hermas* (Segundo mandato): «La calumnia es mala; es un demonio inquieto (*akatastaton*), que nunca está en paz, sino que siempre se halla entre divisiones» (cf. Stg. 4:1). La naturaleza de este «mal irrefrenable o inquieto» no es del todo clara. Por un lado, Santiago podría estar reiterando lo difícil que es controlar la lengua; usando la paráfrasis de Phillips, es como si «siempre intentara escaparse». Por otro lado, Santiago podría estar pensando en «la inestabilidad y la falta de integridad» que caracteriza a la lengua.[20] La primera idea encaja muy bien con énfasis que los vv. 7 y 8 hacen en lo difícil que es domar la lengua. Pero la segunda nos introduce en la idea de los vv. 9-12 y coincide con el uso que Santiago hace de esta palabra en el capítulo 1 (en el NT esta palabra solo aparece estas dos ocasiones). Santiago concluye el versículo con una descripción de la lengua tomada directamente del AT: *llena de veneno mortal*. Ver, por ejemplo, Salmo 140:3: «[Los hombres malos] aguzaron su lengua como la serpiente; veneno de áspid hay debajo de sus labios». (Pablo cita el mismo versículo para ilustrar la gran cantidad de pecados de los que el hombre es capaz [Ro. 3:13]).

9 Santiago cierra esta larga crítica a la lengua atribuyéndole esa doblez o falta de integridad de la que tanto habla en esta epístola. El hombre de doble ánimo (1:8; cf. 4:8), inconstante en su fe, que intenta agradar tanto a Dios como al mundo, resume la preocupación que Santiago tiene por sus lectores. Un hombre así intenta combinar la fe en Jesucristo con la denigración del pueblo de Cristo (2:1-13). Dice que tiene fe en Dios, pero no hace las obras que la fe verdadera produce (2:14-26). Y ahora, vemos que usa la misma lengua para *bendecir al Dios y Padre* y para *maldecir a los hombres, que están hechos a la imagen de Dios*. Esta cuestión de la doblez de la lengua será el tema de los vv. 9-12. Estos versículos no están unidos a los versículos anteriores, al menos de

---

20. Davids, 145.

forma explícita (es decir, al principio del v. 9 no aparece ninguna conjunción o nexo de ningún tipo). Pero es evidente que sí existe relación con los versículos anteriores: la inconstancia y falta de coherencia de la lengua es una prueba de que realmente es un «mal irrefrenable» (v. 8).

Santiago no podría haber encontrado un ejemplo mejor para ilustrar la doblez de la lengua: por un lado, «bendice» a Dios (*eulogeo*, que se puede traducir tanto por «alabar» como por «bendecir») y, por otro, «maldice» a los seres humanos. Bendecir a Dios era una parte básica de la devoción judía. «El Santo, bendito sea» es una de las calificaciones de Dios más comunes en la literatura rabínica, y el texto de las «dieciocho bendiciones», una fórmula litúrgica pronunciada a diario, concluye cada una de sus secciones bendiciendo a Dios. Los primeros cristianos también tenían la costumbre de bendecir a Dios en sus oraciones y alabanzas (cf. 2 Co. 1:3; Ef. 1:13; 1 P. 1:3). Esta combinación de «Señor y Padre» para referirse a Dios es única en toda la Biblia, pero en algunos lugares encontramos estos dos títulos en el mismo contexto. Y el hecho de que en todos ellos se hable de una persona que eleva alabanza o súplicas a Dios podría ser bastante significativo (ver Is. 63:16; 64:8; Mt. 11:25 [=Lc. 10:21]). Bendecir o alabar a Dios es la forma más positiva e importante de todo discurso humano. Santiago podría estar pensando concretamente en la adoración comunitaria, en la que los creyentes unían sus voces y cantaban bendiciendo a Dios. Pero si la alabanza a Dios es una de las formas más elevadas del discurso humano, maldecir a la gente es una de las más bajas. La naturaleza opuesta de «la bendición» y «la maldición» tiene su raíz en el discurso de Dios mismo. En el ejemplo bíblico más conocido del discurso divino, Dios le dice repetidamente al pueblo de Israel que esas son las dos alternativas que tiene (ver, p. ej., Dt. 30:19). En parte como resultado de estas advertencias, y en parte como resultado de la comprensión general de la naturaleza del discurso, la gente en la Antigüedad atribuía a la maldición un gran poder. Entonces, la maldición estaba caracterizada por un lenguaje muy fuerte: apelaba a Dios para que negara a la persona maldita cualquier tipo de bendición, y para que la enviara al infierno. Jesús prohibió a sus discípulos que maldijeran a los demás; de hecho, les dijo que bendijeran a quienes los maldijeran (Lc. 6:28; cf. Ro. 12:14). Como dice Santiago, el problema de la maldición es que está mal maldecir a alguien que ha sido creado *a imagen de Dios*. En este pasaje, Santiago ya ha hecho referencia a la Creación de Dios, cuando mencionó los diferentes grupos de animales que Dios puso bajo el gobierno del hombre (v. 7; cf. Gn. 1:26). Aquí vuelve a hacer referencia al mismo pasaje (ver también 1:27) para recordarnos que el ser humano refleja la imagen de Dios mismo. Puede que Santiago se esté volviendo a hacer eco de la tradición judía; los rabinos enseñaban que no se debía decir «'Maldito sea mi prójimo', porque eso es maldecir a alguien que está hecho a imagen de Dios» (*Comentario Midrásico al Génesis* 24 [sobre Gn. 5:1]).

10 Aquí Santiago explica cuál es la enseñanza del v. 9: *De una misma boca salen bendición y maldición. Hermanos míos, esto no debe ser así.* Hasta ahora, Santiago ha usado la «lengua» para referirse al discurso o forma de hablar. El uso que aquí hace de «la boca» y de la idea de «lo que *sale* de la boca», probablemente sea, una vez más, reflejo de la influencia de las enseñanzas de Jesús. Cuando lo acusaron por permitir que sus discípulos transgredieran las leyes de purificación, Jesús aprovechó para explicar qué es lo que realmente contamina al hombre:

> *Lo que contamina a una persona no es lo que entra en la boca sino lo que sale de ella. (...) ¿No os dais cuenta de que todo lo que entra en la boca va al estómago y después se echa en la letrina? Pero lo que sale de la boca viene del corazón y contamina a la persona. Porque del corazón salen los malos pensamientos, los homicidios, los adulterios, la inmoralidad sexual, los robos, los falsos testimonios y las calumnias. Éstas son las cosas que contaminan a la persona, y no el comer sin lavarse las manos.*

Jesús también subrayó la seriedad de aquello que sale de la boca al asociarlo en relación con el juicio: «Porque por tus palabras se te absolverá, y por tus palabras se te condenará» (Mt. 12:37). Y Santiago también cree que lo que sale de la boca sirve de barómetro de la espiritualidad de una persona. Aunque se trata de un miembro pequeño, la lengua «hace alarde de grandes hazañas» (v. 5) y representa en nuestro cuerpo «un mundo de maldad» (v. 6). Y la doblez es la forma más representativa del poder maligno de la lengua. La preocupación por la doblez de la lengua no es algo nuevo; de nuevo vemos la deuda que Santiago tiene con la tradición moral judía. Ver, por ejemplo, *Testamento de Benjamín* 6:5: «la parte buena de la mente no habla por ella y por la parte mala: alabanzas y maldiciones, abuso y honor, paz y conflictos, hipocresía y verdad, pobreza y riqueza, sino que tiene una única disposición, limpia y pura, hacia todos los hombres». Ver también Eclesiástico 5:14-6:1: «Que no tengan que llamarte chismoso, y no seas insidioso al hablar, porque la vergüenza pesa sobre el ladrón y una severa condena sobre el que habla con doblez. No faltes ni en lo grande ni en lo pequeño, y de amigo, no te vuelvas enemigo, porque la mala fama heredará vergüenza y oprobio: esta es la suerte del pecador que habla con doblez».[21]

---

21.   Ver también Sal. 62:4; Eclesiástico 28:12 («Si soplas una chispa, se inflama; si le escupes encima, se extingue, y ambas cosas salen de tu boca); Filón, *Sobre los diez mandamientos* 93. Son muchos los escritos cristianos tempranos que se hacen eco

Lo que Santiago quiere decir es lo siguiente: «pero eso no tiene por qué ser así» (traducción literal). Esta afirmación «refleja a la perfección el sentir del moralista ante 'aquello que no debería ser'».[22] Los cristianos que han sido transformados por el Espíritu de Dios deberían tener un discurso puro en consonancia con la integridad y la pureza de corazón.

11 Santiago usa tres ilustraciones (v. 11-12) para subrayar la incompatibilidad del corazón puro y el discurso doble. Las dos primeras tienen la forma de una pregunta retórica cuya respuesta es negativa (lo cual queda bien claro en el texto griego por el uso de las partículas *meti* y *me*); la tercera es, directamente, una declaración negativa. Todas sacan a la luz lo absurdo que es pensar que una cosa determinada pueda producir algo de una naturaleza distinta. Y también, muestran la habilidad pastoral de Santiago, que sabe expresarse de forma comprensible para sus lectores recurriendo a objetos que les eran muy familiares. No podemos pasar por alto la importancia de la fuente (*pege*) en la árida Palestina. Muchos poblados le debían su origen al descubrimiento de una fuente, y su subsistencia dependía de que ésta siguiera ofreciendo agua potable. Era imprescindible que la fuente siguiera produciendo *agua dulce* [gr. *glykos*] (cf. Ap. 10:9, 10). Es cierto que algunos arroyos o fuentes producían una mezcla de agua dulce y salada, lo cual hacía que aquel agua fuera inservible. Pero no había fuentes con agua dulce un día, y agua salada al otro. Eso era simplemente imposible. Y de ahí, Santiago extrae que también es inconcebible pensar que de una boca puedan salir alabanzas a Dios en un momento dado y, un rato después, palabras de maldición hacia sus semejantes. Como bien indica la nota que aparece en la NVI, el significado original de la palabra que traducimos por «sal» o «salada» (gr. *pikros*) es «amarga». Santiago podría haber usado la palabra griega que significa sal (*alykos*), que es la que aparece en el v. 12. Pero quizá optó por el término menos común porque aparece varias veces en el AT y en textos judíos intertestamentarios para describir la lengua que no es agradable ante los ojos de Dios (Sal. 68:3; Pr. 5:4; Eclesiástico 29:25). Al comparar la lengua con una fuente que da agua amarga, Santiago hace hincapié en que la lengua ciertamente está «llena de veneno mortal» (v. 8).

12 Las otras dos ilustraciones, extraídas del mundo de la agricultura, no solo usan elementos de la vida cotidiana de sus lectores, sino que además se hacen eco de la enseñanza moral antigua, puesto que la idea de la planta que produce de acuerdo con su naturaleza estaba muy extendida. El escritor griego Epicteto, por ejemplo, preguntó: «¿Cómo se puede obligar a una vida

---

de esta advertencia en contra de la doblez de la lengua (ver *Didaché* 2:4; *Epístola de Bernabé* 19:7).

22. Johnson, 262.

que actúe como un olivo, o a un olivo que actúe como una vid?» (*Discursos*, 2.20.18-19). Más relevante son las palabras de Jesús sobre el árbol bueno que produce fruto bueno, y el árbol malo que produce fruto malo. Ver especialmente Mateo 7:16: «¿Acaso se recogen uvas de los espinos, o higos de los cardos?». La idea que Santiago quiere transmitir es la misma que transmitió con la ilustración de la fuente en el v. 11: así como la higuera no puede dar olivas, o la vid no puede dar higos, el corazón puro no puede producir palabras falsas, dañinas o amargas.

En la última parte del v. 12, Santiago vuelve a la imagen del agua dulce y el agua amarga del v. 11; pero ahora la usa para transmitir una idea levemente diferente: *Pues tampoco una fuente de agua salada puede dar agua dulce*. Algunos manuscritos griegos importantes contienen la palabra equivalente a nuestro «así también» al principio de esta frase, la misma palabra que Santiago ha usado en repetidas ocasiones para introducir una comparación (*houtos*; ver 1:11; 2:17, 26; 3:5). Si siguiéramos esos manuscritos, la traducción sería: «Y del mismo modo [o Así pues], tampoco una fuente de agua salada puede dar aguar dulce». Pero como Santiago ha usado esa palabra en varias ocasiones, quizá algún copista se equivocó y la añadió (eso, además, sería muy posible dado que es muy similar a la palabra griega «tampoco» [*oute*]). El texto ya tiene sentido sin que añadamos el *houtos*. Como Santiago ha cambiado levemente la construcción gramatical (ha pasado de una pregunta retórica a una afirmación), usa la palabra «tampoco» para añadir aún una tercera ilustración de aquellos que está queriendo transmitir.

La expresión «agua salada», en el texto griego es una sola palabra (*alykos*) que significa «sal». (Es una palabra diferente a la que usa en el v. 11). La idea de que la «sal» o el «agua salada» podrían producir agua dulce no tiene mucho sentido, y varios manuscritos y traducciones antiguos ofrecen soluciones diferentes. Por ejemplo, la famosa versión Iglesia King James traduce: «así, ninguna fuente no puede dar agua salada y agua dulce». Pero este tipo de variantes normalmente no son más que intentos de facilitar la lectura de los textos de difícil interpretación; por lo que lo mejor será trabajar con el texto que tenemos. La mejor alternativa será pensar que la palabra griega puede significar «fuente de agua salada», dado que sabemos que hay una palabra muy similar que sí se usaba con ese sentido.[23]

No obstante, sea cual sea la variante, lo que Santiago quiere transmitir está bien claro: las cosas malas no producen cosas buenas. Y por ello, una persona que no está bien con Dios y que a diario no se reconoce en su presencia, no

---

23. Ver BAGD; la palabra similar es *alykis*, y hace referencia a una fuente de agua salada en Estrabón 4.1.7. Ver también Dibelius, 205.

podrá producir un discurso agradable a Dios. Todo el que sea de doble ánimo e inconstante en cuando a las cosas de Dios en su corazón (*dipsychos*, 1:8 y 4:8) será de doble ánimo e inconstante en su discurso. Ya hemos comentado que la ilustración de que una cosa determinada siempre producirá algo de su misma naturaleza probablemente está en deuda con el conocido proverbio de Jesús: «el árbol bueno produce fruto bueno». Si lo tomamos al pie de la letra, y no tenemos en cuenta el resto de la enseñanza bíblica, podríamos llegar a la conclusión de que la persona a la que Dios ha hecho «buena» a través de Cristo y del Espíritu Santo, inevitablemente vivirá una vida agradable a Dios en todos los aspectos. Pero no hemos de cometer el error de tomar esta comparación entre el árbol y la vida espiritual hasta sus últimas consecuencias. Como bien nos recuerda el teólogo Hendrikus Berkhof, «después de todo, un hombre no es un árbol, sino un hombre».[24] El proceso natural y automático de la vida vegetal no puede compararse al proceso de la vida humana, donde entra en juego la voluntad y el poder de decisión. Ahora bien, aunque es cierto que esta comparación tiene sus límites, la ilustración tanto de Jesús como de Santiago nos recuerda algo muy importante: solo un corazón renovado puede producir un discurso puro; y el discurso que constantemente se muestra puro e íntegro (que no cien por cien perfecto) será la evidencia de un corazón renovado.

B. La verdadera sabiduría trae paz (3:13-4:3)

13 ¿Quién es sabio y entendido entre vosotros? Que lo demuestre con su buena conducta, mediante obras hechas con la humildad que le da su sabiduría. 14 Pero si vosotros tenéis envidias amargas y rivalidades en el corazón, dejad de presumir y de faltar a la verdad. 15 Ésa no es la sabiduría que desciende del cielo, sino que es terrenal, puramente humana y diabólica. 16 Porque donde hay envidias y rivalidades, también hay confusión y toda clase de acciones malvadas. 17 En cambio, la sabiduría que desciende del cielo es ante todo pura, y además pacífica, bondadosa, dócil, llena de compasión y de buenos frutos, imparcial y sincera. 18 En fin, el fruto de la justicia se siembra en paz para los que hacen la paz.

4:1 ¿De dónde surgen las guerras y los conflictos entre vosotros? ¿No es precisamente de las pasiones que luchan dentro de vosotros mismos? 2 Deseáis algo y no lo conseguís. Matáis y sentís envidia, y no podéis obtener lo que queréis. Reñís y os hacéis la guerra. No tenéis, porque no pedís. 3 Y cuando pedís, no recibís porque pedís con malas intenciones, para satisfacer vuestras propias pasiones.

---

24. H. Berkhof, *The Christian Faith* (Grand Rapids: Eerdmans, 1979), 452.

La mayoría de comentaristas y traducciones siguen la división que tenemos aquí, en la que hay una gran ruptura entre el último párrafo del capítulo 3 (3:13-18) y el primero del capítulo 4 (4:1-10). Y las razones que se pueden usar para defender esta división son las siguientes: 4:1 es asindético (es decir, no hay ninguna partícula o conjunción que una el versículo con el capítulo 3); el vocabulario principal cambia; y no parece que el contraste entre los dos tipos de sabiduría en 3:13-18 tenga mucho que ver con la amonestación por los conflictos de 4:1-3. Pero si miramos con un mayor detenimiento, nos damos cuenta de que entre los dos párrafos hay más puntos de unión de lo que parece. A Santiago le preocupa, en especial, el «celo» o la «envidia» injustos y perversos (gr. *zelos*) que la gente caracterizada por la sabiduría «terrenal» está demostrando (3:16), y es la misma envidia (*zeloo*; en la NVI, «sentís envidia») la que hace que en la comunidad haya riñas y guerra (4:2). Y hemos de darnos cuenta de que esta palabra tiene su importancia dentro de la argumentación de Santiago. Como vimos en la introducción a 3:1-4:12, en esta sección, Santiago se basa en un extendido *topos* o tema moral de la tradición judeo-griega que afirmaba que los males de la sociedad se debían a los celos (*zelos*) y la envidia (*phthonos*). Los paralelos más cercanos al texto de Santiago los encontramos en el *Testamento de los Doce Patriarcas*, una obra seudoepigráfica judía escrita mayormente alrededor del año 100aC. En este libro, la calumnia (*katalalia*, *Testamento de Gad* 3:3), la violencia (*polemos*) y el asesinato (*Testamento de Siméon* 4:5) tienen su origen en los celos. Y vemos que esos son los actos de los que Santiago habla en 4:1-12. Además, estos testamentos, al hablar del problema espiritual del hombre, en numerosas ocasiones mencionan la doblez o falta de integridad, tema que, al lector de Santiago, también le será muy familiar (cf. 1:8 y 4:8). Es muy poco probable que haya una dependencia directa con el *Testamento de los Doce Patriarcas*. Resumiendo, Santiago conoce la tradición que aparece en dichos testamentos porque ésta era muy conocida en el mundo antiguo. Y él la retoma para amonestar a sus lectores por sus actitudes egoístas y envidiosas que no son reflejo de la unidad entre los hermanos.

La paz es el hilo conductor que une los dos párrafos. Después de la pregunta retórica sobre la sabiduría (13a), Santiago pide a sus lectores que demuestren la realidad de su sabiduría a través de la humildad y las buenas obras (13b). Luego habla del contraste existente entre dos tipos de sabiduría muy diferentes, contraste que ocupará el resto del párrafo. La mala sabiduría está caracterizada por la envidia, el egoísmo y el desorden (vv. 14-16), que es lo contrario a la paz. Sin embargo, la buena sabiduría «ama la paz» (el primer fruto de la sabiduría que menciona el v. 17). Y Santiago ensalza esta virtud mencionando cuál es la bendición de los pacificadores (v. 18). Por otro lado, el tema principal de 4:1-3 es la ausencia de paz. En la comunidad hay guerras y conflictos. Y según Santiago, las causas de estos conflictos son las características de la mala sabiduría de la que habló en 3:14: la envidia (v. 2) y el egoísmo (v. 3).

Santiago abre esta sección preguntando: «¿Quién es sabio y entendido entre vosotros?», con lo que podría ser que se estuviera dirigiendo de nuevo a los líderes de la comunidad como hizo, aparentemente, en los vv. 1-2. Ciertamente, algunos comentaristas (p. ej., Martin) creen que es a ellos a los que Santiago se ha estado dirigiendo todo el rato, sobre todo cuando ha hablado de la lengua. Según esta opinión, 3:1-4:3 es una amonestación dirigida especialmente (aunque no exclusivamente) a los líderes de la Iglesia, que están haciendo uso de un discurso falso y abusivo en favor de su línea teológica; y, es por eso que la Iglesia se está dividiendo. No obstante, ya hemos dicho más arriba que 3:1-12 está dirigido a toda la comunidad; y creemos que es muy posible que lo mismo ocurra con 3:13-4:3. Es verdad que en muchas ocasiones, los que se jactan de su sabiduría y los que están en posición de crear un conflicto importante son los líderes mismos. Pero cualquier miembro de una congregación podría causar este tipo de problemas, oponiéndose al liderazgo o iniciando discusiones para defender sus propias opiniones. Creemos que en 3:13-4:3 Santiago tiene en mente a toda la congregación.

13 Santiago empieza su crítica de la envidia y de las disputas que causa con una pregunta retórica: *¿Quién es sabio y entendido entre vosotros?* Santiago invita a los que creen que tienen una comprensión especial de las cuestiones espirituales a dar un paso al frente; así, él podrá determinar si eso es realmente así. Como vimos más arriba, muchos comentaristas creen que esta pregunta está dirigida especialmente a los líderes (v. 1). Pero los apelativos «sabio» (*sophos*) y «entendido» (*epistemon*) no están entre los títulos que se solían usar para referirse a los maestros. Aparecen juntos en algunas ocasiones en la Septuaginta, una de ellas haciendo referencia a las cualidades que un líder debería poseer (Dt. 1:13, 15), pero también haciendo referencia a todo el pueblo de Israel (Dt. 4:6; Dn. 5:12 los usa para referirse al profeta). Santiago ya ha dejado claro que la «sabiduría» es una cualidad que todos los creyentes deberían buscar (1:5). Además, ni siguiera 3:1 está dirigido a los maestros, sino a aquellos que iban a ser maestros. Por tanto, creemos que Santiago invita a todo lector que se crea sabio a escuchar lo que va a decir a continuación.

La gente que acepta la invitación de Santiago en v. 13a, de repente se encuentra en medio de un escrutinio quizá no deseado. Santiago va a probar su sabiduría, pero no lo va a hacer a la luz de su conocimiento teológico, sino a la luz de su práctica cristiana: *Que lo demuestre con su buena conducta, mediante obras hechas con la humildad que le da su sabiduría.* La traducción de la NVI se toma algunas libertades, aunque todas justificadas para poder transmitir lo que Santiago parece tener en mente. Y es que en este caso, el texto griego es un tanto confuso: literalmente, «que demuestre según la buena conducta sus obras en la humildad de la sabiduría». La expresión «que lo demuestre»[25] nos recuerda al reto que Santiago lanza en 2:18 al «creyente» que cree que las obras y la fe pueden ir por separado: «muéstrame tu fe sin las obras, y yo te mostraré la fe por mis obras». Vemos que el criterio que Santiago sigue aquí para determinar dónde está la verdadera sabiduría, retoma otras ideas que ya han aparecido en la epístola: la importancia de la humildad (1:21)[26] y las buenas obras (2:14-26). Según Santiago, la «buena conducta» es la evidencia visible de la sabiduría. Esta expresión, o similares, aparece con frecuencia en las cartas de Pedro para describir un estilo de vida agradable a Dios. Ver especialmente 1 Pedro 2:12: «Mantened entre los incrédulos una conducta tan ejemplar que, aunque os acusen de hacer el mal, ellos observen las buenas obras de ustedes y glorifiquen a Dios en el día de la salvación». (Ver también 1 P. 1:15; 3:1, 2, 16; 2 P. 3:11). Como veremos sobre todo en las siguientes secciones de nuestra epístola, Santiago y Pedro tienen en común muchas palabras, expresiones y temas. La idea de que las «buenas obras» deben demostrarse según la buena conducta es un tanto inusual, pero suficientemente clara: son esos actos de obediencia a Dios, realizados un día tras otro, de forma constante, los que componen la «buena conducta» de la persona sabia. Pero más difícil de entender es la segunda parte: «en la humildad de la sabiduría». Lo más probable, no obstante, es que Santiago esté hablando de que las buenas obras deben realizarse en un espíritu de humildad, una humildad que es, de hecho, el producto o resultado de esa sabiduría (si interpretamos que el genitivo *sophias* es un genitivo de origen). Está claro que Santiago está intentando decir dos cosas: la verdadera sabiduría produce buenas obras y la verdadera sabiduría produce humildad. Los resultados de la falsa sabiduría que Santiago menciona en el v. 14, la envidia y el egoísmo, contrastan con esta humildad, por lo que sugerimos que en este momento, la intención de Santiago es, sobre todo, destacar esta virtud. Para los griegos, la humildad, o la «mansedumbre» o «apacibilidad» (gr. *prautes*), no era algo digno de loar. Se consideraba semejante al servilismo, lo cual no era propio de una persona fuerte. Pero el NT nos ofrece una imagen completamente diferente. Jesús mismo dijo ser «manso y humilde» (Mt. 11:29; cf. Mt. 21:5) y dijo que los mansos y humildes eran bienaventurados (Mt. 5:5). Esta humildad cristiana se da cuando comprendemos que ante el Dios de gloria y majestad no somos más que criaturas rebeldes y

---

25. Martin (129) usa una falsa interpretación del tiempo aoristo para argumentar que aquí Santiago exige un cambio inmediato de estilo de vida. Pero el aoristo simplemente nos dice que se ha dado una orden, pero no aporta ninguna información sobre la naturaleza o frecuencia de esa «demostración».

26. Hoppe (51) encuentra bastantes paralelos entre 3:13-18 y 1:17-20.

pecadoras (ver el argumento que Santiago elabora en 4:7). Esa humildad reconoce que por nosotros mismos somos incapaces de lograr la plenitud espiritual o de vivir una vida satisfactoria. Y esa humildad ante Dios se debería traducir en «humildad ante los demás» (ver, p. ej., Gá. 6:1; Ef. 4:2; Col. 3:12; 2 Ti. 2:25; Ti. 3:2; 1 P. 3:2, 16).

La insistencia de Santiago en que la sabiduría queda demostrada por el estilo de vida que uno vive está de acuerdo con el concepto de sabiduría que encontramos en el AT. Recordemos que la sabiduría empieza con el temor del Señor (Pr. 1:7), nos permite discernir «la justicia y el derecho» (Pr. 2:9), y nos lleva «por el camino de los buenos y seguirás la senda de los justos» (Pr. 2:20). ¡Qué diferente a la idea que algunos griegos tenían de la sabiduría! Lo que muchos de ellos valoraban era la capacidad intelectual y el conocimiento de los secretos divinos, a veces en detrimento de la vida moral. Parece ser que Pablo se encontró con ese tipo de ideas en Corinto (ver, sobre todo, 1 Co. 1:8-2:16). Algunos comentaristas creen que la enseñanza de Santiago también tiene en mente una línea concreta de pensamiento, pero no hay suficientes evidencias de que eso sea así. Sus palabras en contra de la falsa sabiduría no se refieren tanto a una comprensión concreta de la sabiduría, sino más bien a esa gente que no estaba viviendo las implicaciones de la verdadera sabiduría. A lo largo de todo este párrafo, Santiago habla de la sabiduría de una forma muy simple y clara, sin necesidad de desarrollar ni complicar el concepto, siguiendo muy de cerca el patrón establecido en el AT.

14 Este versículo es la antítesis al llamamiento que Santiago hace en el v. 13b. Si una persona *tiene envidias amargas y rivalidades en el corazón*, está viviendo una mentira: por un lado está diciendo que es sabio, pero por otro, lo está negando con sus actos. A una persona así, Santiago puede acusarla de mentirosa porque *las envidias y el egoísmo* son actitudes contrarias a la humildad. Si la humildad es la característica principal de la persona sabia, la persona que vive según las características negativas que se mencionan en este versículo no puede considerarse sabia. La palabra que traducimos por «envidia» (*zelos*) es importante por su sentido teológico. Básicamente, tiene dos sentidos: uno neutro o incluso positivo, «celo»; y otro negativo, «envidia». El primer sentido lo encontramos en dos textos en los que se dice que Dios es «celoso»: quiere que su pueblo solo le adore a Él, que renuncie a otros dioses o «ídolos». Este sentido también se aplica a los seres humanos para describir la preocupación por proteger al pueblo o a las instituciones de Dios de la corrupción o impureza. Finés, o Finees, que mató a un israelita porque estaba comprometiendo la santidad de Dios durmiendo con una extranjera, es el prototipo neotestamentario del «zelote» (Nm. 25:11-13; ver Sal. 106:30). Jesús mostró el mismo celo por el templo cuando expulsó de allí a los judíos que estaban haciendo negocio en la casa de Dios (Jn. 2:17; en el NT, ver también Ro. 10:2; 2 Co. 7:7, 11; 9:2; 11:2; Fil. 3:6; Heb. 10:27). A los terroristas judíos en tiempos de Santiago, que organizaban campañas contra los romanos con el objetivo de restaurar a Israel como una teocracia, se les llamaba «zelotes». Pero esta palabra también puede tener un sentido negativo, si se refiere a un deseo egoísta, centrado en uno mismo, de poseer cosas que no nos pertenecen (ver Hch. 5:17; 13:45; Ro. 13:13; 1 Co. 3:3; 2 Co. 12:20; Gá. 5:20). El adjetivo «amargas» (*pikros*; también en el v. 11, para describir el agua) deja claro que Santiago se refiere al sentido negativo, a la envidia. Concretamente, como el contexto parece sugerir, Santiago tiene en mente la envidia que uno tiene cuando otra persona o personas de ideas opuestas consigue que la gente les escuche y siga (en el NT, este sentido se ve claramente en Hch. 5:17 y 13:45).

Lo que nos hace pensar que ese es el matiz de la palabra «envidia» es la expresión que aparece a continuación, «rivalidades en el corazón» o «ambición personal en el corazón» (*eritheia*). Este es el único lugar del NT en el que aparece esta palabra, pero a veces se ha relacionado con una palabra similar que Pablo usa en tres ocasiones junto a la palabra «envidia»: *eris*, que significa «conflictos» o «riñas». El único uso anterior al NT lo encontramos en Aristóteles, que la utiliza para describir la envidia y la avaricia que había entre los diferentes grupos políticos en sus días. Y ese sentido encaja perfectamente con el texto de Santiago: había un grupo de gente que presumía de su sabiduría, pero su envidia y egocentrismo distaba mucho de la humildad que nace de la verdadera sabiduría.

Santiago les dice a las personas que muestran estas actitudes negativas que *dejen de presumir y de faltar a la verdad*. La palabra que traducimos por «presumir» o «jactarse» (*katakauchaomai*) es una forma compuesta de un verbo que Pablo usa con bastante frecuencia (*kauchaomai*). La forma simple de este verbo también se traduce por «jactarse», probablemente la mejor traducción para un verbo que normalmente tiene un sentido doble: «enorgullecerse de» y «poner la confianza en». Este sentido puede verse mejor en el versículo del AT que es clave para entender el uso que se hace en el NT, Jeremías 9:23-24: «Así dice el Señor: 'Que no se gloríe el sabio de su sabiduría, ni el poderoso de su poder, ni el rico de su riqueza. Si alguien ha de gloriarse, que se gloríe de conocerme y de comprender que yo soy el Señor...'». La forma compuesta del verbo que se usa aquí suele tener el sentido de «jactarse comparándose con algo o alguien» (ver los otros tres usos que encontramos en el NT, Ro. 11:28 [dos veces] y Stg. 2:13). Pero Santiago aquí no menciona ningún objeto. El sentido literal del verbo exige que el objeto sea la otra gente que también dice ser sabia, por lo que Santiago estaría diciendo que no deberían ponerse por encima de esas otras personas. Pero Santiago no menciona a ninguna persona, así que lo mejor es buscar el objeto en el contexto más inmediato. Ese objeto podría ser «la verdad» o «la sabiduría» (una versión inglesa, la TEV, dice: «no pequéis contra la verdad jactándoos de vuestra sabiduría»). La última es la mejor alternativa, dado que en el v. 15 Santiago retoma el tema de la falsa sabiduría. El que se jacta de ser sabio y la vez está siendo envidioso y centrado en la ambición personal está atentando contra la verdad sobre los frutos de la sabiduría. Todos sabemos que la sabiduría siempre debe ir acompañada de la humildad; no puede ser de otro modo. Así, aunque en algunas versiones aquí se usa la conjunción «o», está claro que el nexo más adecuado en esta parte final del versículo es «y»: «dejen de presumir *y* de faltar a la verdad».

15 Santiago ahora matiza que la gente que ha descrito en el v. 14 sí tiene sabiduría, pero una sabiduría que no es sabiduría bíblica. *Ésa no es la sabiduría que desciende del cielo*. Algunas versiones, como la NIV inglesa, escriben la palabra «sabiduría» entre comillas, dejando claro que estamos ante un grupo de gente centrada en sí misma, que se cree «sabia», pero cuya sabiduría no deja de ser una falsa representación de la verdadera sabiduría. La palabra griega que Santiago usa podría tener dos significados: que esa sabiduría no puede venir del cielo, o que esa sabiduría no se parece a la sabiduría que viene del cielo (la ambigüedad está en que *haute* podría ser atributivo, «Esa sabiduría no…», o predicativo, «Esa no es la sabiduría…»). Pero la diferencia de significado es mínima. La paráfrasis «del cielo» que nos ofrece tanto la NVI como otras versiones es una legítima interpretación de la palabra griega, que literalmente quiere decir «de arriba» o «de lo alto». Es la misma palabra que Santiago usa en 1:17 para hablar del reino del que proviene toda dádiva buena y perfecta: ni más ni menos que el reino de Dios, el Dios que se deleita en dar a sus hijos lo que le piden, especialmente, sabiduría (ver 1:5). La verdadera sabiduría no (solo) proviene del estudio o el esfuerzo intelectual; es un don de Dios (cf. Pr. 2:6).

Pero la sabiduría de esa gente centrada en sí misma tiene un origen y es de una naturaleza totalmente opuesta. Es *terrenal, puramente humana y diabólica*. La palabra que traducimos por «terrenal» es antónimo de «cielo» (ver especialmente Jn. 3:12; 1 Co. 15:40; 2 Co. 5:1; Fil. 2:10). No siempre tiene connotación negativa, pues a veces simplemente describe aquello que es típico de o perteneciente a la esfera terrenal (p. ej., Jn. 3:12; 1 Co. 15:40; 2 Co. 5:1; Fil. 2:10). Pero cuando se usa en relación con el pensamiento o la conducta, «terrenal» sí tiene una connotación negativa pues habla de una mira estrecha que no tiene en cuenta el reino de Dios y su voluntad (cf. Fil. 3:19). La segunda palabra que Santiago usa para describir esa falsa sabiduría también puede tener un sentido neutro. Se trata de la palabra griega *psychikos*, un adjetivo derivado del término griego que significa «alma». Los escritores griegos la usaban para diferenciar entre las funciones físicas y los apetitos corporales de la vida interior de la persona; y aparece en textos apócrifos para referirse a una emoción sincera, «se entristeció *en el alma*» o «se entristeció *profundamente*» (2° Macabeos 4:37; también 14:28). Pero en el NT, esta palabra siempre tiene un sentido negativo: las cinco veces que aparece se refiere a lo opuesto al «espíritu» o a lo «espiritual» (ver también 1 Co. 2:14; 15:44, 46; Jud. 19). Tiene que ver con esa parte del hombre «en la que reinan los sentimientos humanos y la razón humana».[27] Santiago ha colocado estas tres descripciones de la falsa sabiduría en un orden ascendente: «terrenal» o «con los ojos puestos en la tierra»; «puramente humana» o «no espiritual»; y, como colofón, «diabólica». Esta última palabra (gr. *danimoniodes*, lit. «Perteneciente a los demonios») no vuelve a aparecer en todo el texto bíblico. Podría significar que la naturaleza de esa sabiduría es demoníaca o, más probablemente, que el origen de esa naturaleza es demoníaco. Esta idea encajaría bien con la idea opuesta que Santiago ha mencionado en la primera parte del versículo. Esa falsa sabiduría de la que algunos se jactan no es «de lo alto»; es «de los demonios». Resumiendo, esa falsa sabiduría, que no produce buenas obras ni humildad (v. 13), tiene que ver más bien con «el mundo, la carne y el demonio». Claramente, la antítesis de «la sabiduría que desciende del cielo», que definiríamos como celestial (o de naturaleza celestial), espiritual, y divina (o de origen divino).

16 El «porque» que une este versículo con el versículo 15 indica que Santiago ahora va a justificar el duro veredicto que ha emitido sobre la falsa sabiduría en el versículo anterior. El carácter terrenal, humano e incluso demoníaco de esa sabiduría se hace patente cuando vemos los efectos que tiene en la vida de la Iglesia. Para resaltar esta idea, Santiago repite los dos rasgos que caracterizan las vidas de aquellos que se creen «sabios» (v. 14): *envidias y rivalidades [o ambición personal]*. Cuando hay gente que tiene esa actitud, el resultado inevitable es la *confusión y toda clase de acciones malvadas*. La palabra que traducimos por «confusión» o «desorden» (*akatastasia*) es otra forma de una palabra que Santiago ya usó en 1:8 y 3:8 para describir a la persona de doble ánimo y que usa la lengua para bendecir y para maldecir. La NVI traduce esta palabra por «indeciso» e «irrefrenable» respectivamente. El sustantivo que Santiago usa habla de un estado inestable, agitado. Lucas lo usó para describir las guerras y las revoluciones que nos anunciarían la llegada de la parusía (Lc. 21:9). Y Pablo, cuando ruega a los corintios que en la adoración comunitaria usen los dones espirituales de una forma ordenada, les recuerda que «Dios no es un Dios de desorden, (*akatastasis*) sino de paz» (1 Co. 14:33; cf. también 2 Co. 6:5 y 12:20). El mismo «desorden» puede aparecer en las iglesias donde hay gente que se preocupa más por sus intereses personales que por el bien

---

27. Knowling, 87.

del cuerpo. Aunque lo que Santiago dice aquí se puede aplicar a cualquier cristiano que se jacta de ser «sabio y entendido», es muy probable que tuviera en mente a los líderes de la comunidad.[28] Todos sabemos que la envidia y la ambición personal entre los líderes pueden dañar enormemente la unidad y el orden de la Iglesia. Cuando aquellos cuya tarea es dirigir y dar sabio consejo actúan por su interés personal o con un espíritu de envidia, la confusión o el desorden en la Iglesia son inevitables. Además del «desorden», esas actitudes también traen «toda clase de acciones malvadas». La palabra «toda» (gr. *pan*) podría tener aquí el sentido de «toda clase de» (de hecho, así lo entiende la NVI). Algunos comentaristas creen que Santiago podría estar hablando de una acción malvada concreta (p. ej., Johnson sugiere que podría tratarse de denuncias y juicios), pero está claro que el texto griego es más general, y que lo es de forma deliberada. La falsa sabiduría da lugar a todo tipo de acciones malvadas que podamos llegar a imaginar.

17 Santiago nos ha dicho en el v. 15 lo que «la sabiduría que desciende del cielo» no es; ahora nos dice lo que sí es. O, mejor dicho, nos explica lo que *la sabiduría que desciende del cielo* hace o produce. Santiago sigue presentando la compresión bíblica de la sabiduría: la orientación que Dios nos da, orientación que además afecta de forma práctica y profunda el modo en que vivimos. Al igual que la fe verdadera (2:14-26), la sabiduría verdadera se evidencia en la calidad de vida que produce.[29] Pero la descripción que Santiago hace de las cualidades que la sabiduría que desciende del cielo produce se parece a otro texto del NT: la lista de Pablo sobre el «fruto del Espíritu» (Gá. 5:22-23). Aunque la similitud entre ambos textos es mínima, los dos tienen en común la humildad, la paz y la conducta digna de un hijo de Dios. En un sentido, vemos que lo que según Pablo es producto del Espíritu, Santiago dice que es producto de la sabiduría verdadera. Cuando añadimos a esta similitud el hecho de que Santiago nunca menciona la obra del Espíritu, podemos entender por qué algunos eruditos dicen que la sabiduría en Santiago es equivalente al Espíritu en las cartas de Pablo.[30] La literatura judía también respalda esta asociación, pues con frecuencia relaciona estos dos conceptos. No obstante, quizá deberíamos ser precavidos a la hora de sugerir que entre estos dos conceptos también hay una equivalencia teológica. Hemos de recordar que Santiago escribe antes de que Pablo escribiera sus epístolas y antes de estar familiarizado con la teología del apóstol. Por tanto, no podemos «intercambiar» estos conceptos, o

---

28. Martin, 132.

29. Sobre la importancia de 2:14-26 y 3:13-18 en la Teología de Santiago, ver especialmente Hoppe, 9.

30. En cuanto a este tema ver Kira, «The Meaning of Wisdom in James», 24-28, y la sección titulada «Sabiduría» que encontrará en la Introducción de este volumen.

sustituir uno por otro. Además, tampoco está claro que cuando Santiago escribiera su epístola ya existiera una Teología del Espíritu bien definida. Así que diremos que la similitud entre ambas listas es, en todo caso, indirecta. El AT y los escritos judíos nos ofrecen un perfil general del carácter de la persona piadosa. Santiago, siguiendo el AT y a sus predecesores judíos, atribuye esas cualidades a la presencia y al poder de la sabiduría; Pablo, que desarrolla de una forma más completa las implicaciones del cumplimiento del nuevo pacto, las atribuye al Espíritu. Dicho de otro modo, la equivalencia entre los efectos de sabiduría en Santiago y los efectos del Espíritu en Pablo no significan una equivalencia de esos dos conceptos o entidades.

El primer atributo que la sabiduría produce, y el más sublime, es la pureza. La palabra *pura* (*hagnos*) habla de inocencia y de una moralidad intachable. En palabras de Pablo, cuando dijo que quería presentar a la Iglesia «como una virgen pura» (2 Co. 11:2) vemos que este término puede ser un resumen de muchas otras ideas (cf. también 2 Co. 7:11; Fil. 4:8; 1 Ti. 5:22; Tit. 2:5; 1 P. 3:2; 1 Jn. 3:3). Las siete cualidades que aparecen a continuación son expresiones concretas de esa pureza. Y Santiago las presenta en tres grupos. Las tres primeras palabras empiezan con la misma letra y tienen terminaciones similares: *eirenike* («pacífica»), *epieikes* («bondadosa»), *eupeithes* («dócil»). Santiago une dos rasgos más («compasión» y «buenos frutos») mediante la expresión «llena de». Y para unir los dos últimos vuelve a hacer uso de la aliteración, esta vez con el sonido «a» a principio de palabra. Además, ambos tienen una entonación y una métrica similar: *adiakritos* («imparcial»), *anypokritos* («sincera»).

La forma en que Santiago ha ordenado estos términos no implica que se trate de una ordenación o agrupación conceptual. Pero es muy probable que Santiago haya elegido y unido las tres primeras cualidades como introducción, pues el creyente que presenta estas tres características, el creyente que es pacífico, bondadoso o considerado, y dócil o sumiso, es lo opuesto al envidioso y egoísta que actúa guiado por la sabiduría demoníaca (vv. 15-16). La cualidad de «pacífica» es especialmente importante, pues aparece la primera de la lista y luego se retoma en el v. 18. Además, ese deseo por mantener la paz es lo que una comunidad marcada por las disensiones (4:1-2) más necesita. Otra traducción aceptable del término *eirenike*, que en el NT solo vuelve a aparecer en Hebreos 12:11, es «que ama la paz». La asociación entre paz y sabiduría no es nueva, pues ya aparece en el AT (Pr. 3:17). Las dos características que aparecen a continuación están, probablemente, subordinadas a la primera: la persona *bondadosa* y *dócil* será la persona *que ama la paz*. «Bondadosa» (*epieikes*) habla de una disposición a ceder ante los demás, y a no exigirles o reclamarles nada de forma altiva. Para tener esa actitud, el creyente, motivado y capacitado por el Espíritu, seguirá el ejemplo de su Señor, a quien también le caracterizaban «la bondad y la ternura [*epieikeia*]» (2 Co. 10:2). Recordemos que Pablo les dice a los obispos que sean «amables y apacibles» (1 Ti. 3:3; cf. también Hch. 24:4; Fil. 4:5; Tit. 3:2; 1 P. 2:18). Aunque la NVI traduce el tercer término por dócil, *eupeithes* (siendo ésta su única aparición en todo el NT) significa, literalmente, «fácil de persuadir». [Otras versiones traducen «sumisa», pero el término griego de este texto no proviene de la familia de palabras que normalmente traducimos por «sumiso» o «sumisa» (*hypotag-*)]. *Eupeithes* no se refiere a una credulidad ingenua o a una aceptación resignada, sino a la decisión o voluntad de respetar a los demás siempre que no atenten contra los principios teológico-bíblicos y morales.

En el segundo grupo de virtudes, Santiago dice que la sabiduría que desciende del cielo también está *llena de compasión y de buenos frutos*. Jesús dejó claro en muchas ocasiones que la misericordia (*eleos*) es una de las características principales del creyente (Mt. 5:7; 18:21-35; 23:23; Lc. 10:37). Santiago nos da su propia definición de «misericordia» o «compasión»: un amor por el prójimo que se lleva a la acción (2:8-13). Por tanto, no es de sorprender que Santiago mencione la *compasión* cuando menciona los *buenos frutos*: la sabiduría verdadera, al igual que la fe verdadera, debe producir actos de misericordia.

Al final del versículo aparecen dos características más que parecen tener mucho en común. Pero en primer lugar debemos decidir cuál es el significado de la primera de ellas, *adiakritos* (esta es la única vez que aparece en el NT). El prefijo *a-* con el que empieza esta palabra tiene la misma función que en castellano: negar la cualidad a la que acompaña. La palabra *diakritos* viene de un verbo que significa «dudar»/«vacilar» o «hacer una distinción». Así que en este contexto *adiakritos* podría significar «no vacilante», en el sentido de «decidida» o «simple»;[31] o «que no hace distinciones» o «imparcial».[32] Podría tratarse de cualquiera de ambos significados, pues están en consonancia con la enseñanza de la epístola. Santiago ha hablado de la incompatibilidad del cristianismo con la parcialidad (2:1-4), contexto en el que también menciona la misericordia. Pero usa el verbo *diakrino* en 1:6 y 2:4 para hablar de aquel que «está dividido»; y uno de los ruegos más insistentes de esta epístola es que no seamos de doble ánimo (ver en 4:7), sino que seamos fieles a Dios en todo. Y esta idea de una lealtad no dividida encaja muy bien con la siguiente palabra, «sincera» (*anypokritos*), que literalmente significa «fingir». La persona caracterizada por la sabiduría del cielo es estable, digna de confianza y transparente;

31. Dibelius, 214; Hort, 86; Johnson, 275.
32. Laws, 164; Martin, 134. Ver *Testamento de Zabulón* 7:2: «sin discriminación, sed compasivos y misericordiosos con todos».

el tipo de persona que muestra con coherencia las virtudes de la sabiduría y a la que uno se puede dirigir con confianza para buscar guía y consejo.

18 Para cerrar el retrato de las dos «sabidurías», Santiago vuelve a enfatizar lo que parece ser su idea principal: la paz que la sabiduría genuina puede traer a la comunidad. Por tanto, vemos una clara relación con la amonestación que aparece a continuación (4:1-2). Pero la relación con el contexto anterior también es clara, pues en el v. 17 Santiago también ha hablado de la «paz» (y fijémonos también en la repetición de la palabra «fruto»). No obstante, el hecho de que este versículo no encaje aquí de una forma totalmente natural, y que tenga un estilo proverbial, nos hace pensar que Santiago podría estar citando un dicho común entre los creyentes de la Iglesia primitiva.[33] Y esta naturaleza independiente explicaría la dificultad a la hora de determinar su significado. Muchas traducciones entienden que este versículo habla de lo que los pacificadores *producen: los pacificadores que siembran en paz siegan una cosecha [o un fruto] de justicia.* Pero también es posible entender este versículo como una promesa sobre lo que los pacificadores recibirán en respuesta a sus esfuerzos: *la cosecha [o el fruto] de la justicia se siembra en paz para los que hacen la paz.* Esta última traducción tiene un peso gramatical mayor, y también hay un buen grupo de comentaristas que la respalda.[34] Pero la primera, con esa referencia a los buenos resultados que los pacificadores producen, encaja mejor con el contexto; fijémonos que si optamos por esta interpretación, tenemos un claro contraste con las prácticas malvadas que provienen de la sabiduría demoníaca (v. 16). Así que preferimos decantarnos por la primera interpretación: el versículo habla de lo que los pacificadores producen.[35]

¿Y qué es ese *fruto de justicia* que los pacificadores siembran? Podría ser (1) «el fruto que la justicia produce» (*dikaiosynes* como genitivo de origen), o (2) «el fruto que es justicia» (*dikaiosynes* como genitivo epexegético). Esta expresión es bastante común en la LXX, donde casi siempre tiene el segundo significado. Y ese es el sentido que mejor encaja en este contexto, dado que Santiago no habla aquí de la «justicia» como un estatus o relación que no lleva a una vida piadosa. Unos pocos comentaristas se empeñan en definir esta «justicia» de una forma más precisa: Laws dice que Santiago se está refiriendo a la

---

33. Ver especialmente Dibelius, 215.

34. La cuestión aquí es determinar cuál es el significado del dativo *tois poiousin* («los que hacen»). El dativo de beneficio («para», «para el beneficio de») es más común que el dativo agente («por»). Los que respaldan el dativo de beneficio son, p. ej., Mayor, 133; Dibelius, 215; Marti, 135. Ver también las gramáticas, BDF 191 (4); Turner, 238.

35. Ver, p. ej., Ropes, 250-51; Tasker, 82-83; Mussner, 175; Davids, 155; Johnson, 275.

sabiduría,[36] y otros, que se está refiriendo a la paz. Pero en el texto no encontramos ningún elemento para establecer este tipo de distinciones. En Santiago 1:20 la *justicia* es la conducta que agrada a Dios, y ese es el «fruto» del que se habla aquí. Y ese fruto incluye todas las virtudes del v. 17, y, como hemos sugerido, es lo opuesto a «toda clase de acciones malvadas» (v. 16). Esa justicia no se puede dar en el contexto de la ira humana (1:20); pero sí se puede dar en una atmósfera donde reina la paz. Y los que crean una atmósfera así, reciben de su Señor la promesa de que su esfuerzo tiene recompensa: «Dichosos los que trabajan por la paz, porque serán llamados hijos de Dios» (Mt. 5:9).

---

36. Laws, 166. Hace mención de Pr. 11:30, donde se asocia «el fruto de la justicia» al «árbol de vida», y Pr. 3:18, donde «la sabiduría» también se asocia al «árbol de vida».

Santiago 4

1 Como vimos en la introducción a esta sección, la mayoría de comentarios y traducciones establecen una división entre el capítulo 3 y el capítulo 4. Muchos creen que 4:1-10 es una unidad de pensamiento que habla principalmente de la necesidad de arrepentirse de los malos deseos.[1] Otros también incluyen los vv. 11 y12, por lo que hacen hincapié también en la calumnia y las disputas.[2] La pregunta *¿De dónde surgen las guerras y los conflictos entre ustedes?* parece ser una construcción paralela a la pregunta que encontramos en 3:13; y también parece que hay un cambio de tema, pues allí se hablaba de la sabiduría, y aquí se habla de las disensiones en la comunidad. Pero cuando miramos con detenimiento el contenido de 3:13-18 y 4:1-3, descubrimos que Santiago habla del mismo tema en ambos párrafos. Para reconocer esta continuidad es clave recordar que la discusión sobre la sabiduría en los 3:13-18 tiene un énfasis concreto. A él no le interesa hablar de la sabiduría *per se*, sino de ese fruto de la sabiduría que trae orden y paz a la Iglesia. Visto así, 3:13-18 prepara el camino para la amonestación que aparece al principio del capítulo 4.

Por tanto, en 4:1 no hay un cambio de tema; aunque sí hay un cambio de énfasis, se sigue hablando del mismo tema. La alabanza que Santiago hace en el v. 18 de los pacificadores nos introduce de forma natural en esos problemas que piden a gritos la presencia de gente que haga la paz. No sabemos exactamente cuáles eran los problemas de esa comunidad. En este versículo y en el v. 2, Santiago habla de *guerras y conflictos*, y en el v. 2 también habla de matar y de sentir envidia. Hemos de saber que la palabra que traducimos por «con-

1. P. ej., Laws, 167.

2. P. ej., Mussner, 175-76. Frankemölle cree que hay una gran conexión entre 4:1-12 y 1:2-18 (73-74).

flictos» (*machai*) significa «batallas». El hecho de que Santiago la use junto a la palabra que traducimos por «guerras» (*polemoi*), que hacía referencia a guerras o batallas literales, y que en el v. 2 use el verbo «matar», parece indicar que entre los miembros de aquella comunidad había un problema de violencia. Aunque una situación así nos puede parecer imposible (¡ni siquiera la iglesia de Corintio era así de mala!), esta es, a la luz del texto, una interpretación válida. Martin, por ejemplo, nos recuerda que Santiago escribe en la época en la que el movimiento judío de los zelotes era muy influyente. Quizá algunos de los creyentes habían sido zelotes y, por ello, «los miembros de la Iglesia cuentan con la posibilidad de quitarle la vida a alguien como respuesta ante la disensión».[3] Martin tiene razón al decir que el ambiente religioso del contexto de Santiago era muy diferente al nuestro. Pero a mi entender, si los creyentes a los que Santiago escribía estaban atacándose con el propósito de matarse los unos a los otros, Santiago no se habría contentado con esta breve amonestación, sino que habría escrito con mayor claridad y de forma más extensa y contundente. Y aunque es cierto que las palabras griegas que traducimos por «guerras» y «matar» hacen referencia a la violencia física, la palabra *machai* apunta en una dirección distinta. Es verdad que puede hacer referencia a conflictos violentos (p. ej., Jos. 4:13), pero la mayoría de las veces que aparece en la LXX, y las otras tres ocasiones en las que aparece en el NT (2 Co. 7:5; 2 Ti. 2:23; Tit. 3:9), hace referencia a disputas verbales o a una ansiedad interior. Vale la pena destacar la prominencia de esta palabra en el AT (Proverbios) y en los libros sapienciales judíos (Eclesiástico), que tienen mucho en común con la enseñanza de Santiago en esta sección de su epístola. Y aunque la palabra que Santiago usa en su pregunta (*polemos*) se suele usar para hablar de la violencia física, a veces también se usa con un sentido metafórico. Ver, por ejemplo, *Salmos de Salomón* 12:3, que enseña que los labios calumniadores «encienden una guerra» [*polemos*]». Vemos que la palabra en cuestión no solo se usaba para referirse a un conflicto armado, sino también a disputas verbales; y, a pesar de que en el v. 2 Santiago usa la palabra «matar» (de ello hablaremos más adelante), creemos que en estos versículos Santiago tiene en mente ese sentido metafórico. Además, los conflictos verbales encajan perfectamente con el contexto, pues los conflictos verbales siempre van acompañados de las malas palabras, la crítica y la calumnia que ya Pablo mencionará de nuevo más adelante (3:1-12; 4:11-12; 5:9).

Los conflictos de los que Santiago habla con frecuencia han manchado el nombre de la Iglesia cristiana. En el siglo XVII, el filósofo judío Espinosa observó: «Muchas veces me ha sorprendido que personas que se enorgullecen

---

3. Martin, 144; cf. también M.J. Thompson, «James 4:1-4: A Warning against Zealotry?» *ExpTim* 87 (1976) 211-13.

de profesar la fe cristiana, esa fe que promueve el amor, el gozo, la paz, la templanza, y la caridad hacia todos los hombres, se peleen entre ellas con animosidad, rencor y odio amargo».[4] Es cierto que a veces tenemos que enfrentar a los hermanos, y librar alguna batalla. Pero lo que nunca debemos hacer es luchar sacrificando las virtudes y los principios cristianos. No sabemos a qué se debían las disputas de las que Santiago habla.[5] El hecho de que no hable de los temas por los que se discuten sugiere que a él le preocupa más el espíritu egoísta, la amargura y el rencor que hay entre los creyentes, que determinar quién tiene la razón.

A continuación, Santiago aclara que la fuente de esos conflictos no es más que *las pasiones que luchan dentro de vosotros mismos*. La palabra que traducimos por pasiones es *hedone*, que simplemente significa «placer», aunque suele tener el sentido de un placer pecaminoso (de esa palabra griega es de la que proviene el término «hedonismo»). En el NT, una y otra vez tiene esa connotación negativa (Lc. 8:14; Tit. 3:3; 2 P. 2:13). Santiago no fue el primero en decir que las «pasiones» o «deseos» son la fuente del pecado; ver 4° Macabeos 1:25-26: «en el placer (*hedone*) hay una tendencia malévola, que es la más compleja de todas las emociones. Llena el alma de jactancia, codicia, y hambre de honor, rivalidad, malicia; al cuerpo, lo lleva a la glotonería indiscriminada». Sin duda alguna, Santiago habría añadido a esta lista la envidia (ver 4:2) y las rivalidades o ambición personal (ver 3:16). Santiago sigue haciendo uso del lenguaje bélico con el que abre el versículo, pues dice que las pasiones «luchan en vuestros miembros» (la NVI sustituye «en vuestros miembros» por «dentro de vosotros mismos»). Los «miembros» (gr. *mele*) podría referirse a la «partes» del cuerpo humano[6] o a las «partes» de la Iglesia cristiana: los creyentes.[7] Lo más lógico es que se trate de lo primero; ver por ejemplo 1 P. 2:11, donde se usa un lenguaje parecido: «Queridos hermanos, os ruego como a extranjeros y peregrinos en este mundo, que os apartéis de los deseos pecaminosos que combaten contra la vida».

2 La primera parte del v. 2 sigue hablando de la naturaleza de esos deseos pecaminosos que están creando tanta confusión en aquella comunidad. La NVI muestra bastante bien la relación verbal que hay con el v. 1, porque tiene en cuenta que el verbo *epithymeo* también quiere decir «desear» (probablemente,

---

4. *Tractatus Theologico-Politicus*, cap. 6.

5. Mussner (169, 188-89) sugiere que el tema de discusión podría ser el lugar de la Torá. Pero eso no tiene mucho sentido, si tenemos en cuenta la forma tan poco reflexiva en la que Santiago escribe sobre la ley (1:25; 2:8-11; 4:11-12).

6. Crotty, 55-56; Laws, 168; Davids, 157.

7. P. ej., Martin, 144-45.

Santiago decidió no usar la raíz *hed-* porque el verbo de esa raíz no es muy común)[8]. Pero habría quedado aún más claro si en el v. 1 hubiera traducido «deseos» en lugar de «pasiones». Lo que no está claro es a qué se refiere en este versículo cuando habla de «desear». Es difícil determinar la relación entre la serie de verbos que aparece en la primera parte del versículo. Existen principalmente dos alternativas:

1. Una estructura de tres proposiciones:
   a. «Deseáis algo y no lo conseguís».
   b. «Matáis y sentís envidia, y no podéis obtener lo que queréis».
   c. «Reñís y os hacéis la guerra».[9]
2. Una estructura de dos proposiciones:
   a. «Deseáis algo y no lo conseguís; así que matáis».
   b. «Y codiciáis algo y no podéis obtenerlo; así que os discutís y peleáis».[10]

La primera alternativa entiende que la secuencia de verbos positivo-negativo es clave para determinar la estructura del versículo, y por eso las dos primeras proposiciones describen un deseo frustrado. Y en la tercera proposición, Santiago explica cuáles son los resultados de esa frustración. Pero el problema de esa puntuación es la posición aparentemente anticlimática de «matáis». Martin intenta resolver ese problema uniendo el significado del siguiente verbo, «codiciar», al primero: «matáis por envidia». Y Santiago estaría diciéndoles a sus lectores que su campaña de violencia no ha servido para lograr sus objetivos; más bien, todo lo contrario, pues lo que han logrado es engendrar más violencia».[11] Pero pensar en una relación tan directa entre estos verbos no es la lectura más natural de este texto.

A favor de la segunda puntuación tenemos especialmente el paralelismo que se crea al final de las dos proposiciones: «matáis» y «reñís y os hacéis la guerra» ocupan el mismo lugar en la argumentación de Santiago. Estaría sugiriendo que las luchas que están sacudiendo a la comunidad son producto de su envidia, de sus deseos de obtener lo que no tienen. Esto encaja mejor en el contexto, puesto que Santiago ha intentado demostrar que la confusión y las acciones malvadas que hay en la comunidad provienen de «la envidia y las rivalidades» (3:14-16). Además, esta segunda puntuación nos da una secuencia que encaja

---

8. La forma verbal correspondiente a *hedone* no aparece en el NT; y en Tit. 3:3 vemos que *hedone* y *epithymia* eran intercambiables.

9. Entre los comentaristas, ver Dibelius, 218; Davids, 157-58; Martin, 140-41.

10. No solo la mayoría de traducciones, sino que también la mayoría de comentaristas sigue esta interpretación. Ver especialmente Hort, 89; Mayor, 136; Ropes, 254.

11. Martin, 146.

con la tradición moral, de la que Santiago está tomando prestado en esta parte de su epístola.[12] Según esa tradición, la «envidia» (*phthonos*) y los «celos» (*zelos*; cf. 3:14 y 16; y el verbo *zeloo* en este versículo) producen de forma inevitable acciones malvadas, como las disputas, el asesinato y las guerras. En el *Testamento de Simeón* encontramos un ejemplo excelente de este patrón. La sección a la que nos referimos se titula «Con respecto a la envidia [*phthonos*]». Describe cómo, movido por la envidia, Simeón intentó matar a su hermano José. Ya al final de sus días, cuando está escribiendo su testamento, Simeón advierte a sus hijos de que «la envidia domina toda la mente del hombre» y «le empuja a destruir a aquel al que envidia» (3:2-3). El mismo patrón encontramos en los escritos de Epicteto, moralista del siglo II dC. Cuando dice que el César puede liberar a las personas de «las guerras y las batallas», (*polomoi kai machai*) pero no de la «envidia» (*phthonos*), está dando por sentado que hay una relación orgánica entre la envidia y la violencia.[13] En el NT, la decisión de los sumo sacerdotes de llevar a Jesús ante Pilato la atribuye a la «envidia» (*phthonos*) (Mr. 15:10), mientras que la persecución que sufrió la Iglesia perseguida la atribuye en varias ocasiones al «celo» (*zelos*) (Hch. 5:17; 13:45; Fil. 3:6). Aunque Santiago usa la raíz *zelos* y no tanto *phthonos* (que es mucho más común en estas tradiciones), sabemos que eran intercambiables (1º Macabeos 8:16; *T. Simeón* 1:6; 4:5), y que *zelos* también aparece en estas tradiciones.

Por estas razones, deberíamos seguir la sugerencia de la mayoría de traducciones modernas y optar por la segunda alternativa a la que apuntábamos más arriba.[14] Santiago deja claro que los deseos frustrados están llevando a los miembros de la comunidad a luchar los unos con los otros. Pero, ¿hasta dónde lleva esa lucha? ¿Cuál es su intensidad? Llegado este punto tenemos que hablar del significado del término «matar» (*phoneuete*). Como ya hemos visto, algunos comentaristas lo entienden de forma muy literal: los lectores de la Epístola de Santiago, siguiendo la violenta tradición de su trasfondo zelote, se estaban matando entre ellos. Interpretar una palabra según su significado habitual es un procedimiento exegético adecuado. Pero a veces el contexto hace que el significado habitual no sea el más idóneo o, incluso, que no sea posible. Creemos que eso es lo que aquí ocurre. Está claro que los problemas que Santiago está describiendo son problemas que se estaban dando dentro de la comunidad («entre vosotros» [v. 1]). Pero si algo tan serio hubiera estado ocurriendo, Santiago hubiera dedicado más espacio a tratar el tema en cues-

---

12. Ver especialmente Johnson, «James 3:13-4:10».

13. *Discursos*, 3.13.9.

14. La mayor dificultad que se nos plantea con esta puntuación es la presencia de *kai* («y») al principio de la segunda proposición. Pero *kai* puede aparecer en ese tipo de contexto para introducir una segunda frase que tiene un paralelismo con la primera.

tión. Y los zelotes usaban la violencia para atentar con sus correligionarios, aunque entre ellos hubiera diferencia de opiniones. Pero si tomamos el término «matar» con su significado habitual, ¿qué alternativas nos quedan? Algunos han seguido la enmienda de Erasmo, que creía que quizá un escriba temprano cambió el *phthoneite* original, «sentís envidia», por *phoneuete*. Pero las enmiendas (carentes de base textual) siempre tienen que ser el último recurso a la hora de interpretar un texto tan rico en evidencias textuales como es el NT. Otra alternativa, atractiva porque Santiago a menudo se basa en las enseñanzas de Jesús, es interpretar «matáis» en un sentido espiritual (ver Mt. 5:21-26; 1 Jn. 2:15).[15] Sin embargo, en la epístola nada apunta a que debamos hacer una interpretación así. Por tanto, quizá la mejor alternativa es entender «matáis» en su sentido literal, pero como una eventualidad hipotética más que como un hecho real. Como hemos visto, la tradición con la que Santiago está en deuda, a menudo presenta el asesinato como el resultado final de la envidia. Santiago está advirtiendo a sus lectores de que, si no la controlan o trabajan para deshacerse de ella, su envidia les puede llevar a matarse los unos a los otros. Los lectores de Santiago no han llegado a cometer asesinato. Pero entre ellos ya hay *guerras* y *conflictos*; así que si dan rienda suelta a su envidia y codicia, pronto se verán inmersos en una violencia que se les escapará de las manos. Y así, Santiago, nos ofrece un acertadísimo análisis del conflicto humano. La causa de problemas como las discusiones entre personas muy afines, la violencia verbal, o los conflictos nacionales tienen el mismo origen: el egoísmo que nos lleva a querer más de lo que tenemos, a envidiar a los demás y codiciar lo que los otros tienen, ya sea posesiones o posiciones.

Con la expresión «reñís y hacéis la guerra» Santiago da la idea con la que empezó el v. 1. Por ello, podríamos decir que en los vv. 1-2a tenemos un quiasmo:

A. guerras y conflictos (v. 1a)

B que surgen de vuestras pasiones (v. 1b)

B´ Los deseos frustrados (v. 2a) llevan a

A´ riñas y guerras (v. 2b)

Así, el final del v. 2 iría unido al v. 3, donde Santiago explica por qué los deseos de sus lectores no se cumplen. *No tenéis, porque no pedís a Dios*. ¿Qué quieren tener los lectores de Santiago? No lo dice en estos versículos, pero el contexto nos da la respuesta: el tipo de sabiduría que les permitirá ganar

15. Davids (158-59) nos recuerda que en 5:6 Santiago acusa a los ricos de matar a los pobres. No obstante, 5:6 es una denuncia dirigida a aquellos que no forman parte de la comunidad, por lo que no debe tomarse como un paralelo de 4:1-3.

reconocimiento como líderes en la comunidad. Santiago ha reprochado a sus lectores porque quieren ser maestros (3:1) y porque se jactan de ser «sabios y entendidos» (3:13). Al parecer, quieren dirigir la Iglesia, pero no tienen la sabiduría adecuada para ello. Además, el lenguaje que Santiago usa aquí nos recuerda inevitablemente su consejo anterior en cuanto a la sabiduría: «Si a alguno de vosotros le falta sabiduría, pídasela a Dios» (1:5). Según Santiago, sus lectores no obtienen el poder y el prestigio que quieren porque no siguen su consejo: pedírselo a Dios.

3 Aunque la verdad es que sí piden. Si no, Santiago no diría *Y cuando pedís*. Pero *no recibís porque pedís con malas intenciones, para satisfacer vuestras propias pasiones*.[16] El griego no es tan definido como la traducción de la NVI. «Satisfacer» (el verbo es *dapanao*) puede tener un sentido neutro (Mr. 5:26; Hch. 21:24; 2 Co. 12:15), pero en nuestro texto tiene un significado negativo, como en Lucas 15:14, donde dice que el hijo pródigo había «malgastado» toda la herencia que su padre le había dado. Jesús prometió: «Pedid, y se os dará» (Mt. 7:7). Pero está claro que Jesús tenía en mente la petición cuya motivación es el nombre de Dios, su reino y su voluntad (Mt. 6:9-10), y no la petición cuyo objetivo es satisfacer esas «pasiones» (*hedonai*) que luchan dentro de vosotros (cf. v. 1). Hort comenta: «Dios no solo da dones, sino que nos concede el poder disfrutarlos: pero Dios no da al que pide solo pensando en el disfrute. Las peticiones que no tienen puesta su mirada en algo mejor no son oraciones».

---

16. En el texto griego de los vv. 2b-3 hay un sorprendente cambio en la voz verbal *aiteo* («pedís»): Santiago pasa de la voz media, «no pedís a Dios», a la activa, «cuando pedís», para volver a la media, «pedís con malas intenciones». Los eruditos han intentado explicar esta variación de muchas formas distintas. Mayor cree que la voz activa (v. 3a) habla de «la palabra sin el espíritu de oración», mientras que Hort argumenta que la voz activa apunta a «la petición en sí», y la voz media, «pedir algo». En el NT encontramos otras tres ocasiones en las que este verbo cambia de voz. No obstante, en esas tres ocasiones, es muy difícil discernir si el significado es diferente (cf. también A.T. Robertson, *A Grammar of the Greek New Testament in the Light of Historical Research* [Nashville: Braodman Press, 1934], 626). Por tanto, quizá las dos formas verbales de nuestro texto no tengan un significado diferente.

V. UN LLAMAMIENTO A LA INTEGRIDAD ESPIRITUAL (4:4-10)

4 ¡Oh, gente adúltera! ¿No saben que la amistad con el mundo es enemistad con Dios? Si alguien quiere ser amigo del mundo se vuelve enemigo de Dios. 5 ¿O creen que la Escritura dice en vano que Dios ama celosamente al espíritu que hizo morar en nosotros? 6 Pero él nos da mayor ayuda con su Gracia. Por eso dice la Escritura: «Dios se opone a los orgullosos, pero da Gracia a los humildes.» 7 Así que sométanse a Dios. Resistan al diablo, y él huirá de ustedes. 8 Acérquense a Dios, y él se acercará a ustedes. ¡Pecadores, límpiense las manos! ¡Ustedes los inconstantes, purifiquen su corazón! 9 Reconozcan sus miserias, lloren y laméntense. Que su risa se convierta en llanto, y su alegría en tristeza. 10 Humíllense delante del Señor, y él los exaltará.

La dura expresión *gente adúltera* marca el inicio del que probablemente es el llamamiento al arrepentimiento más fuerte de todo el NT. Santiago les dice a sus lectores que no flirteen con el mundo, y les habla de las consecuencias que eso tiene para su relación con Dios (v. 4). Les recuerda que Dios es un Dios celoso de su pueblo, y también, que es un Dios de Gracia (vv. 5-6). Y por esa realidad, les insta a que se arrepientan (vv. 7-10). En toda esta sección, podemos ver una fuerte influencia del AT, pues Santiago no solo lo cita en dos ocasiones, sino que el vocabulario y los temas veterotestamentarios están presentes en cada uno de los versículos. Como vimos en la introducción a la sección anterior (3:13-4:3) y en las notas sobre 4:1, la mayoría de los comentaristas une la sección de 4:4-10 con la sección de 4:1-3, entendiendo que entre ambas hay una clara continuidad y que, por tanto, debería tratarse como una única sección. Así, el llamamiento al arrepentimiento de los vv. 4-10 solo se estaría refiriendo a la envidia y a las divisiones de las que Santiago ha hablado en 4:1-3. Y la crítica que Santiago les lanza en el v. 3 por pedir de forma egoísta sería el detonante principal de la denuncia que Santiago hace de su actitud idólatra.[17] Pero creemos que 4:4-10 tiene un alcance mucho más amplio. Como indicativo de esa relativa independencia de su contexto más inmediato, vemos que aquí desaparecen, al menos momentáneamente, el vocabulario y la temática moral helenista que encontramos en la sección anterior (3:1-4:3, y especialmente 3:13-4:3). En su lugar, Santiago utiliza un lenguaje y unas ideas procedentes de las denuncias proféticas dirigidas al pueblo de Israel en el AT. En medio de las exhortaciones sobre la forma de hablar, la envidia y las divisiones, Santiago no se puede contener y su pasión le lleva a rogar a sus lectores que abandonen su conducta mundana y que se sometan de nuevo y de

---

17. Por ejemplo, Laws, 173; Johnson, 278.

forma completa a su Dios, que es un Dios celoso y un Dios de Gracia. Santiago recoge en una sola petición todos los temas que trata en su epístola, petición que podría servir como resumen de la intención del autor.

4 Después de todas las ocasiones en las que Santiago ha llamado a sus lectores «hermanos» (1:2; 2:1, 14; 3:1, 10, 12) o incluso «mis queridos hermanos» (1:16, 19; 2:5), la expresión que aquí usa, «gente adúltera», es realmente sorprendente. La palabra en griego es femenina; ver «adúlteras» en la Biblia Textual. Aunque algunos manuscritos contienen tanto el femenino como el masculino (de ahí que la RV Antigua contenga «adúlteros y adúlteras»), parece un claro intento de evitar los problemas que pueden surgir ante una forma en femenino. Una interpretación literal sugeriría que Santiago está acusando a sus lectoras de adulterio.[18] Pero creo que es muy poco probable. No hay nada en el texto que nos haga llegar a esa conclusión, y Santiago procede en los vv. 5-10 a reprobar a sus lectores de una forma más general. Para entender por qué Santiago usa la forma en femenino, hemos de volvernos al AT, especialmente a los libros proféticos.[19] Con frecuencia, los profetas comparan la relación de Jehová y su pueblo con una relación matrimonial. Ver, por ejemplo, Isaías 54:5-6: «Porque el que te hizo es tu esposo; su nombre es el SEÑOR Todopoderoso. Tu Redentor es el Santo de Israel; ¡Dios de toda la tierra es su nombre! El SEÑOR te llamará como a esposa abandonada; como a mujer angustiada de espíritu, como a esposa que se casó joven tan solo para ser rechazada —*dice tu Dios*—». Como en este texto, en numerosas ocasiones el Señor aparece como el esposo, e Israel, como la esposa. Así, cuando la relación de Israel con el Señor se ve amenazada por la idolatría, a Israel se la acusa de cometer adulterio; ver Jeremías 3:20: «Pero tú, pueblo de Israel, me has sido infiel como una mujer infiel a su esposo, *afirma el SEÑOR*» (ver también Is. 57:3; Ez. 16:38; 23:45). Pero donde mejor podemos ver esta imagen es en el libro de Oseas. Dios ordena a Oseas que se case con una prostituta para que la infidelidad de ésta pueda servir para revelar flirteo de Israel con otros dioses. Dios dice que Israel ha «sido infiel» yendo tras otros amantes, Baal y otros dioses falsos (Os. 2:5-7). Jesús retoma esta imagen del matrimonio para hablar del pacto entre Dios e Israel, y por eso llama a los que lo rechazaron «generación malvada y adúltera» (Mt. 12:39; 16:4).

Santiago, siguiendo esta tradición, usa la palabra «adúlteras» para describir a sus lectores como un pueblo infiel a su Dios. Al buscar *la amistad con el*

---

18. Hort, 91-92.

19. Otra sugerencia es que Santiago está siguiendo la presentación de la «mujer adúltera» de Proverbios (ver J. Schmitt, «You Adulteresses: The Image in James 4:4», *NovT* 28 [1986] 327-37).

mundo, están cometiendo adulterio espiritual. Como dice Johnson, la idea de amistad que había en el mundo antiguo nos habla de la seriedad de la acusación que Santiago hace. Hoy en día usamos el término «amistad» de una forma muy casual, pero en el mundo heleno la amistad «implicaba 'compartir todas las cosas' en una unidad tanto física como espiritual».[20] Por eso, podemos entender que Santiago insista en que *si alguien quiere ser amigo del mundo se vuelve enemigo de Dios*. La palabra «enemigo», especialmente a la luz del trasfondo veterotestamentario que hemos mencionado, habla de la hostilidad de Dios hacia el creyente y también del creyente hacia Dios.

No tenemos evidencias de que los lectores de Santiago estuvieran negando a Dios abiertamente, y tomado la decisión consciente de seguir al mundo. Pero estaban viviendo siguiendo los patrones del mundo: practicando la discriminación (2:1-13), hablando mal de los demás (3:1-12), teniendo envidia y rivalidades en el corazón (3:13-18), y siguiendo sus propias pasiones destructivas (4:1-3). Santiago quiere que se den cuenta de que han comprometido su fe. Y eso Dios no lo tolera. Cuando los creyentes se comportan como el mundo, están demostrando que, en ese momento, su alianza es con el mundo, y no con Dios.

5 La aplicación del simbolismo veterotestamentario que Santiago usa en el v. 4, donde la relación entre Dios y su pueblo es una relación matrimonial, es la clave para entender el versículo 5. Aquí Santiago explica por qué el flirteo con el mundo es una cuestión muy seria, y lo hace hablando del celo de Dios: Dios demanda de su pueblo una fidelidad total, firme y sincera. Pero esta no es la única interpretación de este versículo. De hecho, Santiago 4:5 es uno de los versículos más difíciles del NT. Esta dificultad queda reflejada en el hecho de que algunas versiones siguen la interpretación que acabamos de explicar, y otras, entienden que este versículo se refiere a los celos de los seres humanos. Las siguientes son las cuestiones del texto que tenemos que analizar: la identidad de la Escritura de la que Santiago habla al principio del versículo; la referencia al término «espíritu» (*pneuma*); el significado y el objeto del verbo *epipothei* (traducción: desear, anhelar, ansiar); y el significado del término *phthonon* (¿celo divino o envidia humana?). Como la identidad de la referencia bíblica depende totalmente de la traducción que hagamos de la «cita», empezaremos con esta cuestión.

Como sugerimos más arriba, nos encontramos, principalmente, con dos interpretaciones posibles:

---

20. Johnson, 279.

1. Santiago está haciendo referencia al celo de Dios por su pueblo: *Dios ama celosamente al espíritu que hizo morar en nosotros* (NVI).[21]

2. Santiago esta haciendo referencia a la tendencia humana a la envidia: «el espíritu que puso en vosotros se inclina hacia el celo» (BT).[22]

El lector actual se preguntará cómo es posible que estas dos interpretaciones opuestas provengan del mismo texto griego (pues no hay ninguna variante textual). El problema se debe a que este texto presenta tres ambigüedades:

1. La palabra griega que traducimos por «espíritu» es neutra, y por eso puede funcionar como sujeto del verbo *epipothei*, pero también como objeto.[23] Así que, en la segunda alternativa, «espíritu» se entiende como el sujeto, y su significado es el espíritu natural de cada ser humano. Pero en la primera alternativa, donde se interpreta que «espíritu» es el objeto del verbo, el significado es el espíritu que Dios sopló en el hombre para darle vida (Gn. 2:7) o, según algunos, el Espíritu Santo que Dios implantó en los creyentes.[24] Pero si «espíritu» es el objeto del verbo, necesitamos encontrar un sujeto; y los defensores de esta interpretación dicen que la opción más lógica es «Dios», siendo que el verbo habla de la acción de darnos el espíritu que habita en nosotros.

En general, la interpretación más natural es la que apunta al «celo de Dios». Si miramos la sintaxis de la frase, tiene más sentido concluir que «Dios» es el sujeto del verbo principal, *epipothei* («desear», «anhelar»), y también del verbo subordinado *katokisen* («hacer morar»). Pero si Dios es el sujeto de «desear», solo podríamos hablar de un «deseo» positivo; es decir, que el significado de *phthonos* debe ser «celo» (en su sentido positivo), y no «envidia».

2. Pero esa última decisión nos lleva a una segunda ambigüedad: el significado de la palabra *phthonos*. Y sabemos que lo más lógico es interpretarla como una referencia a la «envidia humana», pues en el texto bíblico siempre tiene connotaciones negativas y nunca se usa para referirse a Dios. Además, como ya hemos visto, *phthonos* es una de las palabra clave en la tradición que Santiago ha usado en 3:13-4:3, tradición en la que *phthonos* siempre describe la actitud humana.

---

21. Ver, p. ej., Hort, 93-94; Dibelius, 224; Ropes, 261, 264-65; Mussner, 181-82; Davids, 164; Frankemölle, 602-5; Martin, 145; Klein, 112-15.

22. Ver, p. ej., Laws, 177-78; Adamson, 171-73; Johnson, 280-82.

23. Dicho de otro modo, *pneuma* puede ser nominativo, pero también puede ser acusativo.

24. Una variante de esta interpretación dice que *pneuma* es el sujeto del verbo, pero lo entiende como el Espíritu Santo que habita en el creyente, que ama celosamente al cristiano.

3. La tercera ambigüedad también está estrechamente relacionada con nuestra decisión sobre el significado de *phthonos*: el significado del verbo *epipothei* junto a la preposición *pros*. Si Santiago se está refiriendo aquí a la envidia humana, con la combinación de ese verbo y esa preposición se podría interpretar como «tender hacia». «Hacia» es una traducción perfectamente aceptable de la preposición *pros*, pero «tender» no es la traducción más natural de ese verbo. La interpretación que aboga por «celo divino» adolece del mismo problema, pero a la inversa. «Desear» o «anhelar» es una buena traducción del verbo, pero se ve obligada a hacer una interpretación de la preposición un tanto extraña (como una construcción adverbial): «de una manera celosa». El uso del verbo *epipotheo* tampoco nos ayuda demasiado, pues es un uso muy general. En el griego bíblico nunca se usa en relación con Dios, lo que respaldaría el significado de «envidia humana». Pero en el NT siempre se usa con un sentido positivo, lo que respaldaría el significado de «celo divino».

Vemos, pues, que estos tres elementos exegéticos apuntan en direcciones opuestas. La sintaxis de la frase (punto 1) apunta a que se está hablando del «celo divino»; el significado de *phthonos* (punto 2), que se está hablando de la «envidia humana»; y la construcción *epipotheo pros* es tan ambigua que se podría usar para respaldar ambas interpretaciones. Los que abogan por el significado de «envidia humana» argumentan que hay evidencias determinantes de que el significado de *phthonos* no puede ser otro. Pero nosotros no estamos tan seguros. Dado que *phthonos* y *zelos* a veces se usan de forma indistinta (cf. 1º Macabeos 8:16; *Testamento de Simeón* 4:5; *Testamento de Gad* 7:2), y el segundo se usaba con frecuencia para hablar del «celo» de Dios, así que *phthonos* se podría haber usado para referirse a Dios. Además, los autores griegos a veces usaban el término *phthonos* para referirse al celo de los dioses del Olimpo. Por tanto, y aunque reconociendo que no sería lo más normal, no podemos decir que es imposible que Santiago usara *phthonos* para referirse al celo de Dios por su pueblo.

Como la exégesis de este versículo no nos aporta datos concluyentes, tendremos que recurrir al contexto, que se convierte en un elemento interpretativo indispensable. Una referencia a la envidia humana podría encajar perfectamente con el contexto general, puesto que Santiago les ha advertido sobre ese pecado en tres ocasiones (3:14, 16; 4:2). Y podría argumentarse que una declaración en este v. 5 sobre el pecado humano encajaría como contraste con la «mayor Gracia» de Dios que aparece en el v. 6. Pero creemos que el contexto inmediato respalda de forma clara y decisiva el significado de «celo divino». El v. 5 viene a confirmar la idea que aparece en el v. 4. Y vemos que el v. 4 se centra en el adulterio espiritual que los lectores de Santiago están cometiendo: en lugar de seguir a su único «esposo», el Señor, estaban siguiendo al mundo.

Así que recordarles el celo de Dios y su deseo de que su pueblo viva apartado para Él es un recurso muy natural para animarles a que no flirteen con las actitudes y los valores del mundo.

Como dijimos más arriba, no está claro si lo que Santiago tiene en mente cuando dice «el espíritu que hizo morar en nosotros» es el Espíritu Santo dado a los creyentes, o el espíritu de vida que Dios sopló sobre el ser humano cuando lo creó (Gn. 2:7). La segunda opción parece la más probable, puesto que Santiago en ningún momento menciona al Espíritu Santo. Sea como sea, estas palabras nos recuerdan que Dios tiene derecho a reclamar nuestra fidelidad en virtud de la obra en nuestras vidas.

Ahora ya podemos volver al principio del versículo y decidir a qué «Escritura» se refiere Santiago. La dificultad está en que las palabras que Santiago cita no aparecen en el AT, ni siquiera en los escritos judíos no canónicos. Por tanto, muchos estudiosos creen que Santiago está citando algún texto apócrifo que nunca nos llegó.[25] Pero escritura (*graphe*) solo se usa para hacer referencia a los textos canónicos del AT y NT. Si interpretamos que en este versículo se está hablando del celo de Dios, en el AT encontramos muchas citas que hablan de ese tema (p. ej., Éx. 20:5; 34:14; Zac. 8:2). Algunos insisten en que el hecho de que «escritura» esté en singular apunta a que está hablando de un único texto del AT. Pero no necesariamente tiene que ser así; en Juan 7:37-39, «escritura» hace referencia a diferentes citas que hablan de un mismo tema (y cf. también, posiblemente, Mt. 2:23; Gá. 3:22). Así, podemos decir que *graphe* está haciendo referencia al tema bíblico del celo de Dios por su pueblo.[26]

6 Nuestra decisión sobre el significado del v. 5 determinará la naturaleza del suave contraste que encontramos en 6a: *Pero él nos da mayor ayuda con su Gracia*. Si el v. 5 hace referencia a los deseos pecaminosos del espíritu humano, entonces la «mayor» (*meizona*) *Gracia* estará apuntando a la capa-

25. Algunas sugerencias son *El Apocalipsis de Moisés* 31; el libro perdido de *Eldad y Modad* (ver especialmente D. Deppe, «The Sayings of Jesus in the Epistle of James» [Tesis Doctoral, Free University of Amsterdam, 1989], 38-42); y un libro desconocido (ver Adamson, 170-71, donde aparece una lista con otras sugerencias).

26. Laws argumenta que Santiago estaría haciendo referencia a versículos como Salmos 42:1 y 84:2, que hablan del anhelo (*epipotheo*) de nuestra alma por el Señor. Esta autora puntúa la frase de forma interrogativa: «¿El anhelo piadoso es la forma adecuada de expresar el deseo del alma?», y sugiere que estos versículos nos dan la respuesta (Laws, 174-79; y, con más detalle, «Does Scripture Speak in Vain? A Reconsideration of James IV.5», *NTS* 30 [1974] 210-15; ver también Adamson, 170-73; Schlatter [249] ya había mencionado el Salmo 42:1 en relación con este versículo. Pero, en mi opinión, esta interpretación no tiene mucha base.

cidad y deseo por parte de Dios de vencer el pecado: «Dios nos da la Gracia que necesitamos para enfrentarnos a ese y a todo espíritu maligno» (Phillips). Pero si el v. 5 habla del celo de Dios por su pueblo, como hemos defendido, entonces aquí Santiago nos está recordando que la Gracia de Dios sirve para que podamos responder de forma adecuada al deseo de Dios de que su pueblo le sea completamente fiel. Nuestro Dios es «fuego consumidor», y el hecho de que odie la infidelidad puede parecer aterrador. Pero nuestro Dios también es un Dios misericordioso, un Dios de Gracia y Amor, dispuesto a darnos todo lo que necesitamos para cumplir sus demandas. Como dijo Agustín de Hipona, «Dios da lo que demanda».

Pero, siguiendo con la línea de exhortación característica de toda esta epístola, Santiago no se limita a presentar la idea de la Gracia. La Gracia de Dios espera una respuesta: la respuesta de la humildad. Santiago introduce este matiz citando Proverbios 3:34: *«Dios se opone a los orgullosos, pero da Gracia a los humildes»*. (Este texto también aparece en 1 Pedro 5:5, otra muestra de la estrecha relación que hay entre 1 Pedro y nuestra epístola). La humildad de la que se habla en esta cita se convierte en el lema principal de las exhortaciones que aparecen en los vv. 7-10.[27] La Gracia solo es para los que están dispuestos a admitir su necesidad, y aceptan ese regalo de parte de Dios. En cambio, los *orgullosos* se encuentran con la oposición de Dios. La oposición de Dios hacia los arrogantes es un tema recurrente en el AT (ver, p. ej., Sal. 18:27; 34:18; 51:17; 72:4; 138:6; Is. 61:1; Sof. 3:11-12). Vale la pena mencionar que en los escritos griegos el «orgullo» (*hyperephania*) muchas veces va asociado al celo y la envidia.[28] Quizá Santiago quiso que, aunque de forma implícita, viéramos aquí una condena de aquella gente envidiosa y egoísta a la que criticó en 3:13-4:3.

7 Los vv. 7-10 contienen una serie de órdenes extraídas directamente de la cita de Proverbios 3:34 en el v. 6. Si Dios da a los humildes la Gracia necesaria para serle fiel, tendremos que ser humildes si queremos disfrutar de esa Gracia. Santiago recoge este llamamiento a la humildad al principio del v. 7 y en el v. 10: *sométanse a Dios / Humíllense delante del Señor*. El verbo griego en el v. 10, *tapeinoo*, procede de la misma raíz que el término griego «humildad»

---

27. Penner (149-68) dice que este versículo sirve para introducir la última sección de la epístola (4:6-5:12). En esta sección, Santiago alaba a los humildes (4:7-10) y regaña a los «orgullosos» (4:11-5:12). Penner está en lo cierto cuando habla de los paralelismos entre 4:6 y el resto de la epístola; pero en cambio presta muy poca atención a la estrecha relación que hay entre los vv. 4-5 y 6-10 por un lado, y 4:11-12 y 3:1-12 por otro.

28. Ver los textos citados en Johnson, 183.

(*tapeinos*) que aparece en la cita de Proverbios. Esta conexión semántica une estas órdenes a la promesa de la Gracia del v. 6. Y, aunque los verbos son diferentes, *sométanse a Dios* y *humíllense delante del Señor* son muy similares conceptualmente hablando, por lo que podemos decir que estamos ante una inclusión. Y entre estos dos extremos, encontramos una serie de órdenes cuidadosamente estructurada que exponen algunos de los aspectos e implicaciones del llamamiento general a «someterse a Dios».

> *Resistan al diablo, y él huirá de ustedes. (7b)*
>
> *Acérquense a Dios, y él se acercará a ustedes. (8a)*
>
> *¡Pecadores, límpiense las manos!*
>
> *¡Ustedes los inconstantes, purifiquen su corazón! (8b)*
>
> *Reconozcan sus miserias,*
>
> *lloren*
>
> *y laméntense. (9a)*
>
> *Que su risa se convierta en llanto,*
>
> *y su alegría en tristeza. (9b)*

Lo que Santiago escribe en los vv. 6-10 es sorprendentemente parecido a lo que encontramos en 1 Pedro 5:5-9. Pedro también cita Proverbios 3:34 (v. 5b), siguiendo con la orden de «Humíllense, pues, bajo la poderosa mano de Dios, para que él los exalte a su debido tiempo» (v. 6) y de resistir al diablo (v. 9). Este paralelo nos sugiere que lo que Santiago dice aquí podría ser un reflejo de la llamada al arrepentimiento tan extendida en el cristianismo primitivo.

Someterse a Dios significa ponerse bajo su señorío y, por tanto, comprometernos a obedecerle en todo. El verbo griego (*hypotasso*) significa «poner en orden bajo», y habla de la existencia de una jerarquía o autoridad, como las que Dios instituye en el sistema de gobierno (Ro. 13:1, 5; 1 P. 2:13) y en el matrimonio (Ef. 5:21; Col. 3:18; Tit. 2:5; 1 P. 3:1, 5). La esencia de la incredulidad es no «someterse» a la ley de Dios (Ro. 8:7) y a su justicia (Ro. 10:3). El lenguaje de la sumisión aparece en varias ocasiones en el NT en relación con el frecuentemente citado Salmo 8:6: «Lo entronizaste [al hombre, o 'al hijo del hombre'] sobre la obra de tus manos, todo lo sometiste a su dominio» (la LXX usa el verbo *hypotasso*, «someter»). Ese versículo hace referencia a Cristo, aquel que, como el «hombre» por excelencia, «cumple» esa expectativa (1 Co. 15:27; Ef. 1:22; Heb. 2:5-8), pero el señorío de Cristo sobre la creación solo dura hasta el final del plan redentor. Pablo nos recuerda que Cristo «se someterá» a Dios, que será «todo en todos» (1 Co. 15:28). Con todo y con eso,

Santiago dice que aunque ese momento aún no ha llegado, los cristianos tienen que reconocer el señorío de Dios y someterse voluntariamente a su voluntad.

Las órdenes de este primer pareado, *resistan al diablo* y *acérquense a Dios*, revelan el significado exacto de «someterse» a Dios. Colocarse bajo la autoridad de Dios significa, a su vez, negarse firmemente a seguir la voluntad del diablo. El verbo que traducimos por «resistir» significa «hacer frente», y también puede traducirse por «oponerse» o «aguantar» (ver, p. ej., Hch. 6:10; Ro. 9:19; Ef. 6:13). La palabra diablo es *diabolos* en griego, que se usa en la Septuaginta para traducir *stn*, la raíz hebrea de la que deriva la palabra «Satán». Por tanto, los títulos tienen el mismo significado (cf. Ap. 20:2), y ambos sugieren que uno de los propósitos principales del diablo es «separar a Dios y al hombre».[29] Cuando nos mantenemos firmes contra los propósitos del diablo, dice Santiago que *él huirá de ustedes*.[30] Aunque el diablo tiene poder, el cristiano puede estar completamente seguro de que Dios le ha dado la capacidad de triunfar sobre ese poder.

8 En paralelo a la orden con promesa del v. 7b, en 8a también tenemos otra orden con promesa (aunque ahora la orden es en afirmativo, y no en negativo como en 7b): *Acérquense a Dios, y él se acercará a ustedes.* El verbo «acercarse» (gr. *engizo*), normalmente hace referencia a la idea veterotestamentaria de acercarse a Dios en adoración (p. ej., Lv. 21:3, 21, 23; Is. 29:13; 58:2; 65:5; Ez. 40:46; etc.), y en el NT aparece con ese mismo significado en una ocasión más (Heb. 7:19). Pero en este contexto no encaja la idea del llamamiento a acercarse a Dios en adoración, porque a continuación Santiago usa el mismo verbo para decir que Dios se acerca a nosotros. Así que probablemente está usando ese verbo con el mismo sentido que se usa en Oseas 12:6: «Pero tú debes volverte a tu Dios, practicar el amor y la justicia, y confiar siempre en él [LXX *engize*, «acercarte siempre a él»]». Ver también el *Testamento de Daniel* 6:2, donde la orden de «acercarse a Dios» va precedida de una exhortación a «mantenerse alerta para hacer frente a Satanás y a sus espíritus». Santiago nos está animando a que como parte importante de nuestro sometimiento a Dios (v. 7), nos arrepintamos de nuestros pecados y le busquemos. La promesa de que Dios se acercará a aquellos que se acercan a Él no se refiere, claro está, a la salvación de los incrédulos,[31] sino a la restauración de la comunión entre el cristiano y su Dios. Como el padre del hijo pródigo, Dios siempre está dis-

---

29. Foerster, *TDNT* 2:73.

30. Además de aparecer en 1 Pedro, esta idea también la encontramos en el judaísmo pre-cristiano; ver el *Testamento de Neptalí* 8:4; *Testamento de Isacar* 7:7.

31. Algunos teólogos del siglo XII sostenían esta idea; cf. McGrath, *Iustitia Dei* 1:84.

puesto a recibir de nuevo a sus hijos que, después de flirtear con el pecado, se vuelven a Él.

Al final del v. 8, Santiago añade dos órdenes más que vienen a ofrecer más detalles de lo que hay que hacer para «acercarse a Dios». Todas estas órdenes son un llamamiento a un arrepentimiento radical que afecta a toda la persona. Las dos que aquí tenemos están formuladas exactamente igual: verbo imperativo y objeto, seguidos de una expresión peyorativa dirigida a los lectores. Y para enfatizar la fuerza de la orden, en el texto griego no aparece ningún artículo, ni pronombre posesivo. La traducción literal sería la siguiente:

> ¡limpiad manos,   pecadores;
> y purificad corazones,   inconstantes!

La descripción fuertemente negativa de los lectores que tenemos aquí está en la misma línea que la denuncia que abría esta sección: «Oh, gente adúltera» (v. 4). Como vimos en nuestro comentario del v. 4, estas palabras ganan más fuerza si las comparamos con la forma en la que Santiago venía dirigiéndose a sus lectores: «hermanos míos» o «mis queridos hermanos». Está claro que ve a sus lectores como hermanos en la fe, pero también, como personas que necesitan despertar y darse cuenta de la seriedad del pecado, de la seriedad de abandonar las actitudes y la conducta cristianas. Los de «doble ánimo» (LBLA, RL, BT), los «inconstantes» (NVI) o aquellos que «quieren amar a Dios y al mundo a la vez» (DHH) (gr. *dipsychos*) es, como ya hemos visto, uno de los temas recurrentes de la carta. Santiago usó esta palabra (probablemente acuñada por él) en 1:8 para describir a la persona cuya fe tiembla o vacila. Esta nueva acusación revela que estamos ante un tema realmente serio. Ahora no queda duda alguna: sus lectores están intentando ser «amigos» de Dios y del mundo a la vez (v. 4), un conflicto de fidelidades que el Dios celoso no va a tolerar (v. 5). El cristiano, que vive en esta era «intermedia», se debate entre el reino de Cristo y el reino de Satanás, entre la guía del Espíritu y la guía de la «carne». Si dejamos que «el mundo» nos seduzca, aunque sea solo un poco, ya no estamos siendo completamente fieles a Dios. En lugar de ser de «un solo ánimo», nuestro corazón está dividido y nos convertimos en personas espiritualmente inestables. Los lectores de Santiago son culpables de esta «doblez» porque actúan con una envidia y un egoísmo típicos del mundo (cf. 3:15), no ponen en práctica lo que oyen y predican (1:19-2:26), no usan la lengua como deberían (3:9-10) y luchan entre ellos de forma violenta (4:1-2). Tienen que arrepentirse de ese comportamiento exterior, *límpiense las manos*, y de su actitud interior que es la causante de dicho comportamiento, *purifiquen su corazón*. El simbolismo de «limpiar» y «purificar» proviene de los ritos de purificación del AT que tenían que seguir los sacerdotes para servir al Señor (ese es el significado de esos verbos en los tres versículos en los que aparecen juntos: Nm. 31:23; 2 Cro. 29:15; Is. 66:17). Pero también llegaron a tener un uso más amplio. Y cuando Santiago usa los términos «manos» y «corazón» para referirse a las acciones y a la disposición, también está reflejando otro uso que encontramos en el AT. El salmista dice que para presentarse delante del Señor hacía falta «manos limpias y corazón puro» (Sal. 24:3-4); según Santiago, el mismo requisito es necesario para «acercarse» a Dios.

9 En el v. 8b, Santiago llama al arrepentimiento usando un vocabulario extraído de los ritos cúlticos de purificación. Ahora, en el v. 9, recurre al vocabulario de los profetas. *Reconozcan sus miserias, lloren y laméntense* son expresiones que los profetas usan para describir la reacción de aquellos que sufren el juicio de Dios (p. ej., Is. 15:2; Jer. 4:13; Os. 10:5; Joel 1:9-10; Mi. 2:4) y, detalle más relevante para nuestro estudio, para llamar al pueblo de Dios al arrepentimiento. El profeta Joel, cuando dice al pueblo que el día del Señor está cerca, presenta a un Señor que les invita a volverse «a mí de todo corazón, con ayuno, llantos y lamentos» (Joel 2:12). Santiago, como Joel, está convencido de que el juicio escatológico es «inminente» (5:8); por tanto, como Joel, ruega al pueblo de Dios que se entristezca y se lamente ante el pecado en el que están viviendo, pues esa es una clara marca del verdadero arrepentimiento. A eso se refería Pablo cuando hablaba de «la tristeza que proviene de Dios… que lleva a la salvación» (2 Co. 7:10). Pablo también llamaba a los creyentes a «lamentarse» por su pecado (1 Co. 5:2). Y cuando Pedro niega al Señor, expresa su dolor «llorando amargamente» (Lc. 22:62). Vemos que los autores bíblicos sugieren que, inevitablemente, todo el mundo se «lamentará» por su estado espiritual. Algunos lo harán cuando ya sea demasiado tarde, cuando llegue el día del juicio de Dios. Otros, nos lamentamos ahora ante la realidad de nuestra situación, y nos volvemos de nuestros pecados para mirar a Dios, y así no tener que lamentarnos cuando Cristo vuelva.

Santiago subraya la necesidad de entender la seriedad del pecado añadiendo *que su risa se convierta en llanto, y su alegría en tristeza*. En la literatura judía y veterotestamentaria, la «risa» normalmente se usa como característica del «necio», la persona que se burla de los caminos de Dios y vive la vida entregándose a la indolencia y al placer (ver, p. ej., Pr. 10:23; Ecl. 7:6; *Eclesiástico* 27:13). Jesús se hizo eco de esta tradición cuando dijo «¡Ay de ustedes los que ahora ríen, porque sabrán lo que es derramar lágrimas!» (Lc. 6:25b). Los «amigos del mundo» suelen vivir la vida de una forma despreocupada, sin pensar en las consecuencias de lo que hacen, siguiendo la filosofía hedonista de «comamos y bebamos, que mañana moriremos», ciegos ante la realidad del juicio final. Pero incluso los cristianos comprometidos podemos llegar a tener esa actitud, sobre todo si solo hacemos énfasis en el perdón y la misericordia de Dios. Las palabras de Santiago en este pasaje están pensadas para que no caigamos en eso. Quiere que entendamos que el pecado es algo muy serio: es una ruptura en la relación que tenemos con nuestro padre celestial, ruptura que, si no se arregla, puede dejarnos temporalmente en un caos espiritual. El llamamiento a que nuestra alegría se convierta en tristeza puede sorprendernos si pensamos en palabras como «Alégrense siempre en el Señor. Insisto: ¡Alégrense!» (Fil. 4:4). Pero el gozo del que Pablo está hablando en ese pasaje es el gozo que experimentamos cuando nos damos cuenta de que gracias a las muerte de Cristo, Dios perdona nuestros pecados; el gozo de Santiago 4:9 no es más que la alegría superficial y pasajera que experimentamos cuando pecamos. Pero el verdadero gozo cristiano no se puede experimentar si ignoramos o toleramos el pecado; solo obtendremos ese gozo cuando después de enfrentarnos a la dura realidad de nuestro pecado, lo llevemos ante el Señor en arrepentimiento y humildad, y experimentemos la obra purificadora del Espíritu.

10 La última orden de esta sección, *Humíllense delante del Señor*, retoma la idea con la que empezaba, *sométanse a Dios*, y la idea de la cita de Proverbios 3:34 que sirve como plataforma para las otras órdenes que Santiago lanza. Si Dios da Gracia «a los humildes», es obvio que para experimentar esa Gracia nos tendremos que humillar ante Él. «Humillarnos delante del Señor» significa reconocer nuestra pobreza espiritual, reconocer que necesitamos desesperadamente la ayuda de Dios, y someternos a su voluntad. Vemos un precioso ejemplo de esta humildad en la parábola que Jesús cuenta sobre el fariseo y el recaudador de impuestos. El recaudador de impuestos, completamente consciente de su pecado, clamaba a Dios pidiéndole que tuviera misericordia de él. En respuesta a su humildad, Jesús dijo que quedaba justificado, y resumió la lección con las siguientes palabras: «Todo el que a sí mismo se enaltece será humillado, y el que se humilla será enaltecido» (Lc. 18:14). Estas palabras (que también aparecen en otros textos en los que se habla de la humildad, Mt. 23:12; Lc. 14:11) se usaron como lema en la Iglesia primitiva (cf. 2 Co. 11:7; 1 P. 5:6). Nos recuerdan que no obtenemos vitalidad y la victoria espiritual por nuestras propias fuerzas o esfuerzos, sino al entregarnos completamente al Señor. Cuando intentamos «enaltecernos» confiando en nuestras propias capacidades, en nuestro estatus o nuestro dinero, lo único que obtenemos es fracaso e incluso condena. Cuando intentamos valernos por nosotros mismos, Dios nos humilla. Es la misma idea que Santiago comenta cuando en el capítulo 1 anima al hermano «humilde» a sentirse orgulloso de su «exaltación», y al hermano rico a sentirse orgulloso de su «humillación» (1:9-10).

VI. LA DIMENSIÓN COMUNITARIA DE LA INTEGRIDAD ESPIRITUAL: EL DISCURSO PURO Y LA PAZ, PARTE 2 (4:11-12)

A. La crítica es una violación de la ley (4:11-12)

> *11 Hermanos, no hablen mal unos de otros. Si alguien habla mal de su hermano, o lo juzga, habla mal de la ley y la juzga. Y si juzgas la ley, ya no eres cumplidor de la ley, sino su juez. 12 No hay más que un solo legislador y juez, aquel que puede salvar y destruir. Tú, en cambio, ¿quién eres para juzgar a tu prójimo?*

Los versículos 11-12 son una unidad porque tratan un tema muy concreto: el pecado de la crítica. No es fácil decir qué relación tienen con su contexto más próximo. Algunos intérpretes los asocian con los versículos que siguen a continuación. Cargal, por ejemplo, aunque sugiere que estos versículos sirven de transición, cree que también introducen el último gran apartado de la epístola, que iría hasta 5:20. Según él, las órdenes que encontramos desde 4:11 a 5:19 conforman una especie de inclusión por contraste: los creyentes no deben juzgarse los unos s los otros (4:11), sino restaurar a los que se han extraviado (5:19).[32] Aunque algunos de los que dicen que estos dos versículos van con los siguientes, no creen que la sección a la que pertenecen sea tan extensa. Johnson cree que 4:11-12, 4:13-17 y 5:16 son amonestaciones dirigidas en contra de una forma de arrogancia,[33] mientras que Martin ve tanto en 4:11-12 como en 4:13-17 una amonestación en contra del discurso arrogante.[34] Otros intérpretes, por ejemplo, opinan que estos versículos son el final de una extensa sección sobre los conflictos en la comunidad.[35] En nuestra opinión, ésta última es quizá la interpretación más adecuada. «Hablar mal» (*katalalia*) de los demás es una manifestación del orgullo al que Dios se opone (4:6) y que debemos evitar con esa actitud de humildad ante Dios (4:10). Y normalmente la idea de «hablar mal» aparece asociada a la «envidia» (*zelos*) (2 Co. 12:20; 1 P. 2:1), al «egoísmo» (2 Co. 12:20), a las peleas o conflictos (*polemas* en *Salmos de Salomón* 12:3) y al orgullo (*Testamento de Gad* 3:3); por no decir que también se describe como una manifestación de la «doblez» o el «doble ánimo» (Hermas, *Similitude* 8.7.2; ver *Mandate* 2). Por último, la prominencia de «la ley» y la acción de «juzgar» en los vv. 11-12 se corresponden con el tema de 2:8-13. Allí se citaba el mandamiento del amor en Levítico 19:18;

---

32. Cargal, 170-71.
33. Johnson, 291-92.
34. Martin, 160-61.
35. Davids, 169.

quizá, Santiago tenía en mente Levítico 19:16 cuando habla de la calumnia. El hecho de que, después de haber usado «hermano», cambie a «prójimo», hace que esta hipótesis sea muy probable. Estas conexiones sugieren que los vv. 11-12 conforman una sección independiente que retoma algunos de los temas favoritos de Santiago. Pero la prominencia de esa tradición que asocia la acción de «hablar mal» con los pecados de la envidia, la pelea y el orgullo, que son los temas que aparecen en 3:13-4:10, sugiere que, de una forma más general, los vv. 11-12 pertenecen a la sección que les precede. Quizá deberíamos verlos como una breve «repetición» del extenso párrafo sobre los pecados de la lengua que abrían la sección (3:1-12). En ese caso, estaríamos ante una inclusión sobre la lengua que enmarca la sección 3:1-4:12 de una forma bien definida.

11 Santiago abandona los duros apelativos que utiliza en 4:4 (*gente adúltera*) y 4:8 (*pecadores e inconstantes*), para volver a usar un tono más familiar: *hermanos*. De este modo, nos anuncia que el llamamiento al arrepentimiento, que era el tema central de 4:4-10, finaliza, y que va a seguir con otra serie de exhortaciones relacionadas con la conducta. Y empieza prohibiendo la *calumnia*. En griego es *katalaleo*, palabra cuyo significado literal es «hablar contra» o «hablar en contra de». Hace referencia a diversas formas de discurso dañino: cuestionar la autoridad legítima, como cuando el pueblo de Israel habló «contra Dios y contra Moisés» (Nm. 21:5); calumniar en secreto (Sal. 101:5); acusar injustamente (1 P. 2:12; 3:16). Santiago les dice a sus lectores que no caigan en la calumnia.[36] Aunque no podemos saber por qué la calumnia era un problema en la comunidad, quizá la mejor explicación esté en las divisiones que estaban dándose en la Iglesia (3:13-4:3). Normalmente, cualquier tipo de lucha o conflicto acaba en acusaciones y ataques personales.

La razón por la que Santiago prohíbe la calumnia es interesante: *Si alguien habla mal de su hermano, o lo juzga, habla mal de la ley y la juzga.* En el texto griego, de nuevo tenemos la palabra que significa «hablar contra». Pero Santiago da un paso más allá cuando añade la idea de «juzgar». Sugiere que cuando criticamos a un hermano o hermana, es como si le lleváramos a juicio. El término «ley» probablemente se refiere a la ley del AT, sobre todo porque es muy posible que Santiago tuviera en mente Levítico 19:16: «No andes difundiendo calumnias entre tu pueblo». Este versículo aparece justo

---

36. La forma de la prohibición es *me* + presente del imperativo. Muchos lingüistas creen que esta construcción sirve para ordenar el cese de una actividad que está teniendo lugar: p. ej., «dejad de calumniar». Pero no creo que ese sea el caso aquí. Es probable que el tiempo presente esté describiendo una acción continua, pero no hay razón para pensar que esa acción ya se esté dando. En mi opinión, tiene más sentido ver esta prohibición como una prohibición general de dicha acción: «no calumniéis».

antes del «mandamiento del amor» (Lv. 19:18) que, según Santiago, es «la ley suprema» (2:8); y la idea de la imparcialidad también podría provenir de este texto (19:15). Pero, como vimos en nuestra interpretación de 1:25 y 2:8, cuando Santiago habla del mandamiento del amor y de las exhortaciones que tienen que ver con dicho mandamiento, tiene en mente el marco del nuevo pacto. Por tanto, podríamos decir que cuando en este versículo habla de la ley, sí hace referencia a la ley del AT, pero como una ley vista a través de la «ley del reino» que Jesús enseñó a sus seguidores.

¿En qué se basa Santiago para decir que criticar a un hermano o hermana equivale a criticar la ley? Está claro que falta una parte de la argumentación; pero el cambio que hay en el v. 12, donde Santiago sustituye el término «hermano» por el de «prójimo», apunta a que aquí podemos ver una reminiscencia del mandamiento del amor (confirmando así nuestra sospecha de que Santiago en todo momento tiene en mente el texto de Levítico 19). Así como criticar al hermano contradice el mandamiento de amar a nuestro prójimo, cuando criticamos a un hermano ya no cumplimos la ley. Y, según Santiago, al incumplir la ley, también la «juzgamos». La última parte del versículo explica: *Y si juzgas la ley, ya no eres cumplidor de la ley, sino su juez.* Cuando Santiago contrasta la idea de «juzgar» la ley con la idea de «cumplirla», parece que lo que tiene en mente es que cuando no cumplimos la ley, negamos la autoridad de la ley. Así que, aunque tengamos una opinión muy elevada de la ley de Dios, cuando no la cumplimos le estamos diciendo al mundo que, *de hecho*, no tiene tanto valor como decimos. De nuevo, esa idea tan recurrente en toda la epístola: el cristianismo es real cuando hay obediencia.

12 Pero hay otra razón por la que calumniar está mal, pues implica apropiarse de un derecho que solo le pertenece a Dios: *No hay más que un solo legislador y juez, aquel que puede salvar y destruir.* Los judíos a veces hablaban de Moisés como el «legislador» (p. ej. Filón, *Sobre la vida de Moisés* 2.9), pero Santiago, siguiendo la LXX (Sal. 9:20; la forma verbal aparece, p. ej., en Éx. 24:12), aplica lo que la Palabra de Dios enseña. Y las Escrituras una y otra vez presentan a Dios como el único juez del mundo, el juez que tendrá la palabra final. Para dejar claro cuál es la naturaleza de ese juicio, Santiago añade la siguiente descripción de Dios: *aquel que puede salvar y destruir.* Como dijo Jesús, Dios es el único que puede matar el cuerpo y el alma (Mt. 10:28). Por tanto, cuando Santiago habla de «juzgar», está hablando de determinar el destino final de las personas. Y el creyente no tiene el derecho de pronunciar una sentencia de ese calibre: *Tú, en cambio, ¿quién eres para juzgar a tu prójimo?* Como vimos anteriormente, el hecho de que aquí aparezca el término *prójimo* revela que hay una relación entre la exhortación de Santiago y el mandamiento del amor (Lv. 19:18; cf. Stg. 2:8).

Así pues, a la luz de estos versículos, deberíamos entender que Santiago no prohíbe aquella discriminación adecuada y necesaria que todo cristiano debe ejercer. Ni tampoco prohíbe el derecho que cada comunidad tiene de excluir a aquellos que desobedecen de forma descarada los principios de nuestra fe, o de determinar si los miembros están actuando bien o mal (1 Corintios 5 y 6). Lo que Santiago reprocha es esa lengua envidiosa que condena a los demás diciendo que son culpables ante los ojos de Dios. Pablo también condena este tipo de juicio, amonestando a los cristianos de Roma porque cuestionaban la fe de los hermanos que no aplicaban las leyes rituales del mismo modo que ellos (Ro. 14:1-13; ver especialmente los vv. 3-4 y 10:13). Probablemente, el problema que había entre los lectores de la Epístola de Santiago provenía de una situación similar. En aquella iglesia, un espíritu de egoísmo y amargura (3:13-18) había llevado a sus miembros a pelearse en torno a ciertos temas (4:1-2). Y el uso incontrolado de la lengua (3:1-12) había avivado esas peleas o conflictos: esa es la consecuencia de la maldición (3:10) y la denuncia o acusación (4:11-12). Una conducta así es una manifestación de un espíritu terrenal (3:15; 4:1, 4). Debe sustituirse por «la sabiduría de lo alto», esa sabiduría caracterizada por la mansedumbre, la imparcialidad y la paz (3:17). El flirteo con el mundo es incompatible con el deseo de Dios de que su pueblo sea totalmente fiel (4:4-5). Pero Dios está dispuesto a acercarse al que se arrepiente, abandona el orgullo y el pecado, y se humilla ante él (4:6-10).

VII. LA COSMOVISIÓN DE LA INTEGRIDAD ESPIRITUAL: ENTENDIENDO EL TIEMPO Y LA ETERNIDAD (4:13-5:11)

Llegado este punto, no es fácil discernir el hilo conceptual que Santiago tenía en mente. Hemos argumentado que 3:1-4:12 es una gran unidad, que trata los conflictos que había en aquella comunidad, hablando de las causas (egoísmo, envidia) y de sus manifestaciones (la crítica, la calumnia). Como vimos en la introducción a la sección anterior, muchos comentaristas creen que en 4:6 o 4:11 hay un cambio, pues el autor pasa a centrarse en el tema de la arrogancia, que se extenderá hasta 5:6 o 5:12. Sin embargo, creemos que es mucho más natural decir que el cambio o transición se encuentra en 4:13. En primer lugar, el llamamiento a no hablar mal los unos de los otros que aparece en 4:11-12 forma una inclusión con la sección sobre la lengua en 3:1-12. Estos textos sacan a la luz una de las más serias manifestaciones del egoísmo y las consecuentes riñas que Santiago menciona en 3:13-4:3. En segundo lugar, la fórmula introductoria en 4:13, «Ahora escuchen esto, ustedes que dicen» es paralela a la introducción que encontramos en 5:1-6, «Ahora escuchen, ustedes los ricos». La estructura textual o literaria que Santiago elige, habla de la estrecha relación que hay entre estas dos secciones. Pero las similitudes van más allá de la forma literaria: ambos pasajes critican la actitud de esa gente que, en su situación de bienestar, suponen de forma arrogante que pueden vivir y hacer planes sin tener en cuenta a Dios y la eternidad. El egoísmo arrogante es el tema central de ambos pasajes.

Por tanto, si 4:13 es el inicio de una nueva sección que se extiende al menos hasta 5:6, ¿dónde estaría el final de la sección? Una primera posibilidad sería incluir solamente los dos pasajes paralelos, 4:13-17 y 5:1-6. Pero si tenemos en cuenta el trasfondo bíblico, la llamada a perseverar y tener paciencia con la que empieza 5:7 tiene mucho que ver con 5:1-6 (y también, aunque en menor medida, con 4:13-17). En 5:7-11 Santiago describe la respuesta que los cristianos deberían tener ante el egoísmo arrogante del que ha hablado en los versículos anteriores.

La cuestión subyacente que da cierta unidad a 4:13-5:11 es un choque de cosmovisiones. Por un lado, se nos presenta un modo de entender la vida que no tiene en cuenta a Dios, marcado por la confianza en uno mismo (4:13-17) y el egoísmo (5:1-6), y que ignora o ridiculiza la realidad de Dios y de su juicio final. Según Santiago, los cristianos deben responder con decisión, afirmando la cosmovisión bíblica, marcada por la Providencia de Dios (4:15) y la realidad de que llegará el día en que recompensará a los que han sido fieles, y castigará a los pecadores (5:1, 3, 5, 7).

A. La planificación arrogante no tiene en cuenta la Providencia de Dios (4:13-17)

13 Ahora escuchen esto, ustedes que dicen: «Hoy o mañana iremos a tal o cual ciudad, pasaremos allí un año, haremos negocios y ganaremos dinero.» 14 ¡Y eso que ni siquiera saben qué sucederá mañana! ¿Qué es su vida? Ustedes son como la niebla, que aparece por un momento y luego se desvanece. 15 Más bien, debieran decir: «Si el Señor quiere, viviremos y haremos esto o aquello.» 16 Pero ahora se jactan en sus fanfarronerías. Toda esta jactancia es mala. 17 Así que comete pecado todo el que sabe hacer el bien y no lo hace.

Lo que hay detrás de la arrogancia que encontramos en este pasaje y en el siguiente es la riqueza. Es cierto que no se nos dice que la gente a la que Santiago riñe en 4:13-17 sea rica. Pero los planes de viajar y el deseo de «hacer negocios y ganar dinero» sugieren que pertenecen a una clase con posibilidades. Pero Santiago no nos dice si se trata de gente creyente. Y es muy probable que los «ricos» de los que habla en 5:1-6 no fueran creyentes (ver el comentario más adelante). Los paralelismos entre aquel texto y éste nos podrían llevar a la conclusión de que ambos pasajes describen el pecado y el destino de los ricos que no tienen en cuenta a Dios. Por otro lado, Santiago riñe a los hombres de negocios del capítulo 4 por no ver la vida desde la perspectiva cristiana (v. 14), los anima a hacer sus planes reconociendo la Providencia y la Soberanía de Dios (v. 15), y por último sugiere que, de hecho, ellos ya saben lo que tienen que hacer (v. 17). Lo cierto es que sería un tanto extraño dirigirse así a gente no creyente. Ésta es, quizá, la única gran diferencia entre 5:1-6 y 4:13-17: Santiago condena a los ricos de 5:1, y no muestra ninguna señal de que el destino de esas personas pueda cambiar. Así, en 4:13-17 Santiago vuelve al tema de 1:10-11: les dice a los creyentes ricos que no se jacten de sus logros, sino que pongan su confianza en el Señor.[37]

13 *Ahora escuchen esto* es una traducción bastante adecuada de *age nyn*, que literalmente significa «venid ahora». Esta forma responde al estilo que Santiago ya usa en otros lugares de su epístola (ver especialmente 2:18-21).[38] El tono de Santiago es brusco y admonitorio, reforzado además por la dura expresión que aparece a continuación: *ustedes que dicen*. Este no es el tono normal de Santiago, que en muchas ocasiones se dirige a sus lectores llamándoles «hermanos». Algunos dicen que quizá estas son palabras dirigidas a gente de fuera de la Iglesia, pero deja que los cristianos las oigan para que también aprendan de esta reprimenda. Pero ya hemos dicho que, por el contenido de estos versículos, lo más lógico es pensar que son palabras dirigidas a creyentes. No obstante, el tono que Santiago adopta sugiere que la actitud de esos creyentes no se corresponde con lo que dicen ser. Esta situación nos recuerda a un padre que se ve forzado a reñir a sus hijos cuando no se comportan de acuerdo a los valores que les han enseñado.

La conversación con los hombres de negocios es totalmente ficticia; así lo indican expresiones generales como *tal o cual ciudad*. Santiago usa este recurso para poner en labios de esos hombres palabras que expresen esa actitud que él va a criticar. Aquí tenemos, dice Santiago, a un grupo de personas que planifican su vida según la confianza en ellas mismas. Deciden dónde van a ir, cuándo, y cuánto tiempo pasarán allí.[39] Además, están bastante seguros de cuál será el resultado: *ganaremos dinero*. Santiago describe una escena muy

---

37. Ver, p. ej., Frankemölle, 634-35; Blomberg, 156.

38. La intención de Santiago no es que funcione como imperativo, pues usa la forma singular del verbo (*age*), que no concuerda con el sujeto plural (*hoi legontes*, «ustedes que dicen»).

39. El griego que Santiago usa para expresar esa última idea, *poiesomen ekei eniauton* (lit., «haremos allí un año») es la forma coloquial de decir «pasaremos allí un año» (cf. construcciones similares en Hch. 15:33; 18:23; 20:3; 2 Co. 11:25).

familiar para el lector del primer siglo. Esa época estuvo caracterizada por el crecimiento de la actividad comercial, especialmente en las ciudades helenas de Palestina (como las de Decápolis). Y los judíos, como es bien sabido, eran los primeros en embarcarse en cualquier aventura comercial. Muchos habían marchado de Palestina a otras ciudades del Mediterráneo en busca de ganancia económica. Y, claro está, también es una escena muy familiar para el lector del siglo XXI. Ahora viajamos de otro modo, los medios de transporte han cambiado y las distancias se han reducido, pero la cuestión de fondo es la misma.

No obstante, llegado este punto hemos de tener cuidado y no hacer una mala interpretación de las palabras de Santiago. Es muy tentador (y algunos intérpretes han sucumbido ante esta tentación) pensar que esta amonestación está dirigida a aquellos que buscan el beneficio monetario. Dicho de otro modo, aunque Santiago tuviera en mente el sistema económico que llamamos capitalismo, y aunque pudiéramos debatir sobre la compatibilidad del cristianismo y del capitalismo, es un error decir que eso es lo que Santiago está criticando aquí. Tal como indican los versículos siguientes, Santiago no riñe a esos hombres de negocios por sus planes; ni siquiera por su deseo de obtener beneficios. Les riñe por la confianza que tienen en ellos mismos a la hora de trazar proyectos y llevar a cabo sus planes. Así, hemos de tener cuidado y no llegar a una conclusión errónea bastante común: que Santiago prohíbe a los cristianos que planifiquen o que se preocupen por el futuro. Por ejemplo, Santiago no condena a los que contratan un seguro de vida o ahorran para el día de la jubilación; de hecho, este tipo de medidas a veces se toman como consecuencia de una mayordomía sabia y responsable. Lo que Santiago condena, como vemos claramente en el v. 16, es cualquier plan de futuro que nace de la arrogancia humana y la facilidad con la que solemos determinar el curso de los eventos futuros.

14 Santiago intenta ahora que esos hombres de negocios entiendan su condición y su lugar en el mundo. Les recuerda quiénes son realmente. Quiere dejarlo claro desde el principio del versículo, y para ello usa la fuerza de la palabra griega *hoitines*: «gente como vosotros». Como vemos, es una palabra que tiene un sentido cualitativo. Por eso creemos que las versiones más comunes no hacen justicia al texto original («Y eso que ni siquiera», NVI; «cuando» (RV); «Sin embargo» (LBLA); «cuando» (BT)). Según el texto griego, es como si Santiago estuviera preguntando: ¿Cómo vosotros, siendo el tipo de criaturas que sois, podéis pensar que controláis el curso de los eventos futuros? Santiago quiere hablarnos de la fragilidad de la vida humana y la incertidumbre de todos los planes que el hombre hace. Lo que no está claro exactamente es la forma en cómo lo hace. La NVI (junto con la RV, la BT y otras) divide la primera parte del versículo en dos partes: una afirmación, *ni siquiera saben qué suce-*

derá mañana; y un pregunta, *¿Qué es su vida?* Otras versiones, sin embargo, como LBLA, lo traduce todo como una sola afirmación: «no sabéis cómo será vuestra vida mañana».[40] Es complicado saber qué opción es la más acertada, porque en los manuscritos griegos encontramos diferentes variantes textuales. La principal es la introducción de una conjunción después de «mañana», que nos obligaría a dividir la frase en dos partes (de ahí que versiones como la RV hagan una división tan marcada: «*Porque* ¿qué es vuestra vida?»).[41] Pero en nuestra opinión, esta palabra no debería incluirse. Por otro lado, los manuscritos griegos sí contienen la palabra «porque», pero ésta aparece como introducción a la segunda afirmación del versículo (cf. BT: «Porque sois neblina…»). Así, la cuestión es la siguiente: el lugar en el que aparece el «porque» en los mejores manuscritos (solo en la segunda afirmación) favorece la traducción de versiones como LBLA. Pero la ubicación de la palabra «qué» (*poios*), que aparece casi al final (después de «mañana») favorece la puntuación de la NVI. Esta ordenación hace que sea muy difícil verlo como el objeto de «saben» (*epistasthe*), que es lo que sugiere, por ejemplo, LBLA.[42] Resumiendo, creemos que esta última consideración pesa más que la importancia que la palabra «porque» pueda tener. Así que se debería adoptar la puntuación sugerida por la NVI: afirmación seguida de pregunta.

La traducción que la NVI hace de la afirmación inicial capta bien la idea de una construcción griega muy compacta (el objeto de «saben» en griego es, simplemente, «qué de mañana» [*to tes aurion*]). A continuación, la pregunta aparece de una forma un tanto abrupta (la ausencia de un conector en los mejores manuscritos griegos es bastante inusual); pero esa brusquedad sirve para lograr un efecto retórico. La respuesta a la pregunta sobre «la vida» aparece al final del versículo: *Ustedes son como la niebla, que aparece por un momento y luego se desvanece.* La palabra que traducimos por «niebla» es una palabra poco común en el griego bíblico (*atmis*), que también se puede traducir por «humo» (cf. Hch. 2:19; en el NT, solo aparece en estas dos ocasiones) o incluso «vapor» (LBLA; cf. Os. 13:3[?]). Pero elijamos la palabra que elijamos, la idea está bien clara: la vida humana es transitoria, que existe, y al

---

40. Ver, p. ej., Johnson, 295-96. La puntuación que hay detrás de la traducción que encontramos en LBLA la encontramos en los textos griegos estándar (la 27a edición de Nestle-Aland y la 4a edición del texto UBS). Sin embargo, hemos de recordar que la puntuación del texto griego es mayormente una decisión de los editores modernos.

41. Encontrará una evaluación detallada de las variantes textuales en Metzger, 683-84, y Ropes, 278-79.

42. En el NT *poios* siempre aparece cerca de un verbo de conocimiento cuando es su objeto. Solo lo puede separar del verbo el sujeto del mismo verbo (ver Mt. 24:42 y 43; Lc. 9:55; 12:39; Ap. 3:3).

minuto siguiente puede haber dejado de existir. Una enfermedad, un accidente, o la misma venida de Cristo podrían acortar nuestros días en la tierra, y hacerlo súbitamente, como cuando el Sol de la mañana disipa la niebla, o un cambio en la dirección del viento hace desaparecer el humo.

La naturaleza transitoria de la vida de la que Santiago habla es, de hecho, un tema recurrente en las Escrituras. Proverbios 27:1 dice: «No te jactes del día de mañana, porque no sabes lo que el día traerá». Job 7:7, 9, 16 y el Salmo 39:5-6 describen la vida como un «soplo» o «suspiro». Pero, como ocurre en otras ocasiones en Santiago, aquí también podemos ver una relación muy directa con las enseñanzas de Jesús. En Lucas 12:15, el Señor les dice a las multitudes que se abstengan de la avaricia, y les recuerda que «la vida de una persona no depende de la abundancia de sus bienes». En una breve parábola, Jesús ilustró esta idea hablando de un rico que, como los hombres de negocios de Santiago, había hecho planes de obtener más ganancias, pero murió de forma repentina y no pudo llevarlos a cabo (Lc. 12:16-20). Este pasaje recoge varios temas que Santiago utiliza aquí y en 5:1-6, así que podríamos decir que esta enseñanza de Jesús es la base de estas exhortaciones de Santiago.

15 *Más bien* sirve para unir este versículo con el v. 13: «Ahora escuchen esto, ustedes que dicen [v. 13]… Más bien, debieran decir:…».[43] Santiago anima a estos hombres de negocios presuntuosos y seguros de sí mismos a que añadan a su planificación un detalle clave: *«Si el Señor quiere»*. Esta expresión explícita de dependencia del Señor se conoce como la «condición jacobea» o «condición de Santiago» (*conditio Jacobaea*), aunque es una idea que encontramos a lo largo de todo el NT (en el Padrenuestro, Mt. 6:10; cf. también Mt. 26:42; Hch. 18:21; 21:14; Ro. 1:10; 15:32; 1 P. 3:17). Según Santiago, no es suficiente con reconocer que la vida es incierta y transitoria (v. 14). Después de todo, mucha gente reconoce que eso es así, pero no cree en Dios. Estos hombres de negocios tienen que dar un paso más, y reconocer que sus vidas están en las manos de Dios. Este mundo no es un sistema cerrado; lo que, según nuestra percepción, parece la totalidad de la existencia, no es más que parte del todo. Esta idea no se puede aprehender de forma completa si no tenemos en cuenta el reino espiritual, reino que afecta y determina el reino material en el que vivimos. Es cierto que esta cosmovisión no es exclusivamente cristiana. En tiempos de Santiago había muy pocos agnósticos o ateos; la mayoría de la gente reconocía la existencia de un ser superior. Así que la expresión «si Dios quiere» (*Deo volente*) o «si los dioses quieren» es bastante común en la literatura antigua.[44] Algunos creen que el hecho de que Santiago cite una frase o

---

43. Ver Johnson, 296.
44. Ver Dibelius (233-34), donde aparece una larga lista de ejemplos.

proverbio tan extendido respalda la idea de que los hombres de negocios a los que Santiago se dirige no eran cristianos, y lo que Santiago hace es usar un lenguaje que les resulte familiar para así presentarles la perspectiva cristiana de una forma más eficaz.

Por otro lado, es interesante ver que Santiago les anima a decir «si el Señor quiere», y no «si Dios quiere». El título «Señor» (*kyrios*) reflejaba mejor la perspectiva judeo-cristiana que el título «Dios». «Señor» podría ser una referencia a Jesús, pues esa asociación aparece en diferentes momentos de la carta (1:1; 2:1; 5:7, 8). Pero normalmente le aplica este título a Dios el Padre, el Yahveh del AT, y probablemente ese también sea el caso aquí. Así, Santiago toma una expresión religiosa común, y la usa para transmitir la visión bíblica de la Historia y del Soberano que la gobierna.

Los manuscritos griegos de este versículo ofrecen básicamente dos formas de interpretar las palabras que Santiago quiere que esos hombres de negocios adopten. En algunos, el verbo «vivir» está en subjuntivo, por lo que se incluye en la prótasis o primera parte de la frase condicional; «Si el Señor quiere y aún vivimos, haremos esto o aquello». Pero en los mejores manuscritos el verbo está en indicativo, por lo que se debe incluir en la apódosis o segunda parte de la oración condicional: «Si el Señor quiere, viviremos y haremos esto o aquello».[45] A la luz del recordatorio de que nuestras vidas son como la niebla (v. 14), Santiago añade que la continuidad de la vida depende de la voluntad del Señor. Pero además, a la luz del v. 13, nos recuerda que nuestros planes también deben sujetarse a esa voluntad. Así lo hacía Pablo, que con frecuencia nos habla de su sometimiento a la voluntad de Dios cuando planificaba su trabajo misionero (Hch. 18:21; Ro. 1:10; 1 Co. 4:19; 16:7; cf. Heb. 6:3). Y mucho más significativo es el sometimiento de Jesús a la voluntad del Señor en el huerto de Getsemaní. No obstante, como Calvino dice, Jesús, Pablo y los apóstoles no decían «si Dios quiere» cada vez que hacían planes para el futuro. Pero lo importante no es la verbalización, sino el hecho de que lo habían interiorizado, y para ellos era un principio clave: no hacían nada sin el permiso de Dios. Santiago no dice que esas palabras sean una fórmula mágica. Y, hoy en día, mucha gente usa la expresión «Si Dios quiere» como una frase hecha, sin pensar en el significado de lo que están diciendo. Santiago, en cambio, quiere que pensemos en su significado, pero también quiere que vayamos más allá de las palabras y adoptemos la actitud que hay detrás de ellas. Esa

45. Aunque aún quedaría una dificultad sin resolver debido a la presencia de *kai* (que normalmente traducimos por «y») antes del verbo *poiesomen* («viviremos»). Pero *kai* puede, debido a la influencia semítica, introducir una apódosis (cf. BDF 442[7]). También es posible interpretar que los dos *kai* van juntos y traducirlos por la construcción «tanto... como...» (Davids, 173; Martin, 167).

perspectiva ante la vida debería incluir, también, la posibilidad de lo impre-
visto: «si el Señor permite que esto ocurra». Pero también debería forzarnos a
evaluar nuestra planificación desde una perspectiva ético-bíblica: «si este tipo
de plan está de acuerdo con la voluntad del Señor para sus hijos expresada en
las Escrituras».

16 Este versículo nos ayuda a comprender el problema del que Santiago está
hablando en estos versículos. Lo que Santiago pone en boca de los hombres de
negocios en el v. 13 no es suficiente, pues podríamos encontrar otros lugares
en las Escrituras en los que profetas y apóstoles hablan de sus planes de una
forma similar. Pero el problema, como vemos en este versículo, es la actitud
que hay detrás de esas palabras. *Ahora* (gr. *nym*) nos devuelve a la situación
que Santiago está describiendo, aclarándonos cuál es el verdadero problema.
Y la raíz del problema es la arrogancia: *se jactan en sus fanfarronerías*. En
el texto griego aparece un verbo en indicativo, seguido de la preposición *en*
(«en») y el objeto en plural: «os jactáis en vuestras arrogancias» (literal). El
objeto es necesario puesto que el verbo «jactarse» (*kauchaomai*) no siempre
tiene connotaciones negativas. En cuanto al griego bíblico, este verbo se
considera un verbo paulino: Pablo lo usa treinta veces, y Santiago, dos (ver
también 1:9). Combina la idea de «poner la confianza en» y «regocijarse en».
La cuestión es que, en sí mismo, no describe una acción o actitud negativa:
para saber qué connotación atribuirle, nos tenemos que fijar en el objeto de
jactancia (ver el comentario de 1:9). Así que para dejar claro que está hablando
de una jactancia que nace del orgullo y de la capacidad humana para controlar
el futuro, Santiago tiene que introducir un objeto. Pero también podría ser que
el sintagma preposicional no estuviera describiendo la forma de esa jactancia.
Las demás ocasiones en las que encontramos la combinación «jactarse» (*kauchaomai*) y «en» (*en*) en el NT, el objeto de «en» indica el objeto en el que uno
se jacta. Y el hecho de que Santiago use la forma plural del sustantivo (*alazo-
neiais*, «arrogancias») podría apuntar en esa dirección. Phillips capta bien el
significado obtenido si optamos por esta interpretación: «cuando se planifica
el futuro con tanta confianza, se puede caer en el orgullo en uno mismo».[46] La
otra ocasión en el NT en la que aparece la palabra griega que traducimos por
«arrogancia» respalda esta interpretación: «Porque nada de lo que hay en el
mundo —los malos deseos del cuerpo, la codicia de los ojos y la arrogancia de
la vida— proviene del Padre, sino del mundo» (1 Jn. 2:16). Lo que Santiago
condena en este pasaje es esa «arrogancia de la vida», esa autosuficiencia arrogante tan característica del mundo. Santiago concluye diciendo que *toda esta
jactancia es mala*.

---

46. Ver también Martin, 167-68.

A este orgullo arrogante, los griegos lo llamaban *hybris*, y Homero en *La Ilíada* recoge con gran imaginación los estragos que provocó cuando Aquiles sucumbió ante el poder del *hybris*. La cuestión no es solo que la gente no tenga en cuenta a Dios cuando planifica su vida; la cuestión es que además, se jactan de ello, proclamando así su autonomía y su independencia del Señor. Si recordamos la visión que tenemos de esta sección, Santiago no está amonestando a la gente del mundo, sino a los cristianos. Por tanto, nos está advirtiendo de la tendencia del mundo a imponer su visión sobre todos nosotros: de forma sutil, quizá de forma *muy* sutil, nos lleva a asumir que controlamos la duración y la dirección de nuestras vidas. Y esa mentalidad o actitud es contraria a la cosmovisión cristiana en la que hay un Dios que de forma soberana dirige el curso de la vida humana.

17 La enseñanza sobre «los pecados de omisión» en este versículo resulta un tanto extraña, como si se hubiera añadido posteriormente. De hecho, la mayoría de comentaristas cree que el contenido de este versículo es una enseñanza de la tradición que Santiago introduce aquí casi de forma aleatoria. Dibelius, siguiendo la idea de que Santiago es una carta compuesta de enseñanzas inconexas, afirma que este versículo no encaja en el contexto en el que aparece. Sin embargo, Santiago establece una conexión explícita entre este versículo y su contexto, haciendo uso del conector «así que» o «pues» (*oun*). Aunque probablemente sea cierto que se trate de una frase o enseñanza extraída de la tradición, lo más lógico es pensar que Santiago tiene una intención concreta cuando la introduce en este punto de su argumentación. Laws sugiere una explicación «intertextual» un tanto compleja. Ella explica que en Proverbios 3:27-28 se dice que no hemos de demorarnos en hacer el bien al prójimo (y en la Septuaginta, ese consejo está basado en la idea de que «no sabes lo que el día traerá» [Pr. 27:1]). Este lenguaje nos recuerda a 4:15; y en 4:6, Santiago ya ha hecho uso de Proverbios 3. Todas estas conexiones son interesantes, y al estudiar el NT, los estudiosos hoy en día dan mucha importancia a este tipo de «ecos» lingüísticos y conceptuales del AT. Pero la verdad es que la conexión sugerida por Laws es tan solo una especulación. Realmente, la disposición de la frase en este v. 17, las palabras que usa y la forma en las que están ordenadas, no tienen ninguna conexión con ningún texto de Proverbios.

Otros comentaristas sugieren otro tipo de relación con el contexto, diciendo que Santiago está amonestando a los hombres de negocios por no hacer el bien con su dinero (tema implícito en 5:1-6). Pero Santiago aún no ha empezado a hablar del problema de la riqueza. Por lo que deberíamos ver una relación más general entre el v. 17 y lo que Santiago ordena en el v. 15: tener en cuenta a Dios cuando hacemos planes. No tenemos excusa; en cuanto a este tema, sabemos lo que tenemos que hacer. Y Santiago dice que si no lo hacemos, pecamos. No podemos refugiarnos en el hecho de que «no hemos hecho cosas malas». En las Escrituras vemos que los pecados por *omisión* son tan serios como los pecados por *acción*. El siervo de la parábola de Jesús que no usa el dinero que se le ha confiado (Lc. 19:11-27); la gente que no se preocupa de cuidar de los necesitados y marginados (Mt. 25:31-46): todos ellos están condenados por no haber hecho el bien que debían hacer. Hay otra enseñanza de Jesús que nos hace pensar en las palabras de Santiago en este versículo: «El siervo que conoce la voluntad de su señor, y no se prepara para cumplirla, recibirá muchos golpes» (Lc. 12:47). Las palabras que Santiago nos dirige en este versículo son realmente importantes. Cuando pensamos en el pecado, tenemos la tendencia a pensar en las cosas que hemos hecho que no deberíamos haber hecho. Sé que mi confesión ante el Señor suele centrarse en ese tipo de pecados. Pero sé que también debería pedirle perdón por las cosas que Él me manda hacer, y no hago. Quizá no he ayudado a alguien cercano a mí que pasa necesidad; o quizá no he hablado de Dios a un compañero de trabajo cuando ha surgido la oportunidad de hacerlo. Cuando me acerco a Dios en arrepentimiento para confesar mis pecados y recibir su perdón, también debo presentarle este tipo de pecados.[47]

---

47. Ver Tasker, 106-8.

Santiago 5

B. El mal uso de las riquezas y el poder traen el juicio de Dios (5:1-6)

1 Ahora escuchen, ustedes los ricos: ¡lloren a gritos por las calamidades que se les vienen encima! 2 Se ha podrido su riqueza, y sus ropas están comidas por la polilla. 3 Se han oxidado su oro y su plata. Ese óxido dará testimonio contra ustedes y consumirá como fuego sus cuerpos. Han amontonado riquezas, ¡y eso que estamos en los últimos tiempos! 4 Oigan cómo clama contra ustedes el salario no pagado a los obreros que les trabajaron sus campos. El clamor de esos trabajadores ha llegado a oídos del Señor Todopoderoso. 5 Ustedes han llevado en este mundo una vida de lujo y de placer desenfrenado. Lo que han hecho es engordar para el día de la matanza. 6 Han condenado y matado al justo sin que él les ofreciera resistencia.

Como ya vimos en la introducción al 4:13-5:11, esta sección tiene mucho en común con 4:13-17, tanto por el estilo como por el contenido. Ambas secciones empiezan con la fórmula *age nyn*, «venid ahora» (NVI: «ahora escuchen»). Y ambas secciones condenan la búsqueda de la riqueza que no tiene a Dios, ni sigue su voluntad para la Humanidad. Por esta razón, como ya vimos, muchos comentaristas creen que estas dos secciones deben de estar hablando del mismo tipo de personas. La mayoría dice que puesto que 5:1-6 describe a unos ricos malvados, 4:13-17 también debe estar dirigido a no cristianos. Otros aplican la misma regla, pero al revés. Frankemölle, por ejemplo, cree que los hombres de negocios que aparecen en 4:13-17 son cristianos, por lo que los «ricos» que aparecen en 5:1-6 también deben de ser cristianos.[1] Este autor argumenta que las severas palabras de este pasaje tienen el objetivo de abrir los ojos de esos ricos cristianos, para que se den cuenta de que a aquellos que abusan de las riquezas les espera el terrible juicio de Dios. Pero la visión de Frankemölle es difícil de sostener, dado que las diferencias entre 4:13-17 y 5:1-6 son más numerosas que las similitudes. El primer pasaje está escrito en un estilo dialéctico, donde aparecen preguntas, respuestas, y exhortaciones al arrepentimiento. Sin embargo, 5:1-6 no tiene nada de todo eso. El estilo que Santiago usa aquí es como el de los profetas que anunciaban la desgracia que caería sobre las naciones paganas. Los ataca duramente, y no incluye ningún tipo de exhortación.

Los «ricos» que Santiago ataca en este pasaje son terratenientes, como vemos en el v. 4. El AT, la literatura judía, y también la literatura greco-romana con frecuencia criticaban a este grupo de gente por la avaricia con la que adquirían las tierras y por explotar a la gente que trabajaban para ellos. El conflicto socioeconómico entre estas dos clases era muy pronunciado en el siglo I, y Santiago se hace eco de esa realidad.[2] Y, por esa denuncia tan directa de los «ricos», se ha convertido (o lo han convertido) en el portavoz bíblico de la Teología de la liberación. No obstante, como ya vimos en nuestra exposición de 1:10-11, hemos de entender cuál es el significado del término «rico» en el contexto bíblico. Sabemos que no solo tiene un sentido económico, sino que también tiene un sentido teológico; y es cierto que en muchas ocasiones no es fácil decidir cuál de los sentidos tener en cuenta. Lo que sí está claro sobre los «ricos» de este pasaje es que no solo se los condena por su riqueza, sino por el uso pecaminoso que hacen de esa riqueza. Por tanto, aplicar este texto a todos los ricos es hacer una mala interpretación del pasaje. Por otro lado, no podemos ignorar la seria advertencia que se nos hace en este texto sobre el dinero y las posesiones. Uno de los pecados que Dios condena aquí es la acumulación egoísta del dinero y las posesiones (vv. 2-3). En el mundo occidental, donde no se condena la acumulación de riquezas materiales, sino que se admira, los cristianos hemos de enfrentarnos a estas palabras de Santiago y preguntarnos seriamente: ¿Tengo más de lo que necesito? ¿Tengo demasiado?

La estructura de este pasaje es muy clara. La parte central es la condena que Santiago pronuncia sobre los «ricos» (v. 1). Y luego explica las razones por las que estos ricos van a ser condenados: (1) han amontonado riquezas de forma egoísta (vv. 2-3); (2) han abusado de sus trabajadores (v. 4); (3) llevan un estilo

---

1.   Frankemölle, 630-32.

2.   Ver, p. eg., R. MacMullen, *Roman Social Relations: 50 B.C. to A.D. 284* (New Haven: Yale University Press, 1974), especialmente 5-27, 88-120.

de vida desenfrenado (v. 5); y (4) han oprimido «al justo» (v. 6). Y ante todo esto, nos surge la siguiente pregunta: ¿por qué Santiago incluye un mensaje de denuncia de los no cristianos en una carta que está dirigida a la Iglesia? Calvino dice que el autor tiene dos propósitos principales: Santiago «quiere que los fieles, al escuchar el miserable destino de los ricos, ya no envidien su fortuna, y también que, al saber que Dios será el vengador de las injusticias que están sufriendo, puedan soportarlas con calma y resignación».[3]

1 Santiago introduce el tono de amonestación repitiendo la fórmula que usó en 4:13: *Ahora escuchen, ustedes los ricos*; y, como ya dijimos en la introducción a esta sección, estos ricos no forman parte de los cristianos a los que está dirigida esta carta, sino que se trata de un grupo de ricos no cristianos que estaba oprimiendo a la comunidad cristiana.

Las palabras de condena que caen sobre esos ricos están escritas al estilo de los profetas del AT. Los términos *lloren* (*klaio*) y *griten* (*ololyzo*, palabra onomatopéyica, que suena como aquello que describe) aparecen con frecuencia en los profetas cuando se habla de cuál será la reacción de los malvados en el día del Señor, aunque en la Biblia griega solo aparecen juntos en este texto. Ver, por ejemplo, Isaías 13:6: «¡Giman [el mismo término que en Stgo 5:1 se traduce por «a gritos» o «griten»], que el día del Señor está cerca! Llega de parte del Todopoderoso como una devastación»; cf. también, p. ej., Is. 15:3; Amós 8:3). De hecho, *alolyzo*, en el AT solo aparece en los profetas, y siempre en un contexto de juicio (Is. 10:10; 13:6; 14:31; 15:2-3; 16:7; 23:1, 6, 14; 24:11; 52:5; 65:14; Jer. 2:23; 31:20, 31; Ez. 21:17; Os. 7:14; Amós 8:3; Zac. 11:2). Este trasfondo deja claro que *las calamidades que les vienen encima* a los ricos no se refieren al sufrimiento terrenal y temporal, sino a la condenación y al castigo que Dios les infligirá en el día del juicio. Es interesante recalcar que la palabra griega que traducimos por «calamidades» está en plural (pues algunas versiones la traducen en singular), probablemente para acentuar el grado de calamidad que vendrá con el juicio (en el NT, esta palabra solo vuelve a aparecer en Ro. 3:16).

Como ya dijimos en la Introducción en otras partes de este comentario (ver los comentarios de 1:9-11 y 2:5), la denuncia de los ricos que encontramos en esta epístola no es nueva, sino que retoma y desarrolla un tema que aparece en toda la Biblia. La preocupación de Dios por los pobres ya queda reflejada en muchas de las leyes mosaicas que dan al pueblo de Israel dirección para que vivan en relación con su Dios y cumplan su parte del pacto. Más adelante,

---

3. Calvino, 342. Wessel va más allá y sugiere que esta predicación podría ser un intento profético de alcanzar a los no creyentes que frecuentaban las asambleas cristianas (965).

en muchas ocasiones, el pueblo de Israel hacía caso omiso de estas leyes, y los pobres quedaban bajo la opresión de los ricos, los poderosos y los terratenientes. Como resultado, el término «ricos» a veces se usa como sinónimo de «injusto» (Pr. 10:15-16; 14:20). Los profetas retoman esta asociación y, con frecuencia, denuncian la opresión socioeconómica de los ricos (ver especialmente Amós). Los autores judíos intertestamentarios continúan en esta crítica social (ver especialmente *1º Enoc* 94-105), crítica que también está presente en el NT. Jesús, particularmente en el Evangelio de Lucas, dice claramente que las riquezas pueden suponer una seria amenaza para el discipulado. En una enseñanza muy similar a la de Santiago, Jesús advierte a los ricos de que el «consuelo» que tienen en este mundo será sustituido por las lágrimas en el siguiente (Lc. 6:24-25). En Apocalipsis 18:10-24 aparece una larga lista de estos «¡ay de vosotros!» dirigidos a los comerciantes de la tierra que «lloran» ante la devastación de la gran ciudad, Babilonia. En todos estos casos, no siempre es fácil determinar con qué criterio se juzga a los ricos. Pero aunque algunas tradiciones condenan a los ricos simplemente por el hecho de ser ricos, en el NT la condena de los ricos casi siempre está asociada al *mal uso* de las riquezas. Ése es, de hecho, el caso de nuestro texto; para comprobarlo, solo hace falta que nos fijemos en la lista de los pecados de los ricos que Santiago elabora. Está claro que la intención de Santiago no es juzgar a todos los ricos pues, como vimos en Santiago 1:10, parece ser que entre los lectores de esta epístola había un grupo de cristianos ricos. Por tanto, la expresión *ustedes los ricos* significa, como ocurre con frecuencia en las Escrituras, los ricos *malvados*. Pero, habiendo dicho esto, me veo obligado a llamar la atención de los cristianos occidentales (la mayoría «ricos», si pensamos en términos comparativos), pues la enseñanza de este párrafo no es irrelevante. No podemos pasar por alto el hecho de que «los ricos» y «los malvados o impíos» son dos términos que en la Biblia se asocian con mucha facilidad. Las Escrituras nos advierten de que las riquezas pueden ser un obstáculo para el discipulado cristiano, para seguir a Jesús. No en vano Jesús advirtió: «Les aseguro —comentó Jesús a sus discípulos— que es difícil para un rico entrar en el reino de los cielos» (Mt. 19:23).

2-3 Santiago recalca el tono condenatorio al estilo profético de este párrafo usando una serie de proposiciones y frases breves, y colocándolas una tras otra, sin ningún nexo de unión. Este patrón puede verse claramente en los versículos 2 y 3. El versículo 2 es una frase compuesta por dos proposiciones simples que describen la naturaleza transitoria de las posesiones: *Se ha podrido su riqueza, y sus ropas están comidas por la polilla.* El versículo 3 (que no va introducido por ningún nexo de unión) retoma el tema del v. 2 y lo desarrolla. La primera proposición habla de la fugacidad de la riqueza: *Se han oxidado su oro y su* *plata*. Y acto seguido, Santiago aplica las ideas que ha plasmado en las tres primeras proposiciones, y lo hace con otra frase compuesta de dos proposiciones simples: *Ese óxido dará testimonio contra ustedes y consumirá como fuego sus cuerpos*. Toda esta argumentación concluye con unas palabras enigmáticas: *Han amontonado riquezas, ¡y eso que estamos en los últimos tiempos!* Aunque no aparece ninguna marca de unión, está muy claro que estos dos versículos explican la primera razón que hay detrás de la condena que Santiago pronuncia en el v. 1: han usado sus riquezas para su propio beneficio.

Algunos comentaristas creen que Santiago se podría estar refiriendo a las tres principales riquezas materiales del mundo antiguo: los productos agrícolas (*riqueza*), *ropas*, y metales preciosos (*oro y plata*). Pero el término riqueza (gr. *ploutos*) es una palabra muy general, que puede referirse tanto al dinero, como a las posesiones de cualquier tipo; y no tenemos una base suficiente para restringir su significado en este versículo. De hecho, una traducción literal nos obligaría a restringirnos a las posesiones que pueden «podrirse». Pero las ocasiones en las que este verbo aparece en la LXX (en el NT no aparece en ningún otro lugar) nos muestran que se puede aplicar de forma metafórica a cualquier cosa que sea transitoria. Ver, por ejemplo, «Toda obra corruptible *desaparece* y el que la hizo se irá con ella» (Eclesiástico 14:19; cf. también Job 16:7; 19:20; 33:21; 40:12; Sal. 37:6; Ez. 17:9; Ep. Jer. 10). *Sus ropas están comidas por la polilla* nos recuerda a las palabras que Jesús pronunció en cuanto a la fragilidad de los «tesoros en la tierra», que quedarán destruidos por la polilla (Mt. 6:19; cf. también Job 13:28: «El hombre es como un odre desgastado; como ropa carcomida por la polilla»). Menos usual es la siguiente afirmación: *Se han oxidado su oro y su plata*. Aunque algunas versiones traducen la palabra griega *katioo* como «enmohecido» o «corroído», la traducción más adecuada es «oxidado»; no obstante, el oro y la plata son metales que no se oxidan. Algunos comentaristas creen que Santiago, debido a que pertenecía a una clase social baja, quizá no conocía las propiedades de esos metales preciosos. Pero, de hecho, en aquella época ya se usaba la palabra «oxidado» para referirse al oro y la plata (ver, p. ej., Eclesiástico 29:10; Ep. Jer. 10). Parece ser que esa palabra pasó a tener un sentido más general («descomponerse o podrirse»; ver también Ez. 24:6, 11, 12). Así, las tres proposiciones que aparecen en el v. 2 y 3a buscan recordarles a los ricos que Santiago condena que el dinero y las posesiones materiales a las que dan tanta importancia no durarán para siempre. De hecho, el tiempo perfecto que Santiago usa en las tres proposiciones (*sesepen, gegonen, katiotai*) sugiere que las posesiones materiales de esos ricos ya están en un estado propicio para oxidarse. Está claro que, estrictamente hablando, eso no se correspondía con la realidad; y por eso algunos comentaristas sugieren que Santiago usa el tiempo perfecto de forma similar al uso que los profetas hacen del tiempo hebreo equivalente: subrayar la certeza de una predicción sobre el futuro.[4] Pero hemos visto que las imágenes que Santiago usa se usaban de forma metafórica para hablar de que las posesiones materiales eran transitorias y, por ello, no merecían que depositáramos nuestra confianza en ellas. Así que el significado normal del tiempo perfecto en griego, definir una condición, encaja perfectamente.[5] Aunque los ricos no ven o no pueden verlo, sus riquezas ya han perdido su brillo. Su destino ya ha sido fijado. Como todas las cosas de este mundo, pasarán; y por ello, de nada sirven para la vida venidera.

Pero las riquezas, no solo no ofrecen un beneficio duradero a aquellos que las poseen, sino que además servirá de testigo en su contra. La expresión en griego que traducimos por *será un testigo contra vosotros* también podría entenderse en sentido positivo: «será un testigo a vuestro favor» (la palabra griega es *eis*). Pero una traducción así no encaja con el tono de denuncia de todo el párrafo, ni tampoco con las imágenes de este versículo. Porque *consumirá vuestra carne como fuego* es una imagen o simbolismo del juicio de Dios. Véase el mismo tipo de vocabulario en Judit 16:17: «¡Ay de las naciones que se levantan contra mi pueblo! El Señor Todopoderoso las castigará en el día del Juicio: pondrá en su carne fuego y gusanos, y gemirán de dolor eternamente». Pero, ¿qué tiene que ver la naturaleza transitoria de las riquezas con el horrible destino que les espera a los que las poseen? Santiago no deja claro cuál es la lógica de esa asociación, pero podemos extraerla fácilmente de la enseñanza bíblica en general. El hecho de que hayan acumulado tanto, sugiere que estos ricos son culpables de haber invertido en «tesoros en la tierra», lo que ha relegado los «tesoros en los cielos», mostrando así «dónde está su corazón» (Mt. 6:19-21). Ver, por ejemplo, Ezequiel 7:19: «Arrojarán su plata en las calles y su oro se convertirá en cosa abominable; ni su plata ni su oro podrán librarlos el día de la ira del SEÑOR. No saciarán su apetito ni llenarán sus estómagos, porque su iniquidad ha llegado a ser ocasión de tropiezo». Pero puede que aquí esté presente otra idea, muy en consonancia con la preocupación que vemos a lo largo de toda la epístola. El *Eclesiástico*, un libro judío intertestamentario en el que encontramos muchos paralelismos con Santiago, sugiere que hay una conexión entre las riquezas y la actitud egoísta que lleva a no ayudar a los pobres, y lo hace usando un lenguaje muy similar al de Santiago: «Socorre al pobre para cumplir el mandamiento y, en su indigencia, no lo despidas con las manos vacías. Pierde tu dinero por un hermano y un amigo: que no se herrum-

---

4. P. ej., Mayor, 154; Dibelius, 236; Davids, 175; Johnson, 299. Cf. Robertson, *Grammar*, 898.

5. Ver, p. ej., M. Mayordomo-Marin, «Jak, 5,2.3a: *Zukünftiges Gericht oder gegen-wärtiger Zustand?*» ZNW 83 (1992) 132-37.

bre bajo una piedra y lo pierdas. Deposita tu tesoro según los mandamientos del Altísimo y te reportará más provecho que el oro» (Eclesiástico, 29:9-11). En la versión que Lucas hace de las palabras de Jesús sobre los tesoros encontramos una perspectiva similar: «Vended vuestras posesiones y dad limosnas; haceos bolsas que no se deterioran, un tesoro en los cielos que no se agota, donde no se acerca ningún ladrón ni la polilla destruye» (Lc. 12:33). Aquellos que amasan riquezas no solo están demostrando tener unas prioridades totalmente equivocadas; también están impidiendo que otros puedan vivir.[6] Aquí encontramos otra aplicación del proverbio que Santiago cita en 4:17, sobre aquel que sabe hacer lo bueno pero no lo hace. Como dice Calvino: «Dios no ha hecho el oro para que se oxide; ni la ropa para las polillas; al contrario, los ha hecho como ayuda para la vida humana». En este sentido, quizá Santiago quiera que, al menos en parte, veamos la decadencia de los bienes que aparecen en los vv. 2-3 de modo literal: las evidencias del mal uso serán presentadas como testigos en el juicio contra los ricos.

La última proposición del v. 3 es, de nuevo, corta y brusca: *Han amontonado riquezas, ¡y eso que estamos en los últimos tiempos!* La traducción de la NVI no logra reflejar la sorprendente metáfora que Santiago usa. El verbo que utiliza (*thesaurizo*) significa «guardar un tesoro» y, normalmente, tiene un sentido positivo. Por tanto, Santiago podría estar diciendo simplemente que los ricos estaban guardando su dinero para «sus últimos días», por ejemplo, para su jubilación. Pero el cambio que hay hacia las imágenes del juicio en la frase anterior, y el uso de la expresión neotestamentaria «últimos días», nos impiden hacer una interpretación neutra. Siguiendo la predicción profética del AT de que llegaría un periodo, «los últimos días», en el que Dios intervendría de forma definitiva para liberar a su pueblo y juzgar a sus enemigos, los primeros cristianos usaron esta expresión en un sentido teológico (ver Hch. 2:17; 2 Ti. 3:1; Heb. 1:2; 2 P. 3:3). Pero las dos venidas del Mesías también dejan claro que dicha intervención de Dios vendría en dos etapas distintas. Por tanto, «los últimos días» podría referirse al juicio venidero. En ese caso, Santiago, como Pablo en Romanos 2:5, estaría usando «amontonar riquezas» o «amasar tesoros» en un sentido irónico: estos ricos están «amontonando» ira para el día del juicio venidero. Pero la preposición que Santiago usa antes de «los últimos tiempos» (*en*) normalmente se traduce por «en», y todas las veces que la expresión «los últimos días» aparece en el NT hace referencia a ese tiempo presente de cumplimiento. Cuando los primeros cristianos usaban esta expresión para referirse al tiempo en el que vivían transmitían la creencia de que estaban viviendo en una era de duración indefinida que precedía al clímax de la Historia. Santiago comparte esta perspectiva, pues, como vemos

---

6. Ver Dibelius, 236; Tasker, 110-11; Davids, 176.

en 5:8, está convencido de la cercanía de la parusía. Por tanto, lo que Santiago está diciendo es que aquellos que en sus días acumulan riquezas con avidez están pecando porque no tienen en cuenta las demandas que se desprenden de la Gracia que Dios ha mostrado en Cristo, y porque hacen caso omiso de las señales que hablan de que el juicio está muy cerca. Como el rico insensato, los ricos de este texto no supieron tener en cuenta el juicio inminente (Lc. 12:15-21). *Han amontonado riquezas, ¡y eso que estamos en los últimos tiempos!* Nosotros, que también vivimos en esos «últimos días», deberíamos reflexionar en la Gracia que Dios ya ha mostrado y en el juicio final, y dejar que esa reflexión nos empuje a compartir lo que poseemos, en lugar de amontonar de forma egoísta.

4 La primera acusación que Santiago hace de esos ricos malvados es, como acabamos de ver, callada e indirecta. Pero no ocurre lo mismo con la segunda. No tiene pelos en la lengua, y claramente les acusa de no pagar justamente a sus trabajadores. Al usar la palabra «oigan» (gr. *idou*), Santiago quiere llamar su atención. Pero a partir de ahí, no está demasiado claro cuáles son las palabras originales. La mayoría de manuscritos griegos contienen el verbo *apostereo*, que significa «defraudar», «robar» (Mr. 10:19; 1 Co. 6:7, 8; 7:5; 1 Ti. 6:5). Pero dos de los mejores manuscritos contienen *aphystereo*, «privar», «retirar» o «retener» (palabra que no aparece más en el NT; en la LXX, solo en Neh. 9:20 y Eclesiástico 14:14). Es difícil decidirse por un verbo u otro; pero es más lógico pensar que Santiago tuviera en mente el primero, muy común en la tradición bíblica sobre el trato a los pobres, cuya influencia se respira en toda la carta. Ver especialmente Malaquías 3:5: «De modo que me acercaré a ustedes para juicio. Estaré presto a testificar contra los hechiceros, los adúlteros y los perjuros, contra los que explotan a sus asalariados; contra los que oprimen a las viudas y a los huérfanos, y niegan el derecho del extranjero, sin mostrarme ningún temor —dice el SEÑOR Todopoderoso—». Dado que en Santiago encontramos el «mandamiento del amor» (Lv. 19:18; cf. 2:8) y otras posibles alusiones a ese capítulo de la ley, quizá también debiéramos tener en cuenta el trasfondo de Levítico 19:13: «No explotes a tu prójimo, ni lo despojes de nada». Ver también Deuteronomio 24:14-15: «No te aproveches del empleado pobre y necesitado, sea este un compatriota israelita o un extranjero. Le pagarás su jornal cada día, antes de la puesta del sol, porque es pobre y cuenta solo con ese dinero. De lo contrario, él clamará al SEÑOR contra ti y tú resultarás convicto de pecado». Como vemos en este texto de Santiago, en el primer siglo de nuestra era las amonestaciones como esa aún eran necesarias. Aquel periodo fue testigo de una creciente concentración de la tierra en manos de un grupo reducido de ricos terratenientes. Como resultado, muchos granjeros se vieron forzados a ganarse la vida trabajando para los ricos. La parábola de Jesús sobre los trabajadores de la viña (Mt. 20:1-16) refleja esa situación tan común en aquel entonces, y es muy significativo que los trabajadores esperaran recibir su paga al final del día. El pago diario era muy importante para el trabajador que tenía necesidad del «pan de cada día».

Haciéndose eco de Deuteronomio 24:15, que describe a los trabajadores que «claman» al Señor a causa de la injusticia de sus patrones, Santiago dice que el salario no pagado clama contra ustedes. Ese lenguaje nos recuerda a la sangre de Caín que reclamaba la justicia de Dios (Gn. 4:10). Cuando el pueblo de Dios «clama» (gr. *boai*), normalmente está pidiendo a Dios que le libere del peligro y de la injusticia (ver, p. ej., Éx. 2:23; 1 Sa. 9:16; 2 Cr. 33:13; cf. también 3º Macabeos 5:7). Cuando los ricos creen que nadie les ve, y que nadie les podrá acusar, la injusticia sí llega *a oídos del Señor Todopoderoso*. El término *Todopoderoso* capta el sentido del griego, aunque no la forma, que es *sabaoth*, la transliteración de una palabra griega que significa «ejército». El título *Señor de los ejércitos* presenta a Dios como el líder poderoso de un gran ejército. En ocasiones, este ejército es terrenal, como cuando David expresa su confianza en su victoria porque él va «en el nombre del SEÑOR Todopoderoso, el Dios de los ejércitos de Israel, a los que has desafiado» (1 S. 17:45). Pero por lo general se trata de un ejército celestial. En su famosa visión, Isaías vio «al Señor de los ejércitos» o «Señor Todopoderoso» (Isaías 6), y ese se convirtió en su título favorito. Lo usa con frecuencia para describir los juicios de Dios que caerían sobre Israel y las naciones; y a veces, como en Isaías 5:9, ese juicio está asociado a la opresión infligida sobre los pobres. Por tanto, cuando Santiago afirma que Dios conoce las injusticias de los ricos, quiere dejar claro que ese Dios es santo, poderoso, y que va a juzgar a aquellos que infringen sus mandamientos.

5 Santiago continúa usando un estilo condenatorio, y ahora introduce una tercera razón por las que Dios los va a juzgar. Han llevado *una vida de lujo y de placer desenfrenado*. Para transmitir esta idea, Santiago hace uso de dos verbos: *tryphao* y *spatalao*. El primero no tiene por qué tener una connotación negativa; en Nehemías 9:25 (LXX) aparece para describir el bienestar que Dios había dado a los israelitas por obediencia al conquistar la tierra: «Comieron y se hartaron y engordaron; ¡disfrutaron de tu gran bondad!» (cf. también Is. 6:11). Pero en el NT este verbo tiene otra connotación (Lc. 7:25; 2 P. 2:13), y Santiago claramente lo usa para describir un estilo de vida pecaminoso y de excesos. El segundo verbo tiene, sin duda alguna, un sentido negativo. En la Biblia solo aparece aquí, en 1 Timoteo 5:6, «la viuda que se entrega al placer ya está muerta en vida», y en Ezequiel 16:49, donde se condena a la gente de Sodoma por su «gula» y «apatía», y su «indiferencia hacia el pobre y el indigente». La expresión *en este mundo*, que normalmente pasamos por alto, subraya la connotación negativa de estos verbos, pues sugiere un contraste entre los placeres que los ricos han disfrutado en este mundo y el tormento que les espera en la eternidad. Aunque con diferentes palabras, en la parábola del rico y Lázaro encontramos la misma idea: «Hijo, recuerda que durante tu vida te fue muy bien, mientras que a Lázaro le fue muy mal; pero ahora a él le toca recibir consuelo aquí, y a ti, sufrir terriblemente» (Lc. 16:25).

Esta parábola nos recuerda una enseñanza escatológica muy extendida en la Biblia: en esta vida, los ricos disfrutan de bienestar y los pobres experimentan sufrimiento; en la vida venidera, los papeles se intercambiarán. Con la expresión «en este mundo», entonces ya tenemos una clave interpretativa para entender la última parte del versículo: *Lo que han hecho es engordar para el día de la matanza.* El día de la matanza podría referirse a cualquier momento en el que los pobres están sumidos en el sufrimiento y los ricos, disfrutando del lujo y del exceso. Dibelius lo parafrasea de la forma siguiente: «Sois capaces de vivir en medio de la diversión y la abundancia mientras veis a los piadosos en su necesidad». Pero ese recurrente tema del «intercambio de papeles» que hemos mencionado, junto con el paralelismo que existe entre el v. 5b y el v. 3 («han amontonado riquezas, ¡y eso que estamos en los últimos tiempos!»), sugiere que *el día de la matanza* hace referencia a un momento escatológico concreto. Reflejando una tendencia cada vez más extendida en la interpretación escatológica, A. Feuillet argumenta que se podría tratar de una referencia al juicio que cayó sobre Jerusalén y los judíos en el año 70 dC.[7] Pero parece ser que Santiago asocia ese día de juicio con la parusía del Señor (5:7); y esa palabra se convierte en un término técnico que define la venida del Señor en gloria al final de los tiempos. Por tanto, es más probable que *el día de la matanza* sea una descripción del día del juicio final. Aunque no aparece en la Septuaginta, este sintagma tiene un paralelo en el texto hebreo de Isaías 30:25 (v. 24 en el MT), donde se habla del día del Señor. El libro pseudoepigráfico *1º Enoc* también usa el mismo sintagma para describir el juicio (90:4) y en un contexto que tiene muchos paralelismos con Santiago 5:1-6. Además, la Biblia a menudo usa la imagen de la matanza en la batalla para describir el día del juicio (ver, p. ej., Ez. 7:14-23; Ap. 19:17-21). Así, la idea que Santiago tiene en mente es, como en el v. 3, que los ricos están acumulando riquezas de forma egoísta a ignorante y las están gastando en sus propios placeres, ahora que el juicio de Dios es inminente. Los «últimos días» ya han empezado; el juicio

---

7. A. Feuillet, «Le sens du mot Parousie dans l'Evangile de Matthieu – comparison entre Matth. xxiv et Jac. V,1-11», en *The Background of the New Testament and Its Eschatology*, ed. W.D. Davies y D. Daube (Cambridge: Cambridge University Press, 1964), 261-88. Este autor une la interpretación de este pasaje en Santiago a una visión similar de la enseñanza escatológica de Jesús.

podría llegar en cualquier momento; aún así, los ricos, en lugar de actuar para escapar de ese juicio, con su estilo de vida desenfrenado siguen agrandando su culpa. Son como el ganado que los granjeros engordan para el día de la matanza.

6 Santiago ha acusado a los «ricos» de amontonar riquezas (vv. 2-3), abusar de sus trabajadores (v. 4) y vivir entregados al placer. Ahora, en lo que es el clímax de esta denuncia, los acusa de condenar y asesinar *al justo* (gr. *ton dikaion*). Algunos eruditos creen que la construcción en singular con el artículo definido apunta a que Santiago tenía en mente el asesinato de una persona concreta. Basándose en la tradición cristiana primitiva, unos dicen que el «justo» era Jesús mismo.[8] Pero en el contexto no hay nada que apunte a la persona de Jesús. Si la carta es pseudónima, se abre otra posibilidad: que el «justo» sea Santiago mismo, y el texto estaría haciendo referencia a su martirio.[9] Pero, además de los problemas de la teoría de la autoría pseudónima (ver la Introducción), el contexto demanda una referencia más general. «El justo» se refiere al seguidor de Dios, que experimenta la persecución de la que Jesús habló a causa de la injusticia de los ricos. El uso que Santiago hace del término «condenar» (gr. *katadikao*) es el mismo que el que se le da cuando esta palabra se usa como veredicto de un juicio; y eso refleja la enseñanza veterotestamentaria e intertestamentaria dirigida a situaciones en las que los ricos usaban su riqueza e influencia para despojar al justo de sus derechos. Por ejemplo, en Sabiduría 2:6-20, el deseo de los malvados que viven lujosamente en esta vida, sin pensar en el mañana, es «oprimir al pobre, a pesar de que es justo» (v. 10) y «condenarlo a una muerte infame» (v. 20). Ver también especialmente Amós 2:6; 5:12; Miqueas 2:2, 6-9; 3:1-3, 9-12; 6:9-16; Salmos 10:8-9; 37:32; Santiago. 2:5-7. ¿Pero cómo puede decir Santiago que los ricos *han matado al justo*? Probablemente tenía en mente el resultado práctico de las acciones de los ricos: se quedaban con las tierras de los pobres y luego nos les pagaban por su trabajo, con lo cual, los pobres acababan muriendo de hambre. El Eclesiástico, por ejemplo, establece esta conexión: «Mata a su prójimo el que lo priva del sustento, derrama sangre el que retiene el salario del jornalero» (Eclesiástico 34:22).

Casi todas las traducciones modernas interpretan esta parte final de la frase como una afirmación: *sin que él les ofreciera resistencia*. La traducción de la

---

8. Johnson cita Oecumenius, Bede y Casiodoro (304 [aunque él no sostiene este punto de vista]). De entre los estudiosos modernos, ver Feuillet, «Le sens du mot Parousie», 276-77.

9. Ver Mayor, 160; Frankemölle, 662-64 (pero, como paradigmático); y, como posible, Dibelius, 240; Martin, 182.

NVI sugiere que esa actitud de no ofrecer resistencia es anterior a la persecución; es decir, que los ricos arremetieron contra personas que no habían hecho daño alguno. Pero el verbo está en presente del indicativo, por lo que debería traducirse «sin que él les ofrezca resistencia». Así, el énfasis estaría en la no-resistencia del justo, pobre y afligido (cf. Mt. 5:39; Ro. 12:14), que se niega a oponerse, o es incapaz de oponerse, al poder y la influencia de los ricos. No obstante, ante esta floja conclusión, lógicamente han surgido otras interpretaciones alternativas. Dos de ellas son dignas de mención. Ambas interpretan que estas palabras finales son una pregunta. La primera afirma que el sujeto implícito del verbo es «el justo», y la «resistencia» del justo consiste en rogar a Dios que juzgue y lo vindique (cf. Ap. 6:9-11).[10] La segunda defiende que el sujeto implícito es Dios: «¿No te resiste Dios?» o, haciendo referencia al juicio futuro, «¿No te resistirá Dios?».[11] Pero el contexto no nos permite aceptar que «Dios» sea el sujeto, puesto que no se ha mencionado desde 4:15. Es cierto que convertir esta última parte de la frase en pregunta tiene mucho sentido, pero si Santiago hubiera tenido en mente el clamor del justo pidiendo vindicación, el verbo tendría que estar en tiempo futuro. Así pues, concluimos que la mejor interpretación es la más extendida: Santiago concluye el párrafo recordándonos que los justos son víctima indefensas de las estratagemas de los ricos y poderosos.[12]

C. Dios recompensa al que soporta las pruebas con paciencia (5:7-11)

7 Por tanto, hermanos, tengan paciencia hasta la venida del Señor. Miren cómo espera el agricultor a que la tierra dé su precioso fruto y con qué paciencia aguarda las temporadas de lluvia. 8 Así también ustedes, manténganse firmes y aguarden con paciencia la venida del Señor, que ya se acerca. 9 No se quejen unos de otros, hermanos, para que no sean juzgados. ¡El juez ya está a la puerta! 10 Hermanos, tomen como ejemplo de sufrimiento y de paciencia a los profetas que hablaron en el nombre del Señor. 11 En verdad, consideramos dichosos a los que perseveraron. Ustedes han oído hablar de la perseverancia de Job, y

---

10. Ver, p. ej., Ropes, 292; Davids, 180.

11. Ver especialmente Johnson, 305. L. A. Schökel respalda esta interpretación apelando a la estructura literaria de esta parte de la epístola. Ver 5:6 como una inclusión que se remonta a 4:6, donde Dios era el sujeto («James 5,2 [sic] and 4,6» *Bib* 54 [1973] 74).

12. Tasker, 116.

han visto lo que al final le dio el Señor. Es que el Señor es muy
compasivo y misericordioso.

En los dos primeros párrafos de esta sección de la epístola, Santiago critica a los arrogantes que abusan de su riqueza y poder. Es probable que en 4:13-17 tuviera en mente a los hombres de negocios cristianos que tenían demasiada confianza en sí mismos, mientras que está claro que en 5:1-6 carga contra los ricos no cristianos. Pero ninguno de esos dos párrafos contiene el apelativo típico con el que Santiago se dirige a sus lectores: «hermanos». Pero eso cambia en 5:7-11 (vv. 7, 9, 10). Así, Santiago expresa que su intención es centrarse en las actitudes que el pueblo de Dios debe adoptar a la luz de la perspectiva bíblica sobre este mundo y el juicio venidero. Y Santiago no tiene ninguna duda sobre cuál debe ser la actitud básica. Nótese que la expresión «ser paciente» (*makrothymeo*) aparece en el v. 7 (dos veces) y en el v. 8; «paciencia» (*makrothymia*) en el v. 10; «perseverar» (*hypomeino*) y «perseverancia» (*hypomone*) en el v. 11. A la luz de que Cristo vuelve pronto como juez y libertador (vv. 7, 8, 9), los creyentes deben imitar al agricultor (v. 7) y a los profetas (v. 10), que tuvieron paciencia en medio de su situación y los unos con los otros (v. 9), e imitar a Job, que perseveró en medio de unas circunstancias muy difíciles (v. 11).

Existe mucho debate sobre cuál es la contribución de este párrafo al conjunto de la epístola. Recientemente, muchos estudiosos que se centran en las cuestiones literarias más que los intérpretes anteriores, llaman nuestra atención sobre la gran cantidad de semejanzas entre este pasaje y la sección introductoria de la carta (1:2-18). La «bendición» de Dios sobre los que «perseveran» y aguantan es el paralelismo más visible (comparar 5:11 con 1:12). Y de ahí, estos estudiosos concluyen que 5:7-11 es la «introducción» a la conclusión de la carta.[13] Es cierto que existe cierta relación con 1:2-18. Pero creemos que existe una conexión más directa con 5:1-6, para ofrecer la otra cara de la moneda. Es cierto que se trata de una conexión implícita, que nace del reconocimiento de que 5:1-11 forma parte de un patrón bíblico muy extendido. Uno de los ejemplos más claros de este patrón lo encontramos en el Salmo 37. Este salmo es una hermosa canción de ánimo dirigida a los justos. Ellos son «pobres y necesitados» (v. 14), y los malvados los persiguen y afligen (vv. 12-15; 32-33). Son tentados a envidiar la prosperidad de los malvados (vv. 1, 7) y, paradójicamente, a no esperar pacientemente a que los malvados sean juzgados. En medio de esa situación, el salmista anima al justo a «guardar silencio ante el Señor (v. 7); a «refrenar su enojo», porque Dios ciertamente vindicará a los justos, principalmente a los pobres, que estaban sufriendo una situación

13. Ver, p. ej., Frankemölle, 668.

similar. El consejo de Santiago es el mismo que el del salmista: «tened paciencia», pues «la venida del Señor», cuando los malvados serán juzgados (5:1-6) y los justos libertados, «está cerca».

7 El *por tanto* (gr. *oun*) demuestra que para Santiago, estas palabras dirigidas a los creyentes (*hermanos*, o «miembros como yo de la familia de Dios») son una consecuencia lógica de la crítica que ha hecho en 5:1-6 de los malvados. Santiago ha dejado claro que esos ricos, aunque están prosperando, en el día del juicio («día de la matanza» [v. 5]) se tendrán que enfrentar a la condenación eterna. Porque conocemos el destino de los malvados, los creyentes que sufren por la acción de los «ricos» deben *tener paciencia hasta la venida del Señor*. El término que traducimos por «venida» es *parousia*, que significa «presencia» (ver 1 Co. 16:7; 2 Co. 10:10; Fil. 2:12). En el griego secular se usaba para referirse a la «llegada» de un rey o dignatario. Quizá éste sea el trasfondo del término tal y como aparece en el NT, pues los primeros cristianos lo usaban para referirse a la «venida» de Jesús al final de la Historia para juzgar a los malvados (p. ej., Mt. 24:37, 39; 2 Ts. 2:8) y libertar a los santos (p. ej., 1 Co. 15:23; 1 Ts. 2:19; 3:13; 4:15; 5:23). Es cierto que la expresión tal cual Santiago la usa aquí y en el v. 8, «la venida del Señor», solo aparece describiendo el regreso de Cristo en una única ocasión (1 Ts. 4:15). Y «el Señor» podría estar haciendo referencia a Dios el Padre (como en los vv. 4, 10 y 11 en este contexto). Pero la frecuencia con la que los autores del NT usan la palabra *parousia* para referirse a la venida de Cristo sugiere que la palabra adquirió ese sentido específico ya en una etapa muy temprana. Cuando Santiago usa la expresión *la venida del Señor*, no hay duda de que se refiere a la venida de Jesús como Juez y Salvador. No la hay para nosotros, ni tampoco para los receptores originales de la epístola.

Hasta que ese día llegue, Santiago anima a sus lectores a que adopten una actitud de paciencia.[14] Como vimos en la introducción a esta sección, el tema de estos versículos es el llamamiento a la «paciencia» y la «perseverancia». «Paciencia» (de la raíz *makrothym-*) a veces puede diferenciarse de «perseverancia» (de la raíz *hypomon-*); la primera hace referencia a la actitud de aguante que hemos de adoptar ante las demás personas (1 Co. 13:4; Ef. 4:2; 1 Ts. 5:14), y la segunda, a la fuerza que necesitamos para enfrentarnos a las circunstancias difíciles (Ro. 8:25; 2 Co. 1:6; 2 Ts. 1:4). O, dicho de una forma más simple, tenemos que ser *pacientes* con las personas, y *perseverar* en medio de las dificultades. Pero en este texto de Santiago, la distinción no

---

14. El verbo griego (*makrothymesate*) está en tiempo aoristo, por lo que no tenemos demasiada información para concluir cuál es el matiz de esta orden. El tiempo aoristo se suele elegir como la forma más simple y más directa de lanzar una orden.

es tan clara. Porque la «paciencia» (*makrothymia*) de los profetas en el v. 10 parece ser equivalente a la «perseverancia» (*hypomone*) de Job en el v. 11. En el *Testamento de José* 2:7 encontramos un solapamiento similar. José, después de resistir la tentación de la mujer de Potifar, dice: «la paciencia (*makrothymia*) es una medicina poderosa y la perseverancia (*hypomone*) ofrece muchas cosas buenas» (ver también Col. 1:11). La combinación que Santiago hace en este versículo, «tened paciencia hasta» nos ayuda a averiguar el sentido de la palabra. *Hasta* (*heos*) habla tanto de un objetivo, como de un periodo de tiempo: «ejerced la paciencia mientras esperáis, y buscáis, la venida del Señor». Por tanto, la actitud que según Santiago deberíamos tener incluye la resignación en medio del sufrimiento, junto con la esperanza y la confianza de que llegará el día en que los papeles se invertirán. Además, de forma implícita Santiago podría estar prohibiendo a sus lectores que se vengaran de sus opresores.[15] «No tomen venganza, hermanos míos, sino dejen el castigo en las manos de Dios, porque está escrito: "Mía es la venganza; yo pagaré", dice el Señor» (Ro. 12:19).

En un estilo similar al de 3:1-12, Santiago ahora pone un ejemplo de la actitud que acaba de describir (como en 3:4 y 5, la ilustración está introducida por *idou*, «miren»). El agricultor que prepara el campo, siembra la semilla, y espera la cosecha es una forma muy común de ilustrar la paciencia (ver también 1 Co. 9:7, 10; 2 Ti. 2:6). El agricultor puede hacer muy poco para cambiar el resultado; lo que tiene que hacer es esperar, y orar pidiendo que llueva, y que llueva en la época adecuada. En Palestina, el agricultor dependía de la lluvia que caía a finales de otoño y a principios de la primavera.[16] Ver, por ejemplo, Deuteronomio 11:14, donde Dios, en respuesta a la obediencia de su pueblo, promete: «entonces él enviará la lluvia oportuna sobre su tierra, en otoño y en primavera, para que obtengan el trigo, el vino y el aceite». Es muy probable que Santiago tuviera esto en mente, y eso justificara la traducción tanto de la NVI, «temporadas de lluvia», como la de otras versiones que hacen referencia a «la lluvia temprana y la tardía» (ver RV, LBLA, BT). La palabra «lluvia» no aparece en los mejores manuscritos griegos de este versículo, pero añadirla cuando traducimos el texto parece bastante acertado. Y es cierto que las palabras griegas que Santiago usa aquí simplemente significan «temprano» (*proimos*) y «tarde» (*opsimos*), pero la asociación que la Septuaginta hace de esos términos con las estaciones del año justifica la traducción de las versiones

---

15. Ver especialmente Martin, 191, quien, de nuevo, interpreta este texto a la luz del creciente movimiento zelote de los años 60.

16. De hecho, en Palestina, tres cuartos de la lluvia anual cae entre diciembre y febrero, pero la lluvia clave es la que cae a principios y a finales de la época de cultivo. Ver D. Baly, The Geography of the Bible (New York: Harper & Row, 1974), 50-51.

más modernas. Y en este versículo aún podemos ver una asociación más. Todas las referencias del AT a «la lluvia temprana y tardía» aparecen en contextos que afirman la fidelidad del Señor (Dt. 11:14; Jer. 5:24; Os. 6:3; Joel 2:23; Zac. 10:1). Es muy probable que los lectores de Santiago, que conocían la Biblia, detectaran que este versículo se hacía eco de ese tema bíblico; así, Santiago estaría animándoles a confiar en la promesa del Señor: Él volverá, y volverá para juzgar a sus enemigos y liberarles.

8 Santiago les repite que ejerzan la paciencia, imitando al agricultor (*too*), y añade la exhortación a *mantenerse firmes*. La traducción de la NVI es más bien una paráfrasis, pues la traducción literal es «fortaleced vuestros corazones» (ver LBLA, BT y RV). En el contexto escatológico de 1 Ts. 3:13 encontramos la misma expresión, aunque el agente de la acción, de «fortalecer los corazones», es Dios mismo: «Que los fortalezca interiormente para que, cuando nuestro Señor Jesús venga con todos sus santos, la santidad de ustedes sea intachable delante de nuestro Dios y Padre» (NVI) [ver también LBLA: «a fin de que Él afirme vuestros corazones irreprensibles en santidad delante de nuestro Dios y Padre, en la venida de nuestro Señor Jesús con todos sus santos»]. Y este verbo se usa con el sentido de «estar firme espiritualmente» en Lc. 22:32; Ro. 1:11; 16:25; 1 Ts. 3:2; 2 Ts. 2:17; 3:3; 1 P. 5:10; 2 P. 1:12; Ap. 3:2. El objetivo de Santiago es, por tanto, animar a sus lectores a que, en medio de las tentaciones y las pruebas, se mantengan firmes en la fe. Mientras esperan pacientemente la venida de su Señor, los creyentes necesitan fortalecerse para la lucha contra el pecado y las dificultades de esta vida.

En el v. 7, Santiago anima a los creyentes a *ser pacientes* basándose en el *hecho* de que Jesús va a regresar. Ahora vuelve a exhortarles a ser pacientes y a estar firmes espiritualmente, pero lo hace basándose en la *cercanía* de la venida del Señor. El verbo que Santiago usa, *engizo* («está cerca»), aparece en el NT en contextos escatológicos similares. Al principio de su ministerio, Jesús proclamaba: «El reino de Dios está cerca» (Mr. 1:15; cf. también Mt. 3:2; 4:17; 10:7; Lc. 10:9, 11); y Pablo (Ro. 13:12) y Pedro (1 P. 4:7), al igual que Santiago, hablan repetidamente de la «cercanía» del fin. Este tema, que aparece en otros muchos lugares del NT, a veces presentado con otras palabras y con otras imágenes, es uno de los temas más controvertidos del NT. Muchos estudiosos están convencidos de que Jesús mismo predijo que regresaría antes de que sus discípulos murieran, y que los primeros cristianos creían que la parusía era algo inminente. No obstante, como el tiempo pasaba y la parusía no llegaba, los cristianos empezaron a «posponer» la parusía, «trasladándola» a un tiempo indefinido en el futuro. Y, obviamente, Santiago tenía en mente la idea primigenia. Pero, aquellos que como yo creemos en la completa veracidad del NT, creemos que esta idea tiene un serio problema, pues supone que tanto

Jesús como Pablo, Pedro, Santiago y los demás se equivocaron en cuanto a la parusía.

Aquí no podemos tratar todos los textos y temas que deben tenerse en cuenta para responder de forma adecuada a la llamada hipótesis de la «tardanza de la parusía». Pero es necesario que digamos algo en cuanto a la «cercanía» de la que se habla en nuestro texto. No sirve de mucho hacer un análisis del verbo *engizo*, que simplemente hace referencia a la «cercanía» en el espacio (p. ej., Hch. 9:3) o en el tiempo (normalmente en el NT). Pero lo más importante es entender esta «cercanía» en el contexto temporal apropiado: la Historia de la Salvación. Con la muerte y la resurrección de Jesús, y con el derramamiento del Espíritu, se dio inicio a los «últimos días». Esta última etapa de la salvación llegará a su clímax cuando Cristo regrese en gloria. Pero, y esta es la clave de la cuestión, no sabemos cuál es la duración de esta última etapa. Ni siquiera Jesús sabía cuánto iban a durar «los últimos días» (cf. Mr. 13:32). Esto significa que la venida de Cristo, el siguiente evento en la Historia de la Salvación, desde el tiempo de la Iglesia primitiva hasta nuestros días, está «cerca» o es «inminente». Todos los cristianos, en cada generación, vivimos (¡o deberíamos vivir!) conscientes de que la parusía podría llegar en cualquier momento, y de que hemos de tomar decisiones según esa realidad. Así que para nosotros, sigue siendo tan cierto como para los lectores originales de esta epístola: tenemos que *ser pacientes y estar firmes, porque la venida del Señor está cerca.*

9 A primera vista, este versículo no tiene mucho en común con su contexto más próximo, aparte del énfasis en la inminencia del juicio. Por lo que Dibelius, típico de él, dice que este versículo es un dicho aislado.[17] No obstante, si observamos cuidadosamente, veremos que este versículo encaja perfectamente con su contexto. La prohibición de Santiago de «no quejarse los unos de los otros» encaja con uno de los temas más persistentes de la epístola: el problema de la lengua y la murmuración (cf. 1:27; 31-12; y especialmente 4:11-12). Pero quejarse de los que están cerca de nosotros es algo muy común cuando estamos bajo presión o en medio de circunstancias difíciles. Normalmente, en medio del estrés laboral o en medio de una enfermedad nos desahogamos con nuestra familia o amigos más cercanos. Así que sería bastante normal que los lectores de Santiago, bajo la presión de la pobreza y la persecución (cf. 5:1-6), se quejaran de sus frustraciones dejando caer su enfados sobre los más cercanos. Además, la exhortación a ser pacientes en las situaciones de sufrimiento fácilmente podría aplicarse a la paciencia que también debían tener con los demás miembros de la comunidad. Pablo asocia la paciencia con la necesidad de ser

---

17. Dibelius, 244.

«tolerantes unos con otros en amor» (Ef. 4:2) y de no «pagar mal por mal» (1 Ts. 5:14-15).

La palabra quejarse es la traducción de un término griego (*stenazo*) que cuando aparece en la Biblia siempre tiene un sentido absoluto, y que normalmente quiere decir «quejarse» o «suspirar» (26 veces en la LXX y 5 veces más en el NT [Mr. 7:34; Ro. 8:23; 2 Co. 5:2, 4; Heb. 13:17]; lo mismo ocurre con el compuesto *katastenazo*). Y por lo general, esta palabra expresa la frustración del pueblo de Dios cuando está sufriendo opresión o juicio. Ver, por ejemplo, Éxodo 2:23: «Mucho tiempo después murió el rey de Egipto. Los israelitas, sin embargo, seguían lamentando su condición de esclavos y clamaban pidiendo ayuda. Sus gritos desesperados llegaron a oídos de Dios». Santiago claramente usa este verbo para describir la queja de o contra (*kata*) los demás miembros de la comunidad. Pero el uso más común en la Biblia de nuevo añade un pequeño matiz: esas quejas son resultado de la opresión.

Como ya hizo en 4:11-12, Santiago dice que no hemos de hablar mal y así juzgar a los demás. No obstante, en el pasaje anterior había asociado la crítica con el juicio; aquí, advierte que criticar a los demás es peligroso, pues vamos a ser juzgados. Esta advertencia es similar a la conocida prohibición de Jesús: «No juzguen a nadie, para que nadie los juzgue a ustedes» (Mt. 7:1). Para reforzar esta advertencia, Santiago recuerda de nuevo a sus lectores que ese juicio es inminente: *¡El juez ya está a la puerta!* Puesto que Santiago dice en 4:12 que «no hay más que un solo legislador y juez», aquí se podría estar refiriendo a Dios el Padre.[18] Pero el paralelismo entre esta afirmación y las referencias a la parusía que aparecen en los vv. 7-8 nos hace pensar que lo más probable es que, cuando habla del juez, se esté refiriendo a Cristo.[19] Además, Santiago podría estar aludiendo, de nuevo, a las enseñanzas de Jesús, quien también había advertido: «Cuando vean todas estas cosas, sepan que el tiempo está cerca, a las puertas» (Mt. 24:32; par. Mr. 13:29; y en cuanto a la imagen de «estar a la puerta», ver también Ap. 3:20). Fijémonos en el cambio que hay en cómo Santiago aplica la parusía en estos versículos. Al principio, la menciona como el momento de juicio para los malvados, y así conforta a los creyentes que estaban viviendo bajo la opresión; pero a continuación les recuerda a esos creyentes que la parusía también será una seria evaluación de su estado espiritual y de su conducta. Como dice Davids: «La proximidad del día escatológico no es solo un día que anhelamos porque Dios por fin juzgará a los 'pecadores'…, sino que también es una advertencia para que examinemos nuestra

18. Laws, 213.
19. Así lo cree la mayoría de comentaristas; ver, p. ej., Martin, 192; Johnson, 317; y ver también Baker, 181.

propia conducta y así, cuando llegue Aquel cuyos pasos cada vez están más cerca, estemos preparados para abrir... El Señor que está por venir es también el juez de los cristianos».[20]

10 En los vv. 10-11, Santiago regresa al tema de los vv. 7-8, mientras refuerza e ilustra su exhortación a la paciencia en medio de la presión. A principios y a mediados del siglo II a.C., con la aparición de la revuelta de los macabeos, la fortaleza de los mártires se había convertido en un modelo a imitar. En libros como 2º Macabeos se celebraba a aquellos judíos piadosos que no querían renegar de su fe ante el rey pagano Antíoco IV del Imperio Seléucida. Santiago, como el autor de Hebreos (ver el capítulo 11, especialmente los vv. 35-37) unos años más tarde, adopta esta tradición de los mártires para animar a los cristianos a ser fuertes en medio de las pruebas. Aunque en Santiago no es un ejemplo característico de esa tradición, sí podríamos ver un destello de ella cuando menciona a los profetas (v. 10) y a Job (v. 11).

Santiago anima a sus lectores a tomar *a los profetas que hablaron en el nombre del Señor como ejemplo de sufrimiento y de paciencia*. La palabra griega que traducimos como «ejemplo» (*hypodeigma*) refleja la tradición macabea que hemos mencionado en el párrafo anterior, pues en los libros de los macabeos aparece en tres ocasiones para referirse al heroico ejemplo de los mártires judíos (2 Mac. 6:28, 31; 4 Mac. 17:23). Normalmente se refiere a algo o a alguien digno de imitar (en el NT, ver, en un sentido positivo, Jn. 13:15; y, en un sentido negativo, Heb. 4:11; 2 P. 2:6; cf. también Heb. 8:5; 9:23). La expresión *de sufrimiento y de paciencia* en griego es de difícil traducción. Los dos términos aparecen de forma coordinada, literalmente, «sufrimiento y paciencia», y esta expresión podría estar apuntando de nuevo a que Santiago depende de la tradición de los macabeos, puesto que en 4º Macabeos 9:8 aparece una frase muy similar: «Porque nosotros, a través de este mismo sufrimiento y paciencia [*tes kakopatheias kai hypomones*], tendremos el premio de la virtud y estaremos con Dios...». La mayoría de versiones inglesas de la Biblia interpretan que estamos ante una endíadis, es decir, que las palabras «sufrimiento» y «paciencia» expresan un solo concepto, y por eso encontramos traducciones como «paciencia en medio del sufrimiento», o «un sufrimiento caracterizado por la paciencia».[21] Pero aunque no es imposible, tampoco parece la interpretación más acertada.[22] Así, nosotros interpretamos que los dos términos van

20. Davids, 185.
21. Ver, p. ej., BDF 442(16); Mitton, 188; Martin, 193.
22. La repetición del artículo delante de *makrothymia* no nos impide interpretar que estamos ante una endíadis, donde esa palabra está estrechamente relacionada con *kakopatheias*; pero si esa hubiera sido la interpretación de Santiago, lo normal hubiera

por separado. «Ejemplo de sufrimiento» estaría haciendo referencia a la disposición de los profetas a sufrir persecución por causa del llamamiento que han recibido de parte de Dios. También cabe la posibilidad de que la palabra que traducimos por «sufrimiento» (*kakopatheia*) tenga un significado más extenso, «soportar el sufrimiento», como el verbo de la misma familia que aparece en 2 Timoteo 4:5 (cf. 2 Ti. 2:9).[23] Pero Santiago usa ese mismo verbo en el v. 13 con un significado simple: «sufrir». Por tanto, creemos que la traducción de la NVI, «ejemplo de sufrimiento y paciencia», es la más acertada.

Santiago no nos dice qué profetas tiene en mente. Pero de forma natural pensamos en Jeremías, que sufrió tanto a manos de reyes paganos y, sobre todo, a manos de su propio pueblo, por proclamar fielmente el mensaje que Dios le había encomendado. La tradición intertestamentaria, reflejada en Hebreos 11:27, recogía que el profeta Isaías murió como mártir serrado por la mitad. Sea como sea, Santiago quiere que sepamos que los profetas sufrieron por causa de su Dios; *hablaron en el nombre del Señor*. Santiago está sugiriendo que el hacer la voluntad de Dios en muchas ocasiones nos causará sufrimiento. Y lo que hace falta es una disposición a soportar ese sufrimiento, y a mantener la integridad espiritual y esperar pacientemente la intervención del Señor. Podría ser que Santiago mencionara a los profetas, no solo porque sufrieron injusticias, sino porque denunciaron la injusticia. Es cierto que los cristianos tenemos que soportar el sufrimiento de forma paciente y esperar la vindicación del Señor. Pero eso no quiere decir que no podamos denunciar el mal.[24]

11 Al principio de su libro, después de presentar a Eleazar, a sus siete hermanos y a su madre que murieron como mártires como modelos a seguir, el autor de 4º Macabeos dice: «Debo alabar por sus virtudes a aquellos que, con mi madre, murieron por causa de la nobleza y la bondad, pero los llamaría bienaventurados por el honor que han obtenido» (1:10). Así que, al principio de este versículo 11, Santiago muestra de nuevo una cierta influencia de la tradición macabea: *En verdad, consideramos dichosos a los que perseveraron*. Pero detrás de estas palabras de Santiago, y de la referencia a los profetas como modelo de soportar el sufrimiento, hay otra fuente mucho más relevante, pues todos recordamos que Jesús dijo: «Dichosos serán ustedes cuando por mi causa la gente los insulte, los persiga y levante contra ustedes toda clase de calumnias. Alégrense y llénense de júbilo, porque les espera una gran recompensa en el cielo. Así también persiguieron a los profetas que los precedieron

---

sido un solo artículo para ambos sustantivos (como en 4 Mac. 4:8, que hemos citado arriba).

23. Ver W. Michaelis, *TDNT* 5:937; Mussner, 205.

24. Ver Blomberg, 158-59.

a ustedes» (Mt. 5:11-12). A pesar de la tendencia que observamos en algunas versiones de la Biblia, ser «bienaventurado» no es lo mismo que «ser feliz». La segunda idea hace referencia a la subjetividad de nuestras emociones; la primera, a la objetividad de nuestra relación con Dios. En todo el NT, la forma verbal «llamar dichoso» (gr. *makarizo*) solo aparece aquí y en Lucas 1:48; pero el adjetivo «dichoso» (*makario*) y el sustantivo «bienaventuranza» o «dicha» (*makarismos*) son muy comunes. Estas palabras sobre aquellos que perseveran se asemejan mucho a lo que dijo al principio de su epístola: «Dichoso el que resiste la tentación porque, al salir aprobado, recibirá la corona de la vida que Dios ha prometido a quienes lo aman» (1:12). Algunos comentaristas sugieren que estos versículos tienen una relación literaria formal, una inclusión que marca el inicio y el final de la carta. Pero, como ya vimos en la introducción a esta sección, esta relación literaria es muy poco probable. No obstante, los dos versículos revelan que Santiago escribe toda la carta teniendo en mente algunos temas desde el principio hasta el final, temas que dan al texto una coherencia que algunos comentaristas no han sabido ver.

El cambio que Santiago hace en su vocabulario, pasando de usar el término *makrothymeo* y *makrothymia* en los vv. 7-10 («paciencia») a usar *hypomone* en el v. 11 («perseverancia») quizá simplemente refleje la influencia que 1:12 tiene en el lenguaje de Santiago aquí. Pero es fácil pensar que ese cambio esconde algo más. Algunos comentaristas creen que Santiago ha usado la palabra «paciencia» para hablar principalmente de la respuesta que el creyente debe tener ante las personas, mientras que usa «perseverancia» para referirse a la necesidad de «soportar» las pruebas.[25] Pero, como sugerimos anteriormente, aunque esa distinción tiene un fundamento léxico, no estamos persuadidos de que esa distinción tenga relevancia alguna en cuanto a la secuencia de estos dos versículos. Es realmente difícil ver qué diferencia hay entre la «paciencia» de los profetas en medio del sufrimiento (v. 10) y la «perseverancia» de Job (v. 11). La «dicha» de la que habla este v. 11 es el clímax de todo este pasaje, ofreciendo una motivación de peso para ejercer la «paciencia» en medio del sufrimiento.[26]

---

25. Ver, p. ej., Johnson, 319; y ver especialmente su fino análisis en la p. 313.

26. Curiosamente, Martin (193), siguiendo a Adamson (192), insiste en que la forma aoristo de *hyomeinantas* («los que perseveran») muestra que Santiago solo está pensando en los que se mantuvieron firmes en el pasado. En este contexto, es cierto que la referencia principal es pasada (cf. v. 10), pero sugerir que el tiempo aoristo demuestra lo anterior deja entrever una insistencia injustificada en la importancia temporal para el tiempo en el participio.

Antes de dejar este tema, Santiago añade un ejemplo más de «perseverancia» en medio de las pruebas. Y el ejemplo que elige es un ejemplo bien curioso: Job. Pocos señalaríamos a Job como modelo de una perseverancia fiel en medio del sufrimiento. De hecho, el libro canónico nos presenta a un personaje bastante seguro de sí mismo, que exige que el Señor le dé una explicación de las injustas circunstancias por las que ha pasado. La LXX hace poco por modificar esa imagen, aunque asocia a Job el verbo «perseverar» (*hypomeno*) en tres ocasiones. Pero la tradición macabea que hemos estado considerando no lo menciona en ningún momento; y en ningún otro lugar del NT ni de la literatura rabínica aparece como ejemplo de perseverancia en medio del sufrimiento. No obstante, encontramos una excepción a esta omisión en *El Testamento de Job*. En este libro, en el que Job pronuncia una bendición sobre sus hijos, también proclama que él «está lleno de perseverancia» (1:5) y anima a sus hijos a ser «pacientes»; porque «la paciencia es mejor que nada» (27:6-7; cf. 26:5).[27] La fecha de este libro es bastante incierta, y es posible que lo hubieran retocado escribas cristianos.[28] Pero probablemente sea del mismo periodo que la Epístola de Santiago y al menos sirve para atestiguar la existencia de una tradición judía sobre la perseverancia de Job; la misma tradición que Santiago estaría usando. Aunque deberíamos decir que esta referencia a la perseverancia de Job también podría proceder del libro canónico, puesto que aún a pesar de que Job se quejó amargamente del trato que Dios le dio, nunca abandonó su fe. En medio de la incomprensión, se aferró a Dios y continuó esperando en él (ver 1:21; 2:10; 16:19-21; 19:25-27). Como dice Barclay: «La sumisión de Job no es una sumisión pasiva o callada; Job luchó, preguntó e incluso desafió a Dios, pero la llama de la fe en su corazón nunca llegó a extinguirse».[29]

Si los lectores *han oído hablar de la perseverancia de Job, también han visto lo que al final le dio el Señor*. Lo que traducimos por «al final», en griego es la palabra *telos*, que significa «propósito» o «fin». Ambos sentidos podrían relacionarse con la palabra «Señor» (*kyriou*, un genitivo) de diferentes maneras. Las principales posibilidades son:

1. Con el sentido «fin»:

---

27.   Ver C. Hass, «Job's Perseverance in the Testament of Job», en *Studies on the Testament of Job*, ed. M.A. Knibb y P.W. van der Horst (SNTSMS 66; Cambridge: Cambridge University Press, 1989), 117-18.

28.   Ver la discusión de R. Spittler en *The Old Testament Pseudepigrapha*, 1:829-37.

29.   W. Barclay, *Letters of James and Peter* (2a ed.; Daily Bible Study; Glasgow: Saint Andrew Press, 1960), 147-48.

a. El «fin» de la vida del Señor (su muerte y resurrección)[30]

b. El «fin» del ministerio del Señor (la parusía)[31]

c. El «fin» que el Señor le dio a la situación de Job, es decir, la restauración de su fortuna al final del libro (NVI)[32]

2. Con el sentido «propósito»: el «propósito» que el Señor tenía cuando permitió que Job pasara por aquellas pruebas, es decir, el «propósito» de pulir a Job.[33]

Las primeras dos interpretaciones no cuentan con mucho apoyo; después de fijarnos en el contexto y de realizar un análisis léxico serio, vemos que poco hay en su favor. Pero las otras dos interpretaciones (1c y 2) sí que pueden sostenerse. De hecho, ambas cuentan con un buen apoyo. La palabra *telos* es una de las más discutidas del NT debido a su uso en Romanos 10:4, un texto que ha traído mucho debate: «De hecho, Cristo es el *telos* de la ley, para que todo el que cree reciba la justicia». Y, aunque se sigue debatiendo cuál es el sentido que más se usa, entre los estudiosos existe el consenso de que en el NT encontramos ambos significados: «fin» (en el sentido de final o terminación) y «objetivo» (junto con otras combinaciones que tienen un matiz similar). (En cuanto al primero, ver, p. ej., Mt. 10:22; Mr. 3:26; 1 Co. 1:8; Heb. 3:14; en cuanto al segundo, p. ej., 1 Ti. 1:5; 1 P. 1:9). Y ambas interpretaciones encajan en los contextos de Job y de Santiago. En Job 42:5-6, Job confiesa que al final ha aprendido la lección sobre la majestad y la bondad soberana de Dios; y que si Santiago quería animar a sus lectores, está claro que hacer referencia al «propósito» que Dios tiene en medio del sufrimiento, era una buena idea. Por otro lado, la restauración que encontramos al «final» del libro canónico también serviría para animar a los lectores de la epístola. En ese caso, Santiago les estaría diciendo: «Vuestro sufrimiento presente no es el «final» de la Historia; Dios va a transformar esa situación, va a poner fin a vuestro sufrimiento cuando Cristo sea revelado en gloria». En mi opinión, ésta es la interpretación que deberíamos adoptar. Los paralelos más similares, tanto de la literatura judía intertestamentaria (*Testamento de Gad* 7:4; *Testamento de Benjamín* 4:1) como del NT (Heb. 13:7), apuntan a esta interpretación, que

---

30. Agustín (*PL* 40:634).

31. A. Strobel, *Untersuchungen zum eschatologischen Verzögerungsproblem* (NovTSup 2; Leiden: Brill, 1961), 259; R.P. Gordon, «καὶ τὸ τέλος κυρίου εἴδετε» (Jas. 5.11)», *JTS* 26 (1975) 91-95.

32. Adamson, 193; Laws, 216.

33. Mayor, 164; Ropes, 299; Martin, 195. Ver también Klein, que asocia esta frase con «la corona de vida» de 1:12 (79-80).

además encaja bien con el mensaje global del libro de Job, pues que uno de los propósitos de dicho libro es mostrar que la integridad de Job tiene una recompensa final. Y también encaja con el final del versículo: el «fin» que el Señor le dio a la situación de Job muestra que *el Señor es muy compasivo y misericordioso*. Está claro que el mensaje de Santiago no es que la paciencia en medio del sufrimiento siempre va a ser recompensada con la prosperidad material; hay muchísimos ejemplos tanto en el AT como en el NT que prueban que esa es una idea equivocada. Pero lo cierto es que Santiago usa el recordatorio de la recompensa que el Dios compasivo y misericordioso da a los que le son fieles en medio de las situaciones difíciles para animarnos a perseverar en medio de la aflicción con fidelidad y paciencia.

VIII. EXHORTACIONES FINALES (5:12-20)

El debate sobre el hilo argumental de Santiago, intenso al comentar el inicio de la epístola, resurge ahora de nuevo. Nos encontramos con tres problemas interrelacionados. En primer lugar, la prohibición del v. 12, ¿cómo encaja en el contexto? ¿Tiene que ver con los versículos anteriores, o con los posteriores? ¿O se trata simplemente de un dicho aislado? En segundo lugar, ¿cuál es el sentido y la función de los vv. 13-18? ¿Son palabras que nos animan a orar por la restauración espiritual o la sanidad física? ¿Y está hablando de un problema específico o se trata de una exhortación general? En tercer lugar, ¿dónde empieza la sección final de la epístola? Santiago no concluye con los saludos, planes de viaje ni bendiciones típicas del género epistolar neotestamentario (sobre todo de las epístolas paulinas). La exhortación a ministrarnos los unos a los otros de los vv. 19-20 encajan con lo que sería una conclusión o sección final. Pero, ¿qué otro material deberíamos incluir en esta conclusión epistolar? ¿A partir del v. 7? ¿A partir del v. 12? ¿O a partir del v. 13?

Intentaremos contestar a estas preguntas en la exégesis que incluimos a continuación. Aquí nos contentaremos con un resumen que anticipa algunas de esas respuestas. La expresión *Sobre todo* del v. 12 marca el inicio de la sección final de la epístola. Santiago cierra su carta tocando tres temas que, según él, son clave para la vida en comunidad. Y todos tienen que ver con la acción de hablar.[34] En primer lugar, retoma por última vez su preocupación por el discurso inadecuado; en este caso, jurar de forma frívola (v. 12). En segundo lugar, Santiago anima a sus lectores a que oren los unos por los otros pidiendo tanto por las necesidades físicas como por las espirituales (vv. 13-18). Y, por último, les exhorta a que tomen la enseñanza de la epístola y se la recuerden

---

34. Ver especialmente Johnson, 326.

a aquellos que están pecando en cualquiera de los asuntos que ha tratado (vv. 19-20).

A. Evitemos los juramentos (5:12)

12 Sobre todo, hermanos míos, no juren ni por el cielo ni por la tierra ni por ninguna otra cosa. Que su «sí» sea «sí», y su «no», «no», para que no sean condenados.

La NVI une el v. 12 a los versículos anteriores. Esto refleja la posición de algunos comentaristas, que creen que la prohibición «no juren» del v. 12 tiene que ver con el desorden que se estaba dando en esa comunidad específica (vv. 7-11). Así, el conector *sobre todo* estaría sugiriendo que jurar es un pecado de la lengua más serio que el de quejarse unos de otros (v. 9).[35] O podría estar indicando que para Santiago, hacer un juramento es una de las peores manifestaciones de impaciencia.[36] Pero la conexión entre los juramentos y la persecución no es demasiado evidente. Por tanto, otros comentaristas sugieren que la relación de este versículo con la carta es una relación más general. Pero, ¿podríamos decir que esta prohibición es para Santiago la enseñanza más importante de la carta?[37] ¿Más importante que poner en práctica la Palabra, que obedecer el mandamiento del amor, que someterse a la Gracia de Dios en Cristo? Claro que no. De hecho, la dificultad de probar que *sobre todo* es un conector con una importancia relativa es una de las razones más importantes para considerar la posibilidad de que esta expresión tan solo tenga una función literaria. En las conclusiones finales de otras epístolas helenistas aparecen expresiones similares.[38] Y esta expresión podría funcionar de forma similar al común [*to*] *loipon* («por último», «finalmente») que Pablo usa al final de sus cartas (ver 2 Co. 13:11; Fil. 3:1; 4:8; 1 Ts. 4:1; 2 Ts. 3:1; 1 Ti. 4:8). Además, la expresión que Santiago usa (*pro panton*) no aparece en todo el NT para introducir la conclusión de una carta; a menos que el texto bastante paralelo de 1 Pedro 4:8 sea un conclusión final.[39] Por esta razón, aunque podemos tomar el *sobre todo* como una marca literaria que señala el principio de la conclusión de

35. Tasker, 123-24; Adamson, 194-95.

36. Mayor, 165; Reicke, 56.

37. Eso es lo que sugiere W.R. Baker, «'Above All Else': Contexts of the Call for Verbal Integrity in James 5.12», *JSNT* 54 (1994) 57-71.

38. Ver los ejemplos que aparecen en Mussner, 211.

39. Algunos eruditos creen que 4:7-11 marca el final de una carta original, a la que posteriormente, en el curso de la transmisión, se le añadió otro final. Sin embargo, al menos el párrafo sí marca la conclusión del cuerpo de la carta (ver P. Achtemeier, *1 Peter* [Hermeneia; Minneapolis: Augsburg Fortress, 1996], 292-93.

la carta, no deberíamos dejar a un lado toda la importancia contextual de dicha expresión.[40] Santiago quiere subrayar esta prohibición, quizá porque está convencido de que es un tema que es clave para la integridad personal.

Cuando Santiago dice *no juren*, se está refiriendo a los juramentos blasfemos que usan el nombre de Dios para garantizar la fiabilidad de lo que la persona dice.[41] Una persona puede hacer un juramento para reforzar la verdad de algo que ha dicho o para comprometerse a hacer algo en el futuro. El verbo que Santiago usa (*omnyo*) tiene ese sentido en toda la LXX y en el NT (ver, p. ej., Mr. 6:23; Hch. 2:30; Ap. 10:6). La Biblia no prohíbe los juramentos en sí. De hecho, Dios mismo hace juramentos para garantizarnos el cumplimiento de lo que él promete (ver, p. ej., Heb. 3:11, 18; 4:3; 6:13, 16; 7:21). La ley del AT no prohibía los juramentos, sino que exigía que la gente fuera fiel al juramento que había hecho. A la hora de entender este versículo de Santiago, es bueno recordar Levítico 19:12 «No juren en mi nombre solo por jurar, ni profanen el nombre de su Dios. Yo soy el Señor». Es importante recordarlo porque, como hemos visto, Santiago toma el «mandamiento del amor» de Levítico 19:18 como la ley suprema de la Escritura (2:8), y algunos de los temas éticos que recoge en su epístola también aparecen en Levítico 19.[42] Pero el uso indiscriminado que se llegó a hacer de los juramentos, y la tendencia de jurar por cosas menos sagradas (cf. Mt. 23:16-22) hizo que surgieran advertencias sobre el mal uso de los juramentos (ver *Eclesiástico* 23:9; Filón, *Sobre los diez mandamientos*, 84-95). De hecho, Jesús fue aún más lejos cuando, movido por el mal uso, les dijo a sus discípulos que no juraran «de ningún modo» (Mt. 5:34). Para entender la enseñanza de Santiago, es muy importante que tengamos en cuenta la enseñanza de Jesús en Mateo 5:34-37. De hecho, la similitud entre los dos pasajes es tan sorprendente, que es como si Santiago la reprodujera de forma consciente

Mateo 5:34-37	**Santiago 5:12**
No juren de ningún modo:	No juren
ni por el cielo...	ni por el cielo
ni por la tierra...	ni por la tierra

---

40.   Ver especialmente la equilibrada conclusión de Johnson, 327.

41.   El verbo griego está en presente, *omnyete*; según algunos lingüistas, cuando este tiempo verbal aparece junto a *me*, tiene la connotación de dejar de hacer una acción que ya se estaba realizando. Pero las evidencias de que este tiempo verbal pudiera tener esa connotación no son demasiado sólidas.

42.   Ver, de nuevo, Johnson, «Leviticus 19», 397-98.

ni por Jerusalén…	ni por ninguna otra cosa.
Tampoco jures por tu cabeza…	
Cuando ustedes digan «sí»,	Que su «sí» sea «sí»,
que sea realmente sí;	
y cuando digan «no», que sea no.	y su «no», «no»,
Cualquier cosa de más, proviene	para que no sean condenados
del maligno.	

Algunos argumentan que Mateo y Santiago divergen en la idea crucial, diciendo que Mateo sugiere un «juramento sustituto» («sí, sí», y «no, no»), mientras que Santiago simplemente prohíbe cualquier tipo de juramento. Pero lo más probable es que Jesús en Mateo esté diciendo lo mismo que dice Santiago: nuestra reputación como personas que dicen la verdad debería ser tal, que no deberíamos tener la necesidad de hacer juramentos: un simple «sí» o un simple «no» deberían bastar. «Nuestra palabra debería ser tan fiable como la de un documento oficial, legalmente válido y completo».[43]

Pero, ¿fue la intención de Santiago (y de Jesús) prohibir todos los juramentos? Muchos cristianos de tradición anabaptista han llegado a la conclusión de que así es, y por eso se niegan a hacer juramento incluso si tienen que ir a un tribunal. Sin embargo, dudo que Santiago tuviera en mente los juramentos oficiales, juramentos que las autoridades exigen por razones jurídicas. Teniendo en cuenta la exhortación a que el «sí» sea «sí», y el «no» sea «no», parece ser que Santiago está hablando de los juramentos voluntarios, el juramento que uno hace para asegurar la veracidad de lo que ha dicho o ha prometido. Los cristianos comprometidos con una forma de hablar y unas relaciones personales íntegras no tienen necesidad de jurar. Pero muchos argumentan que incluso esta limitación tampoco es total. Sugieren que Santiago solo prohíbe los juramentos que tienen el propósito de evadir un compromiso total (parece que eso es lo que ocurre en Mt. 23:16-22). Y también se apoyan en el hecho de que Pablo, en muchas de sus cartas hace un juramento para reforzar la veracidad de lo que dice (p. ej., Ro. 1:9; 2 Co. 1:23; 11:11; Gá. 1:20; Fil. 1:8; 1 Ts. 2:5, 10). No obstante, hemos de ser cautos. Aunque existen diferentes sugerencias para explicar esta prohibición y su alcance, no conocemos la situación exacta de aquella comunidad que hizo que Santiago se expresara tal como lo hace en este versículo. No tenemos evidencias sobre cuál era la polémica, mientras en el texto de Jesús sí tenemos esas evidencias. Y las fórmulas de Pablo en las que pone a Dios por testigo no encajan en la categoría de «juramento».

---

43. Mitton, 193.

B. Oración y sanidad (5:13-18)

> 13 ¿Está afligido alguno entre ustedes? Que ore. ¿Está alguno de
> buen ánimo? Que cante alabanzas. 14 ¿Está enfermo alguno de
> ustedes? Haga llamar a los ancianos de la Iglesia para que oren
> por él y lo unjan con aceite en el nombre del Señor. 15 La oración
> de fe sanará al enfermo y el Señor lo levantará. Y si ha pecado,
> su pecado se le perdonará. 16 Por eso, confiésense unos a otros
> sus pecados, y oren unos por otros, para que sean sanados. La
> oración del justo es poderosa y eficaz. 17 Elías era un hombre con
> debilidades como las nuestras. Con fervor oró que no lloviera, y
> no llovió sobre la tierra durante tres años y medio. 18 Volvió
> a orar, y el cielo dio su lluvia y la tierra produjo sus frutos.

La exhortación a orar es un tema típico de las secciones finales de las epístolas del NT. Y también es típico de las cartas helenas, en general transmitir el
deseo de «buena salud». Santiago combina ambas, animando a sus lectores a
orar especialmente por las enfermedades físicas. Está claro que el tema de esta
sección es la oración, pues se menciona en todos los versículos. Santiago recomienda la oración a todo creyente, en toda circunstancia por la que pueda pasar
(vv. 13-14), y también a la comunidad (v. 16a). Y la recomienda subrayando
los efectos poderosos de la oración que nace del corazón del justo (vv. 16b-
18). Algunos ven cierta relación con el v. 12, tomando como punto de unión la
idea de hablar haciendo referencia a Dios (v. 12, de forma errónea; vv. 13-18,
de forma correcta). Pero un contexto más lógico para animar a la gente a orar
serían las pruebas por las que la comunidad está pasando. La pregunta inicial de
esta sección, *¿Está afligido alguno entre ustedes?*, léxicamente hablando está
unida a la referencia al «sufrimiento» de los profetas del v. 10. Así, Santiago
cierra el círculo que recorre toda la epístola y que se inició en 1:2, cuando
empezó hablando de las «diversas pruebas» en las que se encontraba aquella
comunidad.

13 La exhortación de Santiago a orar en los vv. 13-18 es tan detallada y
extensa que destaca de entre las otras exhortaciones finales similares (Ro.
15:30-32; Ef. 6:18-20; Fil. 4:6; Col. 4:2-4; 1 Ts. 5:17, 25; 2 Ts. 3:1-2; Heb.
13:18-19). El encabezamiento de esta sección, en el v. 13, es similar a las
exhortaciones paulinas «oren en el Espíritu en todo momento, con peticiones
y ruegos» (Ef. 6:18) y «oren sin cesar, den gracias a Dios en toda situación»
(1 Ts. 5:17-18a). No obstante, Santiago desglosa la idea de «en toda situación»
en dos circunstancias contrapuestas. La primera recoge el tema de las pruebas,
tema con el que había empezado la carta (1:2) y que aparece como telón de
fondo de 5:1-11: *¿Está afligido alguno entre ustedes?* La palabra griega que

aquí la NVI traduce por «estar afligido» es una forma verbal de la palabra que Santiago ha usado en el v. 10 para describir el «sufrimiento» de los profetas. Esta palabra significa básicamente «experimentar dificultad», y en la LXX se usa con el sentido de «tomarse las molestias de», «esforzarse» (Jon. 1:10; cf. también la forma nominal que aparece en 2º Macabeos 2:26, 27; Mal. 1:13). Pero las otras veces que este verbo aparece en el NT lo hace con el sentido de «experimentar sufrimiento» (2 Ti. 2:9; 4:5). Estos otros usos nos hacen pensar que ese sufrimiento y esas pruebas son por causa del Evangelio, pero no está claro que lo más adecuado sea darle a este verbo un significado tan específico.[44] El uso de la forma nominal de este verbo en el v. 10 apuntaría en esa dirección. Pero en el contexto hay otros elementos que apuntan a un significado más amplio. El sufrimiento que los justos están experimentando en manos de los ricos malvados (5:6) tiene que ver con la opresión económica; y el sufrimiento de Job consistió en el desastre económico, la enfermedad y la muerte de seres queridos. Además, la «debilidad» causada por la enfermedad física que Santiago va a mencionar en los vv. 14-15 probablemente sea un ejemplo específico del «sufrimiento» que la comunidad está experimentando. Por tanto, si unimos todos los datos, vemos que estamos ante un término amplio, que hace referencia a todo tipo de pruebas.

¿Cómo deben responder los que están pasando por todo tipo de pruebas? Deben *orar*. La palabra griega es *proseuchomai*. De todos los términos que el NT usa para hacer referencia a la oración, ésta es la más común (aparece más de 80 veces). Santiago solo usa este verbo en esta sección (ver también los vv. 14, 17 y 18; el sustantivo, *proseuche*, solo aparece en el v. 17). Dado que se trata de un verbo tan general, tanto en su significado como en su aplicación, no podemos saber con certeza cuál es el contenido de la oración de la que Santiago nos habla. Podría ser que incluyera la petición de ser librados de la prueba. Pero la idea central de Santiago cada vez que habla de las pruebas (1:2-4, 12; 5:7-11) es animar a los creyentes a soportar el sufrimiento con la actitud adecuada y con una perspectiva divina de la historia. Así, parece ser que la oración de la que Santiago habla aquí es la petición de fortaleza espiritual para soportar la prueba con una actitud piadosa.

La otra circunstancia que Santiago menciona en este versículo no es exactamente la idea opuesta a «estar afligido». La palabra que Santiago usa en la segunda pregunta (*euthymeo*), que la NVI traduce acertadamente por «estar de buen ánimo», no se refiere a una circunstancia externa, sino a un estado anímico o emocional. En el NT, este verbo solo aparece aquí, y en Hechos 27:22 y 25, donde describe la «paz» que Pablo quiere contagiar a los otros viajeros, en

---

44. Como muchos comentaristas hacen (p. ej., Martin, 205).

medio de las circunstancias adversas en las que se encuentran (el sustantivo tiene un significado similar en Hch. 27:36 y 2º Macabeos 11:26 [en la LXX, el verbo no aparece]). La exhortación a poner los ojos en Dios probablemente es más necesaria en tiempos de alegría que en tiempos de dificultades. El verbo que Santiago usa es *psallo*, del que obtenemos la palabra «salmo». Aunque este verbo solo significa «cantar», en las tres ocasiones en las que aparece en el NT hace referencia a cantar alabanzas a Dios (Ro. 15:9; 1 Co. 14:15; Ef. 5:19; ver el sustantivo en 1 Co. 14:26; Ef. 5:19; Col. 3:16). Por tanto, y también porque Santiago está hablando de alguien que está «de buen ánimo», la canción de este versículo es, con casi toda seguridad, un a canción de alabanza al Señor. Alguna versión traduce «cante alabanzas continuamente», para reflejar que el verbo está en presente (*psalleto*), por lo que se trata de una acción continua o repetida. La alabanza a Dios, al igual que nuestras peticiones para que Él nos sostenga en tiempo de dificultad (*proseuchestho*, «ore» también está en presente), debería ser una parte habitual de nuestro estilo de vida.

14 Ahora, Santiago menciona una tercera situación en la que la oración es claramente necesaria: la enfermedad. El término griego que la NVI traduce por *estar enfermo* es *astheneo*, que literalmente significa «estar débil». En el NT, esta palabra, y también la forma sustantiva (*astheneia*) y adjetiva (*asthenes*) se usan para describir todo tipo de situaciones: capacidad mental (p. ej., Ro. 6:19); condición espiritual (Ro. 5:6); apariencia física general (p. ej., 2 Co. 10:10); la conciencia (p. ej., 1 Co. 8:7, 9; cf. Ro. 14:1, 2); o la constitución de una persona. Tomando este último sentido, nuestra palabra significa simplemente «estar enfermo»; y, según el consenso casi universal, ese es el sentido en este versículo. Algunos estudiosos han propuesto un significado diferente: «estar débil espiritualmente». Es cierto que nuestra palabra puede tener ese significado, y también puede tenerlo la palabra que en el v. 15 traducimos por «enfermo» (*kamno*; ver las notas en el comentario del v. 15). Además, la expresión «para que sean sanados» que aparece en el v. 16, en el NT suele tener una connotación espiritual. Y estos estudiosos argumentan que en el contexto aparecen otras palabras que apuntan en esa misma dirección: «salvar» (*sozo*; que la NVI traduce por «sanar») y «levantar» en el v. 15. Según ellos, Santiago está describiendo a una persona espiritualmente débil. Los líderes espirituales de la Iglesia deben orar por esa persona para que su fervor por el Señor sea restaurado. Esta exhortación encajaría muy bien al final de una epístola que constantemente ha amonestado a sus lectores por su lasitud espiritual.[45] Pero la interpretación más común, que Santiago está hablando de enfermedad física,

---

45. Ver, para leer más sobre esta aproximación, Meinertz, «Die Krankensalbung Jak. 5:14f.», *BZ* 20 (1932) 23-36; C. Armerding, «'Is Any among You Afflicted': A Study of James 5:13-20», *BibSac* 95 (1938) 195-201; C. Pikar, «Is Anyone Sick among

adoptada por la mayoría de las versiones modernas de la Biblia, es más que probable. Cuando *astheneo* hace referencia a la debilidad espiritual, siempre aparece acompañado de otra palabra que lo deja bien claro («en su conciencia» en 1 Co. 8:7; «en la fe» en Ro. 14:1, 2), o es evidente por el contexto mismo. Además, en el material neotestamentario que más ha influido el lenguaje y la teología de Santiago (los Evangelios), *astheneo* siempre se refiere a una enfermedad física (Mt. 10:8; 25:36, 39; Mr. 6:56; Lc. 4:40; Jn. 4:46; 5:5, 7; 6:2; 11:2, 3, 6). Y lo mismo ocurre con el grupo de términos y conceptos que aparecen en estos versículos. El verbo «sanar» o «salvar» del v. 15, en muchas ocasiones se usa en los Evangelios para hablar de la restauración de aquellos que están enfermos (ver el comentario del v. 15); lo mismo ocurre con el v. «sanar» del v. 16 (que en griego es diferente al del v. 15). Pero quizá el paralelismo más sorprendente sea la referencia a «ungir con aceite». En el NT, esta práctica solo se menciona aquí, y en Marcos 6:13, donde se usa como instrumento para la curación de enfermedades físicas.

A diferencia de las otras dos situaciones más generales del v. 13, aquí, al creyente (nótese el *uno de ustedes*) que está enfermo no se le dice que ore, sino que llame *a los ancianos de la Iglesia para que oren por él*. En el libro de los Hechos aparecen menciones a los ancianos, y se les asocia a la iglesia de Jerusalén (11:30; 15:2; 21:18) y a las iglesias fundadas por medio de Pablo (14:23; 20:17). Aunque en sus cartas Pablo solamente menciona a los ancianos en 1 Timoteo (5:17) y Tito (1:5), es muy probable que el término «obispo», tanto en singular como en plural, que encontramos en 1 Timoteo 3:1 (*episkopes*, «obispo») y en Filipenses 1:1 (*episkopos*, «obispos») respectivamente, sea otro título para hacer referencia al mismo oficio o función. Tanto Pedro (1 P. 5:1) como Santiago asumen el ministerio de ancianos en la Iglesia, lo que demuestra que el oficio de anciano ya estaba bien establecido en la Iglesia primitiva. El rol prominente de los ancianos en Hechos y la descripción de dicho oficio en las epístolas pastorales nos sugiere que los ancianos eran hombres espiritualmente maduros que guiaban el desarrollo espiritual de las congregaciones locales. Dado que los ancianos de Éfeso debían «pastorear» sus rebaños (Hch. 20:28), y dado que en el NT nunca se menciona a los «pastores» cuando se menciona a los ancianos, es probable que los ancianos desempeñaran la función que hoy desempeñan los pastores. Así, es natural que el creyente que está sufriendo una enfermedad llame a los ancianos.

El hecho de que Santiago atribuya el poder de sanidad a la oración de los ministros de la iglesia local contrasta con las menciones que Pablo hace del

You?» *CBQ* 7 (1945) 165-74; D.R. Hayden, «Calling the Elders to Pray», *BibSac* 138 (1981) 258-86.

«don» de sanidad (1 Co. 12:9, 28). ¿Es que en las iglesias de Santiago no había «carismáticos» que tuvieran el don de sanidad? ¿Está diciendo Santiago que el poder para sanar solo pertenece a aquellos que ocupan un puesto concreto de liderazgo en la Iglesia? Estas son preguntas de difícil respuesta, y tienen que ver con la cuestión más amplia de la relación entre los ministerios «carismáticos» y los ministerios «organizados» del NT. No obstante, diremos brevemente que, al parecer, entre las primeras iglesias había diferencias en cuanto al grado de manifestación de algunos dones. Parece ser que la iglesia en Corinto era una excepción, puesto que en el NT solo leemos sobre dones tales como «las sanidades» y «los milagros» en las cartas dirigidas a dicha iglesia (contrastar con Ro. 12:6-8 y Ef. 4:11). La organización de la Iglesia no infravalora o ignora los dones, sino que sirve como mecanismo para reconocer los dones de las personas y crear canales para que sus ministerios sean para la edificación del Cuerpo. Los ancianos eran aquellos líderes espirituales cuya madurez en la fe era reconocida por la Iglesia. Por tanto, debido a su rica experiencia, es normal que se les llame a ellos para orar por la persona que está enferma. Ellos deberían ser capaces de discernir la voluntad de Dios y orar con la fe que reconoce y recibe el don divino de sanidad. A la vez, Santiago deja claro que toda la Iglesia debería estar orando por la sanidad de los enfermos (v. 16a). Así, aunque no niega que algunas personas de la Iglesia puedan tener el don de sanidad, Santiago anima a todos los creyentes, y en especial a los encargados del ministerio pastoral, a orar por la sanidad de los enfermos.

Puesto que el texto dice que se llame a los ancianos, parece ser que se trata de una enfermedad que impide la movilidad del enfermo. La preposición *por* que aparece después del verbo *orar* parece apuntar en la misma dirección. Este es el único lugar en el NT en el que encontramos esta combinación, y podría estar describiendo a los ancianos en pie alrededor de la cama del enfermo. Aunque también podría tratarse de una forma abreviada de decir que le impongan las manos mientras oran por él o ella (Mt. 19:13).

Además de orar por la persona enferma, Santiago dice que los ancianos *lo unjan con aceite en el nombre del Señor*. Santiago podría estar diciendo que la unción con aceite debe preceder a la oración (puesto que el participio *aleipsantes* es un aoristo),[46] pero es más probable que se estuviera refiriendo a realizar las dos acciones a la vez (un participio contemporáneo o simultáneo).[47] Pero lo importante no es tanto el momento en el que estas dos acciones se dan, sino su significado: según Santiago, ¿cuál es la función de la unción con aceite? ¿Qué se logra con la unción? En el NT, esta práctica solamente se menciona en otra

---

46. Ver Schlatter, 281.
47. Ver la mayoría de comentaristas.

ocasión: Marcos dice que los doce «expulsaban a muchos demonios y sanaban a muchos enfermos, ungiéndolos con aceite» (6:13). Desafortunadamente, Marcos tampoco nos ofrece ninguna información sobre el significado de esta acción. Los teólogos y los estudiosos han debatido sobre el sentido de esta práctica durante mucho tiempo. Las diferentes interpretaciones se pueden dividir en dos grandes categorías que, a su vez, se desglosan en dos subdivisiones.

1. Un propósito práctico

   a. Medicinal

   En la Antigüedad, el aceite se usaba para hidratar la piel, y también como medicina. En el NT encontramos el ejemplo de Lucas 10:34, donde se cuenta que el samaritano se acercó al hombre herido y «le curó las heridas con vino y aceite». Otras fuentes antiguas dan testimonio de la utilidad del aceite para curar todo tipo de dolencias, desde un dolor de muela hasta una parálisis (Galeno, el famoso médico del siglo II, recomendaba el aceite como «el mejor de los remedios para la parálisis» [*De simplicitate medicamentum temperatum* 2]). Considerando este trasfondo, podríamos suponer que Santiago está animando a los ancianos a que se acerquen al lecho del enfermo armados con recursos tanto espirituales como naturales: con oración y con medicina.[48] Ambos recursos se administran con la autoridad del Señor, y él puede usar ambos para sanar al enfermo.

   b. Pastoral

   Otros sugieren que la unción es una expresión externa y visible de preocupación, y un medio para estimular la fe de la persona enferma.[49] Cuando Jesús sanaba, a veces usaba objetos o elementos físicos, al parecer, con ese mismo propósito.

2. Un propósito religioso

   a. Sacramental

   Esta interpretación surgió ya en los primeros tiempos de la Iglesia. Basándose en este texto, la Iglesia griega primitiva practicaba lo que llamaban el *Euchelaion* (una combinación de las palabras *euche*,

---

48. Ver especialmente J. Wilkinson, *Health and Healing: Studies in New Testament Principles and Practices* (Edinburgh: The Handsel Press, 1980), 153; ver también Ross, 79; Burdick, 204.

49. Tasker, 131; Mitton, 191; Hayden, «Calling the Elders to Pray», 265.

«oración», y *elaion*, «aceite», elementos que aparecen en este texto), que tenía el propósito de fortalecer el cuerpo y el alma del enfermo. La Iglesia en Occidente siguió realizando esta práctica durante muchos siglos, y también usó la unción con aceite para otras ocasiones. Más tarde, la iglesia romana estableció que el sacerdote era el único que tenía el derecho de realizar esta ceremonia y desarrolló el sacramento de la extremaunción (en el año 852 dC.).[50] Este sacramento tiene el propósito de eliminar cualquier pecado que quede y fortalecer el alma del moribundo (la sanidad solo es una posibilidad). El Concilio de Trento (14.1) dice que este sacramento aparece de forma «implícita» o «insinuada» en Marcos 6:13, y que Santiago 5:14 lo «recomienda» y «promulga». Desde el Concilio Vaticano II, este rito se ha llamado «la unción de los enfermos». Está claro que este sacramento, que ha ido cambiando a lo largo del tiempo, no es fiel al texto de Santiago: este recomienda la unción de cualquier enfermo, con cualquier enfermedad, y asocia dicha unción con la sanidad, no con la preparación para la muerte. No obstante, el aceite podría tener una función sacramental, puesto que actúa como un «vehículo del poder de Dios».[51] Tal y como la participación de la Santa Cena transmite al creyente un fortalecimiento en la Gracia, la unción con aceite podría ser un elemento físico a través del cual el Señor obra la Gracia de la sanidad en el creyente enfermo.

b. Simbólico

En el AT, la unción simboliza con frecuencia la consagración de personas o cosas al servicio de Dios. Ver, por ejemplo, Éxodo 28:41: «Una vez que hayas vestido a tu hermano Aarón y a sus hijos, los ungirás para conferirles autoridad y consagrarlos como mis sacerdotes». En el NT también encontramos este uso, donde la unción suele ser una metáfora de la consagración para el servicio a Dios (Lc. 4:18 [=Is.61:1]; Hch. 4:27; 10:38; 2 Co. 1:21; Heb. 1:9 [=Sal. 45:7]). Si Santiago tenía en mente este trasfondo, entonces en este

50. Ver K. Richter, «'Ist einer von euch krank...'»: Krankensalburgen in der frühen Kirche», *BK* 423 (1988), 13-16.

51. Davids, 193; cf. también Calvino, 355-56; Dibelius, 252-54. Hay evidencias de que se creía que el aceite tenía valor espiritual (*La vida de Adán y Eva* 36) y que servía de ayuda para el exorcismo (*Testamento de Salomón* 18:34). Dibelius, 252, y W. Brunotte, *NIDNTT* 1:121, creen que en Santiago 5:14 se refiere a una enfermedad causada por un demonio y que el aceite se usaba para el exorcismo. Pero en el NT la unción con aceite nunca está asociada con la expulsión de demonios; en Marcos 6:13 hay una clara diferencia entre la unción de los enfermos y la expulsión de demonios.

texto estaría recomendando que los ancianos ungieran al enfermo para mostrar de forma simbólica que esa persona está siendo apartada para recibir en oración la atención especial de Dios.[52]

Para decidir con cuál de estas opciones nos quedamos, antes hemos de considerar la fuerza de la palabra griega que Santiago usa. En las Escrituras encontramos dos palabras griegas con el significado de «ungir»: *chrio* y *aleipho*. El hecho de que Santiago en este versículo elija la segunda palabra quizá nos ayude a ver la importancia que él le atribuye a esta acción. En la Septuaginta, *aleipho* solo aparece en veinte ocasiones. No sé cuánta relevancia tienen las siete ocasiones en las que la palabra se refiere a recubrir las paredes con cal (todas en Ezequiel [ver 13:10-15], como traducción de la palabra hebrea *tuh*). Pero por lo general, esta palabra describe la acción de ponerse aceite en la cara o en el cuerpo por razones de higiene o de embellecimiento (nueve ocasiones, como traducción de la palabra hebrea *suk*). Y las cuatro veces restantes, este verbo tiene un sentido ceremonial. El significado exacto de Génesis 31:13 no está claro, pero en Éxodo 30:15 (dos veces) y en Números 3:3, *aleipho* hace referencia a la unción ceremonial de los sacerdotes, que significaba que estaban apartados para servir a Dios. Este último uso coincide con el significado irregular de *chrio* en la Septuaginta. De las veintisiete ocasiones en las que aparece, la mayoría hace referencia a la consagración de sacerdotes, de los muebles del santuario, o de reyes de Israel. Tan solo en tres ocasiones se refiere al uso como tratamiento cosmético. Concluyendo, vemos que en la Septuaginta ninguna de las dos palabras se utiliza para hacer referencia a un uso medicinal. El uso que el NT hace de *chrio* se mantiene fiel a ese patrón, puesto que nunca hace referencia a una acción física, sino que siempre se trata de una metáfora de la consagración (Lc. 4:18 [=Is. 61:1]; Hch. 4:27; 10:38; 2 Co. 1:21; Heb. 1:9 [=Sal. 45:7]. Como en la Septuaginta, *aleipho* suele hacer referencia a una unción con un fin higiénico o cosmético (Mt. 6:17; Mr. 16:1; Lc. 7:38, 46 [dos veces]; Jn. 11:2; 12:3]). No obstante, en el relato de la unción de Jesús, es posible que esta palabra tenga un sentido simbólico (Jn. 11:2; 12:3).

La importancia que estos datos tienen para nuestro análisis de Santiago 5:14 no está del todo clara. Se podría argumentar que si Santiago si hubiera querido que la unción tuviera un sentido simbólico, habría usado *chrio*, pues en las Escrituras esa es la palabra que más se usa con ese sentido. Por otro lado, si consideramos el uso del NT, si lo que Santiago tenía en mente era una acción física, *aleipho* es la única palabra que podía elegir.[53] Y ninguna de esas dos

---

52. G. Shogren («Will God Heal Us? A Re-Examination of James 5:14-16a», *EvQ* 61 [1989] 99-108) defiende una postura muy similar.

53. Ver también Martin, 209.

palabras tiene un significado medicinal en las Escrituras (si dejamos a un lado, por el momento, Mr. 6:13 y Stg. 5:14). (En Lc. 10:34, donde el «aceite» [*elaion*] sí se usa con un fin medicinal, el verbo que aparece es *epicheo*, «poner»).

Como vemos, la lexicografía no nos ayuda demasiado para saber si decantarnos por una u otra opción. Pero otros factores sugieren que Santiago probablemente ve la unción como una acción física que simboliza consagración. Por un lado, este es con diferencia el sentido simbólico de «unción» más común en la Biblia. Por otro, las otras opciones presentan algún problema, que nos lleva a descartarlas. La opción de que se usaba con fines medicinales no es convincente por dos razones. En primer lugar, no hay evidencias de que la unción con aceite se usara para *cualquier* problema médico; ¿por qué entonces mencionar un solo remedio, si había la posibilidad de que aparecieran enfermedades muy diferentes? En segundo lugar, ¿por qué tenían que hacer la unción los ancianos de la Iglesia si su fin era simplemente medicinal? Si era el remedio adecuado para una enfermedad, ¡lo más seguro es que otros ya la hubieran realizado antes de que llegaran los ancianos![54] La interpretación pastoral de la unción tiene muchos elementos a su favor, y se puede incorporar en la posición que estamos defendiendo. Pero el valor de la unción no está en el contacto físico entre la acción y la enfermedad, como en la mayoría de los casos en los que Jesús sanaba (p. ej., tocó los ojos del hombre ciego [Mr. 8:23-26], y puso los dedos en los oídos del sordo [Mr. 7:33]). Su valor está en las connotaciones simbólicas de la unión. La opinión que uno tenga de la visión sacramental dependerá considerablemente de la visión que uno tenga de los sacramentos en general. Pero dado que Santiago insiste en el v. 15 en que la persona enferma es sanada a través de «la oración de fe», pensamos que la unción no tiene en sí misma la Gracia o el poder de sanar.

Por tanto, concluimos que el verbo «ungir» en el v. 14 se refiere a una acción física que tiene un significado simbólico. El verbo *aleipho* puede tener ese significado, pues se usa de forma equivalente a *chrio* en la Septuaginta para referirse a la consagración de los sacerdotes (Éx. 40:15; cf. *chrio* en 40:13; Nm. 3:3). (Josefo también puede usar *aleipho* con un sentido simbólico, para-

---

54. Aunque Santiago no recomienda de forma específica las medidas medicinales, no podemos concluir (como algunos creyentes han hecho) que cuando uno confía en la medicina es porque no tiene suficiente fe. Sin duda alguna, Santiago debía compartir la perspectiva del libro sapiencial judío *Eclesiástico*, con el que comparte tantas ideas: «Honra al médico por sus servicios, como corresponde, porque también a él lo ha creado el Señor. La curación procede del Altísimo, y el médico recibe presentes del rey. La ciencia del médico afianza su prestigio y él se gana la admiración de los grandes. El Señor hizo brotar las plantas medicinales, y el hombre prudente no las desprecia» (*Eclesiástico* 38:1-4).

lelo a *chrio*; comparar *Ant.* 6.165 con 6.157). Y aunque en esos textos normalmente se usa *chrio*, es probable que Santiago elija *aleipho* porque se refiere a una acción física que los ancianos deben realizar. Mientras los ancianos oran, deben ungir a la persona enferma para simbolizar que está siendo apartada para el cuidado y la atención especial de Dios. Calvino, Lutero y otros expositores creen que la práctica de la unción, al igual que el poder para sanar, dejó de ser vigente cuando finalizó la era apostólica.[55] Pero una restricción temporal de ese tipo no tiene demasiado fundamento. La recomendación que Santiago hace parece apuntar a que se trata de una práctica de validez permanente en la Iglesia. Aunque por otro lado, el hecho de que la unción de los enfermos solo se mencione en esta epístola, y que en el NT aparezcan muchas curaciones que no van acompañadas de la práctica de la unción, demuestra que no tiene por qué acompañar a la oración por la sanidad.

15 Como el significado de la unción con aceite no está poco claro, a muchos les llama la atención y dedican mucho tiempo y esfuerzo a este pasaje. Pero lo que sí está claro es que la unción es un elemento subordinado a la cuestión principal: la oración. Por si no había quedado claro, Santiago así lo demuestra cuando en el v. 15 retoma la oración de los ancianos del v. 14. Como ya vimos, para referirse a la oración en el v. 14, Santiago usa la palabra más común en el NT (*proseuchomai*); pero ahora emplea *euche*, que tan solo aparece dos veces más (Hch. 18:18; 21:23), donde significa «voto». No obstante, en Hechos 26:29; 27:29 y Romanos 9:3, el verbo de esa misma raíz hace referencia a un deseo o ruego ferviente. Según Santiago, cuando esa oración es *de fe, sanará al enfermo y el Señor lo levantará*. La palabra que traducimos por *sanará*, en griego es *sozo*, que normalmente se traduce por «salvar» y en el NT con frecuencia se refiere a la salvación espiritual (ver los otros usos en Santiago: 1:21; 2:14; 4:12; 5:20; y ver el comentario de 2:14). Algunos intérpretes, como ya hemos visto, creen que ese es el significado que deberíamos ver aquí, porque, según ellos, Santiago está hablando de un creyente de fe débil. Y la palabra griega que traducimos por *enfermo* podría servir de argumento para defender esta posición, pues también se puede usar para referirse a la incapacidad espiritual (cf. Heb. 12:3). Otros sugieren que en este versículo, la salvación incluye ambas dimensiones: la física y la espiritual.[56] Así, aunque la oración de fe no resulte al final en la curación física del enfermo, al menos sí puede salvar del pecado. Pero esta idea no encaja con el texto. De hecho, en ningún lugar del NT encontraremos que la salvación sea resultado de la oración. Y además, si

---

55. Por ejemplo, Calvino, *Institución de la Religión Cristiana* 4.19.18; y ver el clásico argumento de B.B. Warfield, *Counterfeit Miracles* (reimpresión; London: Banner of Truth, 1972 [=1918]).

56. Ver, p. ej., Johnson, 333 (especialmente cuando comenta «lo levantará»).

damos a «salvar» y a «levantar» dos significados diferentes, aunque relacionados entre ellos, violamos el principio fundamental de la semántica: a una palabra no se le debe dar más significado del que su contexto le exige. Si uno tiene esto en cuenta, se percata de que el contexto solo apunta a la restauración física. Por tanto, no deberíamos ver aquí una referencia a la liberación espiritual. En el texto aparecen varios elementos que sí apuntan a la sanidad física, y todas las partes del texto tienen sentido cuando optamos por la interpretación de la sanidad física. En los Evangelios, el verbo *sozo* se usa normalmente para describir la sanidad física (cf. Mt. 9:21, 22; Mr. 3:4; 5:23, 28, 34; 6:56; 10:52; Lc. 7:50; 8:48, 50; 17:19; 18:42; Jn. 11:12); y *kamno* (*enfermo*), en cuatro de las seis ocasiones en las que aparece en la LXX, hace referencia al malestar físico (4º Macabeos 3:8; 7:13; Sabiduría 4:16; 15:9). De forma similar, la promesa de Santiago de que el Señor *levantará* (*egeiro*) *al enfermo* refleja el lenguaje que encontramos en los relatos de sanidades del NT (Mt. 9:6; Mr. 1:31; Hch. 3:7). La imagen que se nos describe es, por tanto, la siguiente: los ancianos oran en pie alrededor de la cama del enfermo y el Señor interviene para *levantarle* de esa cama.

Es verdad que la última parte del v. 15 se puede usar como evidencia de que la interpretación espiritual es válida. ¿Por qué si no iba a decir Santiago *Y si ha pecado, su pecado se le perdonará*? Pero de hecho, esta frase refuerza la interpretación de la sanidad física que hemos estado defendiendo. En la Antigüedad, se establecía una relación muy estrecha entre el pecado y la enfermedad. Cierto es que tanto el libro de Job, como Jesús (Jn. 9:2-3), nos dicen que no es posible establecer una relación directa entre la enfermedad y el pecado. Pero el NT reconoce que algunas enfermedades sí son consecuencia del pecado (Mr. 2:1-12; 1 Co. 5:5 [?]; 11:27-30). Dado que la conexión es posible, Santiago anima al enfermo a evaluarse y ver si pudiera haber alguna causa espiritual. Vemos, pues, que el «si» condicional (*kan*) es muy importante: demuestra que Santiago no cree que la enfermedad sea consecuencia del pecado; y además, reduce la posibilidad de hacer una interpretación espiritual de este texto, puesto que es difícil imaginar una condición de «debilidad» espiritual que no sea un producto del pecado.

Antes de dejar este versículo, hemos de volver a la promesa de sanidad aparentemente incondicional: *La oración de fe sanará al enfermo y el Señor lo levantará*. Algunos comentaristas, como hemos visto, evitan el problema diciendo que el poder de sanidad se restringe a la era apostólica; pero el texto no dice nada de esa restricción. Otros dicen que la promesa se cumple de forma infalible, pero en el tiempo de Dios. Dios puede sanar hoy si es su voluntad. Pero «sanará» a todos los creyentes de forma infalible en la era venidera, cuando nos dé un cuerpo transformado y ya no haya más enfermedad. Y el verbo *egeiro* («levantar») podría apuntar en esa dirección, puesto que en el NT con frecuencia se usa para referirse a la resurrección. Pero esta interpretación, aunque es teológicamente acertada, no refleja la idea principal de nuestro texto. Está claro que los creyentes que están sufriendo una enfermedad pueden estar confiados en que Dios les sanará al final. Pero uno puede tener esa certeza aunque no le visiten los ancianos ni le unjan. Esa confianza es parte de la salvación, que ya han obtenido por la Gracia de Dios. Es evidente que, al escribir sobre ese tiempo especial de oración por el enfermo, Santiago tiene en mente un resultado mucho más inmediato.

Un acercamiento más fructífero es prestar atención al calificativo que Santiago introduce: es la oración *de fe* la que consigue traer sanidad. De nuevo, el lenguaje que usa Santiago nos recuerda la primera sección de la epístola, donde insiste en que el creyente que pide a Dios sabiduría ha de hacerlo «con fe, sin dudar, porque quien duda es como las olas del mar, agitadas y llevadas de un lado a otro por el viento» (1:6). Algunos predicadores y autores subrayan de forma desmesurada este llamamiento a la fe, asegurando que el creyente necesita tener la fe suficiente para que el Señor lo sane. El resultado devastador de esta interpretación es que los creyentes que oran y no son sanados tienen que aguantar una carga doble: a la enfermedad física que no les abandona tienen que sumarle el supuesto de que no tienen suficiente fe. Pero esta compresión de la fe y de sus resultados es totalmente contraria a la enseñanza de la Biblia. Y, al menos en Santiago, la oración de fe que sana (v. 15) no proviene del enfermo, sino de los ancianos (v. 14). Entonces, si la oración de los ancianos no obtiene ningún resultado en un periodo de tiempo razonable, ¿diremos que es la culpa de los ancianos? ¿Diremos que el enfermo se habría sanado si los ancianos hubieran tenido la fe suficiente?

Para responder a esa pregunta tendríamos que entrar en el amplio y complejo tema de la relación entre la Soberanía de Dios y nuestras oraciones. Pero en este espacio podemos decir, al menos, lo siguiente: la fe que ejercemos al orar es fe en el Dios que, de forma soberana, cumple su voluntad. Cuando oramos, nuestra fe reconoce, explícita o implícitamente, los propósitos soberanos y providenciales de Dios. Puede que a veces Dios nos dé el discernimiento de saber cuál es esa voluntad, lo que nos permite orar con la confianza absoluta de que Dios va a responder como esperamos. Pero sabemos que estos casos no son muy comunes; menos comunes de lo que nos dicen nuestros deseos y emociones. Por tanto, una oración para pedir sanidad debe estar caracterizada por el reconocimiento de que la voluntad de Dios sobre la situación en cuestión es suprema. Y en el NT está claro que Dios no siempre quiere sanar al creyente. Dios no sanó a Pablo, aunque éste se lo pidió en tres ocasiones; Dios tenía un propósito para permitir aquel «aguijón en la carne», aquel «mensajero de Satanás» (2 Co. 12:7-9).[57] Véase también 2 Timoteo 4:20, donde Pablo menciona que «dejó a Trófimo enfermo en Mileto». La fe con la que oramos es siempre fe en el Dios cuya voluntad es la mejor, y fe en el Dios cuya voluntad es suprema; y esa fe, en contadas ocasiones incluye la seguridad de que una petición particular entra dentro de esa voluntad. Eso es lo que tenemos en mente para entender la promesa de Jesús: «Lo que pidan en mi nombre, yo lo haré» (Jn. 14:14). Pedir «en el nombre de Jesús» significa no solo pronunciar su nombre, sino tener en cuenta su voluntad. Solo están garantizadas las peticiones que se hacen «en esa voluntad». La oración por sanidad que se hace con la confianza de que Dios responderá trae sanidad; pero esa fe, que es un don de Dios, solo estará presente cuando Dios quiera sanar. Como ha dicho H. van der Loos, «la fe, el perdón y la sanidad son, las tres, dispensaciones de la Gracia de Dios. Eso implica que las relaciones entre las tres no están gobernadas por la ley de la casualidad, sino por la voluntad y el propósito de Dios».[58]

16 El *por eso* anuncia que la exhortación a confesar unos a otros sus pecados, y a orar los unos por los otros, es la conclusión a la que los lectores han de llegar después de leer el debate sobre la oración (vv. 13-15). Pero no está del todo claro cuál es exactamente la relación entre esta exhortación final, y el mandato específico sobre la oración de los vv. 13-15. Si los vv. 14-15 tratan sobre la restauración de la persona espiritualmente débil, entonces el v. 16 simplemente estaría reiterando la necesidad de orar por esa persona, y el propósito de la oración, *para que sean sanados*, tendría un significado espiritual. Pero si, como hemos explicado, los vv. 14-15 tratan de la necesidad de orar por los creyentes que están enfermos, entonces la relación del v. 16 con los vv. 14-15 podría ir, al menos, en dos direcciones distintas. En primer lugar, entendiendo la afirmación *para que sean sanados* en un sentido espiritual, o combinando el sentido espiritual con el sentido físico, podríamos contemplar el v. 16 como una generalización de la exhortación a orar pidiendo sanidad que encontramos en los vv. 14-15. Dado que la oración por sanidad realizada con fe tiene resultados (v. 15a), y dado que Dios quiere perdonar los pecados de sus hijos (v. 15b), hay que animar a toda la comunidad a confesar unos a otros sus pecados y a orar los unos por los otros. Así, la salud (en el sentido más amplio) de la comunidad estará asegurada.[59] En segundo lugar, si entendemos *para*

57. Eso, si damos por sentado que el «aguijón en la carne» es una enfermedad física (ver V.P. Furnish, *II Corinthians* [AB; Garden City, N. J.: Doubleday, 1984], 548-50; cf. también Wilkinson, *Health and Healing*, 112-42).

58. H. van der Loos, *The Miracles of Jesus* (NovSup 9; Leiden: Brill, 1965), 263. Sobre este tema, ver, si desea más detalles, D.J. Moo, «Divine Healing in the Health and Wealth Gospel», *TrinJ* 9 (1988) 191-209.

59. Ver, p. ej., Cantinat, 254; Mussner, 227; Johnson, 335.

que sean sanados en un sentido físico, entonces el v. 16 sería la conclusión del debate que Santiago ha desarrollado sobre la oración pidiendo sanidad. Tanto la confesión de pecados (precisamente porque el pecado a veces puede ser causante de una enfermedad), como la oración, son elementos necesarios para que se dé la sanidad de una enfermedad física de la comunidad.[60] Ver una relación estrecha entre el v. 16 y la discusión de los vv. 14-15 sobre la oración es, probablemente, la mejor interpretación, pues el verbo que traducimos por sanar (*iaomai*) se usa de forma reiterada para referirse a las dolencias físicas. Es cierto que en la Septuaginta se usa para describir la «sanidad» del pecado o de la infidelidad (cf. Dt. 30:3; Is. 6:10; 53:5; Jer. 3:22). Pero en esos contextos suele ocurrir que el pecado se ha comparado de forma explícita a una «herida», estableciendo un juego de palabras metafórico. En el NT, *iaomai* se usa en un sentido espiritual solo cuando cita estos textos veterotestamentarios. Cuando se usa de forma independiente, como aquí, siempre hace referencia a una enfermedad física (Mt. 8:8, 13; 15:28; Mr. 5:29; Lc. 5:17; 6:18, 19; 7:7; 8:47; 9:2, 11, 42; 14:4; 17:15; 22:51; Jn. 4:47; 5:13; 12:40; Hch. 9:34; 10:38; 28:8; la única excepción es Heb. 12:13, donde el pecado ya se ha comparado a una enfermedad).

Si seguimos adelante con esta interpretación del v. 16, las palabras que Santiago dirige a la comunidad para que se *confiesen unos a otros sus pecados* son una referencia concreta a los pecados que quizá están impidiendo que haya sanidad física. Confesar es la traducción de *exomologeo*, verbo griego que significa, básicamente, «estar *de* acuerdo con» (ver Lc. 22:6), pero en el NT normalmente se refiere a un reconocimiento verbal de la grandeza de Dios (Mt. 11:25; Lc. 10:21; Ro. 14:11; 15:9; Fil. 2:11) o de nuestros propios pecados (Mt. 3:6; Mr. 1:5; Hch. 19:18). (La forma simple del verbo *homologeo* tiene un abanico de uso similar). Éste es el único versículo del NT que ordena de forma explícita a los creyentes que se confiesen sus pecados unos a otros y, en el movimiento «metodista» del siglo XVIII, se convirtió en la base para la «norma» que había de gobernar las reuniones de número reducido de personas. Pero, ¿qué alcance tiene esta orden? Quizá Santiago solo esté diciendo que confesemos nuestro pecado a aquellos a los que hemos hecho daño con ese pecado en particular (cf. Mt. 5:25-26). Pero el contexto de la sanidad, que creemos que se extiende hasta el v. 16, sugiere que Santiago tiene en mente pecados que pueden haber causado la enfermedad por la que se está orando. Si nos fijamos, veremos que en el pasaje hay un importante cambio de énfasis: en el v. 14, Santiago anima a los ancianos a que oren pidiendo sanidad; pero ahora, es toda la Iglesia la que debe orar. Como dice Davids, Santiago «conscientemente generaliza, convirtiendo el caso específico de 5:14-15 en

---

60. Por ejemplo, Dibelius, 255; Davids, 195.

un principio general de medicina preventiva...».[61] Ya no se está centrando en el caso específico que ha mencionado en el v. 14 (*¿Está enfermo alguno de ustedes?*...), sino que quiere hacer hincapié en que la comunidad necesita practicar regularmente (eso es lo que sugiere el tiempo presente de los verbos imperativos) la confesión y la oración mutuas como medida para tratar casos de enfermedades que pudieran surgir. A la vez, el cambio que Santiago hace al pasar de los ancianos a los creyentes en general nos recuerda de nuevo que el poder de sanar proviene de la oración, no de los ancianos. Y aunque es apropiado llamar a los encargados de la supervisión espiritual de la comunidad para que intercedan por los enfermos, Santiago deja claro que *todos* los creyentes tienen el privilegio y la responsabilidad de orar pidiendo sanidad.

El v. 16 concluye recordándonos el gran poder que tiene la oración; la exhortación a la oración que encontramos en los vv. 13-16a no podía tener un mejor final. *El justo*, o la «persona justa» (la forma masculina griega *dikaiou* es claramente genérica) se refiere al creyente, la persona que es «justa» gracias al perdón que hay en Jesús y, por tanto, es parte del pueblo de Dios. La oración, según Santiago, es un arma poderosa incluso en las manos del más humilde de los creyentes; no hace falta ser un «super santo» para usarla de forma eficaz. Para referirse a la oración, Santiago usa aquí una tercera palabra (*deesis*), palabra que hace hincapié en la acción de «pedir» (ver especialmente los versículos en los que aparece *deesis* junto con *proseuche* [Ef. 6:18; Fil. 4:6; 1 Ti. 2:1; 5:5]). La expresión *poderosa y eficaz* es la traducción de la combinación «adverbio+verbo+participio»: «es poderosa en un alto grado... siendo eficaz». La forma del participio (*energoumene*) es ambigua. Podría ser pasiva, en cuyo caso podríamos traducir «la oración es muy poderosa cuando es activada (por Dios o el Espíritu)».[62] Siguiendo esta interpretación, Santiago estaría calificando sutilmente la eficacia de la oración: solo será eficaz cuando Dios «activa» la oración que se hace de acuerdo con su voluntad. No obstante, aunque esta interpretación puede ser teológicamente atractiva, va más allá de lo que el propio texto dice. El participio es, probablemente, un participio medio, y su significado más acertado sería «obra poderosamente».

17-18 Santiago cierra su exhortación a la oración (vv. 13-16) con un ejemplo de un «justo» cuya oración fue «poderosa y eficaz»: Elías. Elías, hombre de Dios de grandes proezas, era unas de las figuras más populares entre los judíos. Se le admiraba por sus poderosos milagros y su denuncia profética del pecado. Además, se le tenía como el ayudador en tiempo de necesidad, cuya venida prepararía el camino de la era mesiánica (Mal. 4:5-6; Eclesiástico 48:1-10;

---

61. Davids, 195.
62. Mayor, 177-79; Davids, 197.

Mr. 9:12; Lc. 1:17). Pero de Santiago no destaca ni su capacidad profética, ni su lugar único en la Historia; a él le interesa que *era un hombre con debilidades como las nuestras* (gr. *homoiopathes*; cf. Hch. 14:15). Como en el v. 16b, Santiago enfatiza que todo creyente tiene acceso a la oración eficaz que va a ilustrar en estos dos versículos.

Santiago nos recuerda que Elías *con fervor oró que no lloviera, y no llovió sobre la tierra durante tres años y medio. Volvió a orar, y el cielo dio su lluvia y la tierra produjo sus frutos.* «Con fervor oró» es una buena traducción de la construcción semita, que literalmente significa «oró con oración». La situación que Santiago describe está registrada en 1º Reyes 17-18. Dios había proclamado a través de Elías que para castigar a Acab y a Israel por su idolatría, la tierra quedaría afligida por una sequía. Aunque el AT no dice que Elías orara pidiendo la sequía, en 1º Reyes 8:42 vemos que Elías ora para que Dios ponga fin a la sequía, de donde muchos infieren que también pudo orar para que Dios la enviara. En la misma línea, probablemente podríamos entender que los tres años y medio de los que Santiago habla (cf. también Lc. 4:25) es un cálculo más exacto que equivaldría a los tres años aproximados de 1º Reyes 18:1. Quizá a Santiago le vino el «tres y medio» a la mente porque ese número se asocia simbólicamente a un periodo de juicio (Dn. 7:25; cf. Ap. 11:12; 12:14).

Otra pregunta que nos surge es por qué Santiago eligió la ilustración de esta oración de Elías. Hemos visto que la oración en sí ni siquiera aparece en el AT, mientras que sí encontramos otras oraciones poderosas de Elías: cuando pidió que cayera fuego del cielo que consumiera el sacrificio del Monte Carmelo, o cuando oró por la resurrección del hijo de la viuda (ver Lc. 4:25). Una explicación de esta elección tan poco usual podría ser que Santiago quisiera establecer una analogía entre la enfermedad del creyente a quien se le devuelve la salud y la tierra estéril a la que se le devuelve la productividad.[63] Pero este paralelismo no es del todo evidente, por lo que es más lógico pensar que Santiago se basa, al menos en parte, en la tradición judía, en la que sí encontramos una asociación entre la sequía y la oración de Elías (Eclesiástico 48:2-3; 2º Esdras 7:109).[64]

---

63. Davids, 197; cf. también Martin, 213.
64. Y Martin (213) nos recuerda que hay muchas fuentes judías que atribuyen a Elías un gran poder en la oración.

C. Un llamamiento final a la acción (5:19-20)

19 Hermanos míos, si alguno de ustedes se extravía de la verdad,
y otro lo hace volver a ella, 20 recuerden que quien hace volver
a un pecador de su extravío, lo salvará de la muerte y cubrirá
muchísimos pecados.

Santiago no concluye su carta con los saludos y los deseos de bendición típicos del género epistolar, sino con un llamamiento a la acción. Este tipo de conclusión es más típico de las cartas neotestamentarias más «formales», las que parecen un sermón escrito; 1 Juan es muy parecida. Como ya vimos en la Introducción, en Santiago hay proporcionalmente más verbos en imperativo que en cualquier otro libro del NT. Así que no desentona que al final de su carta se dirija a los miembros de la comunidad, animándoles a que actúen en favor de los hermanos que están teniendo dificultades con las cuestiones espirituales de las que ha hablado a lo largo de la carta.

19 Santiago usa por última vez su apelativo favorito, *hermanos* (es decir, miembros de la familia de Dios, tanto hombres como mujeres). Pero ahora no les lanza un llamamiento a la obediencia, como hace en tantas ocasiones, sino que les anima a hacer volver a los que de entre ellos se han extraviado de la verdad. *La verdad* no está haciendo referencia a la doctrina cristiana en el sentido formal, sino más bien a todo lo que el Evangelio implica. Esta verdad es algo que no solo se tiene que creer, sino que también se tiene que poner en práctica (cf. Sal. 51:6; Gá. 5:7; 1 Jn. 1:6). Y para Santiago, claro está, la doctrina correcta no se puede separar de la conducta correcta. El cuerpo debe hacer lo que la mente piensa y lo que la boca confiesa: el que no vive así, es carnal, pecaminoso y de «doble ánimo» (1:8; 4:8). El hecho de que Santiago use la palabra *extraviarse* podría indicar que solo está hablando de pecados involuntarios u ocasionales. Pero el verbo griego, *planao*, hace referencia a cualquier desviación de la verdad de la fe, ya sea involuntaria o intencionada, ya sea menor o mayor. Y, puesto que Santiago sugiere en el v. 20 que el cristiano «extraviado» aún se puede salvar de la muerte espiritual, la desviación de la que aquí se habla debe ser una desviación muy seria, equivalente a la apostasía.[65] Véanse los versículos siguientes, que ilustran la seriedad del pecado que hay detrás del verbo *planao*: Mt. 22:29; 24:5; 2 Ti. 3:13; Tito 3:3; 2 P. 2:15. «Hacer volver» (*epistrepho*) puede usarse para referirse a la acción inicial de «volverse» del pecado a Dios que tiene lugar en la conversión (Hch. 14:15; 15:19; 26:18; 1 Ts. 1:9). Así, sin embargo, Santiago habla de *alguno de ustedes*, es decir, una persona de la comunidad cristiana. Por tanto, «hacer

---

65. Ver Martin, 218.

volver» significa aquí volverse a la fe que uno había abandonado (cf. Mr. 4:12 [=Is. 6:10]; Lc. 1:16; 22:32).

20 En el v. 19, Santiago ha descrito una situación hipotética: un miembro de la comunidad se aleja de la fe y empieza a llevar un vida marcada por el pecado, pero vuelve a la fe gracias a la intervención de otro hermano. Ahora describe el resultado de dicha acción: *recuerden que quien hace volver a un pecador de su extravío, lo salvará de la muerte y cubrirá muchísimos pecados. De su extravío* es la traducción de una expresión griega (*planes hodou*) que también podría traducirse por «del error de su camino» (RV, LBLA) o «del extravío de su camino» (BT). Santiago anima a los creyentes a que se pongan manos a la obra y estén cerca del pecador que ha tomado el camino equivocado, y lo hace hablándoles de los maravillosos resultados de una intervención así: se logra salvar a un alma de la muerte, y se cubre multitud de pecados. El término «muerte» en este versículo, al igual que ocurre en el resto de la epístola y del NT cuando se está hablando del pecado, se refiere a la muerte «espiritual», a la condenación eterna a la que van los que no han pedido perdón por su pecado. (Santiago usa el sustantivo «muerte» [*thanatos*] en este sentido en la otra ocasión en la que aparece [1:15]). Para Santiago la muerte es el destino final del camino que el pecador ha decidido tomar; y cuando le hacemos volver de ese viaje, «salvamos» su vida (ver Ez. 18:27; Ro. 6:23; y véase la aplicación espiritual de «salvar» [*sozo*] en el resto de la epístola: 1:21; 2:14; 4:12; en 5:15, como ya hemos explicado, esta palabra tiene un sentido físico).

Pero en el texto griego hay cierta ambigüedad, y no queda claro de quién es el «alma» que se salva, y de quién son los pecados que quedan cubiertos. Aunque es posible entender que el «alma» que se salva es la de la persona que hace volver al pecador, el referente del pronombre que traducimos por *lo*, que aparece antes del verbo *salvará*, es, con casi toda seguridad, el pecador que ha vuelto a la fe. Pero no ocurre lo mismo con el verbo «cubrir», pues Santiago no lo acompaña de ningún pronombre, por lo que estamos ante una proposición impersonal, casi proverbial. Estas palabras son una alusión de Proverbios 10:12, donde se contrasta el odio, que es «motivo de disensiones», con el amor, que «cubre todas las faltas». «Cubrir» (*kalypto* tanto en Proverbios como en Santiago) parece referirse aquí a pasar por alto los errores y las ofensas realizadas contra nosotros por el bien de la paz. No obstante, es muy poco probable que ese sea el sentido del verbo en este versículo de Santiago, y 1 Pedro 4:8 muestra que esta frase había pasado a ser una forma tradicional para referirse al perdón de Dios (cf. Sal. 32:1). Muchos intérpretes creen que Santiago quiere animar al que hace volver al pecador de su extravío, recordándole que gracias a su intervención desinteresada en las vidas de los demás podrá experimentar el perdón de sus propios pecados.[66] Es cierto que la idea de que nuestros esfuerzos para que otras personas lleguen al arrepentimiento supondrán un beneficio para nuestra propia situación espiritual es bíblica. El Señor promete a Ezequiel que habrá salvado su vida si fielmente advierte a su pueblo del peligro del juicio (Ez. 3:21); y Pablo le dice a Timoteo que si tiene cuidado de su conducta y de su enseñanza, se salvará a sí mismo y a los que le escuchen (1 Ti. 4:16). Está claro que la bendición que el creyente fiel recibe no debe verse como una recompensa por sus esfuerzos. Pero la idea de que Dios nos tratará en función de cómo hayamos tratado a los demás es totalmente bíblica (Mt. 6:14-15; 18:23-35) y Santiago la menciona de forma explícita (2:12-13). Por tanto, Santiago podría estar animando a sus lectores a buscar activamente la conversión de aquellos que se están extraviando de la siguiente forma: recordándoles que sus esfuerzos serán recompensados porque Dios perdonará sus propios pecados. Por otro lado, si nos fijamos en la secuencia argumental del versículo veremos que resulta extraño interpretar que la acción de cubrir los pecados se refiera a otra persona diferente a la que acaba de mencionar, es decir, la que se salva de la muerte. Además, las Escrituras normalmente asocian la salvación con la acción de cubrir, o borrar para siempre, los pecados; por lo que las dos proposiciones podrían ser descripciones paralelas de la bendición que recibe el pecador que vuelve a la fe. Así, podemos decir que muy probablemente, las dos descripciones que aparecen al final del v. 20 se refieren a los beneficios espirituales del pecador que deja el camino del pecado.[67]

Si Santiago es semejante a un sermón con forma epistolar, estos dos últimos versículos son una conclusión muy apropiada. Los lectores de Santiago no solo deben «hacer» o «poner en práctica» las palabras que aparecen en la carta; deben procurar que los demás también las «hagan» o «pongan en práctica». Vemos que lo que le motiva a Santiago es la realidad de que hay una muerte eterna, que es el destino final de los pecadores; esta misma realidad debería motivarnos a nosotros a hacer algo con el pecado en nuestras vidas y en las vidas de los demás.

---

66. Ver, p. ej., Dibelius, 258; Ropes, 315-16; Adamson, 204; Laws, 239; Mussner, 233.

67. Por ejemplo, Mayor, 237-38; Davids, 201; Martin, 220; Johnson, 339.

www.ingramcontent.com/pod-product-compliance
Lightning Source LLC
Chambersburg PA
CBHW010855090426
42737CB00019B/3369